如何构建一套成功的交易系统

Beyond Technical Analysis: How to Develop and Implement a Winning Trading System

[美] 图莎尔·钱德（Tushar S. Chande） 著

罗光海 译

地震出版社
Seismological Press

图书在版编目（CIP）数据

如何构建一套成功的交易系统 /（美）图莎尔·钱德（Tushar S. Chande）著；罗光海译. —北京：地震出版社，2021.6

书名原文：Beyond Technical Analysis：How to Develop and Implement a Winning Trading System

ISBN 978－7－5028－5206－1

Ⅰ.①如… Ⅱ.①图… ②罗… Ⅲ.①股票交易－基本知识 Ⅳ.①F830.91

中国版本图书馆 CIP 数据核字（2021）第 034496 号

Tushar S. Chande Beyond Technical Analysis：How to Develop and Implement a Winning Trading System

ISBN 978－0－471－41567－7

著作权合同登记　图字：01-2020-4309

地震版　XM4505/F(6039)

如何构建一套成功的交易系统

［美］图莎尔·钱德（Tushar S.Chande）　**著**

罗光海　译

责任编辑：王亚明

责任校对：凌　樱

出版发行：地震出版社

北京市海淀区民族大学南路 9 号　　邮编：100081

发行部：68423031　　传真：68467991

总编室：68462709　68423029　　传真：68455221

证券图书事业部：68426052

http：//seismologicalpress.com

E-mail：zqbj68426052@163.com

经销：全国各地新华书店

印刷：北京广达印刷有限公司

版（印）次：2021 年 6 月第一版　2021 年 6 月第一次印刷

开本：787×1092　1/16

字数：421 千字

印张：22.75

书号：ISBN 978－7－5028－5206－1

定价：88.00 元

再版译序

时光荏苒，自本书中文版第一次出版已经过去十个年头了。感谢地震出版社的薛广盈老师，为了满足更多读者的需求，他强烈建议再版该书，并要求对原来译文中的错误进行逐一校正。我欣然同意，花了一个多月的时间，对本书进行了一次全面校对，使整体质量再次提升。这十年来我一直从事证券类书籍的翻译工作，又翻译了十几本这方面的著作，同时查阅了大量的相关文献，对金融市场的认识可以说又深入了一层。相信这次再版，一定能够把本书的精髓再次传递给读者。这次再版，薛老师建议将原书的副书名升级为正书名，即《如何构建一套成功的交易系统》，我也认为这个书名更能代表书中的核心内容。

对于技术分析的一些东西，比如趋势、区间、形态、突破等，很多读者可能已经耳熟能详，但是如何“超越技术分析”，形成属于自己的一套赚钱的交易系统，很多读者就不知从何处着手了。本书作为交易系统设计的经典之作，写作目的就是指导交易者根据自身的情况设计自己的交易系统，然后利用它为自己赚钱。

金融投资是一项严肃的事业，然而大部分投资者并不严肃，甚至把买卖股票当作儿戏，于是稀里糊涂赔个精光。以交易中最基本的概念—止损为例，2015 年 8 月 10 日，《财富新密码》公布的调查结果显示，25 位杭州股民中，19 位从不止损，另外 6 位做过止损，但是只有两位是主动止损。也就是说，大部分投资者只管进货，不管经营，认为买了股票，盈亏就已经注定了。

一篇以“论止损的重要性”为题的文章用数据说明了问题：

亏 10%，涨 11% 回本；

亏 20%，涨 25% 回本；

亏 30%，涨 42.86% 回本；

亏 40%，涨 66.67% 回本；

亏 50%，涨 100% 回本；

亏 60%，涨 150% 回本；

亏 70%，涨 233.33% 回本；

亏 80%，涨 400% 回本；

亏 90%，涨 900% 回本；

亏 100%，永别了。

磨刀不误砍柴工，要想在金融市场中淘金，非得下一番功夫不可。首先，交易者要选择自己想要交易的市场，以书中示例系统为基础，添加自己的交易思想，然后在历史数据和合成数据上对自己的系统进行彻底的测试，用书中所讲的评估工具进行评估，打造一套适合自己的交易系统，这就是你在市场中淘金的利器。然后，交易者要利用交易软件的模拟功能模拟交易，直到自己对该系统非常熟悉。最后，交易者要用最低要求资金进行实盘操作。慢慢地，你就会走上成功的交易之路。

本书能够再版，还要感谢第一版的广大读者，他们提出了很多中肯的建议。衷心感谢木羊（张巍）老师和第一版策划倪明老师，感谢在第一版及本版出版中付出大量心血的编辑们。最后，感谢我的妻子纪萍女士，没有她的支持，我的翻译工作是无法进行的。

虽然译者竭力保证译文的准确性，但是由于水平所限，译释不当之处在所难免，希望广大读者不吝赐教！

罗光海

译　序

对于交易，我以前一直是持排斥态度的，认为交易是一种合法的赌博，是误人子弟的陷阱。直至接触到国外众多交易大师的著作，在他们睿智思想的影响下，我的观念才逐渐转变。

《超越技术分析》是我正式接手翻译的第二部交易学著作。虽然原著已经出版多年，但其中的很多交易方法和思想还是会令国内交易者耳目一新。开发并执行自己的交易系统，应该是大多数交易者梦寐以求的事情，现在这本书就可以帮助交易者完成心愿。只要掌握基本的数学知识，并学会应用基本的计算机软件（比如Excel），交易者就可以按照钱德博士的指引来开发使用自己的交易系统了。

在翻译过程中，我越来越钦佩这位博学多才的技术分析大师，我对交易的认识也不断深入。纵观本书，我认为本书有以下特点。

◎ 浅显易懂。从技术分析入门到交易系统的开发、执行、评定、升级，每个概念与公式都有详细明了的讲解，一步一步引人入胜，初级交易者完全可以自学。

◎ 博中有精。本书首先对技术分析的方方面面做了简要的阐述，然后对交易系统展开重点讲解，使读者从不知交易系统为何物到对交易系统有全面的认识。

◎ 实用性强。虽然钱德博士一再强调书中的示例仅作为参考，但译者认为许多示例的使用价值已经超过目前正在使用的许多交易系统。对于交易类著作，译者认为实战性强是最重要的，要不然交易者看得热血沸腾，却不知从何下手，又有何用呢?

本书能够译完，要感谢的人非常多。首先要感谢的是木羊（张巍）老师，从他那里我学到了很多交易知识，也是经他介绍，我才得以认识倪明老师。在本书翻译期间，执行策划倪明亲自来看望我，并同我交流交易方面的知识，使我大受鼓舞。最值得感谢的是我的妻子纪萍女士，是她逐字逐句把我的译稿输入计算机的，并且帮我完成了译稿的整理工作。

在最后的校稿过程中，执行策划倪明和木羊（张巍）老师都花费了很多精力，对书中的很多专业术语给出了改进建议，并改正了许多文法错误，在此再次表示感谢。

虽然译者尽力保证翻译质量，但因为水平所限，译释不当之处在所难免，敬请各位读者斧正。

罗光海

自　　序

本书总结了我作为一名期货顾问（CTA）的经验。工作期间，我不断开发交易系统，交易全球超过60个期货市场，并为客户提供交易服务。第2版新增的内容源自我为客户寻求有关交易系统、风险控制以及未来性能期望等问题的有效答案而做的研究。例如，对于“什么是CTA、套利基金和股票业绩比较的‘优良’标准”这个问题，我在努力给出一种简洁的回答。我开发的工具主要用于比较经理人业绩、分析资金曲线、量化风险调节性能、评估下跌风险、评估预期收益。这些工具已经通过测试，而且得到了管理期货市场中许多投资机构的认可。它们可被应用于股票指数和共有基金的交易当中。因此，其对许多投资者和投资机构都是有用的。

作为一名全职CTA，我遇到了许多不可避免的市场困境，而且收获了有关运动心理学在交易环境中应用的难忘教训。心理学家对“心流”状态的研究，可以帮助我们建立一个分析交易者对交易压力的反应框架。第2版中增加的内容总结了获得这种宝贵方法的途径，交易者可以用于应对不可避免的交易压力。

在给客户的介绍中，我极少有充足的时间来解释系统设计中的细微差异。因此，市场需求使得我将出入场策略和系统设计用来分类，然后解释交易策略性能的简化方案，使之得以发展。这些分类方案或许在交易者自己的反复试验中会有所帮助。

新版本使我可以对在第1版中讨论过的系统给出一次真正的样本外性能升级，同时向读者展示如何使用同一个系统来交易期货和股票。该版本还包括期货顾问如何获得盈利，以及如何开发稳定的资金管理程序评级规则的示例。应广大读者的要求，技术分析的基础部分仍包含在内。

自第1版出版以来，我有幸遇到了一些在期货市场中相当成功的交易者，他们的个人净资金达到了5000万至1亿美元，甚至更多。他们已经到达了交易者之山的顶端，而我正在努力研究是什么使他们到达那一位置的。在新版本的第一章，我已经把这些概念以图形的方式总结为交易者之山。令我欣慰的是，这些顶级交易者都同意第1版中的思想，并且以各种形式把那些思想运用到他们的交易之中。通过与顶级交易者对话和分析交易数百万美元的经验，我相信该书在真实世界中是有用的。我的最初目的是为开发和执行制胜交易系统提供实践指导，希望这一经过扩充的新版本能够达到这一目的，也希望能够得到广大读者的认同。

图莎尔·S. 钱德

目　　录

第一章

开发和执行交易系统

没有什么事情比通过反复试验开发交易系统更容易的了。

简介

交易已经被称作快速赚钱最难的方法。为了持续盈利，我们必须要攀爬交易者之山（图 1.1）。顶级交易者具有为他们的交易承担全部责任的内在品质，他们成功的基础是充足的资金和在交易中出人头地的不可动摇的信念。成功交易者具有足够的资金来度过亏损期，同时也要利用多合约方式交易多个市场。这些交易者热爱他们的工作，一直在寻找更好的交易理念，并且投入必需的时间和精力来达到他们的交易目标。

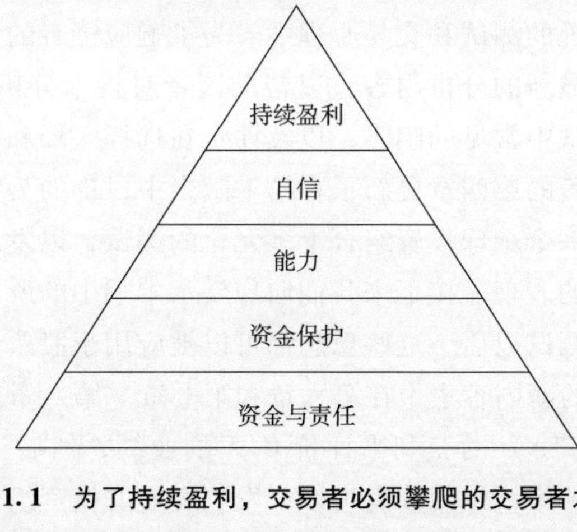

图 1.1　为了持续盈利，交易者必须攀爬的交易者之山

对于顶级交易者来说，资金保护就像资金增值一样重要。他们比任何人都清楚：当市场最终出现自己预期的行情时，拥有足够的交易资金是非常重要的。在市场困难时期，顶级交易者使用严格的资金管理规则和严格的风险控制规则来保护自己的资金。

所有成功的交易者都已经逐渐地培养出与他们的交易形式和目标相匹配的交易能力。他们理解自己的交易偏好，并且已经开发出分析工具，培养出执行能力，以使得他们的交易过程能够平滑地进行，看起来毫不费力。他们有耐心和毅力来坚持一种交易策略，并且定期分析这种策略，不断做出更新和改进。重要的是，他们会测试自己交易的品种，并且测试整个市场的有效性。

成功的交易者会对他们的能力充分自信，认为自己能在长期的交易中获利。他们并不奇怪会产生亏损，在最困难的情况下，他们会保持乐观和积极的态度。他们的资金、资金管理能力、风险控制能力，进一步帮助他们保持自信。他们的自信使得他们在做每一件事情时都能有纪律性和系统性。该书将帮助交易者培养持续盈利的能力，阐述关于资金控制的最新理念，并且会带给交易者做系统交易的自信。交易是一种动态分析过程，本书将使交易者有能力超越技术分析。

本版的新内容

本书分为两部分。第一部分包括前五章，阐述了如何建立与交易者的交易信条相一致的交易系统。第二部分包含余下的章节，讨论了资金管理、风险控制和交易系统的执行。第 2 版保留了第 1 版的结构，并且添加了一些新内容，比第 1 版更加完善。这些新内容主要来自本人的研究，重点是资金保护、完善系统的测试和交易心理学。为了响应读者的要求，第一章和第三章包含了一些最新的分析内容，以帮助读者对技术分析的基本原理进行研究，躲避系统测试中常见的陷阱，以及评定在选择入场和出场中的战略性设计折衷方案。本版的第四章更新了在第 1 版当中讨论的关键系统的性能这部分内容。通过在一个全球投资组合上多元化的测试，以发现它们在百万账户实盘交易数据上的表现。接下来我们向您展示本书中的所有思想，在股票和期货市场上进行测试以后，这些思想都可以被应用于股票交易。

大部分的新内容集中在第六章和第七章。第六章阐述了如何通过模型化期货顾问（CTA）的获利来评价 CTA 的业绩，然后讨论了如何进行稳定的资金管理人评级，以使读者可以开发更有效的投资组合。关于风险调整性能度量的详细讨论和不同方法的实际比较，使读者可以选择自己最喜欢的一种风险控制方法。第六章的末尾展示了一张未来业绩的控制图，应用该图读者能够更有效地监测 CTA 的表现。

第七章的新内容是对未来业绩中三个关键的未知因素进行评估。这三个未知因素是：资金回撤深度、资金回撤长度（持续时间）和期望回报。该章建立了数据化的模型来评估期货、套利基金或股票多元化投资组合中的这些关键因素。这些思想的运用是通过钱德舒适区域（Chande Comfort Zone）体现出来的。钱德舒适区域是系统化交易的一种重要工具。第七章阐述了如何运用这些工具来应对资金回撤，并解答了一个关键问题：系统已经停止工作了吗？其中还包括为度量波动性、度量杠杆和为校正风险调整后的盈利而开发的模型。第七章还探讨了无效多元化的问题，并给出了一个评比 CTA 的示例。在章末阐述了如何将这些思想运用于股票和共同基金的交易中。通过提供投资组合级别的解决方案，本书中的思想在风险控制和资金管理中都是超前的。

第九章阐述了如何应用电子表格建立一份自动日志。该章的末尾是一部分新内容，讲的是如何将运动心理学应用于交易。交易使交易者背负重压，如同职业运动员所承受的压力一样。于是人们会很自然地想到：如果用应对运动压力的技术来应对交易压力会怎样呢？第九章向读者展示了应对运动压力的一些基本思想，以及将这些思想运用于交易环境的方法，其可以帮助交易者应对交易压力。同心理学中的其他问题一样，该章中给出的只是很多解释中的一种，读者可能希望以不同的方式来运用它们。本书中的这些思想将为交易者进行这方面的研究提供一个很好的起点。

免责声明

本书中所讲的交易系统只是交易系统设计和测试这门艺术的示例，并非建议读者使用这些系统交易。我不保证这些系统会在将来盈利，也不保证实际盈利或亏损与本书中所示结果相似。事实上，我不保证这些计算毫无缺陷。我希望读者读一读第三章中实际检测部分，这一部分指出了利用后来所见到的数据开发系统的根源性限制。读者应该受本书中这些例子的启发，开发自己的交易系统。永远不要忘记交易中存在亏损的风险。

什么是交易系统

交易系统是定义了交易出入场条件的一组规则。通常，大部分交易系统包含几部分，比如入场规则、出场规则、风险控制规则和资金管理规则。

交易系统的规则既可以是隐含的又可以是明确的，既可以是简单的又可以是复杂的。一套交易系统可以非常简单，比如“在夏天买汗衫”或者“当她卖出时买进”。经过设计，交易系统必须是可以被执行的。理想状态下，系统会应对“所有的”交易问题，从信号的产生到订单的设置，再到风险控制。评估系统设计效果的一种很好的方法是让不懂交易的人来执行该系统，如果可以执行，便是一套有效的系统。

实际上每位交易者都在使用一套系统。对于大多数交易者来说，一套系统实际上是由许多子系统组合起来的。交易系统可以是随意的、部分随意的或者完全机械化的。这些系统可以使用不同类型的数据，比如5分钟图或周线图。这些系统可以不具有一致性，甚至不容易测试，其中的规则可能具有很多例外。一套交易系统可以使用很多变量和参数。我们可以在相同的市场上使用不同的参数组合，也可以在不同的市场上使用不同的参数组合，还可在所有的市场上使用相同的参数组合。

什么是交易程序

对于股票和期货交易来说，虽然我们很容易辨别一套成功交易程序的组成部分（表1.1），但是显然没有通用的交易程序存在。信号的产生需要交易者对数据进行分析，决定要交易的市场和股票投资组合，然后将信息持续不断地供给系统。接下来产生的信号必须根据账户来正确地处理，交易规模的计算还必须包含对资金管理的考虑。这些工作的输出是一张明确的买单或卖单。最后交易者可以将订单交给经纪人执行。交易者必须仔细地监测执行过程，检查订单的执行状况，接下来便要检查每日和每月的报告。成功的交易者要为市场休市和自己的假期做出准备。他们还经常备份和维护系统，以防止数据崩溃、电力中断和通信中断等问题。最后的问题是检查与权衡，需要交易者为处理交易错误和进行总的风险控制来开发相应的程序。交易者还必须监测自己的心理状况，并坚持写心理分析日志。

表1.1　成功交易程序的组成部分

组成部分	信号产生部分	交易部分	检查与权衡部分
内容	数据源	入场/出场订单	交易错误
	投资组合的选择	检查经纪人的报告	风险控制
	入场策略包/出场策略包	节日/假期的准备	交易心理
	交易规模/资金管理	备份/维护系统	探索新方法

每位交易者都要根据自己的交易形式开发一套“系统”。将交易系统划分为不同类型的盈利产生过程（RGP），有助于简化分析和比较。读者还将发现，在理解了接下来阐述的 RGP 分类形式以后，可以很容易将自己的交易形式可视化。

盈利产生过程的分类

某一个盈利产生的过程就是一套系统或一个系统组合发挥作用的过程。根据形式所做的简单一致的系统分类，有助于对不同的 RGP 进行比较。这样一种分类方法有助于投资者和投资机构研究最佳的投资方案。

RGP 是这样一种交易“系统”，我们可以根据它来决定交易时为了寻求利润所冒风险的大小。区分 RGP 的一个变量是时间框架，对于给定的头寸，交易者将在该时间框架下预测价格的变动。我们使用交易中平均每笔盈利交易的长度来对时间框架进行量化，单位不是自然日，而是交易日。平均而言，每笔交易持续的时间越长，预期的价格变动幅度就越大，交易的平均获利也越大。“慢速”交易系统倾向于使每笔交易持续更长时间。所以，在对 RGP 进行分类时，盈利交易的平均持续时间是一个准确的参数。

首先我们将 RGP 中使用的策略分为入场策略和出场策略。每个 RGP 都至少需要其中的一种，但可能具有一种或多种入场策略和出场策略。然后我们将“速度”划分为两个级别——快速和慢速。速度参数描述了入场和出场信号对价格反应的相对灵敏度。较快的入场和出场一般对价格运动比较敏感。入场和出场都有两个速度级别，所以总共就出现四种组合形式（表 1.2）。在表 1.2 中，我为这四种类型分配了平均每笔交易的持续时间，这些数据纯粹基于我个人的经验。

表 1.2　平均盈利交易的持续时间（以交易日计算）

RGP 中使用的策略		出场策略：快速	出场策略：慢速
入场策略	快速	<5	30~50
	慢速	5~30	>50

现在我们可以对平均交易时间进行转化，来区分 RGP 的形式（表 1.3）。强力型趋势跟随是一种使用慢速入场和出场策略的 RGP。其典型的平均交易长度大于 50 日，而且这种 RGP 是完善的，在测试期间是有效的。这类 RGP

有不同的特点，冒中等风险便可获得很大利润，而且在使用多元化投资组合时的大型账户中表现最佳。由于慢速出场策略的原因，有时投资者会失去较大部分未了结交易中的利润，所以其容易受到资金回撤的影响。

表 1.3 对盈利产生过程（RGP）的描述

RGP 中使用的策略		出场策略	
		快速	慢速
入场策略	快速	热纽扣型	候鸟型
	慢速	择优型趋势跟随	强力型趋势跟随

位于强力型趋势跟随对角的是热纽扣型［热纽扣（hot - button）：在政治问题或市场战略方面一种急于求成的心理倾向——译者注］，它的交易持续时间小于5 日。这类 RGP 使用快速的入场和出场策略，交易数目相对较小，必须控制滑移价差和手续费，当出现持续3 日和更多日的“爆发性”市场行情时，该类 RGP 表现最佳。它易受波浪形价格运动的影响，经常为了较小的获利而冒较大的风险，并且容易受到相关滑移和形态失败的影响。热纽扣型 RGP 一般与其他类型 RGP 关联较弱，通常由小账户和大比例杠杆类型者使用。

在趋势早期入场，直至趋势终了才出场的 RGP 被称作候鸟型。当市场在给定方向做平滑的趋势运动时（就像迁徙的鸟儿），该系统表现最佳，但是易受失败突破或早期趋势反转的影响。所以，这种策略也可被看作乐观型趋势跟随。这种 RGP 也是完善的，但是容易提前获利了结而放弃部分利润。我们可以认为逆势策略属于这一类别。

最后一种 RGP 形式可以被称作择优型趋势跟随，因为它会寻求已经形成的趋势。这种 RGP 慢速入场、快速出场，不容易受到趋势中早期反转或者末期回调的影响。但是，当趋势平滑有序时，这种 RGP 容易丢失很多交易机会，虽然其具有较强的风险调节能力。

表 1.2 和表 1.3 可以帮助我们区分自己或交易顾问的交易类型。如果交易顾问使用组合策略，那么我们可以使用加权平均交易持续时间来对该交易顾问的交易类型进行归类。投资者或投资机构可以使用这些 RGP 组合，或者其中的一大部分来创建自己的投资组合，以实现其投资目标。例如，投资组合中可以包含强力型趋势跟随和择优型趋势跟随，以在趋势强劲时增加额外的获利，而在趋势特别缺乏时减少资金的波动。

表 1.4 中列出了各种 RGP 的优缺点。投资者或投资机构可以使用这些

通用化的分类方案来理解或测试任何特殊 RGP 的优缺点。通过分析相矛盾的结论来辨别资金管理人的交易类型比较容易，因为在一个类型中，性能应该大致相似。我们还可以使用自己的数据来划分出三种速度类型：快速、中速和慢速。总之，我们可以使用这种方法来构建有效的系统组合。另一种 RGP 的分类方法是将 RGP 分为随意型 RGP 和机械系统型 RGP，下面将对该方法进行论述。

表 1.4　各种 RGP 的优缺点比较

RGP	优点	缺点
热纽扣型	与其他 RGP 关联较弱，不需要持续的趋势	交易费用，多元化，易受随机噪声影响
候鸟型	可在早期进入正在形成的趋势	易受早期反转和末期崩盘的影响
择优型趋势跟随	是太快入场和太慢入场的良好折衷	在趋势早期和末期对快速反转没有免疫力
强力型趋势跟随	完善，能经受住时间测试的考验	需要持续的趋势，在趋势末期会放弃部分利润

比较：随意交易者与机械系统交易者

表 1.5 中比较了两种极端交易者：随意交易者和 100% 机械系统交易者。随意交易者使用交易相关的所有信息：基本面数据、技术分析、新闻、交易快讯、月相，以及他们能想象到的所有东西。机械系统交易者则忠实地遵守一套机械化系统，绝无任何偏离。他们的操作重点是执行系统，没有任何的改变、例外、修改或任何种类的调整。

表 1.5　基于信息的随意交易者与基于数据驱动的机械系统交易者之间的对比

交易者	随意交易者	100% 机械系统交易者
对比	交易“信息”流	交易“数据”流
	预想型交易者	参与型交易者
	主观	客观
	很多规则	少数规则
	情绪化	非情绪化
	“关键”指标随交易变化	“关键”指标常常相同
	少数市场	许多市场

杰出的交易者为随意交易者，他们可能会击败所有的机械系统交易者。他们最大的优势是可以改变驱动每一笔交易的关键变量，所以可以比机械系统交易者更加明智地改变仓位规模。随意交易者还可以改变交易变量的相对重要性，所以可以轻易地在趋势跟随模型和逆势模型之间切换，也可以迅速切换分析的时间框架，比如根据他们对交易机会的估计从 5 分钟图切换到周线图。

随意交易者可以更好地利用除价格外的市场信息。例如，他们可以根据新闻或基本面信息来改变仓位规模。随意交易者可以定时调整他们的风险，所以会比机械系统交易者更明智地调整仓位规模。这些不常见的“本垒打”（原意为棒球比赛中击球员可打出绕球场一周然后回到本垒得分的一球，此处借指比较大型的一笔盈利交易——译者注）常常是区分良好业绩和优秀业绩的关键。但是对于大部分交易者来说，成为一名机械系统交易者可能会使成功的机会最大化。

机械系统交易者的目标是选择一个时间框架（例如小时、日、周），辨识趋势状态，预测未来趋势的走向。然后机械系统交易者必须预测交易的趋势，控制亏损，最后获利了结。交易规则必须是具体的，能够覆盖交易的各个方面。例如，交易规则必须指明如何计算将要交易的合约数目，以及所要使用的入场订单类型，必须指明初始资金管理止损的位置。交易者必须“自动地”执行该系统，在执行时不得有任何含糊。

机械系统交易者是客观的，使用相对较少的规则，并且在亏损或获利时必须保持非情绪化。机械系统最重要的特点是具有不变的规则。该系统通常以相同的方式来计算关键变量，而无视市场的反应。即便有些指标基于市场的波动性，所有的系统规则也都是固定的，并且具有优先性。于是，机械系统交易者没有机会根据基本面事件来修改规则，也无法有效地调整仓位规模，使之与市场相匹配。这既是优点又是缺点。机械系统交易者的主要优势在于他们可以比随意交易者交易更多市场，并且使用多元化的投资组合。

我们设计了不同风格的交易系统，它们只需要交易者做较少的判断，比如我们可以制订增加仓位规模的明确规则。这可以包含基本面和技术信息。只有规则明确化，才能保证执行过程的一致性。这样的论述没有提及为什么要使用交易系统这个问题，我将在下一部分进行回答。

为什么应该使用交易系统

使用交易系统最重要的目的是获得一种“统计学优势”。这一常见术语的意思是我们可以测试该系统，而且平均交易利润（包括所有的亏损和盈利交易之和）是一个正数。平均交易利润应该足够大，以使该系统值得使用。平均交易利润应该能够涵盖交易费和资金回撤量，而且比其他系统要好。在后面的内容中，我将详细讨论所有这些规则。

统计优势与另一个名叫破产概率（probability of ruin）的统计量有关。依据模拟交易的结果，破产概率越小，我们就越可能在市场中生存发展。比如，你的破产概率小于1%，那么你采用的风险控制方法和系统的其他措施一般足以防止账户遭受突然的灭顶之灾。

我担心这些统计数据的最大原因是，它们是在假定交易者会严格按照测试方式交易，并且没有一点背离的情况下得出的。这在实际交易中是很难实现的。所以交易者的破产风险在它成为现实之前只是一种风险，比测试结果要高。尽管有这种担心，交易者也应该开发满足完善统计规则的系统，因为这会增加交易者的胜率。同往常一样，没有保证，只有胜率。如果没有上帝，就将胜率放在你那边。

使用交易系统的一个原因是能令你保持客观。如果你具有坚定不移的性格，就可以抵挡新闻事件、热点提示、谣言或厌烦情绪的干扰。假设你是一名图表交易者，而且在分析给定的图表形态时喜欢灵活处理，也许你很容易在事后辨识一种形态，但在实际交易中形态发展时很难做到。分析结果可能令你不知所措，于是你很难制订切实可行的交易决策。保持客观可以使你轻松地遵守通过分析得出的决策。

能令你保持一致是使用系统交易的另一个重要原因。既然交易系统中仅有的几条规则每次都以完全相同的方式被使用，那么其可确保交易者在交易中保持可贵的一致。在许多情况下，客观和一致会走到一起。虽然一致往往被认为是欠缺思考的表现，但当我们不是冠军交易者时，它的确是一种非常有用的品质。

交易系统还具有另一种关键的优势：多元化，尤其是跨交易模型、跨市场和跨时间框架的多元化。没有人可以确定市场在何时出现大的行情，当我们判断正确时，多元化是另一种增加胜率的方法。

总之，我们可以使用交易系统获得统计学优势、客观性、一致性，并可实现跨系统和市场的多元化。本部分的一个关键假设是，交易者使用的系统经过良好的设计，而且是完善的。接下来我们将讨论一些完善交易系统的实例。

完善的交易系统：TOPS COLA

一套完善的交易系统应该能够经受不同市场环境的考验，可以在跨市场和多时间框架的情况下正常工作。这种系统不会对它所用的参数值过分敏感。当“长”时间（两年或两年以上）交易时，业绩可能既不是最差的也不是最好的。这种系统通常为趋势跟随系统：在遇到亏损时，它会立即将其斩断；在遇到获利时，它会让利润自由增长。这种心理叫作“TOPS COLA”，即“获利了结要缓慢”和“止损要迅速”。

我们举两个完善系统的实例，一个是移动平均交叉系统，另一个是价格区间突破系统。两个系统都是众所周知的，并且正以各种形式被广泛地使用着。这些系统产生的交易通常会超过 20 个交易日，所以我把它们划分为中期系统。它们本质上是趋势跟随系统，在趋势市场中利用它们可以获利，在非趋势市场中利用它们将亏损。典型系统的胜率为 35%~45%，平均每笔交易获利超过 200 美元。后面我将详细讨论这些系统。

在许多市场上长时间地执行完善系统时，它们总体上是获利的。如果执行正确，它们会保证在趋势中入场，截断亏损，让利润奔跑。这种系统有无数种，在专家使用的系统中，趋势跟随系统似乎占较大比例。

完善的系统不对市场行为做过多的假设，使用相对较少的变量和参数，并且不因市场运动而改变其参数，不会因参数值的些许变化而引起业绩的急速下滑。在大多数投资组合中，投资者都值得使用这种系统，因为它们是可靠的，另外它们很容易执行。

什么是“优良”交易程序

读者可以使用本书中的工具来开发“优良”机械系统，即可以自动交易的系统，不存在任何偏差，也不必为每个头寸而每天担心。系统必须将风险控制规则和资金管理算法组合在一起构建交易程序。但是我们怎样才能知道自己拥有的是一个好的程序呢？表 1.6 中列出了一些参考准则。需要注意的是，我并没有对此做出担保。但是接下来的建议应该会使你走上正确的轨道，并且取得专业资金管理人的长期业绩表现。根据用来比较的时间周期的不同，读者可能会看到差异较大的版本。比如在最近市场行情较好的情况下，盈利效率范围可以达 10%~50%，共同基金为 35%~40%。预期的资金回撤为月盈利标准偏差的四五倍，所以很少使用月盈利标准偏差大于 15%

的程序来交易。这些规则假定读者使用日线数据交易，使用风险调整性能来选择系统（通过盈利效率），并且能够容忍 4 倍于月盈利标准偏差的资金回撤。任何参数选择的目标都是使测试周期上交易的数目最大化，同时不要忘记系统的完善性要求。

表 1.6　与交易者信条相一致的“好”的机械交易程序的推荐标准

说明	单位
总入场条件参数	≤10 个
总出场条件参数	≤10 个
交易品种数	≥10 个
测试周期数据	≥24 个月
每笔交易风险占总资金的百分比	≤2%
盈利交易百分比	≤50%
平均月盈利（μ）	1%
月盈利的标准偏差（σ）	5%
盈利效率（μ/σ）	≥0.2
预期资金回撤深度	20%
预期资金回撤持续时间	≤9 个月
盈利月占总交易时间的百分比	≤65%
预期盈利	>13%

对于交易者何时能够停止寻找“圣杯”（完全平滑的资金曲线）并且开始使用交易程序这一问题，这些规则可能是一些很好的指标。通过开展足够的工作，应用足够的创造性，读者应该能够开发一套程序来超越这些指标。但是，仅仅设计一套好的程序是不够的，交易者还必须能够天衣无缝地执行。

如何执行交易系统

准备使用一套自己信任的交易系统。在经过充分测试之后，读者可以为自己所使用的系统设计风险控制策略。风险控制策略指明了每一个信号所产生的合约数和每笔合约所冒风险的数额。当价格向对自己有利的方向运动数天后，该风险控制策略还可以指明初始止损如何改变。

系统必须清楚地说明投资组合问题，比如适合某个账户交易的市场数目和类型，还必须在收到交易信号但未进行交易时，指明初始止损放置的时间和初始止损的类型。

交易计划是系统执行的核心。交易计划指明了入场、出场和根据统计学分析得出的风险控制规则。交易者应该创建一份日志来记录自己的情绪和执行质量，以及对计划的偏离和偏离产生的原因。我们应该随时监测头寸风险和所有出场规则的状态。

最后，长远来看，假设我们正准备用该计划执行100笔交易，而不是一笔，我们可以忽略其中任意一笔交易的业绩，不管它是输是赢，而把精力集中在交易计划的执行上。关于系统执行的问题，将在第九章中详细讨论。

系统交易容易吗

系统交易并不容易，因为它有违人的本性。交易是一种情绪化的行为，而系统交易要求交易者在较长的时间里以毫无偏差的方式去执行一组策略（即不受情绪的影响）。这使得交易成为一种无聊的行为，违反了人的本性。当市场向交易系统预期的相反方向运动时，交易者需要极大的耐心和严格的纪律来执行计划。市场会不间断地向交易者提供各种信息来挑战他们的交易信条，诱使他们偏离既定的交易计划。例如，你是一位逆势交易者，市场呈现在你面前的可能是一系列的趋势，不断触发你的止损位，而不是像预期的那样反转。或者，你是一位突破型交易者，那么市场可能出现一系列失败突破，从而诱使你使用逆势策略。

交易者需要非常强的信念才能在交易过程中坚定不移地执行系统，而不去随意改动参数（表1.7）。如果交易者真的相信自己使用的系统，就应该准备好资金回撤的到来，并且能够耐心地等待最坏时期的结束，必要的话或许会重新调整系统。如果交易者对自己使用的系统只有中等的自信，那么很可能在使用过程中去修改和优化系统。对系统不太信任的交易者常常在一开始表现得过分信任，然后对系统的信任很快消失，于是他会忽略交易信号，从而过迟入场、过快出场。最终，这种交易者放弃了所有的希望和系统本身，开始尝试使用另一套系统，进入一种自我毁灭的循环。

表1.7　交易者反应矩阵

市场行情	对交易系统的信心		
	低	中	高
挑战	放弃系统	修改系统	耐心
困难	忽略信号	怀疑	自信
有利	过分自信	紧张	放松

那么，怎样才能对系统建立自信呢？首先要了解自己的交易信条，这将在第二章中详细讨论。然后，交易者必须对自己的测试有信心。本书中的所有内容都是帮助交易者建立自信的。接下来，交易者必须具有现实的期望。对于“优良”系统和盈利效率标准的讨论见第七章。最后，交易者必须使用自己测试的系统交易，第八章和第九章中对运动心理学的讨论将对此有所帮助。

交易是一种易于出错的过程，市场很快就会发现你的交易链条中最弱的一环。市场会不断创造条件来测试交易者的弱点。比如你在数据供给方面存在问题，那么这些问题将在最不适宜的时间出现。如果你需要在周二早点离开办公室，那么这些危机将在周二出现，仿佛存在某种魔法。所以交易者必须随时准备对整个交易过程进行分析和维护，交易成了一种乏味的、令人生厌的工作。

交易的另一个问题是回报是变化的，不管是赢是输都很难保持平衡。在测试时，大量的数据被压缩在几毫秒内。而在实际交易时，我们不能使时间加速，必须慢慢等待每一次资金回撤的结束。所以交易回报的可变性也会影响到交易者对交易策略的坚持。

有没有人会真正地系统化呢？大量的职业交易者是这样的。例如，资金经理是系统化的，指数基金经理也是系统化的（而且赌场也是系统化的），他们知道自己只具有较小的优势，所以人们下的注越多，“庄家”就越可能获利。保险公司知道，参保的人越多，公司的风险就越小。因此从长远来看，系统化交易是具有获利性的。但是交易者必须明白，只有度过市场的困难时期，才可等待有利行情的来临。系统化交易很难长期进行，但是如果交易者可以掌控自己的心理问题，显然就已经获得一种优势。如果读者不想进行系统化交易，那么请看本章接下来的这一部分——“谁盈利？谁亏损？”。

谁盈利？谁亏损？

特乌勒斯、哈洛和斯通 1974 年发表了一篇由布莱尔·斯图尔特所做的研究报告，该报告对 20 世纪 30 年代以来 8922 名客户的全部交易账户进行了分析。这似乎看起来已经有些久远了，但是在过去的这么多年里，人类的恐惧、希望和贪婪基本没有改变，所以这份研究报告的结果值得认真对待。

斯图尔特在报告中提到了那些客户所犯的三个错误：①投机者明显倾向于过早地斩断获利，而让自己的亏损自由发展；②虽然在研究的 9 年中价格一直下跌，但是投机者倾向于做多而不是做空；③看多者在市场虚弱时买多，而看空者在市场强劲时卖空，表明他们是价位交易者，而非价格运动交易者。

我们应该将这些经验与前述的 TOPS COLA 思想进行一下比较。通过减缓获利了结和迅速止损，我们可避免斯图尔特在报告中提到的第一个错误。其次，通过趋势跟随，我们可以避免后两个错误。如果我们跟随趋势，那么我们将在每个中期趋势上做多和做空，从而避免了只做多的倾向。再次，如果我们跟随趋势，就是在跟随价格运动，从而不再是价位交易者。

如果交易者具有明确的交易计划，包含所有必需的细节，就会很可能在交易事业中获胜。交易者应该把大部分时间和精力放在执行交易计划上，在执行时应该尽可能地准确一致。所以，交易者必须超越技术分析，深入到对交易的管理和组织中去，从而获胜。

第一章附录：技术分析简明入门教程

简介

该入门教程主要是为不熟悉技术分析基本思想的交易者准备的。如果你熟悉技术分析的基本思想，并且可以使用商业技术分析软件程序，那么你可以跳过该附录。但是，附录中的自适应震荡指标和自适应移动平均对高级交易者也可能有所帮助。

市场数据有两种类型：外部的和内部的。外部数据来自经济活动、宏观调控和政府变革，这些因素会影响供需平衡，影响生产和消费。外部数据被称为基本面数据。内部数据来自交易过程，交易工具可以是股票、期货和期权，这些数据由交易所收集和发布。交易数据被称为技术数据，所以技术分析就是分析市场内部产生的数据。根据交易的方式和地点，我们可以把内部数据分为不同类型。

在股票或期货合约的交易过程中将产生很多信息，比如成交价格、成交合约数或成交手数，在新头寸建立和已有头寸了结时都会产生这些数据。当一天中的所有交易都被收集和总结之后，交易所将报告每日交易价差（最高价和最低价之差）、开盘价、收盘价和成交量，以及持仓兴趣。如果你不理解这些术语，可以去股票或期货交易所的网站上查询。

我们将技术市场数据绘制成图表，然后进行分析。在图表中，横轴代表时间，纵轴代表技术数据的值。横轴（时间轴）可以以年、月、周、日或小于1日的时间为时间框架。纵轴以本地货币为单位，显示的是价格的运动：开盘价、最高价、最低价和收盘价。对于股票而言，成交量被绘制在价格线的下面。因为价格图看起来像是一根根的棒线，所以这种图也被称为棒线图（此为美国的价格图。中国的价格图看起来像一根根蜡烛，被称为蜡烛图或 K 线图——译者注）。

随着时间的推移，具有创造性的交易者们已经分析、测试了数百种与棒线图分析有关的思想，并对它们进行了分类。计算机的出现大大简化了分析过程，并允许使用更复杂的计算分析方法。在这样短的篇幅中描述不计其数的交易思想是不可能的，所以本书只将与本书内容相关的重要思想总结在本附录中。

技术分析所做的假设

技术分析中最重要的一个假设可能就是历史会重演，过去的价格运动会对未来的价格运动做出重要的暗示。第二个假设是当前趋势会按当前方向继续发展，直至被取代为止，而且在较长时间（比如说月）框架下观测到的趋势比在较短时间（比如说日）框架下观测到的趋势更重要。第三个假设是与交易工具相关的所有公共领域的信息都会完全反映在市场中。这表明没有哪个交易者具有信息优势，而这未必是真实情况。读者可以怀疑这些假设的准确性，一些学术研究也对这些假设提出了质疑，内幕交易和随机漫步理论便是两个典型的例子。但是出于实际交易的目的，我们将认为这些假设基本上是正确的。

技术分析依靠在过去的数据中发现的形态，而这些形态可以在将来用在交易中。形态的辨识和量化既可以是主观的，也可以是客观的。主观性形态包括图表中各种各样的价格形态，比如通道和三角形。算法公式可对价格进行客观性度量，比如移动平均和震荡指标。这里我们重点讨论技术分析中的量化元素，对于图表形态，读者可以参考其他有关技术分析的书籍。

典型的价格形态和图表形态

图 1.2 ~ 图 1.10 所示为期货市场中常见的一些价格形态和图表形态。股票图表中使用的术语与此处使用的相同。

在趋势市场中，价格朝着一个方向稳定地运动，向上或向下（图 1.2）。在这些趋势中交易时，交易者可以沿趋势方向设立头寸。趋势的产生是对基本面发展的响应，基本面的发展吸引看多者以更高的价格购买，或者让看空者愿意以更低的价格卖出。根据经济学理论，平衡价格远离当前价格时，价格会朝人们理解的未来平衡价格方向运动。趋势可以包含非常宽的价格区间，股市中的价格区间要比期货市场中的大。

交易区间通常出现在趋势的末尾，价格接近人们所认为的平衡价格，然后开始横盘运动或者在几个区间内运动（图1.2）。通常的解释是市场在区间的顶部受到了压力（更多激进的做空者），而在区间的底部找到了支撑（更多激进的做多者）。我们不能说做多者比做空者多，因为对于每笔交易来说，做多者与做空者都是相匹配的。但是，当看多者（或看空者）数量占优势时，对股票的持仓兴趣（或平仓兴趣）会增加。面对这种市场，交易者最好使用逆势策略交易，在低点买进，在高点卖出。使用移动平均的趋势跟随方法在这种市场中不会获利，因为价格来回运动，在两个方向之间产生一系列的亏损信号。

波动市场缺乏相对固定的价格方向，价格在两个方向之间飘忽不定（图1.2）。波动市场可以被看作市场在扩展的交易区间内运动。波动区域可能出现在较宽的上升趋势或下降趋势中，一般持续1～5个月。在波动市场中，使用移动平均的趋势跟随策略和通道突破策略都比较容易亏损。市场通常会从这种区间中突破而出，但很难区分是失败突破还是成功突破。

当市场在一个非常宽的交易区间内，每隔7～20个交易日便从一个价位

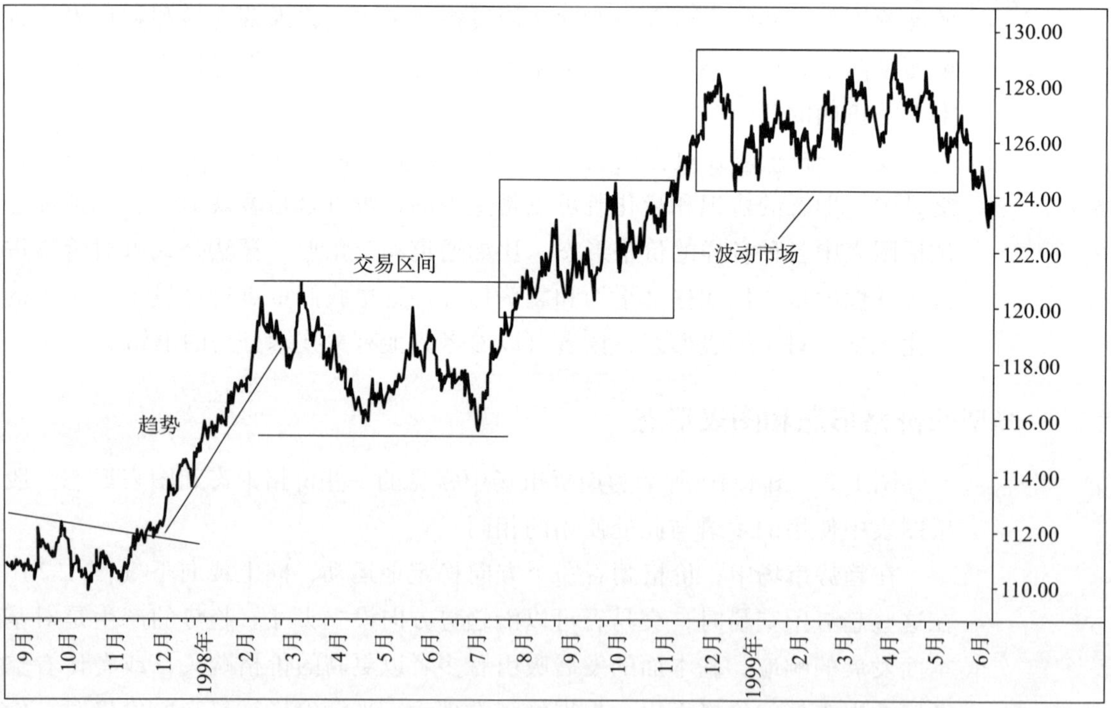

图1.2　用尤莱克斯瑞士联合债券的连续合约示例基本的图形态

平滑运动到另一个价位时，市场正在上下震荡（图1.3）。在这种行情中，使用移动平均的趋势跟随策略要比使用突破型策略更具获利性，使用逆势策略则无利可图。周期性的震荡运动可以看作扩展的整固运动，接下来，市场往往进入交易区间或波动区域。虽然这样的区域很容易事后用肉眼观测到，但在实际交易时，很难用量化的指标去预测。

周期性市场在较窄的交易区间内做持续3~7个交易日的震荡（图1.4）。借助计算机，我们可以检测到此类市场，并且可以通过预测转折点的方法进行交易。这种行情出现的频率比人们普遍认为的要少。

当震荡运动或周期性市场在一轮较强的趋势中呈阶梯式出现时，价格通道便形成了。当检测到价格通道时，我们可以使用简单的趋势跟随工具进行交易。伦敦国际石油交易所（IPE）布伦特（Brent）原油期货连续合约在1999—2000年的上升趋势中呈现出一条相当干净的通道（图1.5）。依据1999年初刚开始出现的上升行情便足以确定这条延续到2000年的通道。随意交易者可能比较喜欢靠近通道底部略低于通道的低风险买进机会，在通道顶部同样为随意交易者提供了低风险的卖空机会。如此强势的通道是非常罕见的，但是在股票和期货市场中的确都出现过，在股市中出现的机会要比在期货市场中多。

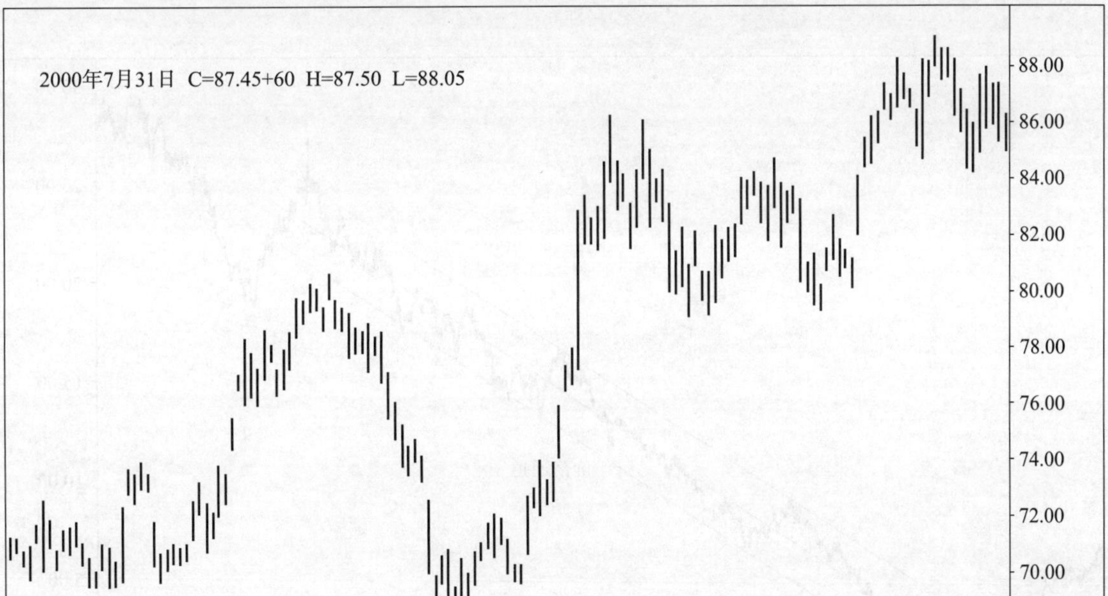

图1.3 纽约高级铜的连续合约在1999年出现震荡运动

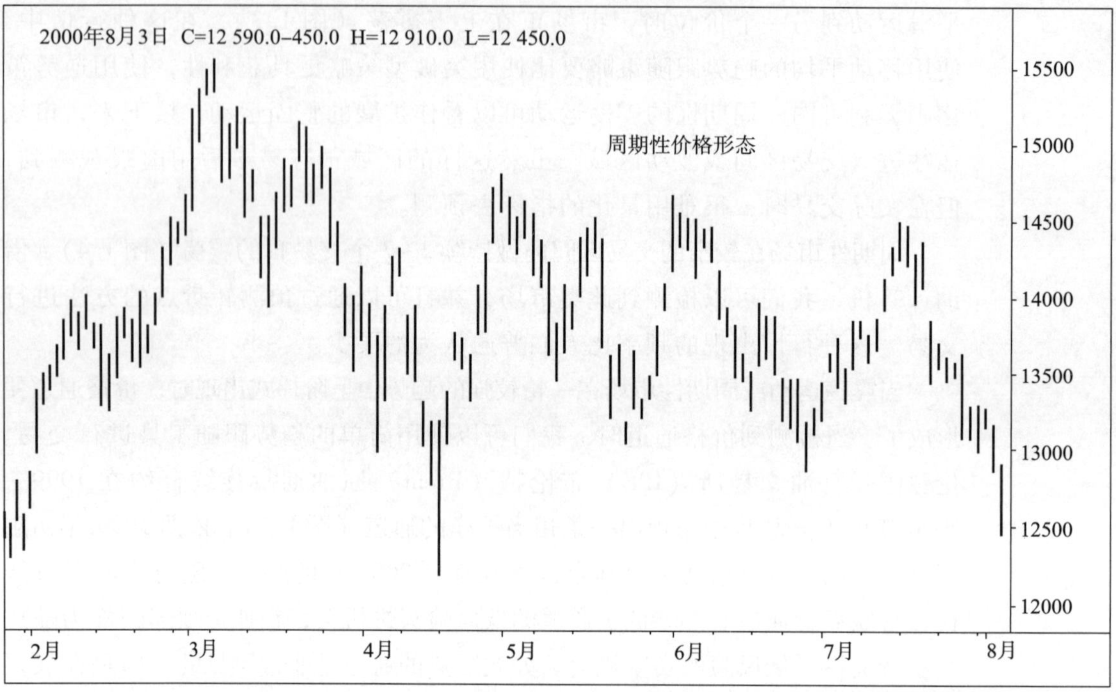

图 1.4　斯德哥尔摩期权市场 OMX 指数的连续合约在 2000 年展现出强劲的周期性价格形态

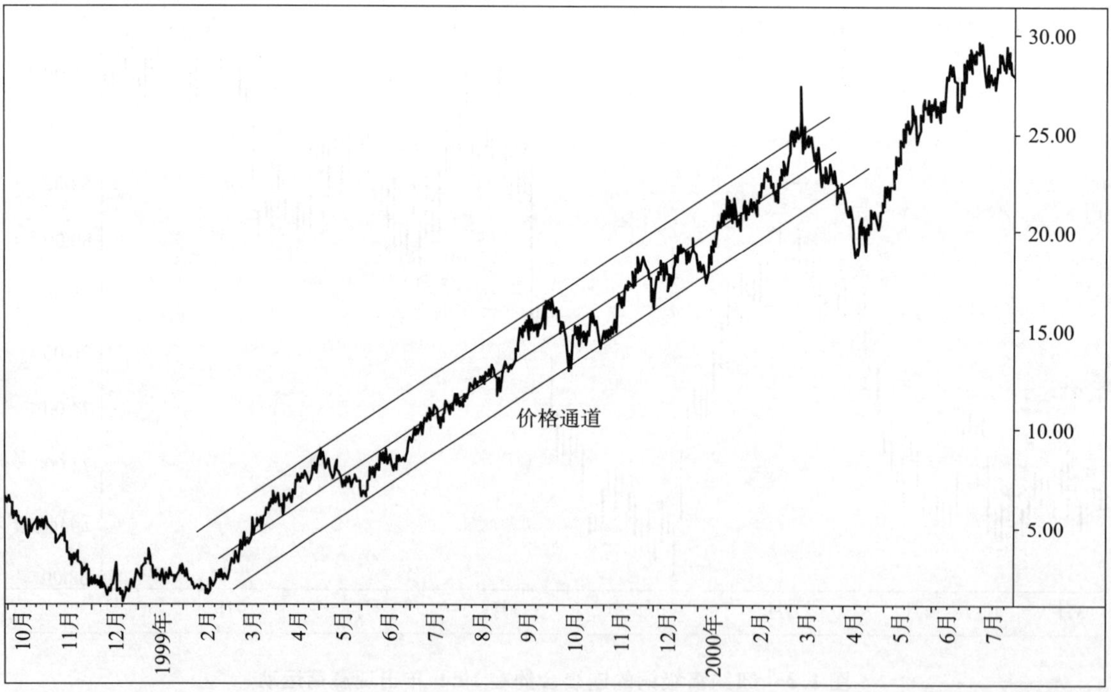

图 1.5　伦敦 IPE 布伦特（Brent）原油期货连续合约在 1999—2000 年呈现出完美的价格通道

三角形代表一段时期的整固形态，市场的价格区间随着时间的推移快速收缩，形成一种可以包含在三角形内的价格形态。至少有三种类型的三角形价格形态：对称型（图1.6）、上升型和下降型。在实际交易中，三角形定义了市场决定未来价格方向（即价格在该形态完成之前便决定性地冲出该三角形）的时间周期，通过等待价格的突破，交易者便可以成功地使用这种形态进行交易。在期权交易中这种形态也非常有用，因为当价格在这种形态内整固之后，波动性一般会减弱；而当价格从该形态中突破而出时，波动性很可能会增强。

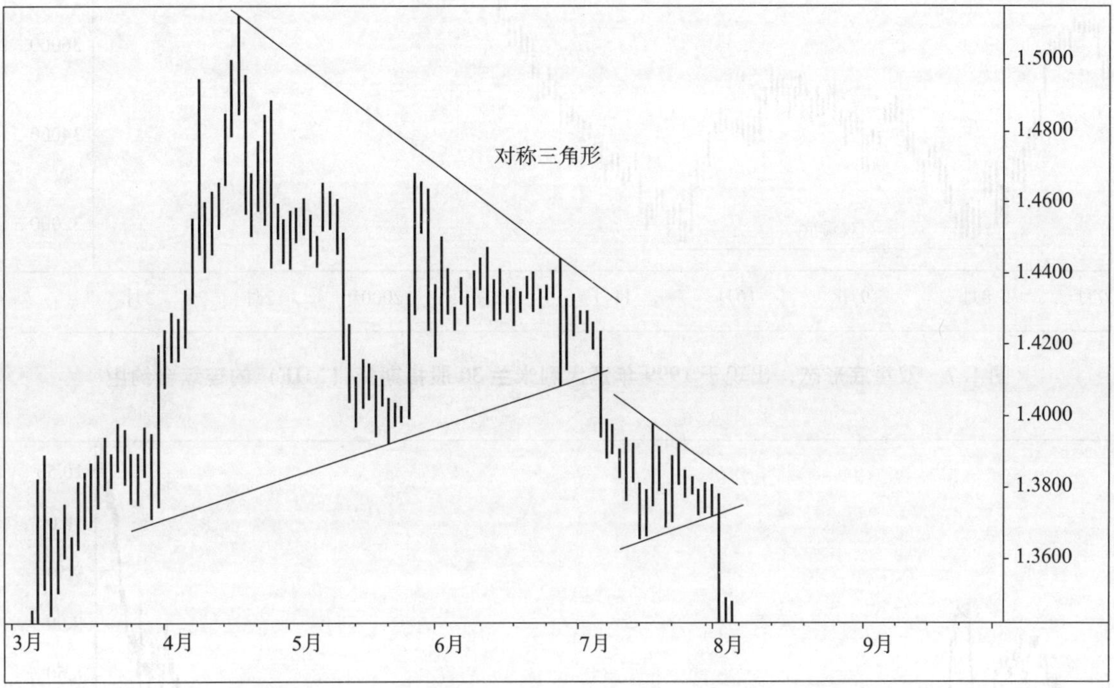

图1.6 芝加哥IMM日元期货合约的连续图在1995年出现大块的三角形整固形态

双重底或双重顶准确描述了一种形态：价格先达到一个极点（最低点或最高点），然后“重新试探”那个极点。该形态通常持续1~4个月，最后市场便朝着与该极点相反的方向果断地运动。“重新试探”可能有几种形式。价格靠近前一个极点时并未超越其价位，会形成标准的双重底或双重顶。有时，“重新试探”可能会稍微超过先前的极点，人们很容易用肉眼观察到，但是很难用计算机程序去定义，因为两次到达极点的时间间隔是非常不确定的。

在米兰30股指期货（MIF）中形成的双重底（图1.7）持续时间为典型的1~4个月，而纽约CSCE糖11号期货连续合约中的大型双重底（图1.8）花了10个月的时间才形成。双重底的定义具有极强的主观性。但是从两张

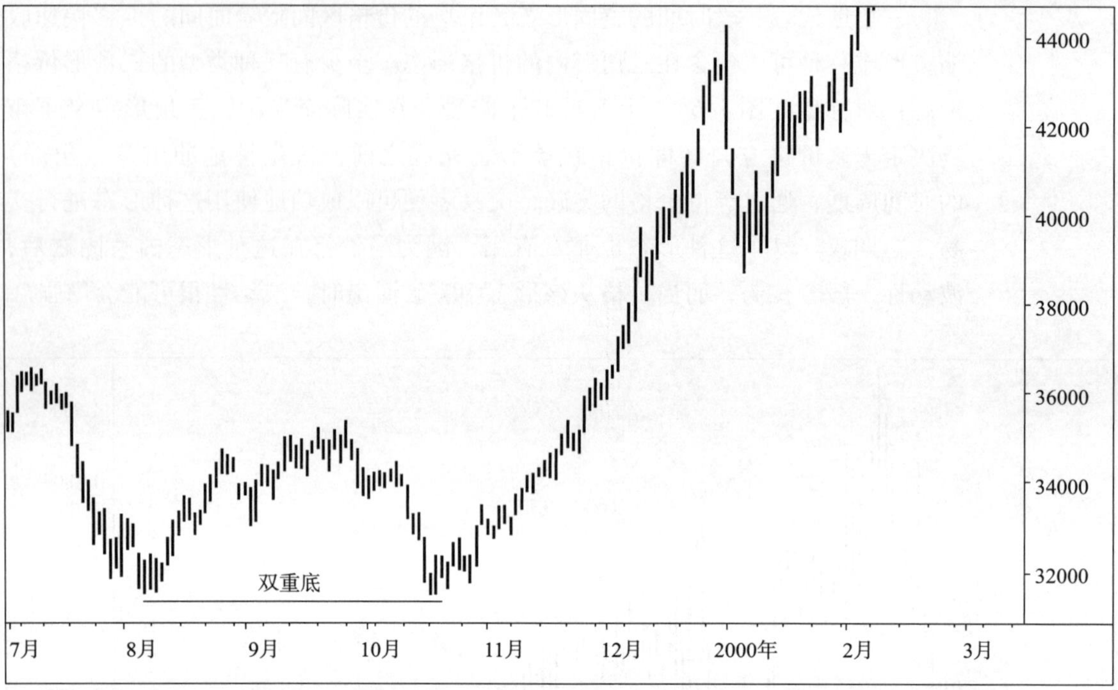

图 1.7　双重底形态，出现于 1999 年意大利米兰 30 股指期货（MIF）的连续合约中

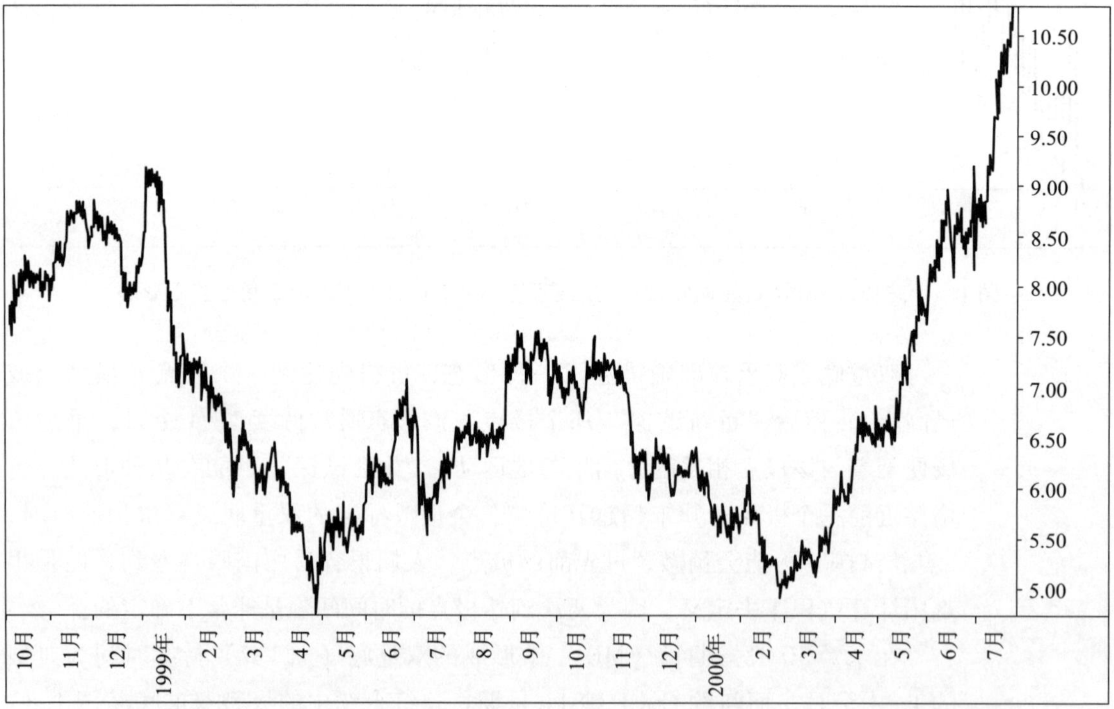

图 1.8　纽约 CSCE 糖 11 号期货连续合约中的大型双重底引发了 2000 年的强势反弹

图中能够看出，我们可以使用它来成功地进行交易。激进的交易者可能在靠近双重底的位置入场，以期待该形态的出现。另一种比较保守的方法是在高于两底中间的高点处买进。使用这种比较保守的方法时，早先入场者一般会卖给迟到的看多者，于是双重底的重新试探或者微小的整固区便会出现。如果收盘价高于两底之间的高点，便可确认双重底形态已经形成。

图表形态的度量目标

当价格出现特定的可定义图表形态时，经验认为未来价格运动的幅度是一致的。这种对运动幅度的预测被称为度量目标。在任何给定的情况下，市场也许会到达预测的幅度，或者继续运动，大大超过预测幅度。但是，对价格形态的识别与分类，以及对未来价格目标进行预测的能力，使得我们可以围绕这些形态来制订交易策略。下面举两个例子来说明这种思想，但这绝不是对这种思想完整或透彻的阐述。

交易者在价格图表中经常会看到长方形价格形态，在这种形态中，价格在一个长方形内运动 4 ~ 6 个月。当市场突破长方形时，我们可以使用长方形的高度得出一个价格目标。图 1.9 所示为纽约棉花期货连续合约的价格图

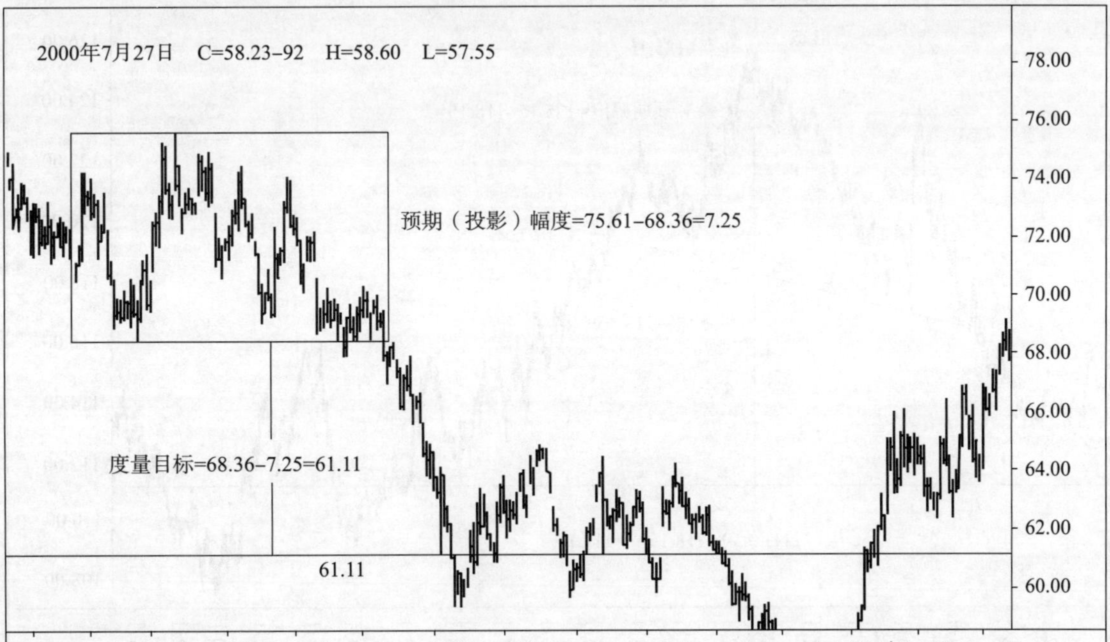

图 1.9 从一个价格长方形中得出的度量目标，在这份纽约棉花期货连续合约的价格图中，度量目标为长方形的高度

表，其中长方形的价格整固区域出现在 1999 年上半年。长方形的高度是 7.25 美元，我们预测的下侧目标是 61.11 美元。一旦价格从这种整固形态中突破而出，那么它将在一个月内达到目标价位。

另一种著名的整固形态是头肩形态。在这种形态中，价格首先形成一个初始高点，然后达到真正的最高点，接下来出现一次对最高点的重新试探。“重新试探”在一个比最高点低的价位失败，形成右肩。我们可以在该形态的低点下面画一条直线，即“颈线”。理想状态下颈线是水平的，但非常罕见。这种形态偶尔会出现于市场底部。我们预测出现顶部头肩形态之后价格将强势向下穿越颈线，而在出现底部头肩形态之后价格将强势向上穿越颈线。交易者在使用头肩形态时应当非常小心，因为它是失败率相对较高的一种形态。但是它的确给出了一种预测价格目标的方法，价格目标是从最高点（或最低点）到颈线。

图 1.10 所示为伦敦 LIFFE Long Gilt 期货连续合约中出现的头肩形态。该连续期货的价格最高点为 125.15 美元，颈线与最高点之间的垂直线长度代表 7 美元，指明一个低于交叉价格 118.15 美元 7 美元的目标价格 111.15 美元。1999 年 5 月，Long Gilt 向下突破颈线，7 个交易日后又重新试探颈

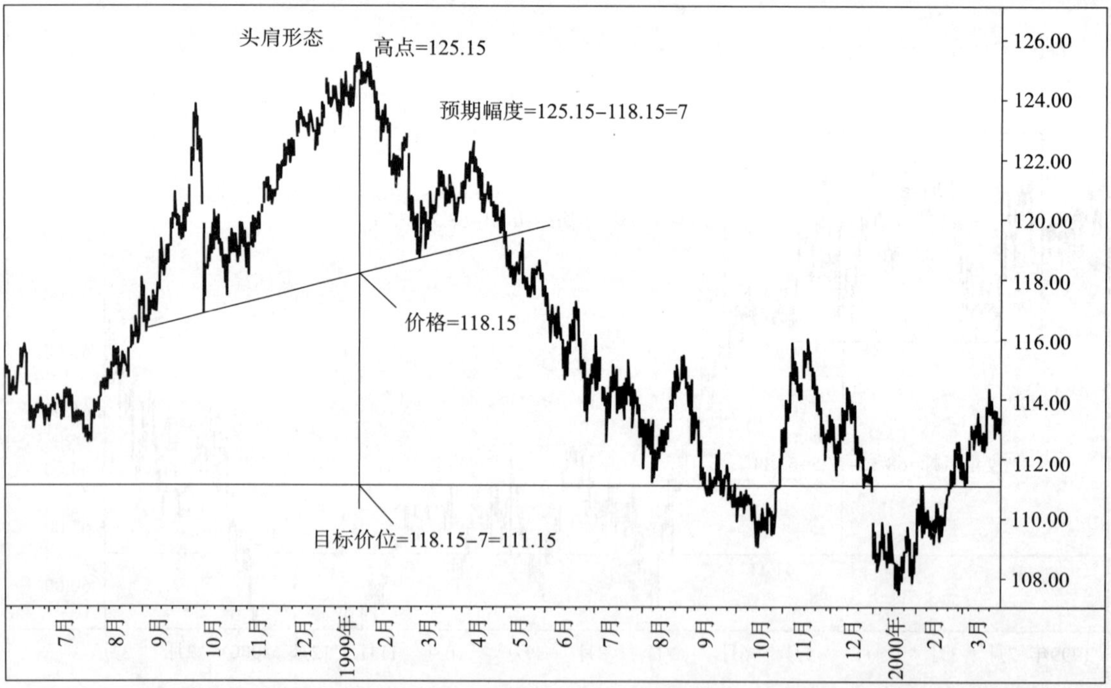

图 1.10　在伦敦 LIFFE Long Gilt 期货连续合约中使用头肩形态得出的下跌价格目标位

线。一旦重新试探失败，Long Gilt 便走低进入一轮波动的下跌趋势，在 4 个月后到达下跌目标位。通过观察发现，该价格目标很容易跌破。

有关股票技术分析的许多经典书籍都阐述了各种价格形态的度量目标，这些形态有三角形、旗形、波浪形，等等。交易者可能也会依据自己的交易经验总结出许多形态，只要我们相信市场会按我们希望的方式运动，就可以使用这些目标，将其作为系统中重要的入场点或出场点。

统计分析

一组数字的算术平均数或均值是一种总结性统计量，它总结了样本的一些特征。计算均值时，先对样本中各项参数求和，然后除以样本的项数。例如，为了求平均每周收盘价，先把从周一到周五的收盘价加起来，然后除以 5，便得到了平均每周收盘价。均值可以看作所有数据点的加权和：

$$均值 = \mu = \Sigma(w_i \times V_i)$$

其中权重 $w_i = 1/n$，n 为数据点总数，而 V_i 是各个数据点的值。所以均值等于样本中所有数据点的加权和，各个数据点的权重就是数据点总数的倒数。

均值不会给出数据在均值周围分布的任何信息，即我们不知道数据点距均值有多远。例如，计算一个班中所有儿童的平均身高，计算结果既不能告诉我们身高的范围（即最高的身高减去最矮的身高），也不能告诉我们不同身高出现的频率，我们只能使用标准偏差来量化这一差值。

要想计算标准偏差，先要计算出各个数据点与均值的差（$V_i - \mu$）。先对这些差值求平方（去负号），然后对平方差求和，再除以数据点总数求出均值（如前所述）。这被称作样本方差。最后，我们对样本方差做平方的逆运算——开平方，便可得到样本的标准偏差。标准偏差是一种度量数据分布状况的统计量。标准偏差可以看作样本方差加权平均的平方根，计算公式如下：

$$样本标准偏差 = \sigma = \sqrt{\Sigma[w_i(V_i - \mu)^2]}$$

在一个正态分布（图 1.11）中，样本数据出现的频率呈钟形分布在均值的周围。意思是说，在靠近数据范围中心的位置，数据密度最高。越靠近均值的位置我们会发现数据点越多，而远离均值的位置数据点较少。如果数据呈正态分布，那么我们预计大约 67% 的数据都分布在距离均值两侧一个标准偏差的区域内。在正态分布中，大约有 99% 的数据将落在均值两侧 3 倍标准偏差的区域内，这说明标准偏差是对数据分布的一种度量方法。

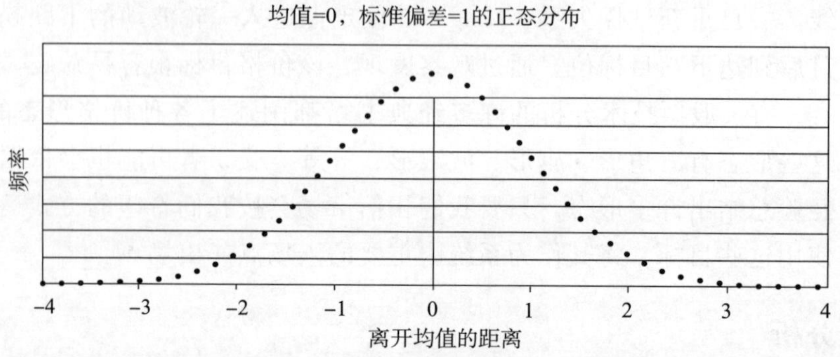

图 1.11　标准正态分布的频率分布图，均值等于 0，标准偏差为 1。注意大部分数据位于靠近均值的区域内，而远离均值的位置数据点相对较少。标准偏差被用来量化数据点离开均值的距离

移动平均

移动平均是一些变量（比如收盘价）的简单均值，是在特定的时间间隔，比如说 9 个时间周期上计算得出的。移动平均通常由棒线图表中的收盘价计算得出，但是交易者可以使用自己喜欢的任何数据来计算。移动平均用于将价格数据平滑化，然后辨识潜在的趋势。平均周期的长度和均值的计算方案可以有多种，以便产生具有不同平滑特性的均值，也叫作移动平均的灵敏度或者移动平均的速度。需要注意的是，价格肯定在移动平均反映出价格变化之前便已运动，所以移动平均通常滞后于实际真实价格的运动，因为其响应受到平滑方案的阻尼作用。移动平均值没有固定的限制值，根据价格的变化可以取任意值。

常见的移动平均是简单移动平均、加权移动平均和指数移动平均。此外，人们还发明了自适应或动态移动平均，在这种移动平均中，平滑周期不是固定的，而是随市场波动性变化。

简单移动平均（SMA）的加权方案就是赋给所有的数据点相同的权重。该权重为 $1/n$，其中 n 是计算时间周期的数目。计算时间周期的长度是固定的，在每个时间周期末，一个新的数据点被加入，最旧的数据点被删除。在加权移动平均（WMA）中，权重被调节为所有的权重之和为 1，最新数据点比采样周期中较早的数据点被赋予更大的权重。加权移动平均中，当一个新的数据点加入时也会删除最旧的数据点。一些交易者认为最旧的数据点也应该包含在平滑方案中，于是引出了指数移动平均（EMA）。在指数移动平均中，当加入新数据点时并不删除最旧的数据点，而是不断减少它们在计算时的权重。

具体使用哪一种移动平均很大程度上是个人爱好问题。图 1.12 所示为东京 Palladium 期货合约在 2000 年 1 月和 2 月出现的强势反弹。图中还画出了三条收盘价的 20 日移动平均线。注意 EMA 的响应速度要比 WMA 快，而 WMA 比 SMA 更灵敏。EMA 和 WMA 赋给最近数据较大的权重，所以对市场中快速的价格运动更加敏感。

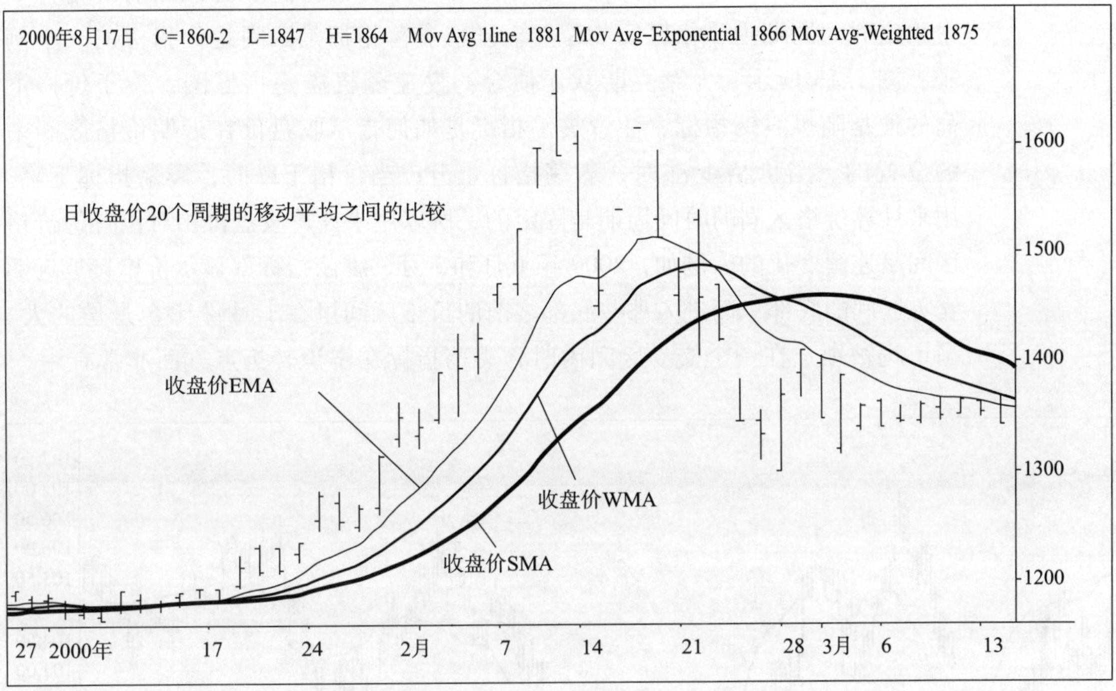

图 1.12　日收盘价 20 个周期的简单移动平均（SMA）、加权移动平均（WMA）和指数移动平均（EMA）。该图为东京 Palladium 期货合约在 2000 年 1 月和 2 月出现的强势反弹

移动平均构成了趋势跟随交易系统的基础，当使用两条或多条移动平均来辨识趋势的变化时，头寸便在新趋势的方向上设立。最简单的策略是使用一长一短两条不同长度的简单移动平均。移动平均的长度越短，计算时使用的时间周期越短。于是，较长移动平均反映的是“旧”趋势，而较短移动平均反映的是“新”趋势。如果短移动平均向上穿越长移动平均，那么一轮新的上升趋势即将产生，于是我们设立做多头寸。基于这种交易策略，我们可以开发多种多样的交易系统。

震荡指标

震荡指标也是从市场价格中得出的，但是经过“规格化”以后只在一些固定值（比如0）周围波动，而且具有固定的上限和下限。震荡指标只是对市场动量的另一种度量。我们使用不同的平滑方案来产生震荡指标，以使它平滑地运动。用来计算的时间周期通常是固定的，震荡指标用来指示价格的“超买”或“超卖”（即价格在一个方向上偏离平衡价格太远）。交易思想是价格在这些极值处不会持续太长时间，短期之内便会横盘运动甚至反向运动。

还有一类“区间定位震荡指标”，我们可以用它们来辨识当前价格在一个固定时间周期内价格区间的位置。随机震荡指标是区间定位指标的一个例子。图1.13所示为尤莱克斯欧元债合约慢速随机震荡指标图，位于价格下面的便是随机震荡指标，注意震荡指标是如何指示收盘价在近期价格区间中的位置的。当价格上涨时，震荡指标上升；当价格下跌时，震荡指标下降。用来计算价格区间的时间周期是固定的，所以用来计算收盘价相对位置的价格区间是连续变化的。例如，2000年1月和5月，震荡指标都显示价格接近近期交易区间的底部，而进入那些底部之前的价格区间里在1月份比5月份的大。当市场被锁定在一个交易区间内时，震荡指标在辨识转折点方面非常有用。

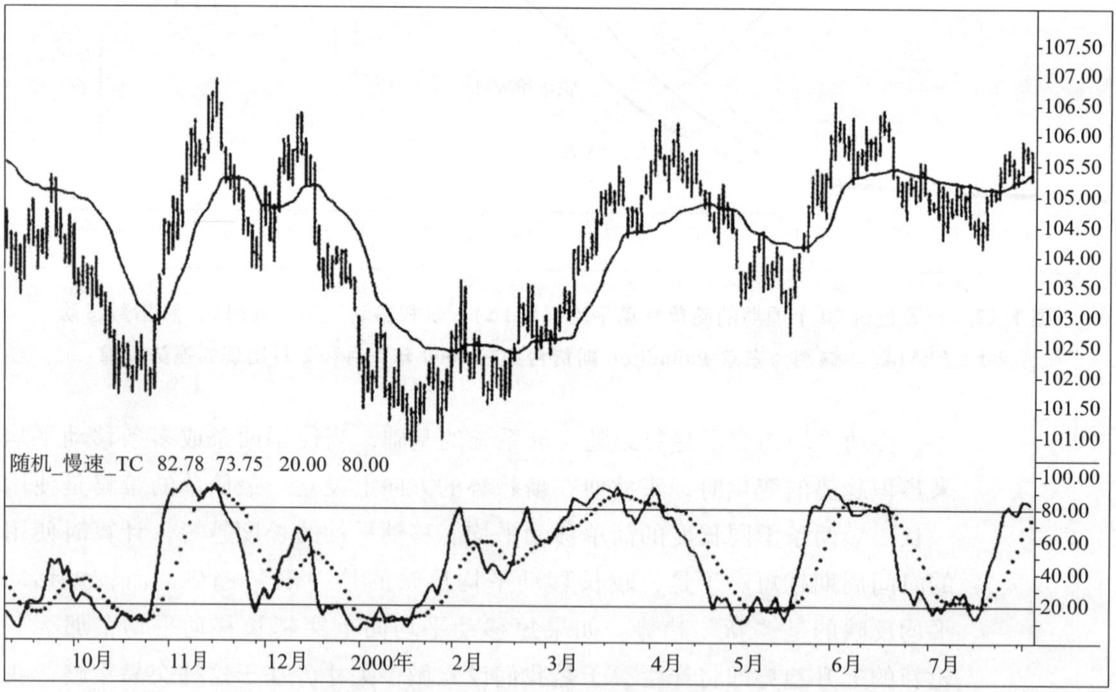

图1.13　尤莱克斯欧元债合约中的慢速随机震荡指标显示市场动量

在趋势中，震荡指标的另一种用途是检测市场动量和价格运动之间的背离。动量背离是使用固定时间周期计算震荡指标的一个直接结果。例如，当价格创造一个新的低点，但震荡指标未出现低点时，一个背离便产生了。如果后续的低点出现时，计算周期上的价格区间较小，而且震荡指标值大于在先前价格低点处的震荡指标值，就会产生背离。与该过程相反（即价格出现新高，而震荡指标没有）时也会出现背离。在关键转折点处人们通常能观察到背离，但并非每次背离都会引起关键转折点的出现。在图 1.14 所示的尤莱克斯欧元债合约中，我们可以看到价格和动量震荡指标之间的背离。

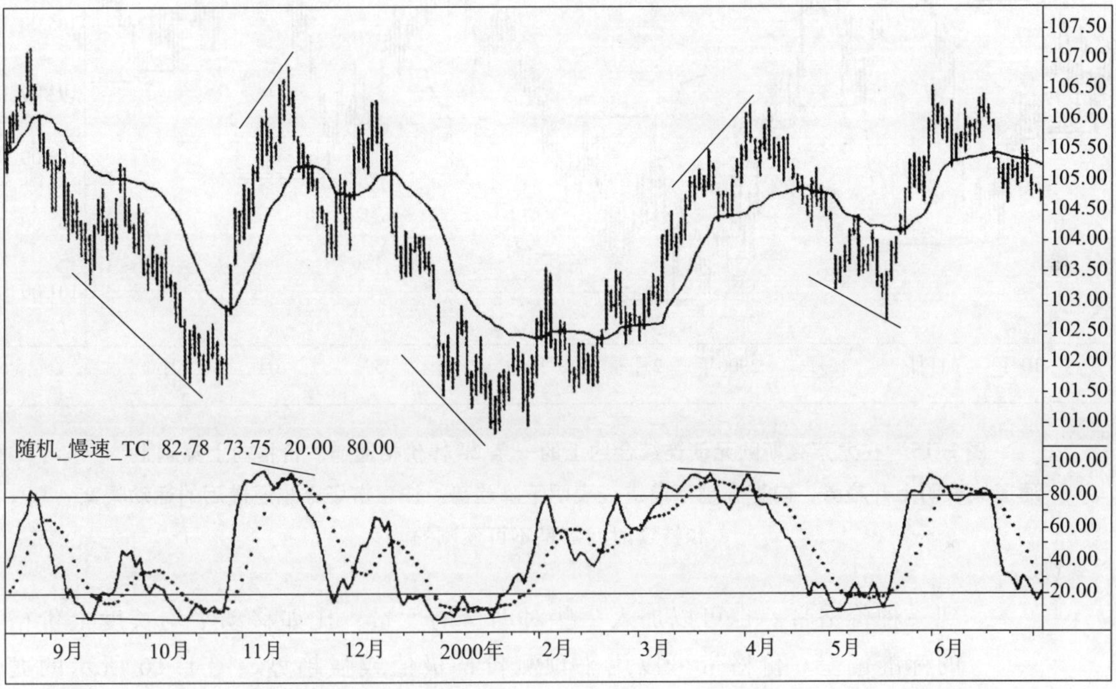

图 1.14　随机震荡指标显示出价格与价格动量之间的背离，图中为尤莱克斯欧元债期货连续合约数据。当价格创造一个新的极值，但动量震荡指标没有的时候，便会产生背离

价格通道和价格带

价格通道用来绘制一个固定周期上的最高点和最低点。它是一种与前述通道图表形态不同的图形化工具。此处价格通道用来定义给定时间周期上价格运动的范围（图 1.15）。当价格创造出新的高点或低点时，交易者可以使用价格通道来制订交易策略。新的高点或低点可以被解释为新趋势启动的信号，可以沿趋势方向设立头寸，或者了结前面趋势中的头寸。

价格带通常画在移动平均线的两侧，用来度量价格在均值两侧运动的范围。在移动平均线两侧画出距移动平均线固定百分比距离的两条曲线，便得

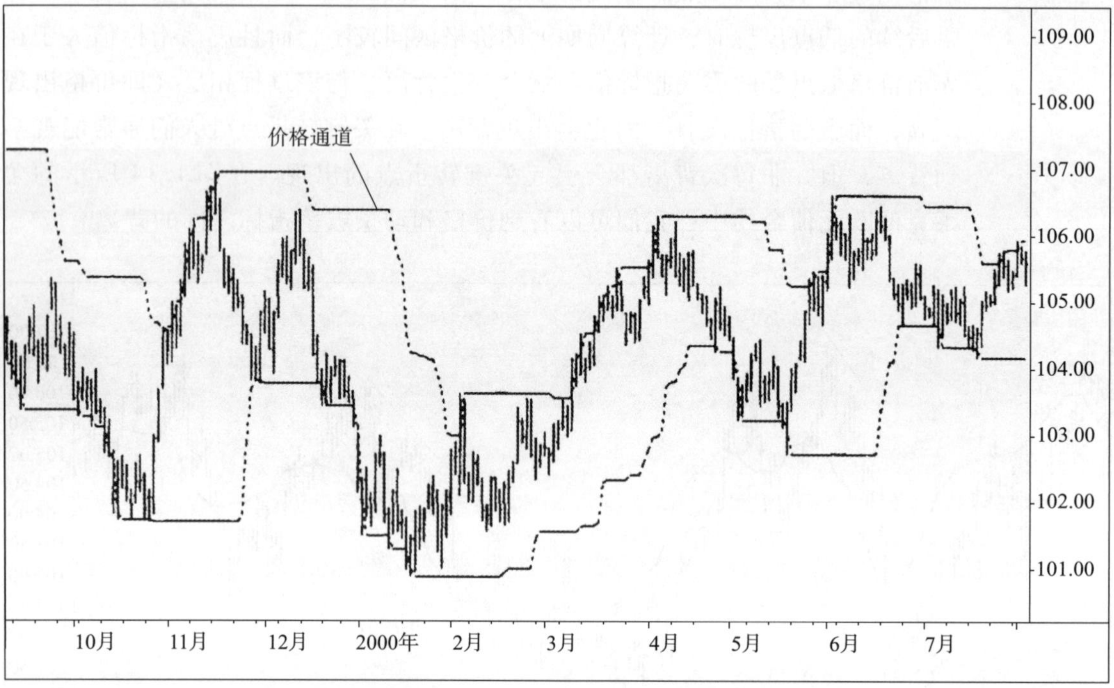

图 1.15　在尤莱克斯欧元债连续合约上的一条 20 棒价格通道。价格向上穿越上通道线表明上升趋势，向下穿越下通道线表明下降趋势。注意市场穿越通道后的运动幅宽和持续时间都是不可预测的

到一种价格带。也可以加入一些对动量的度量，比如移动平均长度上价格的标准偏差。价格带可以用来预测价格极值或强趋势。图 1.16 所示的尤莱克斯欧元债合约图中，使用 50 日简单移动平均，移动平均线两侧为 ±2% 的价格带。整固区一般会在价格带内部产生，而趋势一般产生在价格带的外部。移动平均线两侧的价格带可以用不同的方法来定义，比如使用基于波动性的定义。

使用价格通道或价格带，或两者同时使用，我们便可以开发趋势跟随或逆势交易系统。虽然每一轮主要趋势都是从穿越价格通道或价格带开始的，但并非每一次从价格通道或价格带中的穿越都会引发一轮主要趋势。

趋势指标

及时地检测趋势便可获得可观的利润，所以交易者们发明了一些基于价格的指标来度量市场中的“趋势”。在这些方法中，出现一个较大的值通常表明一轮趋势的出现，所以可用于基于趋势的交易策略。这些指标可以通过

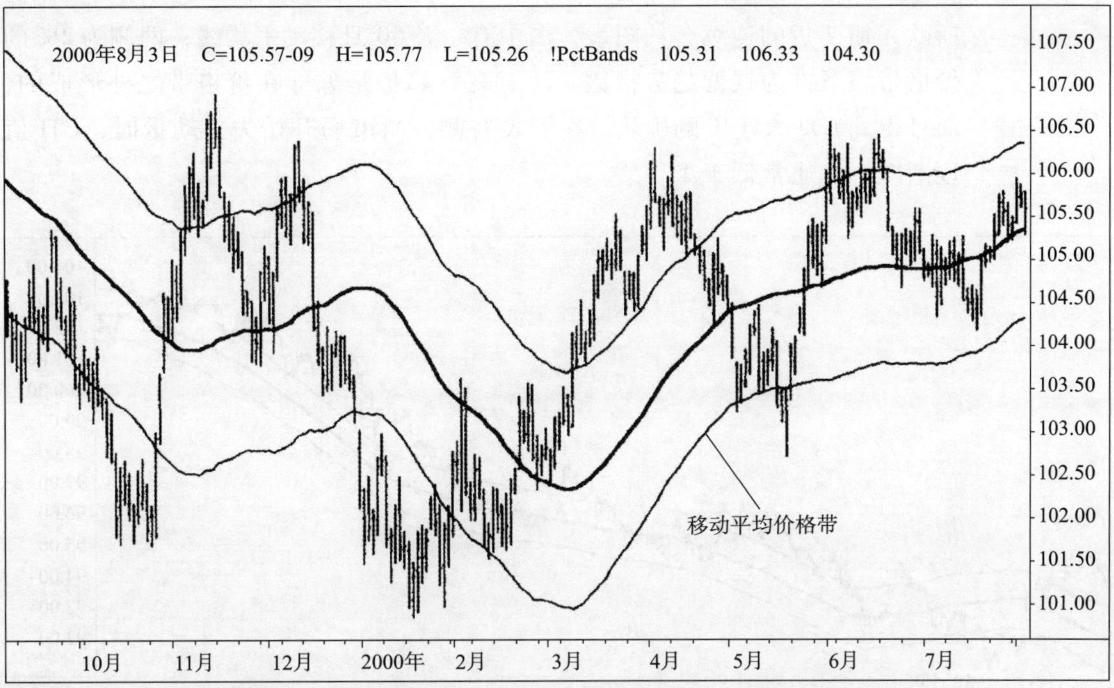

图 1.16 在尤莱克斯欧元债期货连续合约上，绘制了一条 50 日简单移动平均线，两侧是 2% 的价格带。价格带上缘线高于当日 50 日移动平均 2%，价格带下缘线低于当日 50 日移动平均 2%

动量指标（比如移动平均）的双重平滑进行近似。

平均动向指数（ADX）是一种趋势指标，当使用者确定回顾长度后，要进行一些相当复杂的计算才能得出。当 ADX 大于 20，或者 ADX 持续上升，我们便可认为即将进入一轮趋势。在每一轮重要趋势中，14 周期 ADX 通常超过 20，但并非每次 ADX 大于 20 都会引起重要趋势。

最近推出的钱德趋势指数（CTI）的基础是期权价格理论。如果用 L 表示回顾周期的长度，那么计算公式如下：

钱德趋势指数（CTI）$= \tau = \ln(c/c[L]) / \{\text{stdev}[\ln(c/c[1]), L] \times \text{sqrt}(L)\}$

其中，τ 是趋势指数；ln 是自然对数；stdev 是标准偏差；$c[1]$ 是当日收盘价；$c[L]$ 是 L 个交易日前的收盘价；sqrt 是平方根函数。当该指数的值大于 1 时，便表明存在趋势。这种趋势度量方法的原理如下。布朗运动理论认为，价格运动为每日价格变化的对数的标准偏差乘以度量价格变化的时间间隔的平方根。这是分母的值。分子是相同时间间隔上终点价格与起点价格之比的对数。如果价格随机运动，那么钱德趋势指数应该小于或等于 1。

反之，如果价格以强趋势运动，那么CTI应该大于1。图1.17所示为尤莱克斯欧元债期货的连续合约图表，图中有一条50日移动平均线，两侧为2%的价格带，下方为钱德趋势指数。注意观察趋势是怎样在价格带之外形成的，而且得到CTI大于1的确认。在图表右侧，当市场开始失去动量时，CTI值逐渐减小，通常低于1。

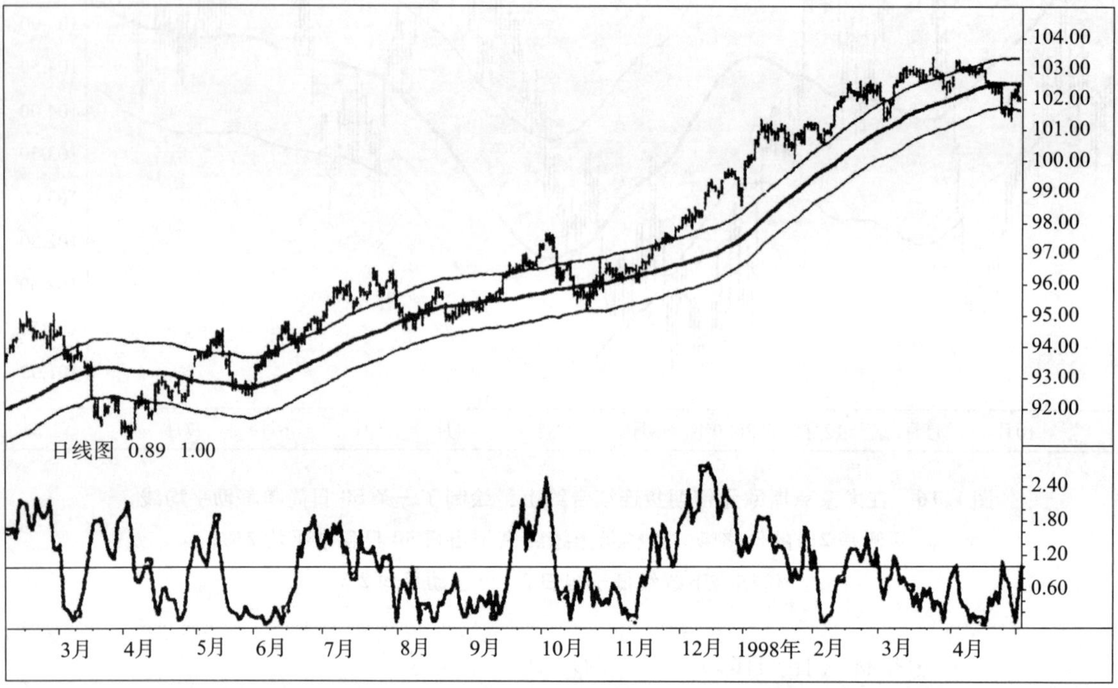

图1.17 我们将钱德趋势指数（CTI）绘制在尤莱克斯欧元债期货连续图的下方。图中还画出了50日简单移动平均线，以及位于其两侧的2%价格带。如果CTI的值大于1，就表明在用于计算的时间周期上存在趋势

CTI也可以很容易地用于股票交易中。如图1.18所示，Arriba公司的股票图展示出强劲的趋势，使CTI值远大于1。此处CTI可用作超买指标。

动态指标

到目前为止，我们所讨论的指标都需要使用者选择时间周期来完成指标的计算。在很多情况下，创建可以根据当时的价格运动自动调整计算周期的指标，可能比较令人满意。这种思想详见钱德和克罗尔（Kroll）所著的《最新技术分析指标》（*The New Technical Trader*，John Wiley&Sons，1994年出版，中文书名参考台湾译本）。特别推荐钱德和克罗尔的“随机RSI和动

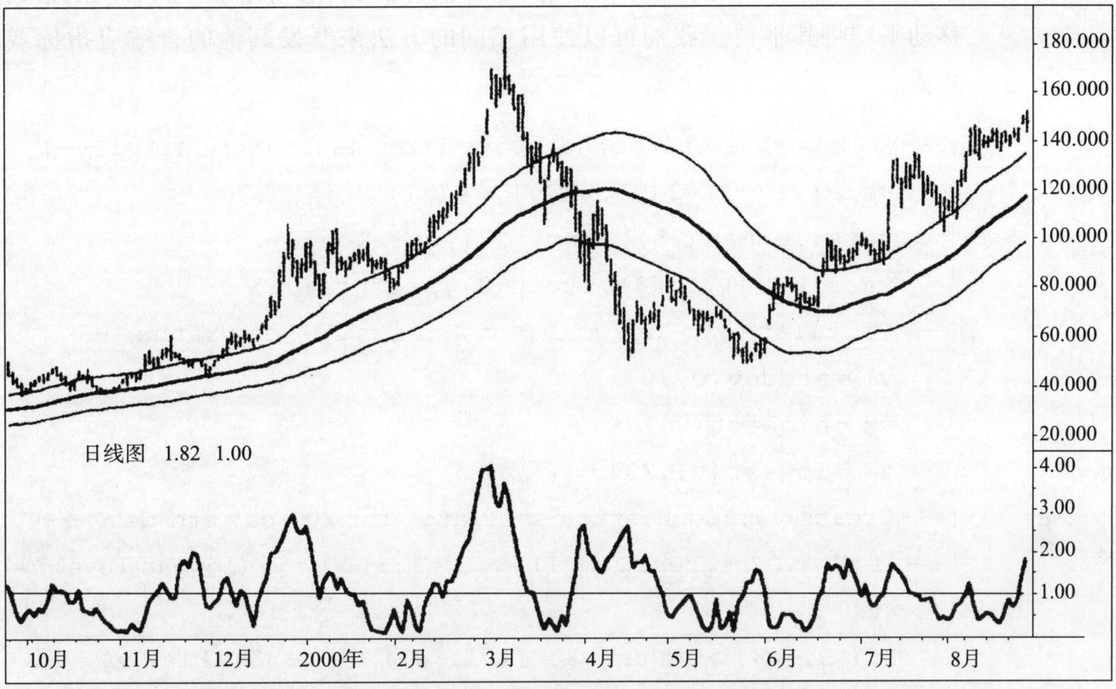

图 1.18 在 Arriba 公司股票图表中绘制出钱德趋势指数（CTI）和一条带有 2% 价格带的 50 日移动平均线。CTI 大于 1 表明存在趋势，当价格上涨高于价格带或下跌低于价格带时，便确认了 CTI 给出的趋势信号

态动量指数”（见参考书目），其中详细阐述了自适应指标的应用。

动态指标背后的策略是将指标的回顾周期长度与市场波动性联系在一起，然后根据市场波动性来调整回顾周期。当价格处于交易区间内（波动性较弱）时，我们通常希望指标具有“较长”的回顾周期。反之，当价格快速运动时，我们希望使用“较短”的回顾周期。改变用于计算的回顾周期要比使用自适应移动平均将指标平滑能让指标更灵敏。“较长”和“较短”的定义取决于交易者使用的交易视窗。

以下为欧米伽研究中心交易平台（TradeStation）软件中的一段示例代码。该代码用于创建一个自适应的随机震荡指标，该指标使用收盘价的 20 日标准偏差，长度范围从 7 个交易日到 28 个交易日。首先，确定 20 日标准偏差是否为其最大值。为此，使用 20 日标准偏差（变量“$v1$”到“$v4$”）计算一个随机震荡指标。如果 20 日标准偏差为其最大值（$v1 = v2$），那么 $v4 = 1$，震荡指标长度被设为最短值，即变量 lenmin（ = 7 日）。如果 20 日标准偏差为其最小值（$v1 = v3$），则 $v4 = 0$，震荡指标长度被设为最长值，即变量 lenmax（=28 日）。剩下的工作便是计算随机震荡指标了。然后使用指数移动平均将其平滑。我们可以使用相同的方法来开发其他的自适应指标或均值。

```
{---©2k Tushar Chande;Adaptive Stochastic Oscillator ---}
   vars:v1(0),v2(0),v3(0),v4(0);
   vars:lenmax(28),lenmin(7),currlen(0);
   vars:hh(0),ll(0),stoch(0),stochma(0);
{---Calculate 20 - day std. Dev. And its 20 - day range ---}
   v1 =stddev(c,20);
   v2 =highest(v,120);
   v3 =lowest(v1,20);
{---Create v4:stochastic oscillator for 20 - day std. dev. ---}
{---if v1 =v2(highest level) =>v4 =1;if v1 =v3(lowest level) =
   >v4 =0 ---}
   If(v2 - v3) >0 then v4 = ((v1 - v3)/(v2 - v3))Else v4 =0;
{--- Calculate current effective length; if v4 = 1, then
    length =mininum ---}
    currlen = IntPortion (lenmin + (lenmax - lenmin) * (1 -
    v4));
{---Calculate stochastic oscillator and its 3 - day exponen-
   tial average ---}
   hh =highest(h,currlen);
   ll =lowest(1,currlen);
   if(hh -ll) >0 then stoch =((close -ll)/(hh -ll))*100;
   if currentbar =1 then stochma =0 else
   stochma =0.5*stoch +0.5*stochma[1];
{---plot data ---}
   plot1(stoch,"adapt_stoch");
   plot2(slowk(18),"stochma");
   plot3(80,"hi_ref");
   plot4(20,"lo_ref");
{---End of code ---}
```

图 1.19 所示为尤莱克斯欧元债合约，将自适应随机震荡指标（细线）

添加到 18 日随机震荡指标上。我们可以很清晰地看出自适应随机震荡指标因价格运动所作的调整，比固定周期长度的相同震荡指标更快达到极值。

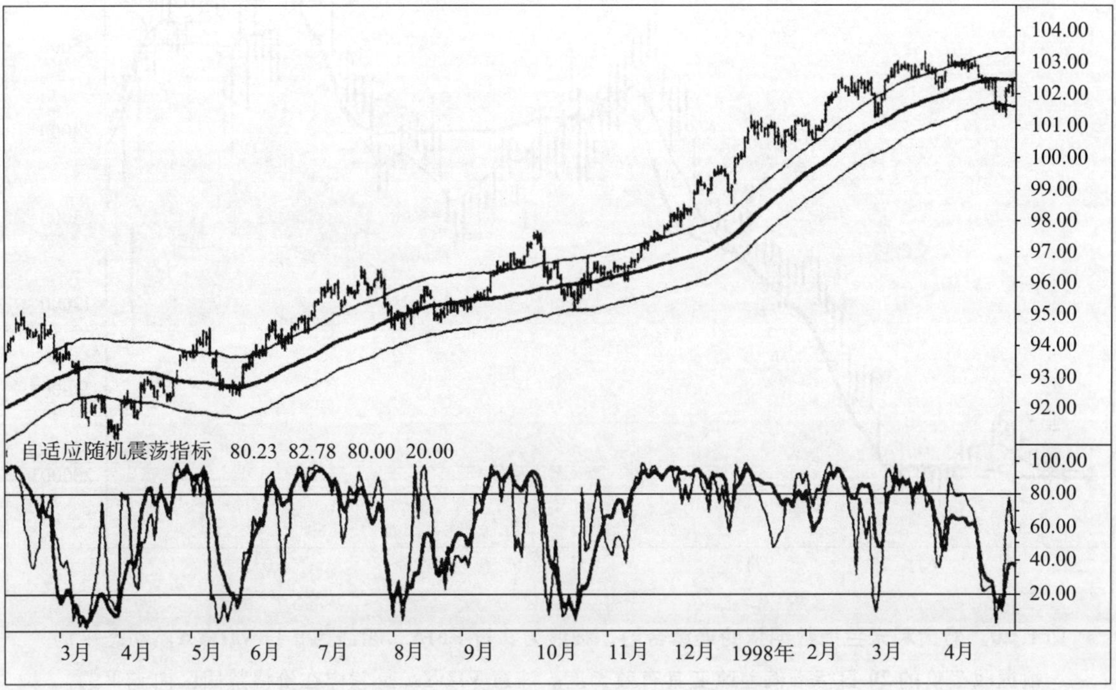

图 1.19 尤莱克斯（Eurex）欧元债期货连续合约，使用自适应随机震荡指标，其中计算时间周期根据每日收盘价的 20 日标准偏差在 7~28 日之间调整。图中细线为自适应随机震荡指标，粗线为 18 日随机震荡指标，自适应随机震荡指标对价格的变化更加敏感。价格图上添加了 50 日简单移动平均线，两侧为 2%的价格带

变指数动态移动平均（VIDYA）利用市场波动性改变指数平均的长度，从本质上修改了指数平均的计算公式。这种均值自动调节自己的长度，对价格的反应更灵敏。当市场波动性增强时，该均值的有效长度缩短。反之，当市场波动性减弱时，该均值的有效长度伸长。图 1.20 通过绘制 9 日指数移动平均线和可变指数动态移动平均线，对米兰指数期货（MIF）进行了分析。当市场快速运动时，VIDYA 向 9 日指数移动平均线靠拢。当波动性处于最弱水平时，VIDYA 水平运动，其有效长度变为“无限”，表明该指数的有效长度具有一个很大的动态范围。在图 1.20 中，当米兰股票期货在 1997 年 6 月从整固区域加速而出时，VIDYA 与 9 日指数移动平均的有效长度相同。当 MIF 进入 6—9 月的整固期时，VIDYA 水平运动。VIDYA 走平是辨识整固区的一个有效信号。

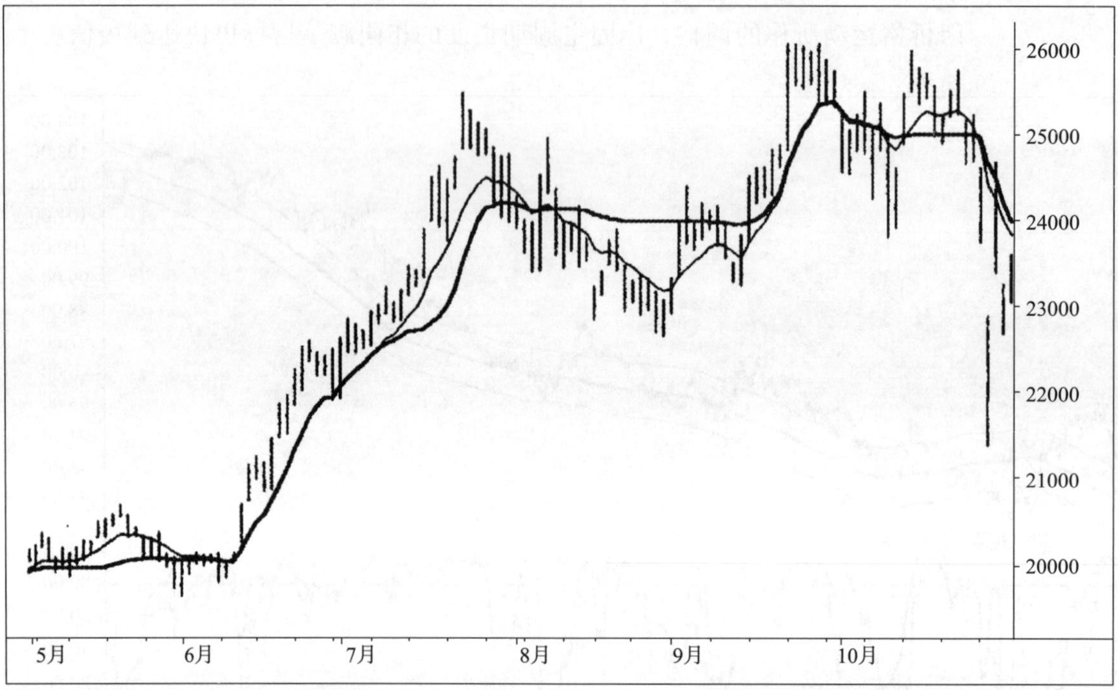

图 1.20　意大利米兰指数期货的连续合约，细线为 9 日 EMA，粗线为 9 日 VIDYA。动态平均根据收盘价的 20 日标准偏差改变其有效长度。注意 VIDYA 是怎样在价格整固区内走平的

VIDYA 在交易平台上的代码如下。它修改了前面所讨论的自适应随机震荡指标的代码。在以下代码中，通过增加变量比例因子，可以增强该均值的灵敏性。计算 VIDYA 的其他方法见《最新技术分析指标》。

```
{--- © 2k Tushar Chande; Variable Index Dynamic Average
    VIDYA ---}
    vars:v1(0),v2(0),v3(0),v4(0),vidya(0),sfac(0.2);
{---Calculate 20-day std. Dev. And its 20-day range ---}
   v1 =stddev(c,20);
   v2 =highest(v1,20);
   v3 =lowest(v1,20);
{---Create v4:stochastic oscillator for 20-day std. dev. ---}
{---if v1 =v2 (highest level) =>v4 =1;if v1 =v3 (lowest lev-
el) =>v4 =0 ---}
   If(v2 -v3) >0 then v4 =((v1 -v3)/(v2 -v3))Else v4 =0;
{---Initialize and calculate VIDYA ---}
```

```
{--- When v4 =1sfac*v4 =0.20 corresponding to 9 -day expo-
nen-tial moving
average ---}
     if currentbar < =50 then vidya = c;
     if currentbar >50 then vidya = sfac*v4*close +
     (1 - sfac*v4)*Vidya[1];
{--- plot data ---}
     if currentbar >50 then begin
             plot1(vidya"vidya");
     end;
{--- End of code -}
```

预测长期支撑和压力价位

对价格图表最常见的使用方法之一，是预测支撑和压力。支撑是下降趋势可能停止的大约价位，市场受到看多者的“支撑”。反之，压力是上升趋势可能暂停的大约价位，市场受到看空者的“压力”。我们希望预测长期的支撑和压力价位，以便量化我们在市场中的风险。风险对看多者来说是市场下跌至支撑线，而对看空者来说是市场上涨至压力线。对图表的分析表明，期货市场中的长期趋势持续 18～20 个月，或者说大约 400 个交易日（假设每月 20 个交易日），所以我们在 400 日简单移动平均线上定义长期支撑和压力价位。市场一般在长期支撑或压力价位附近较小的范围内运动，所以，我们通过在 400 日简单移动平均线两侧加减收盘价 400 日标准偏差的一半来绘制一条价格带。标准普尔 500 期货（图 1.21）和尤莱克斯（Eurex）DAX 期货（图 1.22）的图表显示出，市场总会在长期价格带附近找到支撑。纽约棉花期货（图 1.23）表明长期压力线位于 400 日简单移动平均线附近，短期趋势也是如此。

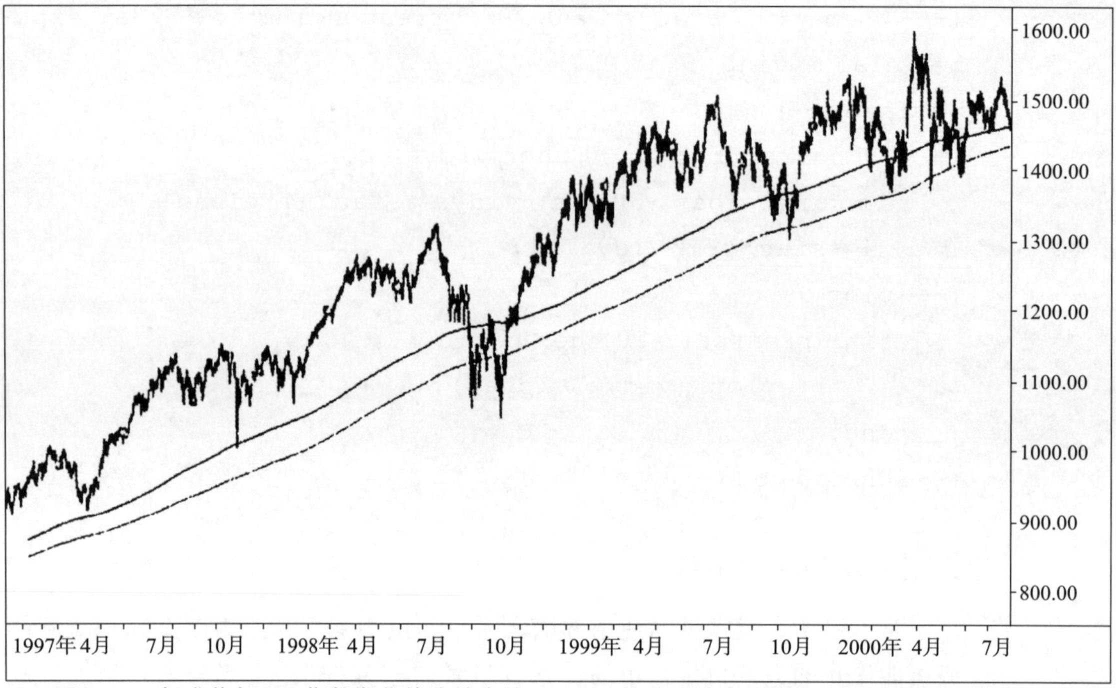

图 1.21 标准普尔 500 指数期货的连续合约，400 日简单移动平均线，价格带距移动平均线的距离为收盘价 400 日标准偏差的一半。长期支撑和压力似乎靠近价格带

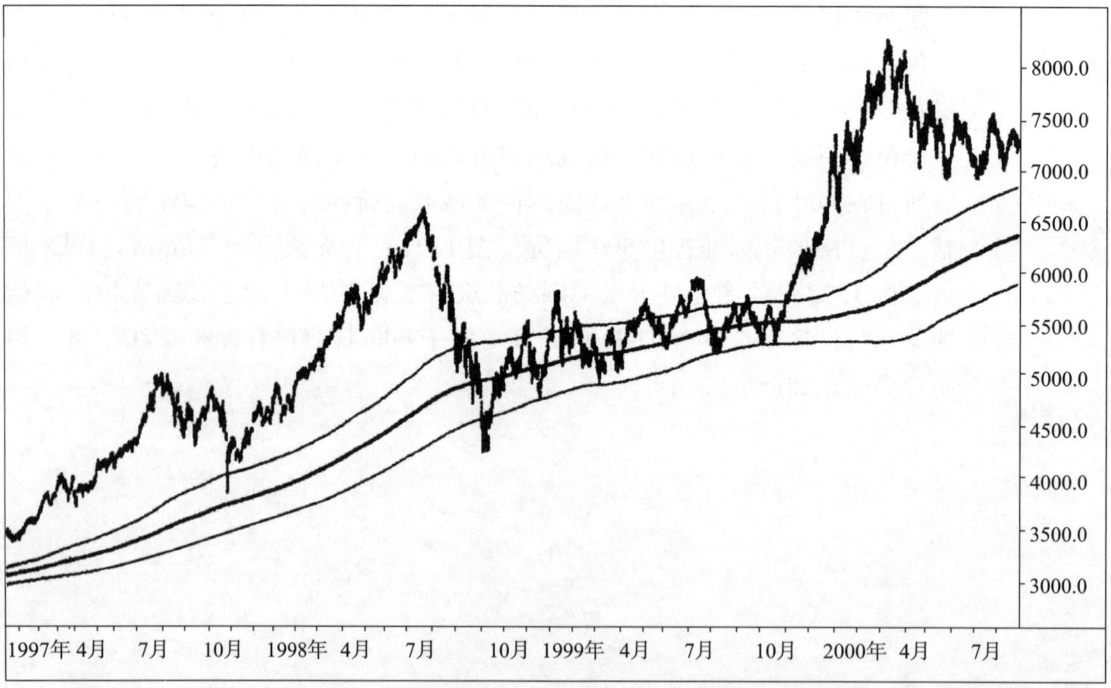

图 1.22 尤莱克斯（Eurex）DAX 期货合约在移动平均线和价格带处发现支撑，价格带距移动平均线的距离为收盘价 400 日标准偏差的一半

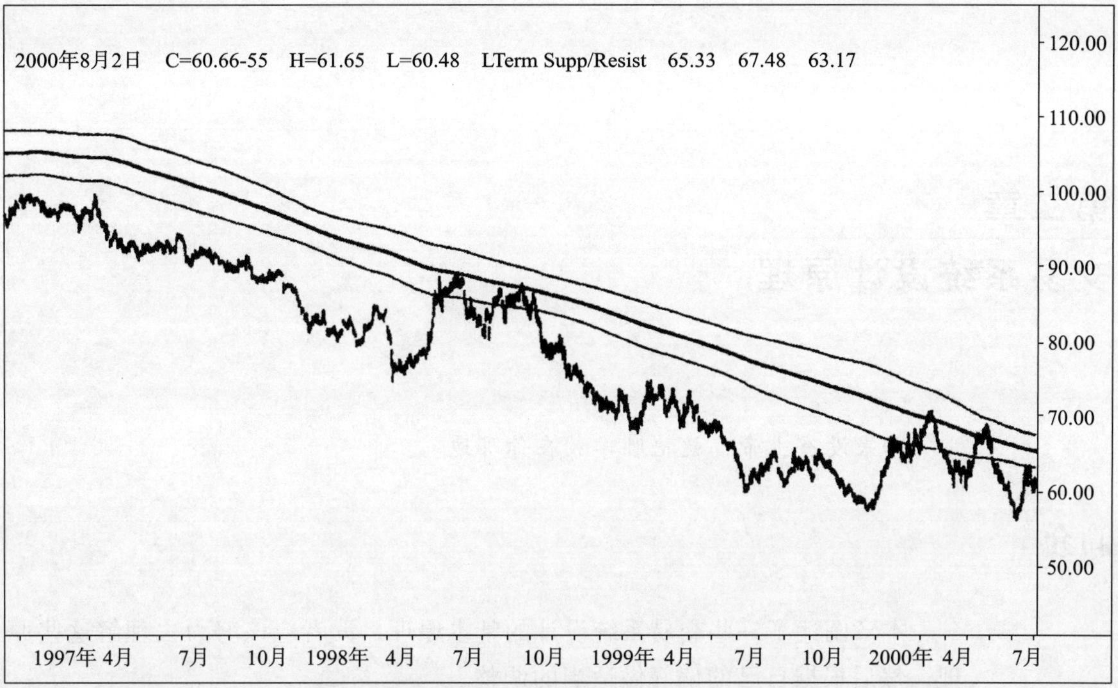

图 1.23 纽约棉花市场的连续合约，在一轮多年的下跌趋势中，400 日简单移动平均线起到了压力线的作用

第二章
交易系统设计原理

如果没有上帝，就把胜率放在你那边。

简介

本章阐述了一些交易系统设计的基本原理，读者应该努力去理解这些原理，然后根据自己的偏好做适当的调整。

首先评定自己的交易信条——这些信条是成功的基础，应该将它们置于交易系统的核心。交易者可能有几条强烈的信条，它们可以被用来制订一套或多套交易系统。有了自己的核心信条以后，我们便可以围绕它们建立一套交易系统。记住一点，如果一套交易系统并不反映你的信条，那么你很难坚持使用它。

系统设计的六大基本规则在本章中都将详细阐述。需要分析的特殊问题是为什么系统应该有一个大于零的期望，为什么应该使用数量较少的完善规则。本章的后半部分重点讲解资金管理等问题，比如交易多份合约，使用风险控制，以及交易证券组合的市场。真正的难题是执行系统，所以在本章末尾阐释了系统应该是机械型系统的原因。

读完本章，读者应该能够写出自己的交易信条，能解释和应用系统设计的六大基本规则。

你的交易信条是什么？

我们只能做自己相信的交易，所以有关价格运动的信条必须位于交易系统的核心。这将使交易系统反映出交易者的个性，从长远来看，交易者使用这样一套系统，更容易获得成功。如果我们有多条有关价格运动的信条，那么可以开发多套系统，每套系统各反映一条特定的信条。正如我们后面将要看到的，多套系统交易是多元化交易的一种形式，可以减弱账户资金的波动性。

理解自己交易信条最简单的方法是列出它们。表 2.1 是一份清单，可以帮助读者列出自己的交易信条。

表 2.1　交易信条示例清单

可以反映你的交易决策的信条	同意	不同意
我只喜欢使用基本面分析交易	□	□
我只喜欢用技术分析交易	□	□
我喜欢趋势交易（时间框架自定）	□	□
我喜欢逆势交易（时间框架自定）	□	□
我喜欢在下跌时买进（时间框架自定）	□	□
我喜欢在上涨时卖出（时间框架自定）	□	□
我喜欢在必要时持仓较长时间（1~100 天）	□	□
我喜欢持仓较短时间（1~5 天）	□	□
我只喜欢日内交易，了结所有头寸	□	□
我喜欢交易固定数目的股票和期货	□	□
我喜欢交易不固定数目的股票和期货	□	□
我喜欢交易少数市场和股票（1~5 天）	□	□
我喜欢交易多元化证券组合（超过 10 只股票和 10 家市场）	□	□
我喜欢使用周期交易，因为我讨厌改变	□	□
我喜欢交易价格模型，因为我反应迅速	□	□
我喜欢使用价格震荡指标交易	□	□
我喜欢阅读其他人对我所交易市场的分析	□	□
我只喜欢使用自己对价格运动的分析	□	□
我喜欢使用日线数据分析	□	□
我喜欢使用盘中数据分析	□	□
我喜欢使用周线数据分析	□	□
我喜欢使用系统交易	□	□
我喜欢凭借对市场的灵感，随意交易	□	□
我喜欢在交易中有大量的快速移动	□	□
我喜欢使用止损订单来控制风险	□	□
我喜欢使用可变天数的移动平均线系统交易	□	□

读者可以向表 2.1 所列的清单中加入其他项，例如，可以加入有关突破系统、移动平均方法或波动系统的信条。交易信条受职业的影响较大。或许你是一名证券交易商，你的交易周期非常短；或许你是一家大银行的专业交

易员，正在交易货币；或许你希望盯着经济数据，并将其作为决策制订过程的一部分。作为一名以前的场内交易者，你可能喜欢阅读交易报告中的买卖合约；或许你曾经为某个大型的生产商购买过咖啡豆，当你交易咖啡时喜欢查看农作物产量数据。因此，交易信条的种类可能像交易者一样多。

我们必须确保交易信条的一致性。例如，如果喜欢快速交易，那么交易者或许不会使用周线数据，也不会持有头寸太长时间，在分析中很有可能不使用基本面数据。快速交易的需要与日内交易更相近，同样需要使用日内数据的周期价格模型和震荡指标。同理，如果喜欢使用趋势跟随的方法，那么交易者可能更喜欢使用日线数据和周线数据，持有头寸超过 50 天，交易不同数量的合约，并且交易多元化证券组合。如果你有多条交易信条，那么一定要确保它们的一贯性，并且开发适合这些信条的模型。下例是一组可以用来创建交易系统的一贯性信条。

（1）我喜欢趋势交易（5~50 天）。

（2）我喜欢使用系统交易。

（3）如果有必要，我喜欢持有头寸较长时间（1~100 天）。

（4）我喜欢交易不同数目的股票和期货。

（5）我喜欢使用止损订单来控制风险。

削减交易信条的数目，找出最重要的五条。你也可以定期回顾并更新交易信条清单。当设计交易系统时，你要确保其能够反映最重要的五条信条。本章接下来的部分将阐述开发交易系统时必须遵守的其他规则。

六大基本规则

一旦找出最坚定的交易信条之后，交易者就可以围绕这些信条开始建立交易系统。下面列出的六条规则，在交易系统中交易者是需要着重考虑的。应该把这份列表看作开发交易系统的起点。读者可以根据自己的经验和偏好添加其他规则。

（1）交易系统必须有一个正值（大于 0）期望，以使它“更可能盈利”。

（2）交易系统必须使用较少的规则——10 条或更少。

（3）交易系统必须有完善的参数值，以便适应多个时间周期和市场。

（4）如果可能的话，交易系统必须允许交易多份合约。

（5）交易系统必须使用风险控制、资金管理和证券组合设计。

（6）交易系统必须是完全机械化的。

第 7 条规则没有列出，那就是：必须坚信控制交易系统的交易规则。即便系统反映了交易者的交易信条，为了能够正常运作，它还必须满足其他规则。比如，交易者想做日内交易，那么他的短期日内交易系统也必须遵守上述六条规则。

调整该规则列表也很容易。比如，规则（3）要求系统必须在多个市场上有效，我们可以把它改为系统必须在相关市场上有效。假如我们有一套交易货币市场的系统，那么它应该可以交易所有的货币市场，例如日元、德国马克、英镑和瑞士法郎。但是，不能强制该系统交易谷物市场，比如小麦和大豆。总的来说，这样的市场专用系统更容易受到设计失误的影响。所以，当调整上述六条规则的范围时要谨慎处理。

对这些规则的另一种修改方式是修改规则（6），即系统必须是完全机械化的。例如，交易者可能希望加入一条基于波动性的规则，以便滤除某些信号。在定义允许偏离系统的条件时要尽可能地明确，可以先用市场的历史数据测试这些例外规则，然后把这些例外规则直接应用到自己的机械化系统设计中。

总而言之，这些规则应该有助于开发相当棒的交易系统。交易者可以添加更多规则，或修改现有规则，以便为系统设计建立一个一致性的框架。接下来将对这些规则进行详尽的阐述。

规则一：正值期望

一套具有正值期望的系统更容易在将来具有盈利性。此处的期望指的是每笔交易的平均盈利，不管盈亏，每笔交易都包含在内。该数据可以来自实际交易，也可以从系统测试中得出，一些分析师把它称作数学优势，或者简称为市场中的“优势”。

“平均交易利润”和“期望”代表同一内容，所以它们在后面的讨论中可以自由互换，“期望”可以用许多不同的方式书写。下面的公式都是一样的：

$$\text{期望（美元）} = \text{平均交易利润（美元）}$$

$$\text{期望（美元）} = \text{净利润（美元）}/\text{交易总数}$$

$$\text{期望（美元）} = [P_{盈利} \times \text{平均单笔盈利（美元）}] - [(1 - P_{盈利}) \times \text{平均亏损（美元）}]$$

期望是平均每笔交易的利润，以美元为单位。净利润是整个测试周期上的总盈利减去总亏损。$P_{盈利}$是盈利笔数占总交易笔数的比例，或者说胜率。亏损概率为：$1 - P_{盈利}$。平均单笔盈利是所有盈利交易的平均盈利，以美元为单位。同样地，平均单笔亏损是所有亏损交易的平均亏损，以美元为单位。

期望必须为正值，因为总的来说我们都希望交易系统是可以创造利润的。如果期望为负值，那么它是一套亏损的系统，资金管理和风险控制都无法克服其内在的限制。

假设我们现在正在利用系统测试结果预测平均交易利润（即期望），需要注意的是，我们的预测结果会受到现有数据的限制。如果利用另一组数据测试我们的系统，那么将得到一个不同的预测结果。因此，一套交易系统的期望并不是一个“固定不变”的常数。相反，期望值会随时间、市场和数据组的变化而变化。所以，我们应该在尽可能长的时间段上计算期望。

既然期望不是常数，那么就应该为其规定一个最小的可接受的数值。例如，该最小数值应该包含交易费用，并提供一定的“风险保险费”，以使得该系统具有使用价值。所以，像 250 美元这样的期望便应该被作为接受一套系统的阈值。总的来说，期望的值越大，系统抵抗波动的能力越强。

需要注意的是，期望并不反映盈利变化的幅度。所有交易的利润的标准偏差可以很好地度量系统的差异性、波动性和风险性，期望并不能全面反映风险性（波动性），风险必须靠系统的盈利能力来控制。

期望还与破产风险有关系。交易者可以使用统计学原理来计算自己的启动资本缩减到一个较小数额的可能性。这种计算需要做出胜率、回报率和仓位规模的假设。回报率可以被定义为平均单笔盈利与平均单笔亏损的比值。当回报率增加时，$P_{盈利}$增加，破产风险降低。破产风险还受仓位规模，即每笔交易的最大损失占总资金的百分比的影响。仓位规模越小，破产风险越低。破产风险的详细计算见第七章。

总而言之，我们的系统必须有一个正值期望，即平均来讲每笔交易是盈利的。期望值不是固定的，它会随着时间而变化。所以我们可以指定一个阈值，比如将 250 美元作为是否接受系统的标准。期望的重要性还在于，它可以影响破产风险。不要接受在长期数据测试时期望为负的交易系统。

系统的期望由其交易规则决定，接下来我们将研究交易规则的数量对系统设计的影响。

规则二：交易规则要尽量少

本书所讲的确定的交易系统只使用较少数量的规则和变量。这些交易系统类似人们为控制化学处理过程而开发的任务系统。经验告诉我们，完善可靠的控制系统要使用尽可能少的变量。

下面我们来分析两个著名的趋势跟随系统。最常见的双移动平均线系统只有两条规则。一条是在向上穿越时买进，另一条是在向下穿越时卖出。类似地，流行的 20 棒线突破系统最少时只有四条规则，即两条入场规则、两条出场规则。使用测试软件用多年的历史数据测试这些系统，可以证明它们是具有盈利性的。

与可能具有数百个变量的基于专家系统的交易系统相比，这些系统怎样呢？例如，某套可以买到的交易系统，其规则数超过 400，但实际用于交易的规则只有一条。确定的系统不同于基于神经网络的系统，神经网络系统往往具有未知数量的规则。

试验设计的统计学原理告诉我们，即便是非常复杂的过程，也可以使用 5~7 个“重要”变量来控制。极少有系统超过 10 个主要变量，而且控制超过 20 个变量的过程是相当困难的。同样，也极少有过程基于 4 个或更多变量之间的相互作用。较高次数的相互作用通常是意义不大的。我们的目标是使规则的总数量尽量少。

在设计系统时使用较大数量的变量存在很多隐患。第一，变量和规则的相对重要性随着规则数目的增加而降低。第二，自由度随着变量和规则数目的增加而降低。当规则和变量的数目增加时，需要更多的数据来测试，以便得到准确的结果。第三，在做曲线拟合测试时，所选样本数据会带来一定风险。例如，给定一组数据，一个带有两个变量的线性回归便足以拟合该数据。当回归分析中的变量数目增加时，比如说 7 个，那么所得曲线与所给数据更加接近了。所以在做曲线拟合时，我们在所给数据中捕捉了更多的细微变化，这些价格模型在未来可能永远都不会重复出现。对于简单的线性回归，自由度下降了 2，但对于多项式回归，自由度却下降了 7。

这些思想可以从下面的例子中看出来，使用线性回归去拟合标准普尔期货合约的一组收盘数据。该组数据从 1995 年 8 月 1 日开始，到 1995 年 12 月 13 日结束，共有 95 个交易日。对于相同的数据，我们画出了两条回归线：图 2.1 所示为一个简单的线性回归；图 2.2 使用多项式回归，加入了更高次的多项式，最高次数达到了 5 次。当较高次数的项被加入时，回归曲线变得更加弯曲，我们在数据当中捕捉到了更多的细微变化。

为了简化起见，日收盘数据用 1~95 编号，记作 D。图中的 C（比如 C_1）代表常数。Est Close 表示利用回归分析估算的收盘价格。

$$\text{Est Close} = C_0 + C_1 \times D \tag{2.1}$$

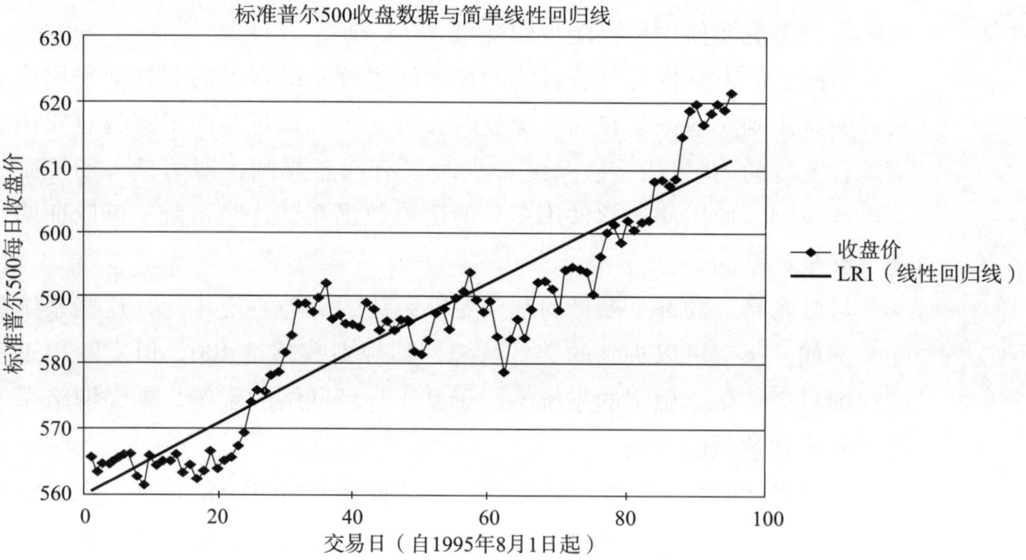

图 2.1　标准普尔 500 收盘数据与简单线性回归线

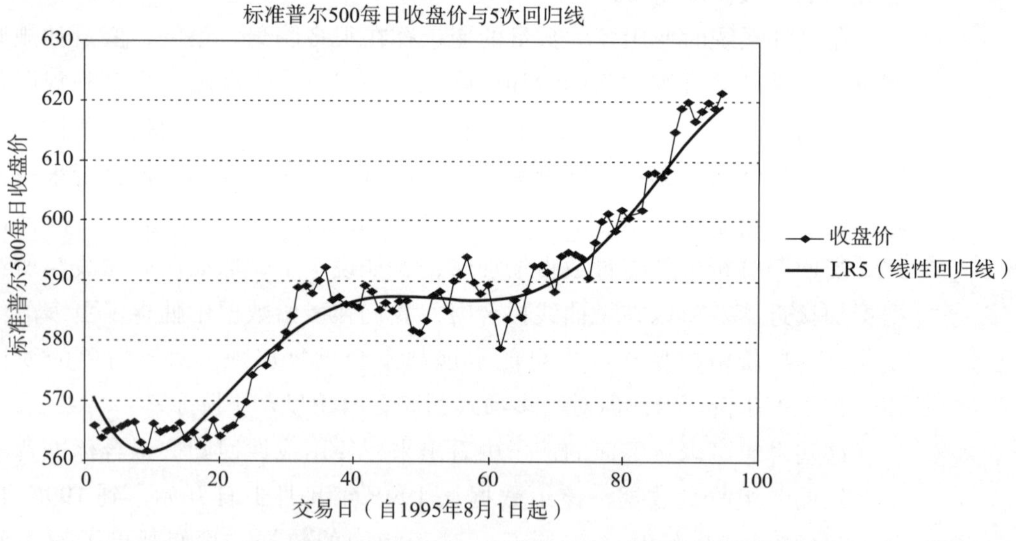

图 2.2　使用最高 5 次幂的线性回归分析标准普尔 500 收盘数据

$$\text{Est Close} = C_0 + C_1 \times D + C_2 \times D^2 + C_3 \times D^3 + C_4 \times D^4 + C_5 \times D^5 \quad (2.2)$$

表 2.2 列出的有关曲线拟合数据显示出几个有趣的特点。第一，常数 C_0 的值对于每一个方程来说都是近似的。这意味着最简单的线性回归模型中的常数 C_0，已经抓取了数据当中的实质性信息。

表 2.2 线性回归系数的比较

等式	C_0	C_1	C_2	C_3	C_4	C_5
式 2.1	560.0865	0.537870				
式 2.2	570.2379	−1.94509	0.131279	−0.00154	−0.00003	0.0000006

其次，这些常数的绝对值随着项次的增加而减小。换句话说，C_0的绝对值比 C_1要大，C_1的绝对值比 C_2要大，依次类推。所以，较高次数项的相对作用变得越来越小。但是当你加入高次多项式时，曲线更加接近所给的数据，如图 2.1 和图 2.2。

该示例透露出了许多重要的思想。首先，你为数据所建立的任何模型都应该尽可能地简单。在这种情况下，简单的线性回归，具有斜坡和交叉，便抓住了数据中所有重要的信息。其次，添加复杂的高次项（规则）的确增加了曲线对数据的拟合度。于是，当我们建立更加复杂的模型时，我们在数据当中捕捉到了更多的细微信息。这些细微信息将来重复出现的可能性非常小。再次，我们建立模型的目的是描述价格在测试区间上是如何变化的。使用我们的数据来直接计算线性回归系数，那么，我们的模型是源自所给数据的。没有理由表明这些系数会准确地描述任何未来的数据，这就意味着任何过度拟合的交易系统都不可能在将来表现良好。

另一个例子是移动平均交易系统的一个改进版本，解释了为什么要限制规则的数量。通常情况下，双移动平均系统只有两条基本规则。例如，对于做多入场，3 日均线应该向上穿越 65 日均线，反之亦然。

现在，我们来看一个使用多于两条移动平均线的变化版本，例如，3 日均线和 4 日均线都在 65 日均线之上时在收盘价买进。有两条“短期”均线，使我们有了四条规则，两条用于做多，两条用于做空。使用越来越多的“短期”均线可以使得规则的数目快速增加。例如，3 日、4 日、5 日、6 日和 7 日均线都在 65 日均线之上时才做多入场，那么就有了 10 条规则。

我们来看一下瑞士法郎 10 年连续合约数据，从 1985 年 1 月 1 日到 1994 年 12 月 31 日，没有任何初始止损，但考虑了 100 美元的滑移价差和佣金。规则的数目从 2 条到 128 条不等，以便研究规则数目的增加对系统的影响。随着规则数目的增加，交易数目减少，如图 2.3 所示。这意味着当增加规则的数目时，我们需要更多的数据来做可靠性测试。

图 2.4 显示了当我们增加更多的规则时，刚开始时盈利是增加的。这意味着额外的规则首先起到了滤网的作用，减少了许多不成功的交易。然而当我们添加更多的规则时，它们对盈利产生了阻滞作用，大大增强了资金曲线

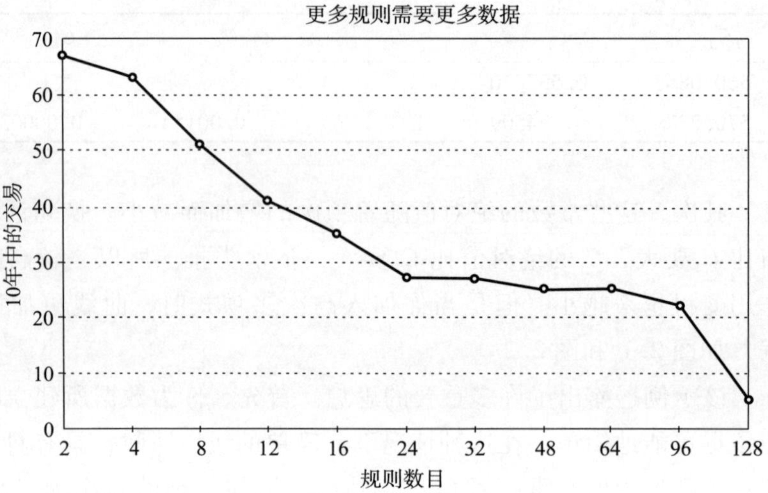

图 2.3　在 10 年的瑞士法郎数据上，增加规则数目减少了交易数量（注意水平刻度不是线性的）

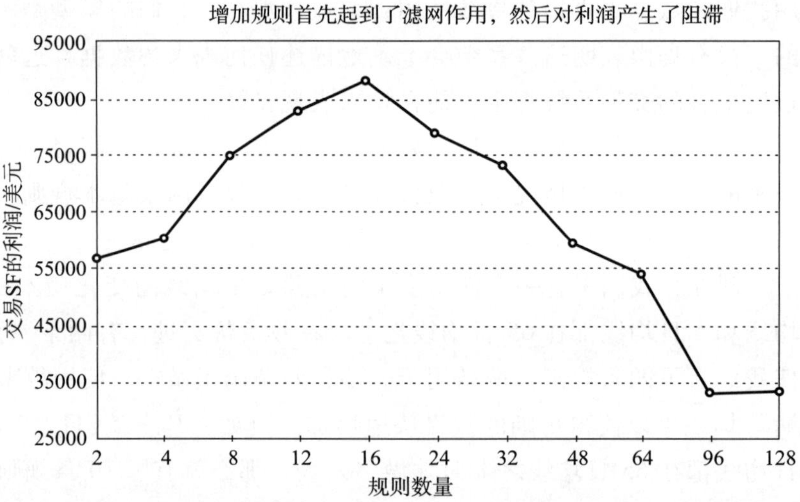

图 2.4　在从 1985 年 1 月 1 日到 1994 年 12 月 31 日的瑞士法郎连续合约上，增加规则对利润的影响（注意水平刻度不是线性的）

的不平滑性。据此，我们应该注意不要增加数十个规则。

如前所述，这个例子没有包含初始止损。所以当我们增加规则的数目时，系统的最大日内回撤应该增加，因为入场和出场都被延迟。这一点可以从图 2.5 中看出。

对美国债券市场从 1975 年 1 月 1 日到 1995 年 6 月 30 日的计算结果表

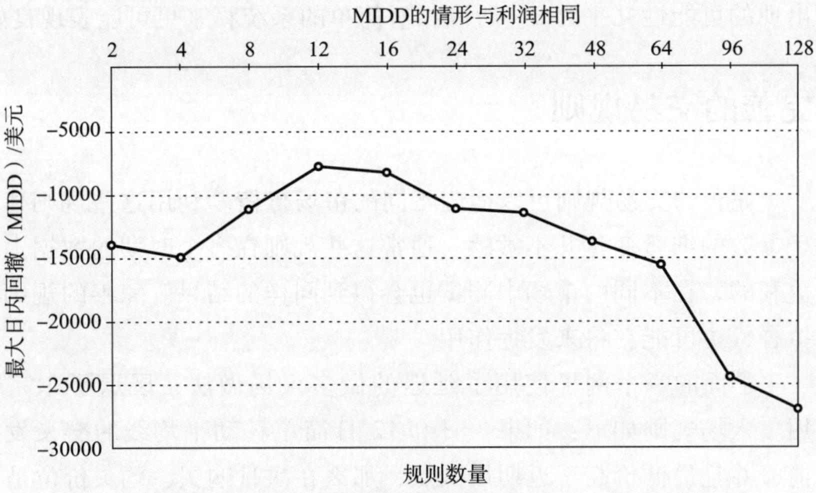

图 2.5　增加更多规则延迟了入场和出场，增加了最大日内回撤

（注意水平刻度不是线性的）

明，上述结果仍然成立。图 2.6 显示出随着规则数目的增加，盈利下降。具体的形态将取决于测试数据。其他市场的数据进一步确认增加规则会减少盈利。

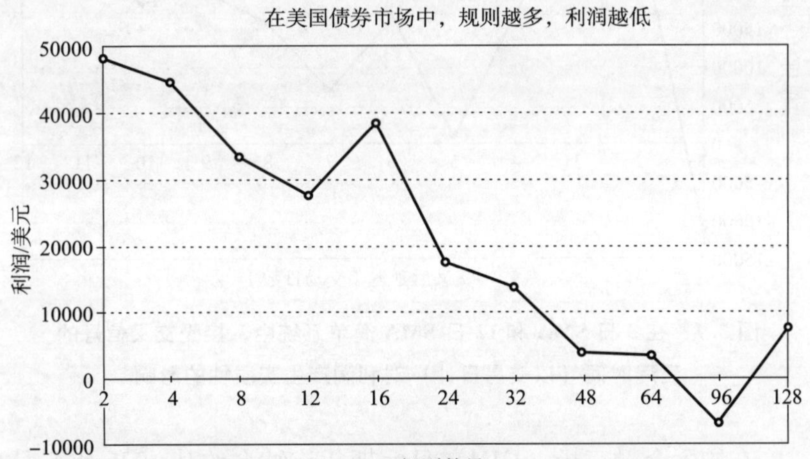

图 2.6　1975 年 1 月 1 日到 1995 年 6 月 30 日的美国债券市场，

增加规则数量降低了利润（注意水平刻度不是线性的）

因此，增加规则不会产生无休止的益处。因为这不但需要更多的数据，而且增加了系统的复杂性，使得系统的性能变差。一个具有许多规则的复杂系统在测试数据当中抓取了大量的细微信息，但是这些价格模型在将来重复出现的可能性几乎为0。所以相对简单的系统将来更可能表现良好。

规则三：完善的交易规则

完善的交易规则可以适应不同的市场行情。利用这些规则建立的系统对于参数的细微变化并不敏感。通常这些规则在多个时期的数据上测试是可以盈利的，在不同的市场中测试也会得到同样的结果。完善的规则避免了曲线拟合，更可能在将来发挥作用。

下面的一个例子使用了延迟的做多入场做法，展示了非完善参数的使用。入场规则如下：如果3日和12日简单移动平均线的交叉发生于 x 天以前，并且最低价高于近期最低点，那么在次日购买，购买价位是“当日最高价+1点”，使用买入限价单。在交易时还使用了1500美元的初始止损，为滑移价差和佣金做出了100美元的考量。

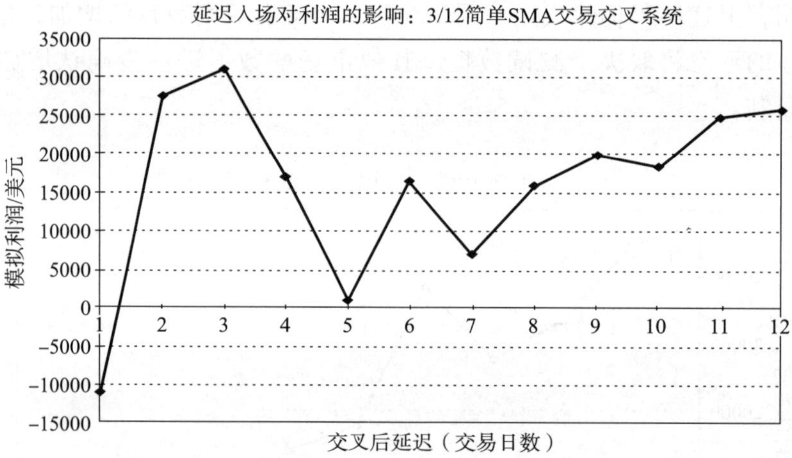

图2.7　在3日SMA和12日SMA简单系统中，接受交叉信号的延迟时间（以交易日计）对利润产生实质性的影响

在国际金融市场（IMM）日元期货连续合约从1976年8月2日到1995年6月30日的数据段上测试上述系统。盈利对延迟交易日的数量非常敏感，因为参数中较小的变化就会使盈利产生很大的变化。而且对于这样短期的移动平均来说，在交叉过后等待12天再进行交易看起来也不是合理的。所以，曲线在9日延迟之后变平与实际关联不大。延时参数不是完善的，因为一个较小的变化值可以使得系统性能变化很大——该参数值产生一个较小的变化，就可以使系统性能在市场和时间框架不同的情况下产生较大的变化。

下面我们来分析一下非完善的、曲线拟合的规则对系统的影响。图2.8显示的是纽约轻原油期货合约1995年8月时的数据。1995年2—3月，市场在一个狭窄的交易区间内运动，然后向上突破18美元/桶。之后市场向上快速运动，在1995年5月份达到20美元/桶的价位。继而发生的动荡不定的整固期持续了整个6月份，之后价格在1995年7月份向下突破17美元/桶。

下面的交易规则是简单地通过观察价格图表得出的，目的是开发一个曲线拟合的系统，该系统可以在该合约当中捕捉特定的价格模型。

规则1：次日购买，购买价位是50日的最高点再加5点，使用买进止损单（突破型规则）。

规则2：次日卖出，卖出价位为“当日最低价 $-2\times(h-l)-5$ 点”，使用卖出止损单（下侧区间扩展规则）。

规则3：如果这是交易的第21天，那么会在收盘时退出空头交易（基于时间的出场规则）。

规则4：如果规则3被触发，那么在收盘时买进两份合约（逆势入场规则）。

规则5：如果做空，那么次日卖出，卖出价位为最近3天的最高价加上1点，限价卖出（反弹做空规则）。

规则1是一条典型的突破系统入场规则，使用最近50棒线交易区间的突破。规则2是一条根据波动卖出的规则。其卖出价位是上个交易日的最低价减去该日高低价差的两倍，再减去5点。如果在靠近一个中期高点的卖压迫使每日价差向下侧扩展，那么该规则通常会在一个高低价差较小的交易日之后被触发。规则3是一条基于时间的出场规则，它是通过对1995年8月份的合约仔细观察后得出的。在交易一定时间后出场的想法是希望市场在经过 x 天的趋势发展后反转。规则4仅是对规则3的加强，不但退出做空头寸，而且购买两份做多头寸。规则5尝试在下降趋势中的反弹时卖出。在这种情况下卖出会使用限价订单，以避免滑移价差带来的损失。这些规则假定最多有9份合约同时被交易，使用1000美元的初始资金管理止损。

测试结果被总结在表2.3中。这是一套曲线拟合的系统，我们可以看到三点重要的结果：第一点是系统的盈利交易数，87%（23笔中的20笔）是盈利的。第二点是有14次连续盈利的交易。第三点是有一个令人惊奇的巨大的盈利因子（总盈利/总亏损 = 盈利因子），达13.49。在一个相对较短的时期上测试拟合系统往往会得到这样的结果。计算机产生的买卖信号在图2.8中显示出来。

在原油期货连续合约从1989年1月3日到1995年6月30日的数据上测

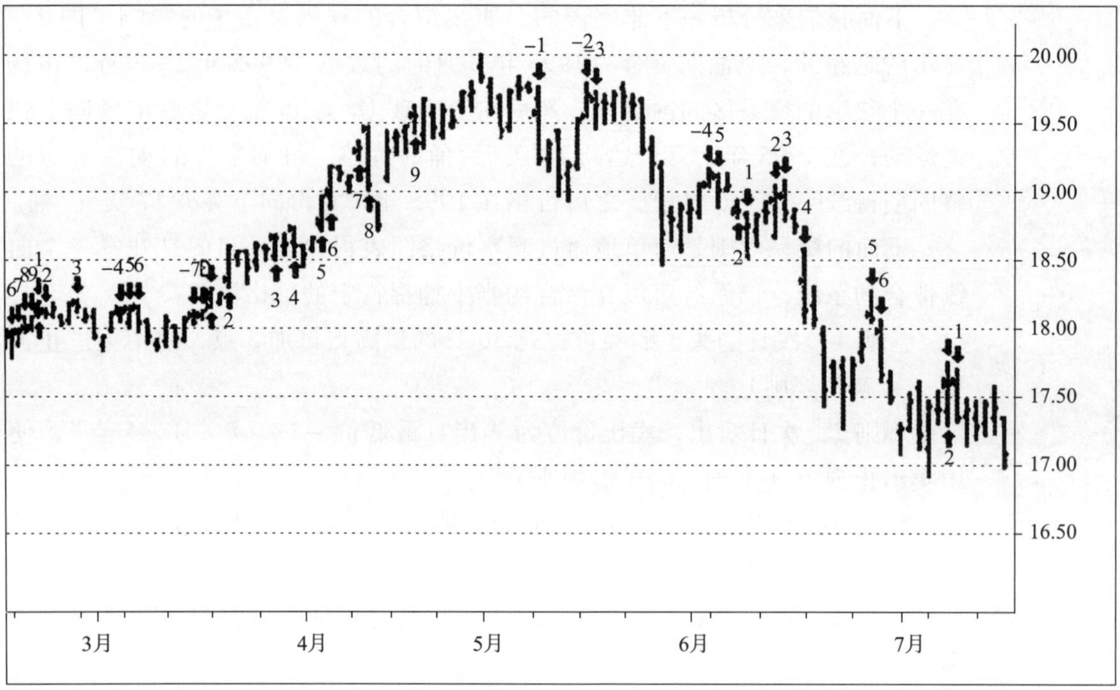

图 2.8　1995 年 8 月使用曲线拟合系统交易原油期货合约

试该曲线拟合系统。毫不令人奇怪，该系统在模拟交易中亏损了 107870 美元，如表 2.4 所示。注意只有 32% 的交易是盈利的，有 48 笔连续亏损的交易，这需要对交易系统非常忠诚才能继续使用该系统。同时盈利因子为 0.61，与表 2.3 中的结果 13.49 真是天壤之别。上述计算表明曲线拟合系统在较长时期内可能不会一直有效。

表 2.3　曲线拟合系统在 1995 年 8 月原油期货合约上的测试结果

1995 年 8 月纽约轻型原油（1994 年 12 月 1 日至 1995 年 7 月 20 日）			
总净利润/美元	12990.00	持有仓位的利润或亏损/美元	520.00
毛利润/美元	14030.00	毛亏损/美元	-1040.00
总交易笔数	23	盈利交易百分比/%	87
盈利笔数	20	亏损笔数	3
最大单笔盈利/美元	1370.00	最大单笔亏损/美元	-860.00
平均每笔盈利/美元	701.50	平均每笔亏损/美元	-346.67
		平均交易利润/美元	564.78
最长盈利交易序列	14	最大连续亏损笔数	2
盈利交易平均棒线数	20	亏损交易平均棒线数	1
最大日内回撤/美元	-1670.00		
盈利因子	13.49	最大持有合约数量	9

表 2.4 曲线拟合系统在长期原油期货合约上的测试结果

业绩总结：1989 年 1 月 3 日至 1995 年 6 月 30 日所有交易			
总净利润/美元	-107870		
总交易笔数	538	盈利交易百分比/%	32
盈利笔数	173	亏损交易数量	365
最大单笔盈利/美元	7160	最大单笔亏损/美元	-3670
平均每笔盈利/美元	983	平均每笔亏损/美元	-761
		平均交易利润/美元	-200
最大连续盈利笔数	9	最大连续亏损笔数	48
盈利交易平均棒线数	12	亏损交易平均棒线数	6
最大日内回撤/美元	-120950		
盈利因子	0.61	最大持有合约数量	9

有趣的是，该系统也有它的优点。当在其他 12 家市场上测试该系统这些规则的跨系统交易能力是否完善时（表 2.5），测试结果比期望的要好，甚至在某些市场上该系统的测试结果非常棒。该结果令人惊奇，因为这些特定组合的规则从来没有在这些市场上测试过，它们只是从一张图表中得出的，而且做多入场和做空入场是不对称的。一套对称的交易系统对于入场和出场使用完全相同的规则，除了信号需要变为相反的之外。例如，一套移动平均系统可能需要一个向上的穿越或者一个向下的穿越作为信号。

表 2.5 完善性检查：原油曲线拟合系统在 12 个市场上的交易结果

（测试周期：1989 年 1 月 3 日至 1995 年 6 月 30 日，使用连续合约，100 美元的滑移价差佣金）

市场	模拟利润/美元	平均交易利润/美元
咖啡	132908	445
标准普尔 500	145545	547
棉花	84925	284
美国债券	84319	324
日元	67975	176
瑞士法郎	17975	51
10 年期国库券	13538	48
黄金（纽约商品交易所）	-13270	-33
高级铜	-22167	-49
大豆	-41656	-117
燃料油	-45868	-80
糖 11 号	-56394	-136

进一步地观察这些规则，我们会发现它们的确是一些很好的规则。例如，在上涨趋势中，每50条连续的棒线突破后添加1份合约，直到9份合约为止，于是，当市场出现强劲的上涨趋势时，仓位规模越来越大，卖出规则倾向于将盈利锁定在靠近中期高点的位置。当我们在下跌趋势的反弹中卖出时，更加确信其正处于中期趋势之中，同时，一个相对紧凑的1000美元的初始资金管理止损被使用，于是，即便这些规则是通过观察得出的，它们也遵循着相当棒的原则，比如跟随趋势——随趋势不断增加仓位，让盈利持续增加，并且尽快地斩断亏损。

总的来说，我们很容易通过一个短期的测试来开发一套曲线拟合系统。如果这些规则是不完善的，那么它们在许多不同的市场行情中将是不会盈利的。所以，它们在长期时间框架下和在许多市场中不具备盈利性。这样的规则将来很可能不会保持一贯的盈利性，所以我们应该努力地开发完善的交易系统。

规则四：交易多份合约

当对市场判断正确时，交易多份合约可以使我们盈利更多。但是，如果判断错误的话，资金回撤将更大。如果进行良好的风险控制，总盈利将大于总亏损。主要问题是账户资金要足够多，以便交易多份合约。风险控制方针必须允许多合约交易，以便从该方法中获益。如果账户资金只允许一次交易一份合约，那么等资金充足以后再考虑使用该规则。

多合约交易允许我们在系统设计中加入非线性元素。也就是说，使用非线性逻辑交易5份合约，比使用普通的线性逻辑交易的结果要好。线性逻辑对每个信号只交易一份合约。非线性逻辑使用一个基于价格的指标，比如波动性。波动性规则是指在市场波动性较弱时购买更多合约。市场在经过数周的整固期后，波动性常常会变得较弱。如果市场从整固形态中挣脱出来，逐渐形成一轮较强趋势的话，那么使用非线性逻辑可以大大增强系统的盈利性。

下面举一个简单的例子来说明这一点。假设交易者资金雄厚，在风险控制允许的范围内，可以在10年期国库券市场中交易多达15份合约。假如每个头寸的风险为1%，初始资金管理止损为1000美元，那么交易15份国库券合约需要150万美元。同时，假设这15手的利润也在你的资金管理方针允许范围之内。

下面我们再来看一个使用5日和50日简单移动平均线的简单移动平均

交叉系统。在交叉产生一天后交易，即如果你在今天收盘后得到一个 5 日和 50 日均线的交叉，那么你将在第二天进行交易。在每份合约上使用 1000 美元的初始止损，并且考虑 100 美元的滑移价差和佣金。

让我们比较单合约系统与多合约系统的性能，最多 15 份合约。测试周期从 1989 年 1 月 3 日到 1995 年 6 月 30 日，使用一份连续合约。表 2.6 对 5/50 交叉系统的四个不同版本进行了比较。“固定 1 份合约”的一列显示的结果对应的是在测试周期上每笔交易只交易一份合约。第二列“固定 15 份合约”列出的计算结果对应的是每次总是交易 15 份合约。标有“可变合约#1”的列一次最多交易 15 份合约，在交叉产生后合约数每天依次增加。标有“可变合约#2”这一列一次最多交易 15 份合约，在同一天购买。此处的波动性 4 倍于平均 20 日真实区间。将波动性数值除以 1.5 万美元得出合约数。于是，“可变合约#2”使用一个基于波动性的标准来计算合约数，通常交易 15 份合约或更少。

表 2.6　使用不同数目合约的业绩比较

项目	固定 1 份合约	固定 15 份合约	可变合约#1（最多 15 份合约）	可变合约#2（最多 15 份合约）
净利润/美元	24018.75	360281	339774	294869
最大日内回撤（MIDD）/美元	-6918.75	-103781	-66650	-62763
净利润/MIDD	3.47	3.47	5.10	4.70
最大单笔亏损/美元	-1100	-16500	-1350	-13200
总交易数	48	48	594	48
盈利交易数	15	15	215	15
平均交易利润/美元	500.39	7506	572	6143
交易的标准偏差/美元	2448	36721	5836	25506
平均交易利润/标准偏差	0.09	0.20	0.10	0.24
亏损交易的标准偏差/美元	340	5092	364	3362

让我们比较一下这四种策略产生的净利润。随着我们交易更多份合约，利润总数应该增加。但是，如表 2.6 所示，最大日内回撤也随着合约数的增加而增加。通过净利润与最大日内回撤的比值，我们可以看出交易多份合约是否获得了更多利润。对于固定合约交易策略，该比值为 3.47；对于可变合约交易策略，该比值上升至 4.7 或 5.1。这是一个 39%~47% 的提升，使我们有充足的理由考虑多合约交易。所以，总利润会增加，但不与增加的回撤成正比。

从表2.6中我们可以看出，"可变合约#1"列中的最大单笔亏损远远小于交易固定15份合约，"可变合约#2"列中的最大单笔亏损也小于交易固定15份合约。这再次证明了多合约策略的好处。

对于"固定1份合约""固定15份合约"和"可变合约#2"策略，交易总数是相同的，因为所有的合约都是在同一天购买的。对于"可变合约#1"策略，因为所有的合约并不是在同一天购买的，所以交易数目有所增加。

每种策略的平均交易利润都相对较高，表明这种简单模型似乎抓住了主要趋势。当所有合约被同时购买时，平均交易利润较高。这仅是系统设计的另一产物。正如前面所指出的，平均交易利润并不能度量系统波动性。

当我们一次只交易1份合约时，每笔交易的标准偏差比一次交易多份合约要小。随着合约数的增加，标准偏差也增加。如表2.6所示，固定15份合约比其他的可变合约策略在交易盈利中有较强的波动性。这意味着通过交易变数目的多份合约，而不是固定数目的多份合约，可以减弱波动性。减弱账户资金的波动性是另一个需要达到的设计目标。平均交易利润除以标准偏差得到描述系统性能的另一个复合参数。该参数数值越大，系统越可靠。对于"固定1份合约"策略，该回报风险比仅为0.09；而对于"可变合约#2"策略，它上升至0.24。但是有一点需要注意，使用多合约交易使得交易盈利的波动性显著增强。

表2.6的最后一行表明盈利交易的利润增加后，波动性随之增强。注意"固定15份合约"的账户资金下侧波动性是最强的，其次是"可变合约#2"和"可变合约#1"策略。"固定1份合约"策略和"可变合约#1"策略的下侧波动性没有多大差别，"可变合约#1"策略一次只买1份合约，但在多日购买。另外，需要注意的是，所有交易（包括盈利交易）的标准偏差比下侧波动性要强得多。当然并非所有的波动性都是有害的，添加多份合约后上侧波动性增强得比下侧明显。上侧波动性的增强更有利于应对下侧波动性的突发式增长。

总而言之，如果交易者账户资金和性格允许的话，就要考虑使用多合约策略。

规则五：风险控制、资金管理和投资组合

设计

所有的交易者都有着规模有限的资金，都有交易指导思想，不管是否已

经明确写出。这些指导思想对于账户的生存与长期发展有着巨大的影响。比如某个交易系统在5个月的时间里亏损了30%，然后该系统的表现又出人意料的好。有的交易者可能在亏损30%后就已经关闭了该账户，有的交易者却继续交易，且收获颇丰。交易者的资金管理规则可能会使其过早地关闭账户，又可能使其账户开放太长时间。所以，资金管理方针对交易成功至关重要。

在业绩期望和账户规模给定的情况下，保持良好的风险控制、灵活的资金管理和优良的投资组合设计非常重要。风险控制指的是利用预设的出场订单控制当前交易的过程。资金管理规则决定了在给定市场中交易合约的数目和在特定头寸上风险资金的数额。投资组合问题是必须要考虑的，目的是获得较为平滑的资金曲线。

表2.7是不使用初始资金管理止损和添加2000美元初始资金管理止损的比较。该交易系统是一套“罐装”系统，它使用四个连续上涨或下跌收盘价来触发交易。该系统与欧米伽研究中心的软件 System Writer Plus 一起工作。

表2.7 添加初始资金管理止损的影响（1989年5月至1995年6月） 单位：美元

市场	无止损			2000美元止损		
	净利润	最大亏损	最大回撤	净利润	最大亏损	最大回撤
咖啡	-4206	-50868	-24149	33776	-2594	-13970
铜	5082	-3542	-14810	-5455	-2302	-20430
棉花	4370	-4620	-14585	7580	-3025	-13800
原油	-14350	-12350	-20760	-8690	-2870	-15100
黄金（纽约商品交易所）	7180	-2250	-6560	3750	-2340	-6650
燃料油	16758	-4174	-16350	-378	-3989	-16334
日元	-36800	-6550	-65673	-23675	-3388	-50300
糖	-9770	-3594	-14428	-7799	-2194	-12456
瑞士法郎	8225	-7613	-16438	15688	-2663	-15263
10年期国库券	-15913	-4413	-29444	-8788	-2100	-21881
美国债券	-16506	-6194	-28969	-10625	-2100	-22856
最差	-36800	-50868	-65673	-23675	-3989	-50300
最佳	16758	-2250	-6560	33776	-2100	-6650
平均	-5085	-9652	-22924	-424	-2688	-19004

正如我们所预期的，最大单笔亏损可能是非常恐怖的，而且在真实世界当中大多数账户在经受如此巨大的损失之后很可能早已关闭。当然最近关于

高级交易公司超过10亿美元亏损的头条新闻，表明没有足够风险控制的交易仍然是很常见的。

添加资金管理止损可将最大损失限制在预定范围内。即便考虑滑移价差，最大亏损通常也低于根本不带止损的交易。所以使用改进的风险控制极有可能增强盈利性。从表2.7中我们可以看出，使用风险控制后平均净利润从亏损5085美元到亏损424美元，加入风险控制后最大系统资金回撤也有所减少。我们从这次比较中得到的教训是明确的，即使用恰当的风险控制可以使我们得到更大的盈利空间。如果将风险控制和资金管理思想组合使用，我们就可以减弱资金的波动性，延长账户寿命。资金管理方针将指明每笔交易的风险占账户总资金的份额。这些方针将初始止损转化为账户总资金的百分比，最常见的经验规则是每笔交易的风险只占账户总资金的2%。

对于5万美元的账户，根据2%规则计算的初始止损为1000美元。该1000美元的初始止损通常被称为“硬性美元止损”，用于整个仓位。一个仓位可以有1份或多份合约，如果我们有两份合约，那么就需要在每份合约上设置500美元的止损来保护该仓位。第七章将详细讨论仓位规模的问题。

对于多数账户，过度交易是分析师们经常提到的一个问题。如果在每笔交易中连续投入超过2%的账户资金，那该账户就是正处于过度交易状态的一个账户。如果不使用初始资金管理止损，那么风险可能会远远高于账户总资金的2%。在最坏的情况下，交易者将整个账户资金都置于风险之中。一些额外的风险，比如说将风险额提升到账户资金的5%，在市场出现超常机会时也是可以接受的（见第四章）。但是，连续超过2%的限制可能会导致账户资金出现巨大的、不可预见的波动。

另一条经验规则是，月资金波动经常超过20%也属于过度交易。当然，由于超常的市场行情，偶尔会出现例外情况。

多元化交易就是在单一账户中交易许多不同的市场，我们在应用时还必须考虑多元化带来的问题。交易许多市场的优点是增加了抓住主要趋势的概率；主要问题是许多市场响应相同的或类似的基本面信息，因此它们的价格运动在时间上高度相关，所以，交易许多相关的市场类似于在一个市场中交易多份合约。

例如，瑞士法郎（SF）与德国马克（DM）通常一起运动，所以交易这样的两个市场相当于在其中一个市场中交易两份合约。在SF和DM连续合约从1989年5月26日到1995年6月30日的数据上，使用一套双移动平均线系统，初始止损为1500美元，滑移价差和佣金考量为100美元。两条移动平均线分别为7日和65日均线。如图2.9所示，资金曲线（指使用同一

图 2.9　瑞士法郎和德国马克市场高度相关，相关性为 83%

套系统交易 SF 和 DM 的两条资金曲线——译者注）相关性高达 83%。在 SF 和 DM 中各交易一份合约的盈利是 60619 美元，交易两份 DM 的盈利是 63850 美元，交易两份 SF 的盈利是 57388 美元。

注意这两种情况之间的主要差别。由于这两个市场有时存在负相关性，所以同时交易 SF 和 DM 的系统资金回撤介于在 DM 和 SF 中各交易两份合约的系统资金回撤之间。例如，在这种情况下同时交易 SF 和 DM 的系统资金回撤为 10186 美元，而交易两份 DM 的系统资金回撤为 22375 美元，交易两份 SF 的系统资金回撤为 9950 美元。所以，交易相关市场时，采用多元化策略获益甚微，最好是在同一投资组合中交易不相关或弱相关的市场。

在单一账户中，使用与上面相同的双移动平均线系统交易不相关的市场，比如瑞士法郎（SF）、棉花（CT）和 10 年期国库券（TY），可以显现出多元化的益处。交易三份 SF 合约的模拟利润是 86801 美元，而 SF、TY 和 CT 各交易一份合约的模拟利润是 85683 美元。利用线性回归分析计算出的日资金曲线的标准偏差（SE）可以用来比较这两条曲线的平滑性。交易三份 SF 合约的 SE 为 6238 美元，而 SE、SF 和 TY 各交易一份的 SE 为 4920 美元，降低了 21%。于是，向 SF 的投资组合中加入 TY 和 CY 后，产生了更为平滑的资金曲线，而利润基本相同，如图 2. 10 所示。

从图 2. 11 这条合成资金曲线中，我们可以看出标准偏差与资金曲线的关系。该曲线的 SE 为 2. 25，它相当“锯齿形”。完全平滑的资金曲线的 SE 为 0。

图 2.10　向只交易瑞士法郎的投资组合中加入 10 年期国库券和棉花，与交易三份瑞士法郎相比，获得了更加平滑的资金曲线

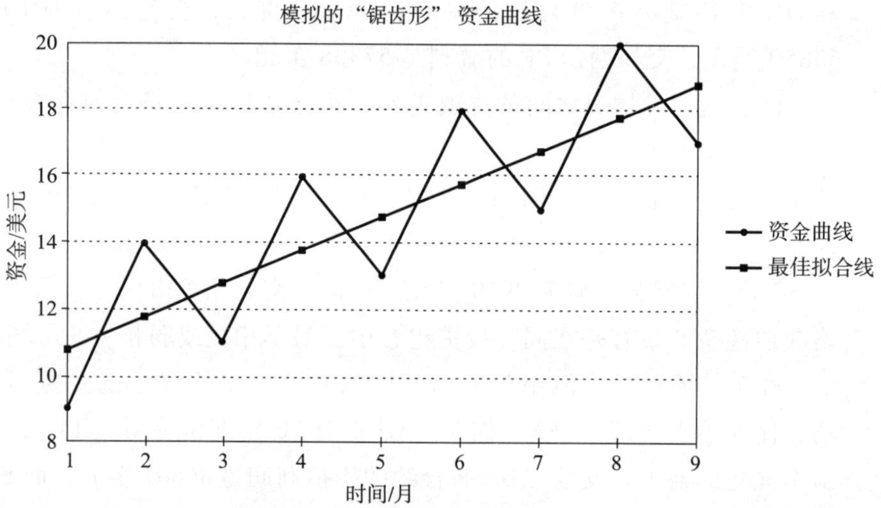

图 2.11　这条合成锯齿形资金曲线的标准偏差（SE）为 2.25，完全平滑的资金曲线的 SE 为 0，月盈利标准偏差为 33%

多元化交易并不限于向投资组合中添加市场，还包括在单一账户中使用多个交易系统和多重时间框架。我们应尽量使用不相关或弱相关的交易系统。总而言之，风险控制、资金管理和投资组合设计都是交易系统设计中的重要问题。

规则六：完全机械化的系统

为什么交易系统必须是机械化的呢？最简单的回答就是我们不可能在历史数据上测试一套随意系统。我们既不可能预测未来将要面对的市场行情，又不可能预测我们面对那些行情时的反应。所以，本书中我们所讨论的系统只限于机械系统。

如果可以定义如何制订随意的决策，那么这些规则就可以被规格化，且可被测试。规格化过程本身便为将来的系统测试提供了许多有趣的思想，所以我们鼓励使用机械化的系统。

使用机械化系统，我们更可能制订出一致的交易决策。机械系统处理价格数据的方式是可预测的，故可以保证这些在逻辑上具有一致性的决策具有一贯的盈利性，但不能保证这些交易策略未经修改便可使用。

小结

为了削减交易信条，本章列出了一份清单。交易者应该将自己的交易信条缩减到 5 条或更少，然后围绕它们建立有效的交易系统。

本章还详细分析了系统设计的六大基本规则。一套具有正期望的系统在将来更具有盈利性。增加系统的复杂性会使系统性能下降，所以我们应当限制规则的数量。相对简单的系统在将来更容易成功。交易规则应当是完善的，以便在长期的交易中，在多个市场中都具有盈利性。如果条件许可，我们应该考虑使用多合约的交易，因为这样我们可以在判断正确的情况下获取更多利润。风险控制、资金管理和投资组合可以使我们的资金曲线更加平滑，同时是保证系统盈利性的关键因素。最后，交易系统应当是机械化的，以便提供一致的、客观的交易决策。交易者应当遵守这六大基本规则，围绕自己的交易信条建立更优秀的系统。

第三章

系统设计的基础

优秀的系统会带给我们短暂的喜悦和持续的满足。

简介

本章对许多系统设计问题进行了分析。如果已经理解了系统设计的基本原理，交易者就可以考虑更复杂的问题了。当交易者理解了这些问题后，就可以设计出更强大的系统。

我们先来看这样一个问题：市场有趋势吗？如果我们的回答是肯定的，对于是否应该利用这种趋势这个问题，我们的回答应该是——利用这种趋势。

本章介绍了一些测试结果来支持这个答案，然后读者就会问：应不应该优化自己的交易系统？我们现在研究的就是依据历史数据的优化来预测未来业绩的效果。

本章通过提出初始止损是问题还是答案，探讨交易者在交易中面临的不同风险，首先讨论对风险控制的问题。在系统设计过程中，我们应该事先考虑这些问题。接下来我们看一下可以用来进行测试的不同的数据种类和它们所引起的差异。最后，本章解释了在系统性能总结中发现了什么，缺少了什么。

读完本章，读者应该可以：

（1）解释怎样预测趋势市场；

（2）知道是用趋势跟随（TF）策略还是用逆势策略；

（3）解释优化的利弊；

（4）知道可能会遇到的风险；

（5）知道怎样选择测试数据；

(6) 有效使用系统测试结果中的业绩总结；
(7) 理解和探索在业绩总结中不包含的内容；
(8) 解释为什么系统设计存在局限性。

预测市场趋势

如果能够始终如一地正确预测市场是否在做趋势运动，交易者就可以设计出具有获利性的交易策略。简而言之，市场以两种形式存在：趋势和区间。如果市场定向地稳定运动，就是在做趋势运动。如果市场是在一个相对较窄的价格变动范围内来回运动，就是在做区间运动。

长期策略易于在趋势市场中成功，而短期策略易于在区间市场中成功。通常情况下，市场不可能在趋势和区间之间迅速地来回变动。有时市场开始做区间运动只是为了突破后形成一轮新的趋势，反之亦然。

测定市场是否在做趋势运动有很多种方法。首先我们必须做出一些转换，这些转换基本上可以给出一个答案。例如，一种著名的度量方法是使用韦尔斯·韦尔德（见参考书目）研究的平均动向指数（ADX）。通常，它在大部分技术性分析软件程序中是一个内置指标。平均动向指数描述了双重平滑的绝对市场动量。上升的 ADX 曲线暗示了市场趋势，使用者必须选择计算平均动向指数的交易日数。随着计算周期的增加，指数的敏感度降低。常见的参数值为 14 日，18 日也可以。交易者还须确定两个参考值来滤除虚假信号。20 是一个很有用的参考值——也就是说，除非 18 日 ADX 高于 20，否则市场不是在做趋势运动。另一个比较有用的屏障值是 40，当平均动向指数向上超越 40 而后下降时，市场可能即将进入整固期。在明显的强市场趋势中，我们会发现 ADX 从 40 以上“下钩”的形态通常是短暂整固期的信号，然后市场会出现一种“二踢脚”形态，继续向更高的高点或更低的低点方向运动。

有时当市场处于较宽的交易区间内时，平均动向指数会上升至 20 以上。另一种奇怪的现象是，价格在某个方向上稳步平滑前进，平均动向指数却转头下降。总之，它不是一个完美的指标。平均动向指数的主要问题是它经过了两级平滑，这就在价格运动和指标之间产生了不可避免的滞后。第五章说明平均动向指数的绝对值比起它本身的趋势来作用就小多了。

另一个指数更直接地依据交易动量，并且比平均动向指数预测得更准确，它就是区间运动辨识指数（RAVI）。与平均动向指数不同，该指数注重对交易区间的预测，而平均动向指数是对今日价格运动超越昨日价格棒线的度量。

为了定义 RAVI，我们首先做一个 13 周的简单移动平均，因为 13 周可以代表一个季度。由于我们要使用日线数据，故我们把 13 周简单移动平均转化为对等的 65 日简单移动平均。这是长期移动平均。短期移动平均只选取长期时间长度的 1/10，也就是 6.5 日，四舍五入取整后为 7 日。因此，我们一般使用 7 日和 65 日简单移动平均。这些长度的选择完全是任意的。RAVI 便被定义为 7 日简单移动平均（7 - SMA）与 65 日简单移动平均（65 - SMA）之差，占 65 日简单移动平均的百分比的绝对值：

$$RAVI = |100 \times (7-SMA-65-SMA)/65-SMA|$$

（译者注：将原文公式中的“绝对值(…)”改为大家比较熟悉的绝对值符号“|……|”）

3% 是任意指定的一个参考值。意思是说，如果 RAVI 小于 3%，那么市场正在区间内运动；如果 RAVI 大于 3%，则说明市场趋势强劲。在类似欧洲美元的一些市场中，该屏障值太高，交易者可以尝试使用较小的参考值，比如 1%，或者使用相对度量方法，比如 RAVI 的 65 日简单移动平均。我们可以要求 RAVI 大于 3%，而且处于上升状态时，才发出强趋势信号。

注意 RAVI 的几个设计特性：只有一级平滑；7 日简单移动平均相对灵敏，该指标的响应滞后于价格变动的现象不明显；市场运动仍会比 RAVI 指示得快，观察一下当前的市场便可证明这一点；当市场缓慢漂移或处于波动趋势中时，RAVI 被限制在 3% 以下，表明市场正在做区间运动。

在图 3.1 中，我们对 18 日 ADX（底部图形）和 RAVI（中部图形）进行了比较，RAVI 曲线上有一条 3% 的水平线。两个指标的走势大致相同，但 RAVI 的响应速度比 ADX 快，因为它只经过一级平滑，而 ADX 经过了两级平滑。使用 14 日简单移动平均平滑后的 RAVI 与 18 日 ADX 的走势十分相似，如图 3.2 所示。因此，ADX 非常近似地描述了经过两级平滑的动量，而且可以使价格变动滞后。

我们现在对 ADX 和 RAVI 进行比较，并用它们来测量市场趋势出现的频率。在这个例子中，我们使用了自 1989 年 1 月 1 日至 1995 年 6 月 30 日的连续合约，上升的 18 日 ADX 大于 20，上升的 RAVI 高于 3%。如果当天的值高于十天前的值，我们就认为 ADX 和 RAVI 是上升的。这些计算周期的长度和参考值的选择都是任意的。

表 3.1 中的计算结果表明，市场在 20%~40% 的时间里做趋势运动。一些市场，比如 10 年期国库券，并没有出现 RAVI 所显示的那样很强的趋势，这可能是因为我们在用 RAVI 测度市场强度时使用 3% 屏障的原因。“温和”的

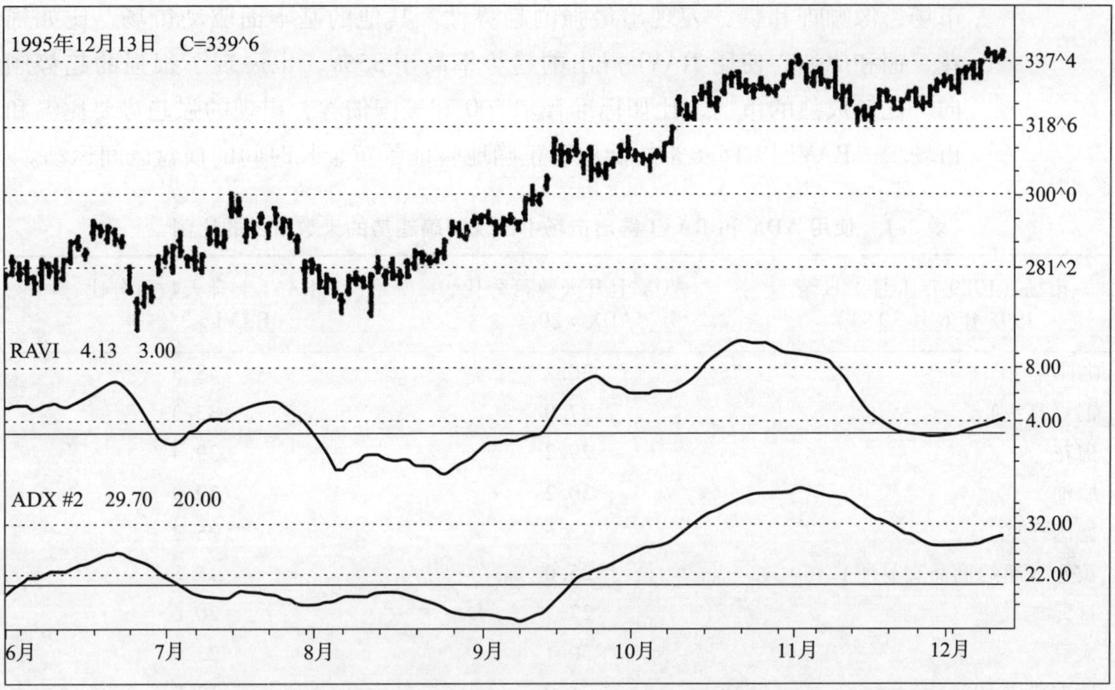

图 3.1 用 ADX（底部曲线）和 RAVI（中部曲线）度量区间行情的对比

（图右纵坐标轴数字中的"^"表示美分后的价格精度——译注）

图 3.2 经过两级平滑的 RAVI（实线）与 18 日 ADX（虚线）是很相似的

市场，像咖啡和糖，表现出最强的趋势性。其他的基本面驱动市场，比如棉花、铜和原油，使用 RAVI 得出的趋势率高于 35%，也展现了很强的趋势倾向。比较成熟的市场，比如标准普尔 500 和美国债券，出现的强趋势要比温和市场少。RAVI 以 15.8% 的低比率正确地验证了黄金长时间的横盘区间运动。

表 3.1　使用 ADX 和 RAVI 得出市场中出现明确趋势的天数所占的比例

市场（1989 年 1 月 1 日至 1995 年 6 月 30 日）	ADX 上升天数百分比，ADX > 20/%	RAVI 上升天数百分比，RAVI > 3%/%
咖啡	30.2	43.3
铜（高级）	27.0	35.3
棉花	29.2	39.4
原油	30.2	39.9
德国马克	32.6	25.7
黄金（纽约商品交易所）	25.0	15.8
日元	27.7	20.6
大豆	30.1	23.9
标准普尔 500	24.0	17.9
糖	31.3	41.7
瑞士法郎	30.7	28.9
10 年期国库券	32.8	6.0
美国债券	37.5	16.0

部分计算结果表明，在大多数市场中这些趋势间隔的时间长度是 15 ~ 18 天，最少 1 天，最多 30 天。因此，这些市场的趋势期是足够长的，足以进行可获利的交易。这些计算结果表明，在“无趋势的九十年代”市场为趋势系统提供了充足的交易机会。

总之，我们可以使用以动量为基础的指标来度量区间运动和趋势运动。计算结果表明，市场趋势大多持续 15 ~ 18 天。因此，在做系统设计时，趋势跟随策略值得考虑。下一部分阐述了交易者是否应该长期使用趋势跟随策略。

是否跟随趋势

如果你不是大的套期保值者或机构交易者，那么在设计交易系统时，可以选择两种基本策略中的任意一种——可以选择做一名趋势跟随者，也可以采取逆势交易的策略。如果选择趋势跟随，人们一般会使用中期头寸。相比之下，在逆势策略中，人们则会使用逆势的短期头寸。本部分主要探究两种策略，从长远看，趋势跟随策略比逆势策略更有可能盈利。

表 3.2 所示为使用欧米伽研究中心的 System Writer Plus 软件对一套以随机震荡指标为基础的逆势交易系统进行测试的结果。随机震荡指标是一种区间定位震荡指标，它显示的是今天的收盘价在最近 x 天的交易区间中所处的位置。如果收盘价接近区间顶部，那么随机震荡指标的值大于 80，接下来价格可能会向区间底部运动。如果收盘价接近区间的底部，那么随机震荡指标的值将低于 20，我们认为下一个价格运动会朝向区间的最高点，在 x 天最高价和最低价之间的“区间”也不停变化。因此，利用随机震荡指标不能预测价格运动的幅度。

表 3.2　随机震荡指标逆势交易系统测试结果

市场	模拟利润/美元	交易数量	获利交易百分比/%	最大获利/美元	最大亏损/美元	最大连续亏损交易数	最大日内回撤/美元
咖啡	1837	276	32	27065	-11215	9	-44931
棉花	-98725	296	24	4955	-2800	14	-102205
原油（轻）	-61940	301	29	5210	-7850	17	-63180
黄金（纽约商品交易所）	-29830	256	29	2630	-2920	21	-31150
日元	-47713	309	32	8633	-2762	9	-60813
法郎	-55350	285	32	9175	-3225	10	-63513
美国债券	-49313	310	28	4400	-1694	13	-61469

该测试系统使用 10 日时间周期来计算快速 K 移动平均和快速 D 移动平均。当快速 K 线在快速 D 线之上时，系统在开盘时买进，反之亦然。System Writer Plus 软件向导为计算给出了确切方法。

这个例子使用 7 个不相关市场的连续合约，滑移价差和佣金考量为 100 美元，初始资金管理止损为 1500 美元。测试周期从 1989 年 5 月 26 日到 1995 年 6 月 30 日。该简单系统在这些市场上是亏损的，而且有大幅的资金回撤，大部分是由于连续的亏损交易。注意交易的数量较多，而盈利交易的比例相对较低。

这些计算结果的主要含义是，尽管市场只做短期的趋势运动，但在趋势运动期间的利润远远超过区间运动期间的利润。原因是当市场做趋势运动时，价格变化的幅度是做区间运动时的好几倍。

这个例子假设交易者支付的是华尔街上提供的“打折”的交易佣金。如果交易佣金很低甚至可忽略，那么在高交易频率下，逆势策略将会出现不同的交易结果。

表 3.3 对有无滑移价差和佣金时的模拟利润做了比较。获利性的差异是显而易见的，随机震荡指标系统的业绩在低佣金时显著提高。这个结果说明，如果不得不支付高额佣金，那么逆势策略就没有多少吸引力了。

表 3.3　交易费用对逆势策略获利性的影响　单位：美元

市场	模拟利润（100 美元的滑移价差和佣金）	模拟利润（无滑移价差和佣金）
咖啡	1837	29438
棉花	-98725	-69125
原油（轻）	-61940	-31840
黄金（纽约商品交易所）	-29830	-4230
日元	-47713	-16813
法郎	-55350	-26850
美国债券	-49313	-18313

有多种逆势策略，表 3.4 中所列的计算结果便是由一种不同的交易策略得出的。移动平均交叉（MAXO）系统是最简单的趋势跟随系统，但是它也可被用做逆势交易系统。比如当短期移动平均线向上穿越长期移动平均线时，交易者可采用逆势策略做空。当然，这种“向上”交叉也是趋势跟随策略中一个做多的信号。

表 3.4　5 日和 20 日简单 MAXO 测试交易系统的比较，1989 年 5 月 25 日至 1995 年 6 月 30 日

单位：美元

市场	逆势交易 MAXO		趋势跟随 MAXO	
	模拟利润，100 美元的滑移价差和佣金	最大日内资金回撤	模拟利润，100 美元的滑移价差和佣金	最大日内资金回撤
咖啡	-42719	-59344	59241	-17216
棉花	-14670	-36895	-6845	-18010
原油（轻）	2580	-21500	-30730	-35460
黄金（纽约商品交易所）	-12740	-21780	-8560	-12950
日元	-34650	-58540	-9025	-22738
法郎	-7812	-45688	-23500	-40175
美国债券	-28119	-33019	-9643	-23568
平均值	-19733	-39538	-4152	-24302

这里我们任意选取了5日和20日移动平均代表短期和中期移动平均。测试周期是从1989年5月25日到1995年6月30日，滑移价差和佣金量是100美元，初始止损是1500美元。平均来讲，采用逆势策略是净亏损的，日内资金回撤可能较大。而采用趋势跟随策略将平均损失斩断在79%，资金回撤量低于39%——两个数据显示的状态都较好。

表3.5所示为另一个组合：采用7日和50日简单移动平均的移动平均逆势策略和趋势跟随策略。这个组合对严格的趋势跟随有利。假设跟之前的一样：滑移价差和佣金是100美元，初始止损是1500美元，测试周期是从1989年5月25日到1995年6月30日。

表3.5　7日和50日简单MAXO测试业绩比对，1989年5月25日至1995月6日30日

单位：美元

市场	逆势交易MAXO		趋势跟随MAXO	
	模拟利润，100美元的滑移价差和佣金	最大日内资金回撤	模拟利润，100美元的滑移价差和佣金	最大日内资金回撤
咖啡	-22716	-68534	38689	-27615
棉花	-44375	-52275	23155	-9795
原油（轻）	-43440	-47570	20430	-5020
黄金（纽约商品交易所）	-14540	-20980	4560	-5730
日元	-39663	-71225	23662	-23075
法郎	-49325	-70800	32988	-13163
美国债券	-34606	-36756	18131	-14619
平均值	-37658	-49934	20488	-11900

在逆势交易中，7/50日SMA组合也是净亏损的。另一方面，在趋势跟随交易中，所有7个交易市场的盈利额展示出是净盈利。趋势跟随策略的资金回撤量大约是逆势策略的1/5。因此，这两组数据都表明趋势跟随策略是更好的选择。

这些计算结果表明趋势跟随策略对于一般交易者可能是个更好的选择。然而，如果佣金和滑移价差费用比较低，逆势策略也颇具吸引力。

本章的例子测试所用移动平均组合是任意指定的。读者可以应用历史数据测试自己的系统，以找出性能更好的组合。优化是在历史数据上寻找“最佳”变量组合的过程。下一部分讨论了优化是否是一种很好的设计策略。

是否需要优化

使用计算机，我们很容易利用历史数据搜索出系统的“最优”值。结果可能令人相当吃惊。如果你可以提前知道盈利性最强的参数组合是什么，想象一下你的收益会怎样。这便是问题所在。不幸的是，在历史数据上表现很好的参数很少会在将来创造类似的业绩。

这里的“最优”内涵相当宽泛，它包含影响交易系统参数值选择的所有工作。我们已经知道用曲线拟合一个系统模型是相当困难的。或许可以考虑使用较低水平的优化，在这种情形下，我们可以在较为广泛的取值范围内和市场上来测试系统，然后选出自己“最”喜欢的一组。但是真正的问题不是这个特殊的参数组合是否最好，而是交易者是否会完全信任该系统，并毫无偏差地使用它进行交易。最优化的主要好处，可能是提高了交易者使用某套特殊系统的舒适程度。

系统最优化的问题是过去的价格形态不会在将来以完全相同的方式重复出现。市场间的相关性也是如此。尽管在历史数据上可以看出较大范围的相关性，但是事件间的时间滞后，以及相关性所造成影响的程度是不同的。

我们还必须解决其他一些矛盾。例如，我们必须选择用来优化交易系统参数值的时间周期。我们很快便会发现，这些参数的值取决于测试周期的长度。我们还必须决定以后隔多长时间重新对系统进行最优化，并规定最优值的有效期。

例如，我们可以决定使用 3 年的历史数据来优化自己的系统，并在 3 个月后重新计算。于是，一种方案就是在 3 个月后用最新的可获得的 3 年数据重新优化。这跟重新训练神经系统是一样的。如果我们的确对系统做了重新优化，那么就必须决定如何使用新交易系统参数值进入交易。

我们还必须决定是否在所有市场上使用相同的系统参数，如果不是的话，就需要分别在每个市场上对系统进行最优化。这种情况下，我们必须为自己交易的每个市场上的每个系统规定一套重复优化和重复校准的程序。所有这些工作都值得吗？具有决定性的测试结果都不支持交易者去寻找“最佳”或“最优”变量。

看下面使用真实德国马克期货合约所做的测试。展期日（rollover date）为到期前一个月的 21 号。简便起见，我们只交易一份合约，滑移价差和佣金是 100 美元，初始资金是 1500 美元。我们使用移动平均交叉系统的一个改进版本，交易时间不是在交叉时，而是在交叉后价格出现 5 日突破时。因此，如果短期移动平均高于长期移动平均，那么在高点之上的5日突破会触发一个多头入场。出场策略非常简单，在第20个交易日收盘时出场。这个任意指定的交易系统，具有一个引人注目的特点，那就是短期移动平均和长期移动平均的长度是可以最优化的。

通过把短期移动平均的长度固定为收盘价的3日简单移动平均，我们对计算过程进行了简化。长期简单移动平均的长度在20~50日之间变动，增量为5日。测试周期从1983年11月14日到1989年11月21日。我们在观察各种模型的业绩时向未来延伸了3、6、9和12个月。如表3.6和表3.7所示，无法预测模型在将来一段时间会怎么样。相对等级因周期不同而不同，没有任何的一致性。

表3.6 数据表明，利用过去的业绩不能预测未来的业绩

SMA的长度/交易日	最优化利润/美元	1990年3个月利润/美元	1990年6个月利润/美元	1990年9个月利润/美元	1990年12个月利润/美元
20	31238	-2200	-1538	1863	650
25	28275	-2475	-3112	-488	-2300
30	24175	338	-300	2325	2113
35	18088	338	63	2175	1963
40	15475	338	-525	2625	4000
45	7950	338	-4363	2038	3600
50	7013	338	-4363	-1800	-238

表3.7 数据表明，利用过去的相对等级不能预测未来的相对等级

SMA的长度/交易日	最优化相对等级	1990年3个月相对等级	1990年6个月相对等级	1990年9个月相对等级	1990年12个月相对等级
20	1	6	4	5	5
25	2	7	6	6	7
30	3	1	2	2	3
35	4	1	1	3	4
40	5	1	3	1	1
45	6	1	6	4	2
50	7	1	6	7	6

我们接下来测试一下这种假想：如果最优化周期接近实际交易周期，预测将更具可靠性。然而，如表3.8和表3.9所示，我们仍然没有办法预测在随后的周期中这种模型会发生什么。这应当是预料之中的，因为在我们的最

优化模型和市场力量之间没有因果关系。而且我们只是将模型拟合于历史数据，所以我们不能获取所有驱动市场的基本面力量和心理力量。我们仅仅依靠历史数据来预测将来的能力仍是比较蹩脚的。

表 3.8 数据表明，使优化周期更接近真实交易周期（1988 年 11 月至 1989 年 11 月）也不能预测未来的业绩

SMA 的长度/天	最优化利润/美元	1990 年 3 个月利润/美元	1990 年 6 个月利润/美元	1990 年 9 个月利润/美元	1990 年 12 个月利润/美元
20	3525	-1625	-1000	2650	2438
25	5225	-1900	-2575	400	-413
30	4250	5338	4713	7688	8475
35	513	5338	4713	7213	8000
40	63	5338	4437	6213	8813
45	-2800	5338	3138	4913	7638
50	-1525	5338	913	2688	5413

表 3.9 数据显示，利用过去的相对等级（1988 年 11 月至 1989 年 11 月）不能预测未来的相对等级

SMA 的长度/天	最优化相对等级	1990 年 3 个月相对等级	1990 年 6 个月相对等级	1990 年 9 个月相对等级	1990 年 12 个月相对等级
20	2	6	6	6	6
25	1	7	7	7	7
30	3	1	1	1	2
35	4	1	1	2	3
40	5	1	3	3	1
45	7	1	4	4	4
50	6	1	5	5	5

让我们进一步进行讨论。由于我们不能获取任何因果关系，所以在一个市场上进行的优化对其他市场作用很小甚至没有。如表 3.10 所示，在一个交易市场（德国马克）上对系统进行最优化对于提高其他市场的业绩没有任何作用。

任何最优化演练都有其潜在的益处。第一个益处就是认识交易系统不具获利性时的市场行情。对于我们建立的任何规则，我们都会发现产生亏损的市场运动。这是因为市场在触发了交易信号之后，却向相反的方向运动。

第二个益处是理解模型背后的一般性思想。例如，我们可以测试模型是在趋势市场中获利还是在无趋势市场中获利。我们在设计这些具有获利性的

表 3.10 数据表明，在一个交易市场上的最优化不能预测其他交易市场的业绩

SMA 的长度/天	德国马克 1988.11—1989.11 利润/美元	日元 1990.11—1995.7 利润/美元	黄金 1990.11—1995.7 利润/美元	咖啡 1990.11—1995.7 利润/美元	燃料油 1990.11—1995.7 利润/美元
20	3525	8188	-16190	30956	-26771
25	5225	7838	-15370	29206	-21938
30	4250	8938	-13920	40781	-21230
35	513	7013	-10860	-5013	-18028
40	63	3963	-11400	-6343	-14316
45	-2800	3250	-7940	6188	-18873
50	-1525	11245	-8310	6625	-13773

规则时，假设市场处于特定的行情之中。优化练习可使我们检测自己的假设是否正确。

第三个益处是理解初始资金管理止损的作用。我们可以量化初始止损的级别，以便获取主要的利润。例如，如果止损太过宽松，那么亏损就相对较大。相反地，如果止损距启动头寸太近，那么就会经常止损出场。每笔亏损交易的亏损额较小，但是，随着亏损交易出现频率的增高，总资金回撤量将超过初始止损额。

优化练习带给我们的最大益处是重新加强了交易者对特定交易系统的信任感。从根本上说，交易者能够完全按照计划执行交易系统是最重要的。所以，交易者们所做的任何测试都可以使他们更好地了解系统的性能，变得对系统的亏损和获利特性更加适应，从而帮助他们在实际交易中更加自信地执行该交易系统。

本部分主要说明了交易者不能期望自己的交易系统在将来的表现与历史表现完全一致。将来性能的不确定性，便引出了一个如何控制风险的问题。接下来我们将讨论有关风险控制的思想。

初始止损：答案还是问题

在许多交易者心目中，止损设置已经上升为一种艺术形式，因为人们不知道初始止损是一个答案还是一个问题。对于这个问题的回答，取决于交易者的经验。通常，止损就像是价格的一块磁石。市场常常击中止损，但只是稍作反转，便又恢复原来的趋势。所以，初始止损可以轻易地考验交易者的

耐心。即便如此，初始止损也应该是交易风险管理的一个重要组成部分。本章将对几个与风险控制相关的常见问题进行讨论，详细的示例见后面几章。

如果交易者使用初始止损，就要遵守资金管理规则，从系统设计和市场波动性中得出止损的值。一种良好的风险控制思想是使用2%的总资金初始止损，然后使用最大不利偏移（英文缩写为 MAE，盈利交易中的最大资金回撤的分布）来为特定的系统选择止损金额。在计算合约数目之前，我们要把 MAE 与一些对市场波动性的度量关联在一起。于是初始止损有三个标准：资金管理、MAE 和波动性。

另一个问题是交易者是否应该将止损订单交给经纪人。许多交易者有计划好的出场价格，却不将订单放置在市场中。他们喜欢实时监控市场，然后在必要时自己放置出场订单。这种行为在交易行业中被称为随机初始止损。如果你没有良好的纪律性和判断力，那么随机初始止损可能不适合你。如果交易者不能连续监控市场，那么将止损订单交给经纪人是比较谨慎的做法。

在系统测试时我们应该使用多大的初始止损呢？这取决于我们使用的数据类型和系统设计的种类。问题是使用紧凑的还是宽松的止损。每份合约紧凑的止损额可能小于500 美元，宽松的止损额则可以达到5000 美元。

假设我们只有日线数据。在这种情况下，我们很难准确测试紧凑的止损，因为盘中价格的超常变化是未知的。假设我们交易债券市场，典型的日内价差是1000 美元。如果我们在日线数据上使用100 美元的止损，那么大部分系统测试软件将在入场当日便止损退出，因为我们不知道确切的价格变化轨迹。当然，如果你有盘中数据，就可以更准确地测试100 美元的止损。所以，非常紧凑的止损需要盘中数据才能准确测试。

广义上说，有两种类型的系统：一种可以自校正，另一种不可自校正。自校正系统具备看多和看空入场的规则。这种系统会逐渐为看空交易产生一个看多信号，反之亦然。因为系统是自校正的，所以相反的信号会限制亏损，即便不使用初始止损。当然，亏损取决于市场波动性，很容易便会达到每份合约1000 美元。

不具备自校正能力的系统包括那些只能做多或只能做空的交易系统。于是，交易者可能会得到一个虚假的做空信号，在长期的上涨趋势中只做空头交易。这些系统中的亏损不受限制，所以必须使用初始止损来保护资本。带有出场策略的单边交易系统拥有自校正能力，出场策略将限制单侧系统的亏损，在一些预先选定的价位了结交易。例如，一套自校正的、只从看多侧交易的系统有一个出场止损，该止损位于最近14 日的最低点。

如果我们在测试自校正系统时不使用初始止损，那么我们可以对入场信号的效率有更多的感性认识。但是，如果系统不是自校正的，那么在测试时必须使用初始止损。问题仍然落在初始止损的宽松度上。相对宽松的止损，比如定义为每日价差 10 日平均的三倍，是一种很好的选择。这样，止损对测试结果的影响比入场规则对测试结果的影响小。如果交易者喜欢紧凑的止损，就使用盘中数据，或者使用一个大于近期价格区间的金额。

我们所使用的数据组将对初始止损的选择结果造成很大影响。如果数据组中有许多交易区间市场，那么紧凑的止损将产生双面拉锯式的亏损。即便每一次亏损额都比较小，一系列亏损的总额也是比较大的。使用相对宽松的止损将避免在交易区间内产生双面拉锯式的亏损。如果市场在做趋势运动，那么初始止损的值便不是很重要。所以，趋势市场将允许系统使用紧凑的止损，而且可以得到一些令人称奇的测试结果。

相对宽松的止损，在 1500 ~ 5000 美元之间，工作得非常好。如果止损相对宽松，那么在接近的值之间差别就非常小。反之，如果止损比较紧凑，那么在止损中微小的变化将使资金产生巨大的波动。所以在本书中使用日线数据测试的系统，止损范围为 1000 ~ 5000 美元。

本书中讨论的内容并非依赖止损的金额。有时宽松的止损是一个必要的设计特性。在这种情况下我会对使用宽松止损的理由进行说明。实际上，如果读者不喜欢我设置的止损，也可以根据自己的偏好来重新测试这些系统。

一些实际的计算将证明这些讨论。这里我们使用标准的 20 日收盘通道突破交易系统（CHBOC）。如果今天的收盘价高于最近 20 日的最高价，那么系统就在收盘时买进。做空交易的条件与此相反，如果今天的收盘价低于最近 20 日的最低价，那么系统将在收盘时卖空。我们在咖啡市场上测试该系统，咖啡市场同时具有较大的波动性和较强的趋势。初始止损的变化为 0 ~ 8000 美元，增量为 500 美元，滑移价差和佣金量为 100 美元。

首先我们来看一下 0 美元初始止损的含义。该系统将在收盘时做多和做空。所以，只有价格持续强势运动，高于当日收盘价，交易才持续保持打开的状态。这是我们可以添加的最苛刻的止损，因为只有立即可以获利的交易才能够幸存下来。

从图 3.3 中，我们可以看出，随着初始止损的放宽，获利稳定增加。令人称奇的是，当初始止损为 0 美元时，仅仅 20 笔交易（共 434 笔交易）就获利 158103 美元。这验证了交易行业的一个共识，即最好的交易就是可以立即获利的交易，同时也说明只有 5% 的交易是大型盈利交易。交易者应该将工作重点放在不要错过这些交易上。

从图 3.4 中，我们可以看出，一个紧凑的止损产生的资金回撤量可以大

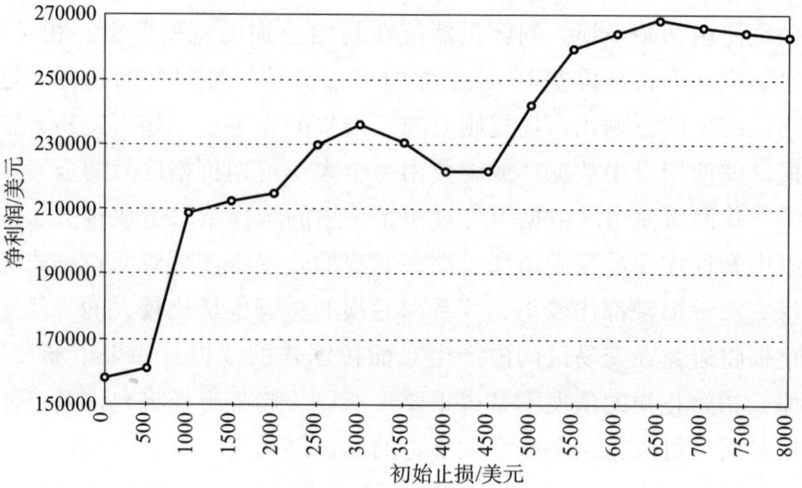

图 3.3　随着初始止损的增加，净利润先稳定上升，然后持平

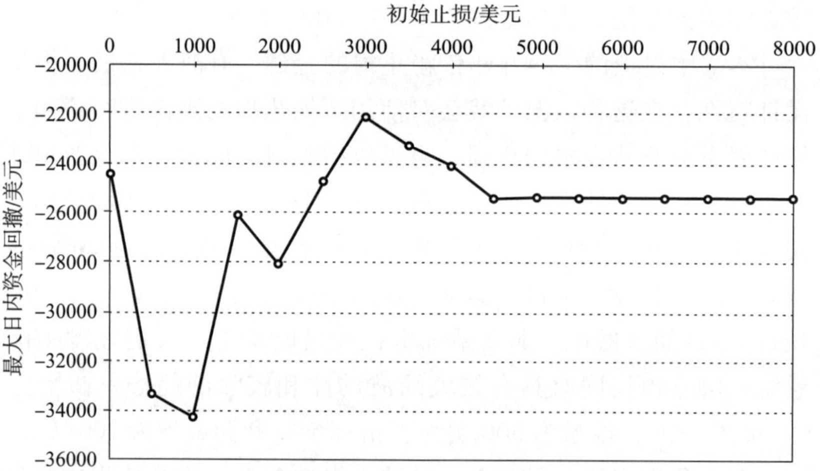

图 3.4　当我们放宽初始止损时，最大日内资金回撤（MIDD）先增后减，然后趋平

于根本不使用止损产生的资金回撤量。当止损放宽时，越来越多的交易从亏损中恢复过来，最终以获利了结。逐渐地，止损变得太过宽松，以致不再具有任何作用，从而最大日内资金回撤（MIDD）稳定下来。

当我们将初始止损放宽时，止损斩断的交易越来越少（图 3.5），所以由 CHBOC 产生的交易数目逐渐减少。一旦止损“太宽松”（大于 3000 美元），它的作用就变得非常小，交易数目也停止减少。

使用 0 美元止损只有 5% 的交易获利。当我们放宽初始止损时，盈利交

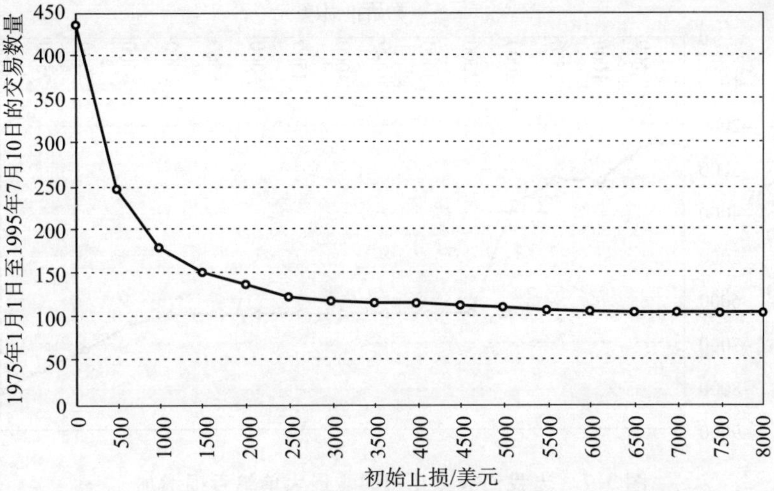

图 3.5　当我们放宽初始止损时，交易数量先下降，然后走平

易的比例（胜率）快速增加，直到止损失去作用（图 3.6）。随着我们放宽止损，更多的盈利交易可以在市场困难期幸存下来。

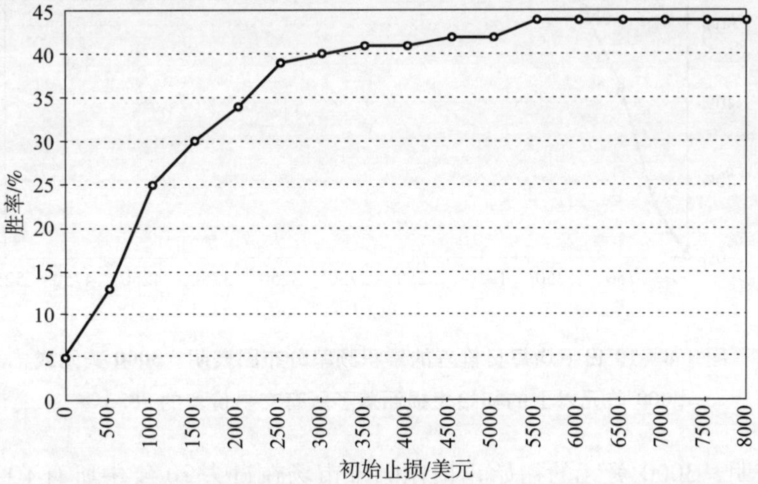

图 3.6　当我们放宽初始止损时，盈利交易的比例先增加后走平

正如我们所预见的，随着止损逐渐宽松，最大单笔亏损增加（图 3.7）。虽然使用 0 美元止损时，由于弱势开盘会产生较大的滑移价差，但是，随着初始止损的放宽，虚假信号产生的交易可以存活更长时间。

在过去 20 年的咖啡市场中，最大 10 日平均交易区间约为 5025 美元，平均值为 1015 美元，标准偏差为 641 美元。图 3.8 所示的累积频率分布图

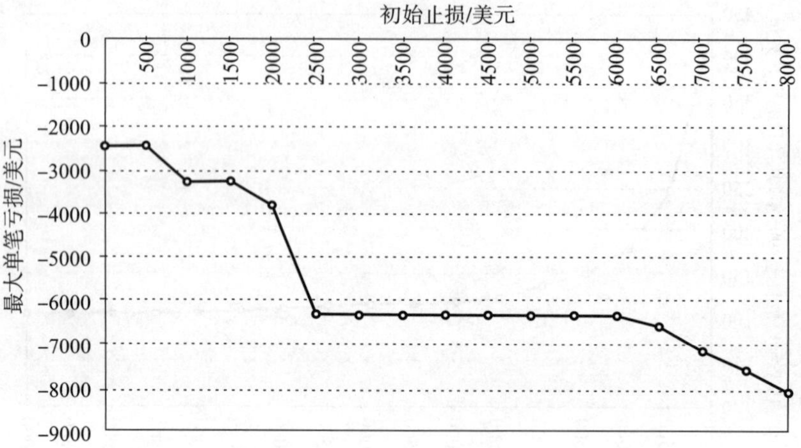

图 3.7　当我们放宽止损时，最大单笔亏损增加

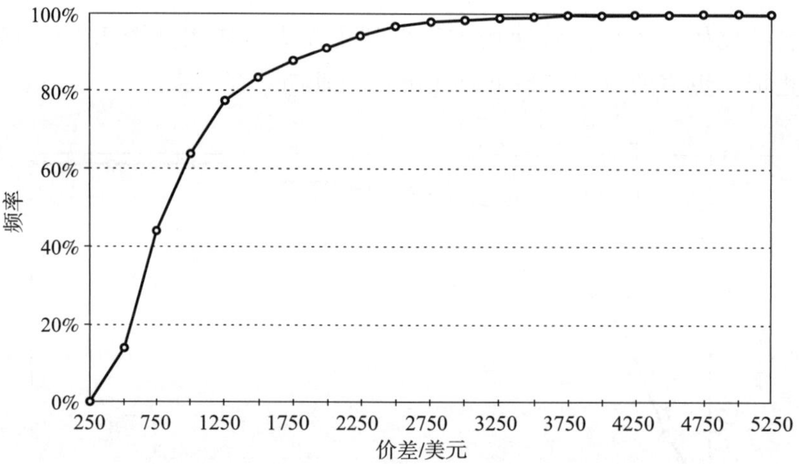

图 3.8　10 日平均每日价差的累积频率分布图表明，3000 美元或 3000 美元以上的初始止损涵盖了所有交易价差的 98.3%

表明，3000 美元的初始止损比咖啡市场在过去 20 年中所有 10 日平均交易区间的 98.3% 都要大，所以 3000 美元应该是一个比较宽松的止损。图 3.3 ~ 图 3.7 表明，当止损超过 3000 美元时，系统的性能变化十分微小。所以，我们可以认为 3000 美元是“非常宽松”的止损。而超过 20% 的所有 10 日平均交易区间比 500 美元的止损要大，所以它是一个“紧凑”的止损。

现在我们可以使用累积频率分布图来选择基于市场波动性的止损。任意选定的止损可能太紧凑，也可能太宽松。该分析假设交易者在每笔交易上都使用相同金额的止损。如果交易者在每笔交易上都使用不同金额的止损，那么该分析对他来说作用很小。我们已经知道，当市场在交易区间内运动时，止损将以更高的频率被击中，所以我们应该使用一些趋势度量方法来改变自己的初始止损。

许多交易者虽然可以接受多次数额较小的亏损，但对于一次较大的亏损还是非常讨厌的。随着止损金额的增加，最大资金回撤量通常会降低(图3.4)。所以当我们设置止损时，应该尽量以长远眼光来看待问题。如果使用基于系统设计的固定止损，那么就使用宽松的止损。如果每笔交易设置的止损不同，那么就要求交易者掌握设置止损的精妙艺术。

在交易的开始阶段，被市场止损踢出的风险最高。表3.11对不使用止损，使用1500美元的止损和可变止损对平均每笔亏损的长度产生的影响进行了对比。一个简单的20日CHBOC交易模型，除了初始资金管理止损之外，不使用任何出场策略，允许100美元的滑移价差和佣金。测试周期为6年，从1989年5月26日开始使用连续合约。

表3.11　初始资金管理止损对平均亏损交易长度的影响

市场	亏损交易平均交易日（1500美元定额止损）	亏损交易平均交易日（无止损）	平均亏损交易长度为10~11个交易日时的止损（可变止损）/美元
咖啡	92	6	1600
铜（高级）	21	28	500
棉花	14	20	1250
原油	23	27	500
德国马克	16	27	1000
黄金（纽约商品交易所）	28	31	400
燃料油	27	37	700
日元	13	26	1000
大豆	24	27	500
标准普尔500	7	26	2000
糖	32	32	500
瑞士法郎	13	27	1250
10年期国库券	23	35	850
美国债券	12	27	1250

表3.11中的数据表明，加入1500美元的初始资金管理止损，使平均每笔亏损的长度大约减少了40%，从28日变为17日。这样的计算结果进一步确认了在靠近交易开端的地方被市场止损踢出的风险最大。平均每笔盈利的长度为平均每笔亏损的2~3倍。

如果对表3.11进行更细致的分析，我们可以看出，对于某些市场，比如黄金、糖和大豆，即使添加止损，平均每笔亏损的长度也不会减少太多。这就意味着在这些市场中，波动性不如在外汇和债券市场中强。一个将产生10~11日平均亏损交易长度的大约初始止损也在表3.11中被列出。标准普尔500指数期货合约和咖啡是波动性最强的两个市场，其次是棉花、瑞士法郎和美国债券市场。反之，黄金、糖和原油是波动性相对较弱的市场。所以在设置止损时考虑整个市场的波动性是非常有用的。

总之，如果在自校正系统中使用宽松的止损，那么我们会获得更好的系统性能。如果止损“太紧凑”，那么在止损中微小的变化也会影响系统长期的业绩。如果止损“非常宽松”，那么改变止损将没有任何作用。当我们放宽初始止损时，利润首先增加，然后便变化缓慢。意思是说，一旦我们超过波动性的阈值，再增加初始止损，作用便非常小了。

使用宽松止损的另一种作用是，我们不能准确测试小于日价格区间的止损。理想情况下，我们应该使初始止损基于资金管理规则、系统的最大不利偏移和市场波动性。选择初始止损的方法有很多，一旦选择了一种，就要坚持使用它。

你的设计有风险控制吗?

当我们设计交易系统时，要不断提醒自己设计的一个关键目标是控制风险。读者很快就会发现风险控制是一项充满挑战的工作。本章讨论了一些风险，当交易者从投资组合的角度来审视自己的交易系统时可能希望考虑这些风险。

跟踪止损是用来控制资金波动性和保护利润的一种常见方法。跟踪止损订单是这样一种止损订单，它在交易中被放置在距离最高利润点固定长度的位置上，当市场反转或者市场波动性增强时，该止损将会被触发，从而保护我们的利润。如果我们正在使用对趋势变化反应比较慢的长期系统，那么这种止损将会使我们的资金曲线变得平滑。

一种重要类型的止损来自市场之间的相关性。我们知道相关联的市场常常会做出大致相同的运动。一个很好的实例是货币市场，比如瑞士法郎和德国马克（图2.9）。这些市场一般会出现大范围的相似运动，而这些运动与美元市场运动方向相反。正如我们在第二章中所看到的，在同一投资组合中交易相关市场等价于在单一市场中交易多份合约。这将增加市场事件所带来的风险，比如无法预测的和无法解释的新闻事件所带来的风险。

市场流动性的强弱也会给投资组合带来执行风险。例如，交易不活跃的市场可以产生显著的滑移价差，所以在入场和出场时都会受到滑移价差的影响，从而降低利润，增加亏损。在这些市场中，我们所做的模拟测试可能没有对滑移价差和佣金做出足够的考量，所以会过高地估计获利潜能。

流动性可能是接近主要假期时的一个主要问题，比如接近圣诞节和元旦时。在这些市场的萧条期内，我们往往会看到剧烈的日内运动（图 3.9），这些价格运动很可能触发原先精心设置的风险控制止损。这些运动并未改变当前趋势，但是在测试交易系统时很难将其模型化。

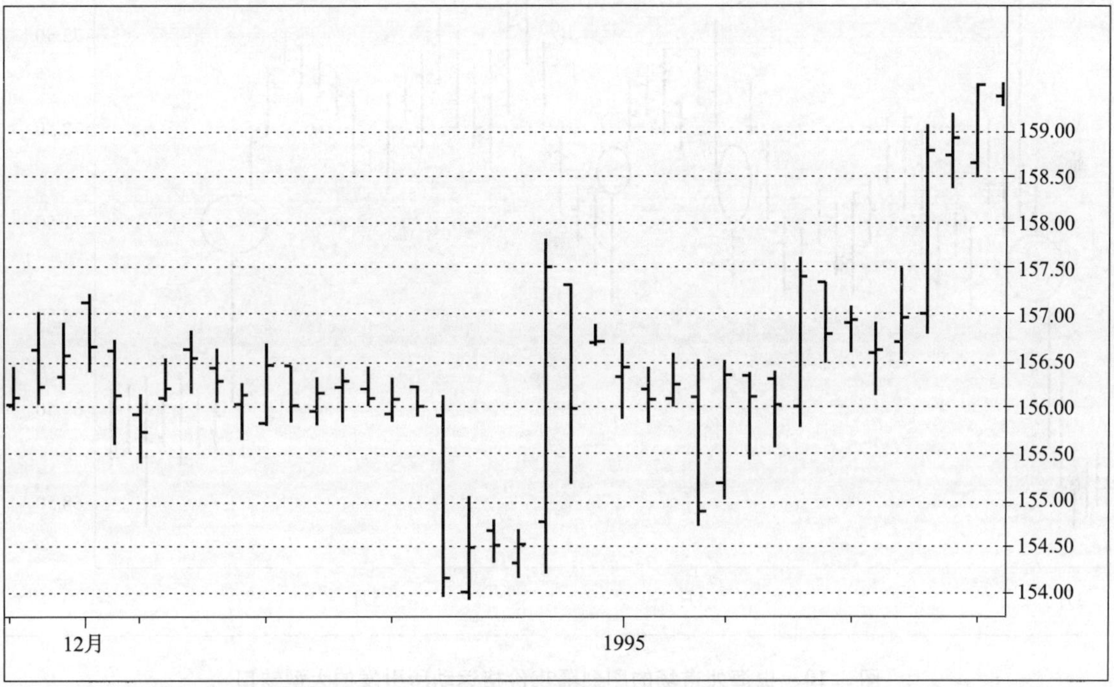

图 3.9　1994 年底由交易呆滞的市场引发的英镑市场的波动性增强是显而易见的

全球交易给我们的投资组合带来了一组新的风险。如果美国市场收盘后有新闻事件发生，那么大型的价格运动可能在国外的市场中产生。这种情况在外汇市场（比如瑞士法郎、日元或德国马克市场）、能源市场（比如原油市场）和金属市场（比如黄金和白银市场）中是特别常见的。通常，在国外市场中的情绪反应将产生巨大的开盘缺口，从而在超常规的滑移价差中使交易者止损退出。这些大型的开盘缺口，会使交易者发现自己的利润低于预期值。更有甚者，这些市场可能会在收盘时恢复到我们所设的止损价位之内。于是，全球性交易给我们的投资组合带来了新的风险。

1995 年时的德国马克市场在一段波动期间出现多个大型缺口（图 3.10）。在国外货币市场中产生的大型隔夜价格运动产生了这些大型缺口，这在历史测试当中是很难被正确模拟的。第一个圈出的缺口为 2112.50 美元，如果你正在做空，这将是一个非常不利的价格运动。1995 年 3 月底，中间椭圆处的岛形反转也留下了巨大的缺口，每份合约大约 1300 美元。在 1995 年 5 月份圈出的缺口大约为 1500 美元。就在这一天的时间里，交易信号如果处在缺口的两侧，则会产生明显不同的结果。

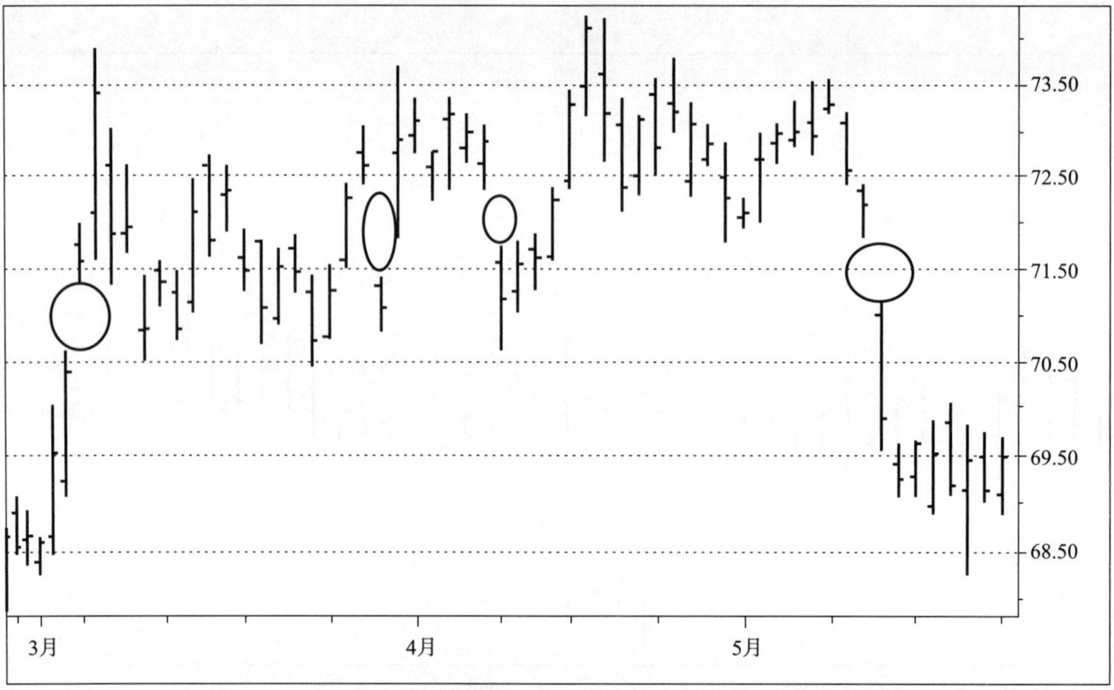

图 3.10　由海外市场的剧烈隔夜价格运动所引发的大型缺口
（注意，在棒线图中大型收盘－开盘缺口已经在图中用椭圆标出）

在这份合约中，大型的日内价差还增加了在收盘时进场的难度。例如，如果交易者在正确的时间得到了正确的交易信号，但是选择在收盘前入场，而不是采用止损的形式入场，就可能会错过一次大的价格运动。比如说交易者有一张收盘前交易的价格为 71.80 美元的卖单，那么必须在经过 2400 美元的滑移价差之后才能实现该订单。对于大多数交易者来说，这都是难以接受的（图 3.11）。

交易者所使用的数据常常会造成潜在的风险。比如我们使用周线数据来开发交易系统，假设在周五收盘时产生一个信号，然后在周二开盘时买进。

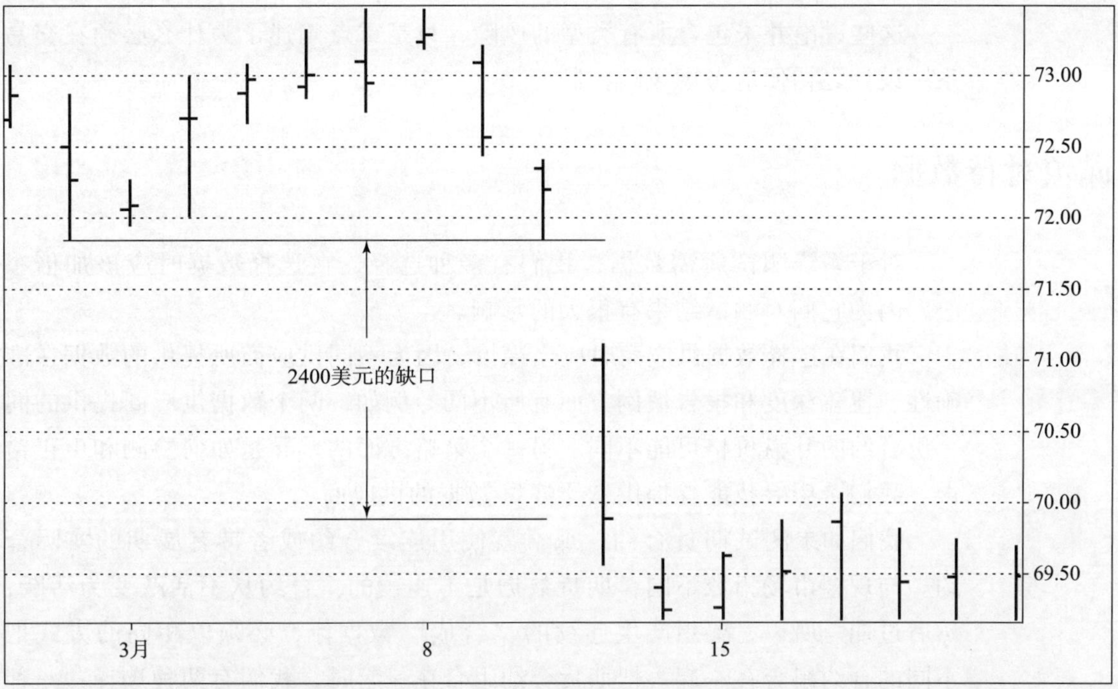

图 3.11　一张截至收盘的单向卖出订单将承受由市场波动性引起的 2400 美元的滑移价差

由于在周线数据中都不显示每日开盘缺口，所以，我们常常会低估实际交易中的滑移价差。另一个潜在的问题是使用本周产生的信号在下周进行交易，本周便可能出现大型的价格运动，可是在下周入场时已经错过了大部分的利润。

我们的系统还必须考虑基于时间的风险。例如，市场在信号出现后立即快速运动时最容易出现最佳行情。假设市场在给出一个新的突破信号之后立即进入整固区，此时被止损踢出的风险要比在横盘趋势中大得多。所以我们可能需要一个滤网，如果交易出现亏损的话，就在入场五日内出场。

另一种比较奇怪的情况发生在当我们获得新的交易信号时已经非常接近展期日。有可能在即将到期的合约上产生入场信号，而不是在下一份活跃的期货合约（国内一般称作主力合约——译者注）上。在这种情况下我们必须决定是否采纳该信号，然后立即展期或在数日后展期，或者等待在下一份活跃合约中产生交易信号。

在使用连续合约进行测试时，我们很容易低估展期对交易费和获利性的影响。我们还必须解决将初始止损放在新展期头寸中的位置这个问题。真实头寸可能会触发止损，而连续合约只会做一个优美的跳动，其头寸完好无损。

这些讨论并未包含所有类型的风险，只是重点阐述了为什么必须在交易系统设计之初便应考虑风险控制。

谨慎对待数据

对于系统测试所需数据，我们有多种选择，在选择数据时应该加倍小心，因为它们对测试结果有很大的影响。

我们在选择数据供应商时应当谨慎，因为不同供应商所提供的数据在准确性、覆盖深度和报告惯例方面有所不同。例如，两个数据供应商提供的同一份合约的开盘价格可能不同。另一个策略方面的差异是如何检测和更正错误。我们希望寻找能够提供“干净”数据的供应商。

我们如果测试期货合约，那么就使用连续合约或者带有展期的实际合约。与现金市场指数不同，期货数据是不连续的：合约从不活跃变为活跃，然后过期。所以，要想产生连续的“合成”数据流，必须以相同的方式把不同的合约组合在一起。把期货合约组合在一起时，我们有两种选择：一种选择是保持价格水平不变，代价是不能保证价格运动的幅度不变；另一种选择是保留价格运动的幅度，代价是需要调整价格。在测试时，我们一般使用保留了价格运动幅度的连续合约。两种类型的合约所给出的测试结果略有不同。

如果软件允许的话，一种比较好的选择是使用带展期的实际交易数据。从连续合约中得出的测试结果与带展期的数据非常接近，但是会低估交易数目及由滑移价差和佣金带来的损失。它们还会低估在展期交易上放置止损的难度。例如，在实际交易中，展期后我们可能已经被止损踢出，而在连续合约上对系统进行测试时，系统会继续保持原来的头寸。

除了选择测试数据的类型之外，我们还必须确定测试数据的数量。一般情况下，测试使用的数据越多越好，因为我们可以在一个较为广泛的市场行情上测试系统。当然还有统计学的要求，为了开始使用基于正态分布的测试，我们通常需要在测试周期上产生 30 笔或更多的交易。此处的理论是，依据给定的样本得到的交易次数越多，我们就越能更好地评估系统的平均特性。所以我们可以使用平均特性（比如平均交易利润）来预测系统未来的性能。

虽然 30 笔交易看起来是一个不小的数目，当使用某个趋势跟随交易模型在周线数据上进行测试时，得到 30 笔交易可能存在一定的困难，但要想完全去掉数据选择对测试的影响，30 笔交易可能太少了。所以如果可能的话，我们希望测试次数超过 100，通过使用多个市场和多时间框架进行组合测试，这样可以得到足够的交易数目。在本书后面的内容中，读者将学到如何产生合成数据，如何获得大数目的交易。

这次讨论的重点在于输入数据的不同会带给我们不同的测试结果。此外，我们不能确定交易会永远得到那种结果，因为我们不可能在合成数据上进行交易。现在来看一个测试结果，使用一个 5 日和 50 日简单移动平均的双移动平均交叉系统，初始资金管理止损为 1500 美元，滑移价差和佣金考量为 100 美元。

表 3.12 是由 Tech Tools 公司的软件 Continuous Contractor™ 产生的数据，显示出瑞士法郎不同类型的连续合约。在相同的周期上，使用实际合约计算系统业绩，在合约到期前一个月的 21 号自动展期。从这些测试结果中我们可以看出，由于数据类型不同，测试结果可以显示出很大的不同。

表 3.12　使用不同类型连续合约测试系统的结果对比

数据类型	利润/美元	MIDD/美元	总交易笔数	胜率/%	毛利润/毛亏损
带展期实际合约	17963	-21663	111	40	1.80
连续类型 38/13	18450	-24813	79	31	2.74
连续类型 49/25	20413	-22137	77	31	2.89
连续类型 55/25	20350	-21115	86	34	2.42
连续类型 56/25	10625	-27800	91	31	2.43
连续类型 60/25	39862	-18363	70	35	3.12

对于相同的入场和出场规则，我们来关注一下交易的数目。使用实际数据的有 111 笔交易，比使用连续合约获得的交易数目的平均值高出近 37%。多出的交易主要来自合约到期出场，进入下一份活跃合约。

另外，需要注意的是，回报率在使用实际数据时最低为 1.80。这是因为展期头寸降低了盈利交易中的利润。在长期趋势中连续合约一直存在，没有任何展期。所以在使用连续合约时，交易持续的时间比较长，获利也比较大。于是，连续合约可能会低估交易数目，并高估毛利润与毛亏损之比及交易持续的时间。

为入场和出场选择订单类型

在入场和出场时有三种基本的订单可供选择：市价单、止损单和限价单。这是三种交易心理在起作用：第一种心理是为了得到特定的价位，这时应使用限价单或止损限价单进入交易；第二种心理是为了保证进入交易，此时应使用市价单或止损单；第三种心理是坚持用市价单出场，但可以使用止损单或限价单入场。

在开盘或收盘时的限时市价单，对出场和入场都是一种很好的选择。许多交易者建议在开盘时入场，从而避开收盘时的订单高峰。如果开盘价超过止损价，那么使用止损订单可能会带来额外的滑移价差损失。

需要注意的是，在测试软件的测试结果和实际交易之间存在背离。虽然我们可以在软件中填写一份订单，但由于市场的原因可能无法在场内实现。例如，我们使用软件日线数据测试时，不知道市场在某个交易日会出现怎样的快速行情。所以当软件认为可以实现交易时，实际上不一定能够实现，重要的是理解软件是如何填写具体订单的。

另一个重要的特性是信号发出日（或日期）和执行日（或日期）之间的差别。我们可以在得到信号的当天进行交易。例如，我们正在使用一套简单移动平均交叉系统进行交易，可以设定当收盘价高于某个特定价位时，便在当日给出交易信号，所以订单可能是仅在收盘之前在价位 x 处买进（或卖出）；或者在收盘后设置交易订单，然后在下一个交易日入场。人们习惯使用后一种方法，原因是它比较简单。当与开盘入场订单一起使用时，它是度量系统性能的一种比较可靠的方法。

在下个交易日，在高于今天最高价或低于今天最低价处使用止损入场，与在下一个交易日开盘时入场相比，是一种比较有效的过滤。实际交易中，它可以滤除一些双面拉锯式的交易。当日产生订单，下个交易日开盘和收盘时止损入场，对于评价系统性能来说是一种一致而现实的方法。

理解测试结果的总结

此处对技术分析程序中测试结果详细总结的讨论使用了欧米伽研究中心的 TradeStation 软件中的报告。业绩总结的目的是显示特定交易系统在历史数据上的表现。

表 3.13 所示为 65 日简单移动平均—三个连续收盘价（65SMA - 3CC）趋势跟随系统在英镑连续合约上的测试结果总结。65SMA - 3CC 交易系统将在下章详细讨论。这里的总结包含多空所有交易。对于全部多头交易和全部空头交易，该软件分别给出了相同的信息。

表 3.13　65SMA－3CC 交易系统的典型业绩总结

英镑 38/13 连续合约（1975 年 2 月 13 日至 1995 年 7 月 10 日） 业绩总结：所有交易			
总净利润/美元	155675.00	未了结交易的盈利或亏损/美元	－1212.50
毛利润/美元	266918.75	毛亏损/美元	－111243.75
总交易笔数	71	胜率	45%
盈利笔数	32	亏损笔数	39
最大单笔盈利/美元	40768.75	最大单笔亏损/美元	－7993.75
平均每笔盈利/美元	8341.21	平均每笔亏损/美元	－2852.40
平均每笔盈利/平均每笔亏损	2.92	平均交易利润（盈利和亏损）/美元	2192.61
最大连续盈利笔数	6	最大连续亏损笔数	7
盈利交易平均棒线数	123	亏损交易平均棒线数	29
最大日内资金回撤/美元	－27881.25		
盈利因子	2.40	持有合约最大数量	1
需要的账户规模/美元	30881.25	账户盈利率/%	504

该总结给出五点重要的信息：第一点描述的是总净利润，第二点给出的是交易数据，第三点列出了平均交易数据，第四点显示的是交易持续时间或数据长度，第五点给出有关资金回撤量、盈利因子和回报的重要信息。

总净利润是毛利润和毛亏损之差。毛利润是所有盈利交易利润的总和。同理，毛亏损是所有亏损交易亏损的总和。未了结交易的盈利或亏损是在测试周期终止时仍未了结的交易的获利或亏损值。净利润是一个重要数据，它将影响下面的其他计算。注意，盈利因子就是毛利润与毛亏损比值的绝对值。在交易系统设计中，盈利因子大于 1 时比较可靠，因为它说明在测试周期上毛利润超过了毛亏损。

交易数据这一块显示总交易笔数，以及盈利笔数和亏损笔数。胜率是交易系统和测试数据两者的一个函数，可以帮助交易者应对破产风险，显然该数字越大越好。趋势跟随系统常见的胜率是 30%~50%，高于 60% 的比较少见，超过 70% 的更是凤毛麟角。

平均交易数据这一块只是将上面两块数据结合起来计算出平均数。最大单笔盈利和最大单笔亏损是这一块中的两个新数字。它们通常是测试数据、交易系统规则和风险控制指令的函数。如果交易者不使用止损，而且市场动荡不定，那么将出现大额的亏损交易。超常趋势可以使我们得到一次大型的盈利交易。如果最大单笔盈利的利润超过净利润的 50%，交易者就要小心了，因为这意味着我们或许应该从净利润中扣除该利润，然后重新评价系统的性能。

平均每笔盈利等于毛利润除以盈利笔数。平均每笔盈利与平均每笔亏损之比可以用来计算破产风险。这被称为平均盈亏比，它是测试数据、交易系统规则和交易长度的一个函数。典型趋势跟随系统的返回值大于2。

在第三块中报告的平均交易利润是总结中最重要的数据之一。它等于总净利润除以总交易数目。该数字取决于测试数据和交易系统规则。该数字当然越大越好，但如果它为负数或者小于200美元，除非再在其他市场和其他时间框架上测试，否则不要用该系统。对于交易系统来说，该数字便是统计学优势。

交易持续时间这一块给出了平均获利和亏损交易的长度（盈利交易中的平均棒线数等于平均每笔盈利的长度）。该值应该大于1，对于趋势跟随系统来说可以大于5。交易者应自问一下，如果持有头寸的持续时间如表3.13中所示平均盈利交易的长度，是否会感觉比较舒适？是否有办法使自己的交易持续时间两倍于平均每笔盈利的长度？如果没有耐心，这将是一项困难的任务，而交易者将错过大型获利。

另外，交易者还应自问一下平均每笔盈利的长度是否与自己的交易视窗相一致。如果平均交易的长度太长或太短，那么首先在更多数据上测试该系统，然后在其他市场上测试。如果对所得长度仍然不满意，那么就应当考虑更改交易系统了。

最大连续获利和亏损数据会随测试周期的变化而变化。最大连续亏损会对资金回撤产生巨大的影响。交易者应该仔细分析连续亏损出现的周期，以便理解在什么样的行情下自己的交易系统会产生大型亏损。

作为一条粗略的经验规则，交易者应该自问是否可以容忍两倍于报告中的最大连续亏损交易。这将告诉交易者如何设计资金管理方针，从而避免严重的资金回撤。交易者还应自问是否可以持有一笔亏损交易，持续如报告中所示的平均每笔亏损的长度。

最后一块数据显示的是最大日内资金回撤。交易者应自问是否能够容忍两倍大小的资金回撤。在下边缘上的账户规模和回报不是非常有用。如前面所讨论的，盈利因子应该大于1。

测试总结中未显示的内容

测试总结遗漏了一些重要信息，我将在下面对它们进行重点阐述。交易者可能希望对这些因素进行更细致的分析。

一个简单的比值是恢复因子（RF）。RF 是总净利润与最大日内资金回撤的绝对值之比，它度量的是从资金回撤深度中恢复的距离。在表 3. 13 中，恢复因子约等于 5. 6（155675/27881. 25）。该数值应该大于 2，而且越大越好。它可告诉我们，经过长期努力的潜在利润是否会克服资金回撤带来的损失。

另一个有用的值是调整后的毛利润，其中最大单笔盈利的利润从毛利润中被删除。为了做一些对交易系统不利的调整，不要删除最大单笔亏损带来的亏损。我们并不希望得到大型盈利交易的周期，而是在测试周期上带来最恶劣亏损的周期。盈利因子被重新计算，看它是否还会大于 1。对于表 3. 13 中的数据，调整后的毛利润为：266918. 75 美元 - 40768. 75 美元 = 226160 美元。则调整后的盈利因子约为 2. 03（226160/111243. 75）。与报告中的 2. 40 相比，下降迅速。于是，一个对该系统更为现实的评价就是它在长期的交易中会产生微薄的利润。

该总结也未给出交易的柱状图。交易者可能希望把数据导入电子表格中，以观察最大有利偏移和最大不利偏移。这些量将在第四章讲解 65SMA - 3CC 系统时详细讨论。

通过该总结，我们也看不出测试结果的变化。它没有给出所有交易获利和亏损的标准偏差。变化性是我们应该计算的另一个重要特性，必要时使用电子表格。变化性将告诉我们有关回报波动性的信息。

我们不能从测试总结中看出某一笔交易的实时变化，例如，它不能以每日的方式告诉我们平均获利、最大获利或亏损，它不会告诉我们交易第 1 天或第 10 天发生了什么。一个典型的交易模板（由钱德和 Kroll 开发，详见《最新技术分析指标》，中文书名参考台湾译本，见参考书目）将帮助交易者理解某笔交易的时间与价格变化。

另外，测试总结没有给出滑移价差的实际影响。软件给出的订单实现方式或许不能代表实际的订单实现方式。假设将面对比软件中更多的滑移价差会比较安全，在某些情况下，软件将给出现实中无法实现的订单。如果这恰巧是一笔大型的盈利交易，那么我们会高估交易的获利性。所以，我们最好不使用平均交易数目来评价系统性能，因为其已经将影响平均到许多交易上。

对于具有获利可能的连续 x 月周期的数目，业绩总结中也未给出。例如，知道在 5 年的周期内有多少个连续的 6 个月具有获利性是非常有用的。交易者可以使用自己增加的任意时间间隔。该分析告诉我们可以以多快的速度摆脱资金回撤的影响，并且对于我们交易系统的心理需求是一条重要的信息。

需要认识的最重要的因素是测试总结没有告诉我们系统在未来的表现会怎样。我们的测试结果是根源于测试数据的，我们应该深入分析这些测试结果，以便更好地理解系统测试。

理想情况下，我们应该在图表上分笔地分析测试结果，以便理解系统规则的运作过程。这将加强我们对交易系统的信任度，并使我们更好地了解系统何时开始工作，何时停止工作。对不具获利性交易的分析常常可以揭露出我们的交易逻辑中存在的缺陷。说服自己去使用某个交易系统，因为它的规则会在未来可能重复出现的行情中获利。进行逐笔交易分析还可以增强交易者在交易入场和出场时的判断力。

系统测试中一些可避免的陷阱

使用今天精密的软件，我们很容易便可以完成对系统的测试。但是，这些软件也会使我们得出不切实际的结果。理论上，我们的交易规则在实际交易中会像在测试中一样地工作。因为存在一些因素影响实际交易结果，所以测试和实际交易之间很难实现“完美”的匹配。在许多情况下，只要接近假设的性能就足以令人欣慰了。下面让我们分析一下在系统测试中需要躲避的常见陷阱。

任何测试的起点就决定了我们要进行测试周期的长度。测试周期应该足够长，一般为 3 年或更长时间，以便包含多个交易区间和趋势周期。另一种选择方法是在测试周期内应产生 50 笔或更多的交易。在对单一市场进行测试和优化时，习惯上将整个数据分为三部分。首先使用中间部分来开发系统规则，然后用开头和结尾的数据对系统进行检查。用来开发规则的中间部分数据叫作“样本内”数据。我们需要使用“样本外”数据来避免测试期间的过度优化。

在样本内测试周期和样本外测试周期上得出的测试结果取决于交易者选择的特定时间周期。这两个测试周期上的获利性不必完全一致，因为市场会出现不同的运动。但是，对交易系统的另一些内部度量应该基本不变。下面这些数字对盈利不敏感，应该在样本内和样本外周期上基本相同：获利和亏损交易的平均持续时间、最大连续盈利交易数、最大连续亏损交易数、最大单笔亏损以及平均每笔亏损。由于市场在特定的时间里会出现不一样的行情，所以取决于盈利的统计量可能相似，也可能完全不同。我们预计随着样本周期的增加，样本内结果和样本外结果的相似性会越来越强。

下面我们来看一个使用简单移动平均交叉系统在欧洲美元市场上的优化

练习。第一个测试周期是从1993年9月1日到1996年12月31日。两个移动平均的优化长度分别为13日和50日。样本外周期从1997年1月2日到1999年12月31日。注意与回报无关的性能参数，比如盈利交易和亏损交易的平均棒线数，以及最大连续盈利交易和最大连续亏损交易笔数（表3.14和表3.15）是相似的。这表明该系统模型在长期趋势中交易时与样本周期内是相似的。对业绩敏感的量则不同，因为净利润在样本外周期内显著降低。在样本外周期上的“最佳”移动平均组合是18日和30日移动平均，表明在样本外数据周期内，欧洲美元市场具有较长的整固期和较短的趋势。

表3.14　业绩总结：样本内周期、优化的13日和50日简单移动平均交叉系统

优化的移动平均交叉系统 欧洲美元（3个月）63/00－日线
1993年9月1日至1996年12月31日业绩总结：所有交易

总净利润	80575.00美元	持有仓位利润/亏损	900.00美元
毛利润	99075.00美元	毛亏损	－18500.00美元
总交易笔数	14	胜率	50%
盈利笔数	7	亏损笔数	7
最大单笔盈利	30625.00美元	最大单笔亏损	－4950.00美元
平均每笔盈利	14153.57美元	平均每笔亏损	－2642.86美元
平均盈利/平均亏损	5.36	平均交易利润（盈利和亏损）	5755.36美元
最大连续盈利笔数	3	最大连续亏损笔数	3
盈利交易平均棒线数	88	亏损交易平均棒线数	25
最大日内资金回撤	－8875.00美元		
盈利因子	5.36	持有最大合约数量	10
需要的账户规模	8875.00美元	账户盈利	908%

我们如何判断系统潜在的不稳定性呢？典型的不稳定系统在测试数据上被过度拟合，或者在一些细微的地方不够明确。我们要寻找的两条线索是高比例的盈利交易（比如说在总交易数小于30时，盈利交易笔数所占比例大于60%）或者大数目的连续亏损交易。表3.16和表3.17所示为使用与移动平均交叉测试相同的测试周期，测试系统在欧洲美元市场上的业绩。我们使用一套简单波动性突破系统，使用最新的价格运动区间。注意连续亏损交易的数目：样本内数据周期上为12，样本外数据周期上为16。大数目的连续亏损交易表明，对于该市场这是一套比较蹩脚的系统。该市场以平滑的趋势运动，从简单移动平均系统的潜在获利性上我们便可看出。波动系统中交易的持续时间为4个交易日，而对趋势跟随系统来说是88～91个交易日，表明短期波动性突破系统可能不适合用于交易欧洲美元市场。

表 3.15　业绩总结：样本外周期、优化的 13 日和 50 日简单移动平均交叉系统

优化的移动平均交叉系统 欧洲美元（3 个月）63/00 - 日线
1997 年 1 月 2 日至 1999 年 12 月 31 日业绩总结：所有交易

总净利润	7725.00 美元	持有仓位利润/亏损	4700.00 美元
毛利润	44812.50 美元	毛亏损	-37087.50 美元
总交易笔数	14	胜率	36%
盈利笔数	5	亏损笔数	9
最大单笔盈利	23925.00 美元	最大单笔亏损	-7300.00 美元
平均每笔盈利	8962.50 美元	平均每笔亏损	-4120.83 美元
平均获利/平均亏损	2.17		
最大连续盈利笔数	2	最大连续亏损笔数	5
盈利交易平均棒线数	91	亏损交易平均棒线数	25
最大日内资金回撤	-28700.00 美元		
盈利因子	1.21	持有最大合约数量	11
需要的账户规模	28700.00 美元	账户盈利	27%

表 3.16　业绩总结：样本内周期，未优化的波动性突破系统

未优化的波动性突破系统 欧洲美元（3 个月）63/00 - 日线
1993 年 9 月 1 日至 1996 年 12 月 31 日业绩总结：所有交易

总净利润	-161862.50 美元	持有仓位利润/亏损	1500.00 美元
毛利润	181912.50 美元	毛亏损	-343775.00 美元
总交易笔数	310	胜率	30%
盈利笔数	93	亏损笔数	217
最大单笔盈利	10000.00 美元	最大单笔亏损	-3750.00 美元
平均每笔盈利	1956.05 美元	平均每笔亏损	-1584.22 美元
平均获利/平均亏损	1.23	平均交易利润（盈利和亏损）	-522.14 美元
最大连续盈利笔数	5	最大连续亏损笔数	12
盈利交易平均棒线数	4	亏损交易平均棒线数	2
最大日内资金回撤	-161862.50 美元		
盈利因子	0.53	持有最大合约数量	11
需要的账户规模	161862.50 美元	账户盈利	-100%

（译者注：表中文字“Opt. VolBo”意为优化的波动性突破系统，而表头却为“未优化”，按正文推断应为未优化。）

另一种需要检查的异常情况是，在给定测试周期上单笔交易获利占总净利润的 40% 或更多，或者日内资金回撤超过最大单笔亏损。超大的盈利交易在 3 ~ 10 年或更长的时间里可能只出现一次，如果考虑交易那种市场的利

表 3.17 业绩总结：样本外周期，未优化的波动性突破系统

未优化的波动性突破系统 欧洲美元（3 个月）63/00 - 日线
1997 年 1 月 2 日至 1999 年 12 月 31 日业绩总结：所有交易

总净利润	-235462.50 美元	持有仓位利润/亏损	0.00 美元
毛利润	126800.00 美元	毛亏损	-362262.50 美元
总交易笔数	274	胜率	27%
盈利笔数	75	亏损笔数	199
最大单笔盈利	7600.00 美元	最大单笔亏损	-5362.50 美元
平均每笔盈利	1690.67 美元	平均每笔亏损	-1820.41 美元
平均获利/平均亏损	0.93		
最大连续盈利笔数	4	最大连续亏损笔数	16
盈利交易平均棒线数	4	亏损交易平均棒线数	2
最大日内资金回撤	-237037.50 美元		
盈利因子	0.35	持有最大合约数量	16
需要的账户规模	237037.50 美元	账户盈利	-99%

润，系统的性能便会被高估（表 3.18 中咖啡的行情）。现在考虑一下前述波动性系统在瑞士联邦债券上的交易，交易周期从 1999 年 1 月 4 日到 2000 年 7 月 27 日。最大单笔盈利为 100928.09 美元，大于报告中的净利润 67284.44 美元（表 3.19）。最大日内资金回撤为 -214833.11 美元，大大超过最大单笔亏损 -63538.52 美元。这表明该交易策略允许不利于头寸的大幅价格回调，而不退出交易。所以，波动性突破反转策略可能不适合通常表现为长期平滑趋势的债券市场。

当我们测试一套希望在多个市场上使用的系统时，系统最少应该在 10 个不相关的市场上具有获利性。期货市场大致可以分为如下几个板块：农产品、外汇、能源、利率、金属、软件和股票。我们的系统应该在各个板块中两个以上的市场上具有获利性。股票指数在交易时一般是比较特殊的，在股票指数上的优化系统与其他板块上具有获利性的系统常常具有不同的特性。本书后面将给出对该系统测试结果的分析，分析表明其规则是完善的，因为其在超过 10 个市场上，在不同的时间框架上都具有获利性。需要注意的是，存在板块专用系统，它们需要使用特定板块的相关信息，比如宏观经济数据、交易者报告的承诺、农产品产量数据或者石油输出国组织（OPEC）的生产限额。显然我们不能希望这样的系统在其他板块上奏效，但它们应该在同一板块的大多数市场上具有获利性。

表 3.18　一套咖啡市场上的 10~20 日移动平均系统，在 1996—1997 年所有利润来自单笔交易

优化的移动平均交叉系统 咖啡 - CSEC 63/00 - 日线
1994 年 2 月 10 日至 2000 年 7 月 27 日业绩总结：所有交易

总净利润	4846275.00 美元	持有仓位利润/亏损	-11587.50 美元
毛利润	4965225.00 美元	毛亏损	-118950.00 美元
总交易笔数	66	胜率	39%
盈利笔数	26	亏损笔数	40
最大单笔盈利	4833812.50 美元	最大单笔亏损	-8668.75 美元
平均每笔盈利	190970.19 美元	平均每笔亏损	-2973.75 美元
平均获利/平均亏损	64.22	平均交易利润（盈利和亏损）	73428.41 美元
最大连续盈利笔数	6	最大连续亏损笔数	7
盈利交易平均棒线数	30	亏损交易平均棒线数	12
最大日内资金回撤	-274031.25 美元		
盈利因子	41.74	持有最大合约数量	395
需要的账户规模	274031.25 美元	账户盈利	1769%

表 3.19　在瑞士联邦债券上测试波动性突破系统

未优化的波动性突破系统 瑞士联邦债券（10 年）63/00 - 日线
1999 年 1 月 4 日至 2000 年 7 月 27 日业绩总结：所有交易

总净利润	67284.44 美元	持有仓位利润/亏损	18714.08 美元
毛利润	423509.06 美元	毛亏损	-356224.63 美元
总交易笔数	25	胜率	44%
盈利笔数	11	亏损笔数	14
最大单笔盈利	100928.09 美元	最大单笔亏损	-63538.52 美元
平均每笔盈利	38500.82 美元	平均每笔亏损	-25444.62 美元
平均获利/平均亏损	1.51	平均交易利润（盈利和亏损）	2691.38 美元
最大连续盈利笔数	5	最大连续亏损笔数	7
盈利交易平均棒线数	15	亏损交易平均棒线数	10
最大日内资金回撤	-214833.11 美元		
盈利因子	1.19	持有最大合约数量	53
需要的账户规模	214833.11 美元	账户盈利	31%

你的计算机内置计算功能可能具有 20 位以上的小数位，于是，当你对系统进行优化时，计算机可以捕捉到数据的微小变化。例如，进行一笔交易或避免一笔交易可能对特定数据组上的获利性产生很大的影响。优化过程将利用规则来选择或避开有问题的交易。但是，这种选择性具有很小的长期作用，因为影响交易的随机市场因素可能永远不会被复制。比如，我们正在使

用百分比交易带，计算机建议的宽度可能为50日移动平均线两侧1.73205087%，但是，我们在系统中最好使用四舍五入后的数值，比如2%或1.73%。使用四舍五入后的数值可避免过度拟合，因为在一个时间周期上计算出来的优化宽度很可能在未来的其他周期上不会继续为最佳数值。四舍五入背后的假设是一轮主要趋势一般会上升超过1.73%的交易带，如同超过1.73205087%交易带和2%交易带。四舍五入将设计问题的解决方案通用化了，所以减弱了系统性能对测试数据的依赖性。自然，使用2%交易带代替1%交易带会降低交易频率，因为1%交易带将比2%交易带更经常地被穿越。该结论在所有的市场上都是正确的，而且是一个不必经过大量测试和优化的基本原理。所以，在进入市场之前，系统结构要求一个特定的运动穿越交易带，这比带有10位小数的精确的价格带值更有意义。

交易者如何度量系统的完善性呢？我们定义一个名为SMY的单位，当一个系统在一个市场上在一年的时间里具有获利性时，便称其为“一个SMY”。完善系统的最小度量标准应为30 SMY，即系统在至少10个市场上在3年的时间里具有获利性。另一种度量标准，是在所有市场上最大单笔亏损额总是小于预先指定的限制。但是，交易者还可以使用设计特性的质量评价。脆弱的系统具有设计缺陷，总是会导致重复失利。

我们来分析一套在最近20日最低点或最高点出场的系统。假设这是一套趋势跟随系统，在任意市场上的一次重要反转都会逐渐取代原来的20日最低点或最高点。这样的一套系统是完善的，因为肯定会在与原趋势相反的强势运动中出场。反之，如果一个出场策略要求某个交易日出现大的价格运动退出趋势，比如在先前的高点或低点处出现3倍于10日平均真实价差的回调，则是相当脆弱的。因为市场可能会花费数天的时间才完成对头寸不利的较大运动，但在任意一天中都没有暴涨或暴跌的行为。

现在我们来分析一种入场策略，使用定额或与当日最高价或最低价间的距离为波动性距离的限价单入场。市场可能会连续数日为上涨趋势或下跌趋势，而市场运动时仿佛羞于见到该系统产生的订单。例如，交易者希望在上涨趋势较弱时买进，并且希望使用限价单，价位设在市场回调到收盘价的5日移动平均线处。市场可能有10日或更长时间的连续趋势运动，而不出现向5日简单移动平均方向的回调，于是交易者便错过了整个行情。对该策略进行一下修改，入场时同时设置止损订单，止损价位设在上个交易日的最高价或略高的位置，这样便可以实现更加一致的入场，进入强劲的震荡行情。所以当我们设计交易系统时，需要找出很容易被市场挫败的交易规则。

实际数据测试

本部分看起来像是继续验证之前的一个警告：测试结果不是看起来那样的。交易者应该明白交易系统是根据“后见之明”设计的。这是事实，因为我们已经知道市场过去的行为。我们所设计和优化的交易系统反映的是我们对以前市场运动的观点。读者可能会说，我知道使用通用化方法来避免曲线拟合（指在利用样本数据进行优化时，过分接近样本数据的价格曲线——译者注）的危险。但是我们应该明白，“后见之明”的影响是很难消除的。

过去的价格形态可能不会在将来准确地重复出现，明白这一点也是很重要的。未来准确的交易序列是不可预测的，我们的真实获利和亏损将会与假设的不一致。我们很容易得出结论，即过去的业绩不代表未来的业绩，因为市场运动和交易者的反应都是不可预见的。

模拟交易还存在一个关键问题。在交易系统设计练习中假想的交易并未实际进入市场，不能代表实际交易。它们不能准确地反映市场波动性、滑移价差、不良订单、隔夜交易或快速市场的影响。它们也不能准确反映交易者的心理活动，因为每个信号都是使用完全相同的简化假设被执行的。

交易者可能是交易系统中最反复无常的变量。系统测试是在一个情绪真空的环境中进行的，所以不能保证交易者会在没有任何背离的情况下执行交易系统中的所有信号。于是，最大的滑移价差可能不是出现在市场中，而是因为交易者未能按要求设置订单。

正如在第八章中我们将要看到的，交易者可能会碰到出现一长串亏损交易或一笔大型亏损交易的市场行情。不要因为一个事件发生的概率非常小就认为它不会发生。典型交易系统的交易分布往往会有一根“胖胖的”尾巴（即概率分布中的肥尾现象——译者注），这就意味着异常市场行情出现的概率要比我们在正态分布中看到的大。所以，系统测试结果常常会低估市场的风险。

于是，当我们设计交易系统时，需要注意假设的结果不会准确预测系统未来的性能。总之，对每个交易系统的测试结果，我们都要谨慎地看待。

附录：设计问题——入场和出场策略

有多少位交易者，就有多少种入场和出场策略。入场策略是引发买卖信号并开始交易的策略。出场策略是了结头寸的规则组合。大体上有两种入场和出场组合：一种总是在市场中，或者做多，或者做空；另一种系统可以做多、做空，或者完全在市场之外（观望）。这里对入场和出场策略以及它们的优缺点进行一下探讨，作为一个简单的介绍供交易者参考。

市场信息可以分为技术信息和基本面信息。技术信息是市场内部的信息，产生于交易过程中，包括诸如交易价格、成交量、持仓兴趣和交易委托等信息。基本面信息或者外部信息，在常规商业经济活动中产生，通常包括生产和消费信息。两类交易策略中，一类依赖于技术信息，一类依赖于信息流。使用技术信息的交易者相信价格（和其他内部数据）反映了市场参与者的所有信息，更重要的是，反映了市场对所有可得数据的评价。所以，使用技术信息的交易者落后市场一步，属于价格接受者，而不是价格制造者。相反，使用信息流的交易者认为自己领先于市场，在市场完成对新数据的调整之前期望出现新的趋势。随意或基本面交易者一般为价格制造者，而非价格接受者。该部分讨论的重点是从技术信息中获取入场信号。

入场设计问题

技术型入场的基础是市场产生的数据，比如价格、成交量、持仓兴趣和交易委托。每种入场策略必须符合一条或多条标准才会产生买进或卖出信号。对于期货和股票，价格必须沿交易方向运动才能获利。例如，对于做多交易，价格必须上涨超过入场价格才可能获利。那么我们如何评价成功入场策略呢？每种入场策略必须解决四个常规的设计问题：灵敏度、选择度、敏感度和耐受度，统称为4S。

（1）灵敏度。灵敏度越高，市场运动和实际入场信号之间的延迟时间越短。比如通过设计，基于盘中数据的入场信号将比基于月线数据的入场信号更灵敏。

（2）选择度。选择度越高，系统的盈利因子越大。盈利因子是毛利润与毛亏损的比值。当度量测试周期上的交易总数时，选择性系统一般交易频率较低。比如，典型的趋势突破入场一般比趋势跟随入场具有更好的选择性，因为价格在交易区间内时，它并不产生信号。

（3）敏感度。入场策略越完善，对噪声的敏感度越低，按照计划运行的可能性越大。例如，与复杂的波动性突破策略相比，简单趋势跟随策略一般不会错过重要趋势，因为价格可能连续数日走高或走低而不触发波动性突破入场信号。

（4）耐受度。交易策略的耐受度越高，可以应用的投资组合就越广泛，获利性就越容易长期保持。例如，与逆势策略相比，趋势跟随策略可以应用于更多市场。

这些标准表明精心设计的入场策略会对市场运动迅速做出反应，引导交易者进入盈利交易，在关键时刻一般不会失效，而且可以在较为广泛的多元化投资组合上使用。现在我们来分析一些常见策略，并对它们做一下比较。

趋势跟随策略

趋势跟随（TF）策略在检测到的趋势方向上建仓。基于移动平均的系统便是一种很好的趋势跟随系统。最简单的趋势跟随系统使用两个移动平均，比如3日和12日简单移动平均（图3.12）。移动平均的类型可以有多种，比如简单移动平均、指数移动平均、自适应移动平均。当短期移动平均向上穿越长期移动平均时，一个买进信号便产生了。当短期移动平均向下穿越长期移动平均时，一个卖出信号便产生了。这样的系统被称为可逆系统，因为它们可以从做多转为做空，也可从做空转为做多，而且总有一个头寸在市场中。我们可以得出这种策略的一些变化版本，比如使用两条以上的移动平均线，或者为识别均线的有效交叉或使用震荡指标预测交叉指定更复杂的“穿越”条件。我们还可以设计出带有中性区域的移动平均系统。

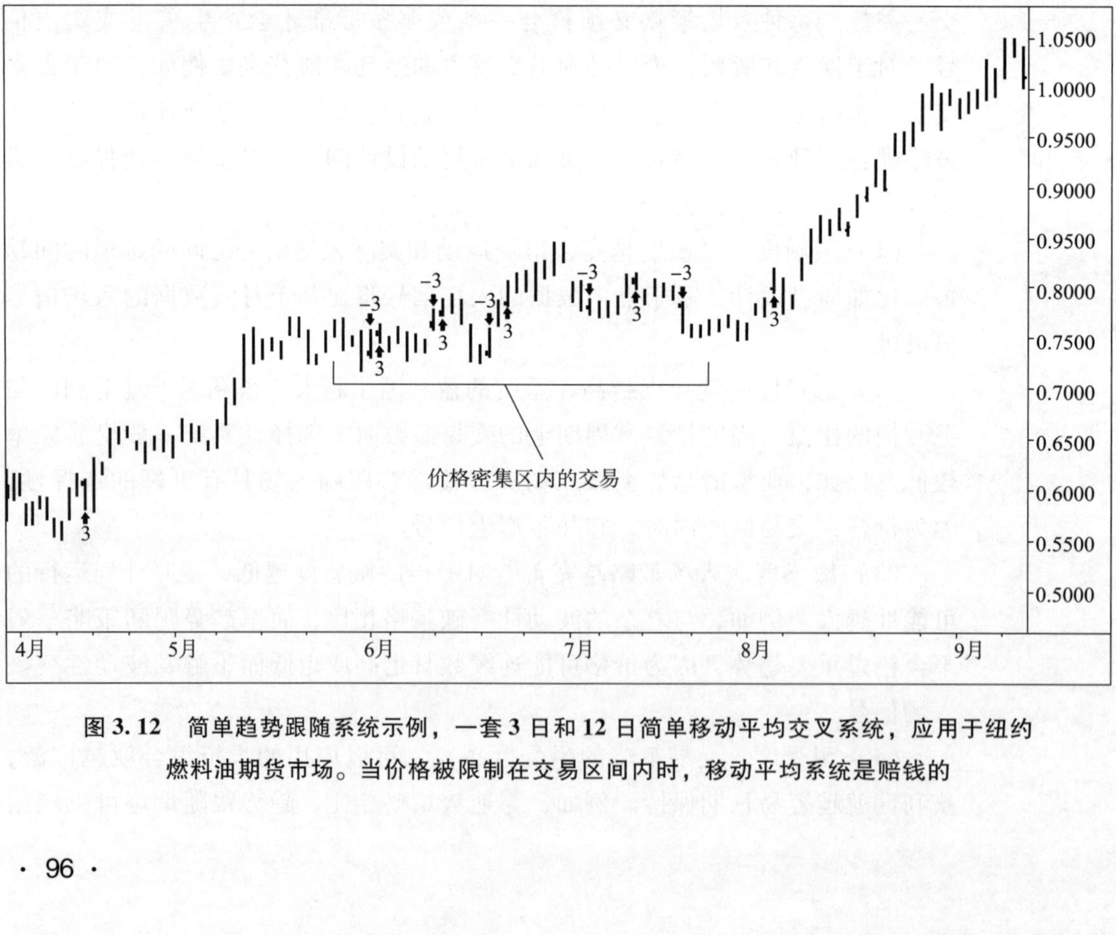

图3.12　简单趋势跟随系统示例，一套3日和12日简单移动平均交叉系统，应用于纽约燃料油期货市场。当价格被限制在交易区间内时，移动平均系统是赔钱的

趋势跟随策略的优点如下。趋势跟随策略是对价格运动的反映，而非预测。所以，在市场运动和在度量的趋势方向上建仓，总存在固有的时间滞后。使用该策略，很有可能在上涨的趋势中做空，而在下跌的趋势中做多。交易者可以在时间框架上进行正确的比较。比如，我们使用日线数据，很有可能当市场在周线数据或月线数据上处于上涨趋势时做空。当市场以平滑的趋势运动或者做震荡运动（震荡运动为持续 5 ~ 20 日的平滑趋势运动）时，趋势跟随策略工作良好。趋势跟随策略需要有序的市场，以便在没有过度的滑移价差或亏损的情况下建立或了结头寸。这些策略进入持续趋势的时间相对较早，当市场趋势平滑时可以产生很好的风险回报比。使用趋势跟随策略可以清晰地定义初始风险，所以可以很好地与风险控制协同工作。

趋势跟随策略的缺点如下。当市场位于交易区间内时，趋势跟随策略易受到双面拉锯式亏损的影响，原因是在交易区间内，市场在每个方向上都会出现一系列毫无意义的向上交叉和向下交叉。如果无趋势期持续数月，那么移动平均策略将连续不能获利；如果价格以较快的速度运动，那么移动平均策略在发出趋势改变信号时就显得比较慢；所以，趋势跟随策略看起来常常是在关键转折点处慢速入场或出场。在出场前放弃一大部分持有仓位的利润，是长期趋势跟随策略的一个特有缺陷，因为其他市场参与者也会关注关键移动平均值，所以趋势跟随策略在入场和出场时会导致额外的滑移价差产生。

趋势跟随策略的 4S 评价如下。

◎ 灵敏度：可以通过使用不同长度或不同数据类型的移动平均来改变。

◎ 选择度：可以通过增加移动平均的长度来增加。

◎ 敏感度：在所有的长度上都较低，即便是随机选择的长度，也不容易错过主要趋势。

◎ 耐受度：可以用于多元化市场投资组合。

逆势策略

逆势（AT）策略是一种预测型策略，目的是寻找在预期的新趋势中建仓的机会，这些头寸一般与当前趋势相反。例如，当市场出现大幅上涨后，便考虑建立空头头寸；当市场出现连续 5 个交易日的急速抛售后，便开始考虑做多。对市场“调整”期间“大型”运动的定义便是这种系统的设计核心。一些交易者使用震荡指标来度量超买或超卖行情，定义他们所认为的非持续性市场极端行情。其他交易者则试图“削弱”新的高点（图 3. 13）或低点（即在 x 日新高处卖出或者在 y 日新低处买进）。还有一些交易者寻找动量背离，即市场创造新的价格极点的同时却未出现相应的动量极点。例如，市场创造了新的价格低点，但是动量震荡指标没有（图 3. 14）。即便是

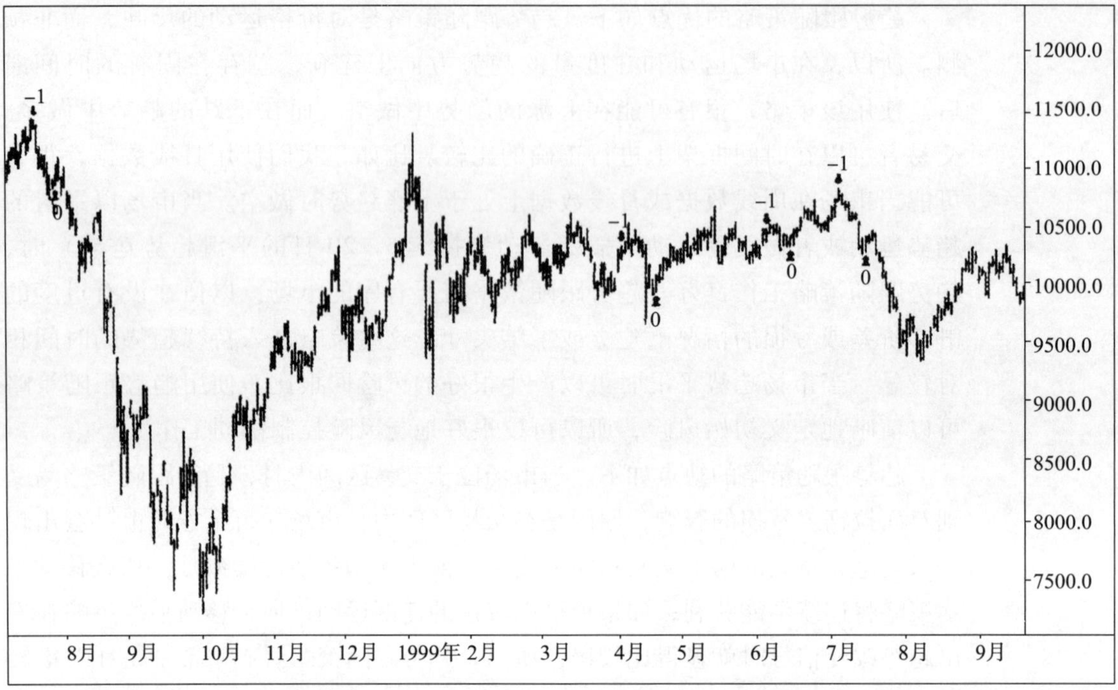

图 3.13　在西班牙 MEFF Ibex 35 Plus 指数期货上运用逆势策略交易

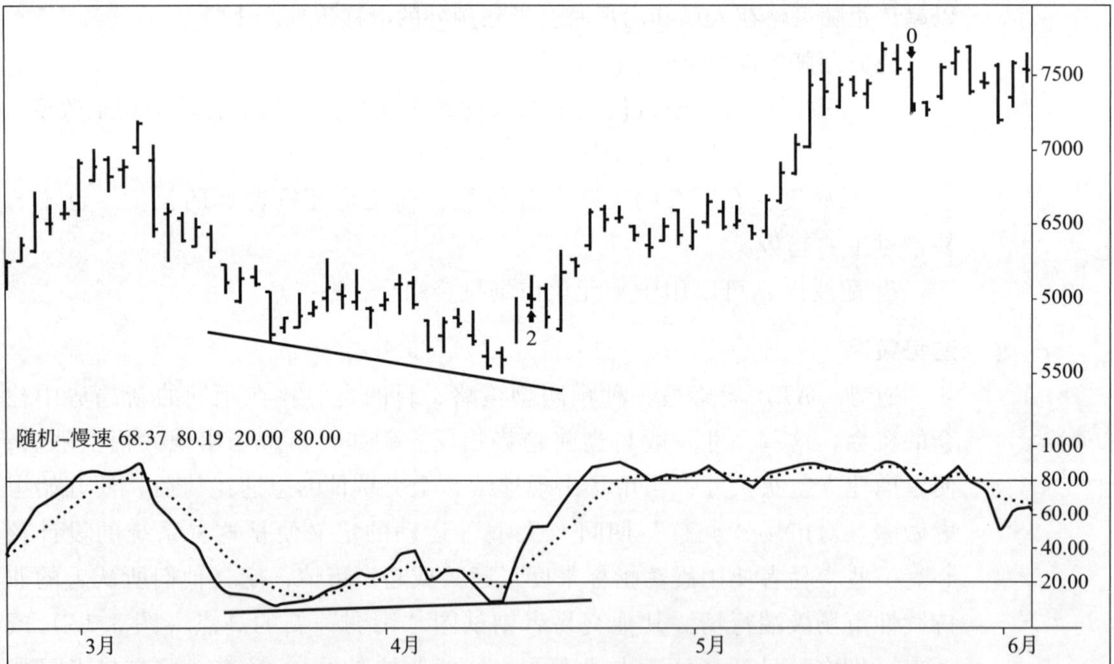

图 3.14　当纽约燃料油期货合约中上涨的价格与动量出现背离时建立看多头寸。价格出现新低，但随机震荡指标没有，产生一个正背离

基于形态的方法，比如使用“日本蜡烛图分析”，人们也尝试过。这种策略的本质是辨识在当前趋势的方向上动量耗尽的点。

逆势策略的优点如下。如果市场区间波动的话，逆势策略会产生令人惊叹的风险回报比。因为头寸与当前的趋势相反，所以当头寸规模较大，而且交易者具有良好的执行能力时，交易起来相对比较容易。这种方法在关键转折点处或在拉长的交易区间内特别容易获利。逆势策略比较灵敏，因为在检测到价格极值和执行交易之间的延时非常短。

逆势策略的缺点如下。如果市场动量足以推动价格按原先的趋势运动，那么逆势策略便会导致大型的亏损。如果市场动量强劲，一笔大型亏损交易产生的亏损便会抹平多笔盈利交易的利润。逆势策略通常需要灵敏的出场来保护获利。交易区间的幅度通常比趋势跟随运动的幅度要小。所以，平均每笔盈利的规模相对较小。逆势策略需要很好的执行力和较低的交易费用，以保证持续获利。这种策略在很多市场上都表现不佳，因为逆势运动的幅度都比较小。

逆势策略的4S评价如下。

◎ 灵敏度：一般较高，可以在市场极值出现的当日检测出该极值。

◎ 选择度：相对较低，因市场和时间周期的变化而产生较大变化。

◎ 敏感度：相对较高，关键转折点不容易一直被捕捉到。

◎ 耐受度：相对较低，只适用于少数市场。

突破型策略

突破型策略是指当价格“果断地”超出预设的价格屏障时，在价格运动强劲时买进，在市场疲软时卖出。于是，这种系统既可以做多、做空，又可以在市场外观望。我们假设价格将在近期价格突破指示的方向上持续发展，进入更长期趋势，于是突破型（BO）策略是一种特殊类型的趋势跟随策略。存在许多版本的突破型策略，划分的主要依据是交易者对价格屏障和市场果断运动超越价格屏障的定义。一种简单的方法，是将价格突破定义为在数日或数周的固定周期上出现新高或新低。对于期货来说，比如20~80日；对于股票来说，比如52周。此外，我们还可以给出价格突破更复杂的定义，比如使用移动平均两侧的波动性交易带。通过设计，突破型策略能够避免在用来检测新高或新低的时间周期内出现的价格整固区交易。另外，通过设计，价格在创造新高之前已经运动较远的距离，所以可能认为是超买或超卖。所以，突破型策略易受逆势系统同时触发的影响，产生“虚假”突破，重新运动返回价格整固区。当市场已经整固了数月时，突破入场可以及时进入新的趋势，而且比传统的趋势跟随系统反应迅速。

波动性突破策略是突破型策略的一个变种，其中突破的定义不是在一个时间窗口上，而是价格偏离参考值一定的幅度。例如，入场被定义为偏离昨日最高价、最低价或收盘价一定的距离，而不是固定周期（比如20日）上的最高价或最低价。偏离的幅度通常为近期价格波动的倍数，可以用多种方法度量。波动性突破策略的周期较短，是标准突破型策略比较灵敏的一个变种。

突破型策略的优点如下。突破型策略可以克服趋势跟随策略的限制，方法是避免在价格整固区交易。该策略在趋势的方向建立头寸，信号延时很小或没有！其很容易定义风险，因为入场点和出场点在交易之前便可准确地确定。该策略通常可以及时进入最适合交易的动态运动。在较为广泛的多元化投资组合上长期测试，已经证明突破型策略是完善可靠的。

突破型策略的缺点如下。当市场在新的价格高点或低点之后反转进入先前的价格整固区时，突破型策略易受失败突破的影响（图3.15）。这种策略在入场时应受滑移价差的影响，因为关键突破价位可以很容易被其他交易者识破。将突破型策略运用于投资组合时，在不相关市场板块上易受同时突破型失败的影响。突破型策略在心理上比较难以运用，因为突破之前是在突破方向上的大型价格运动，所以，如果突破屏障太高的话，入场容易变得迟缓。最后，突破之后的价格运动可能很虚弱或者受到市场流量不足的影响，

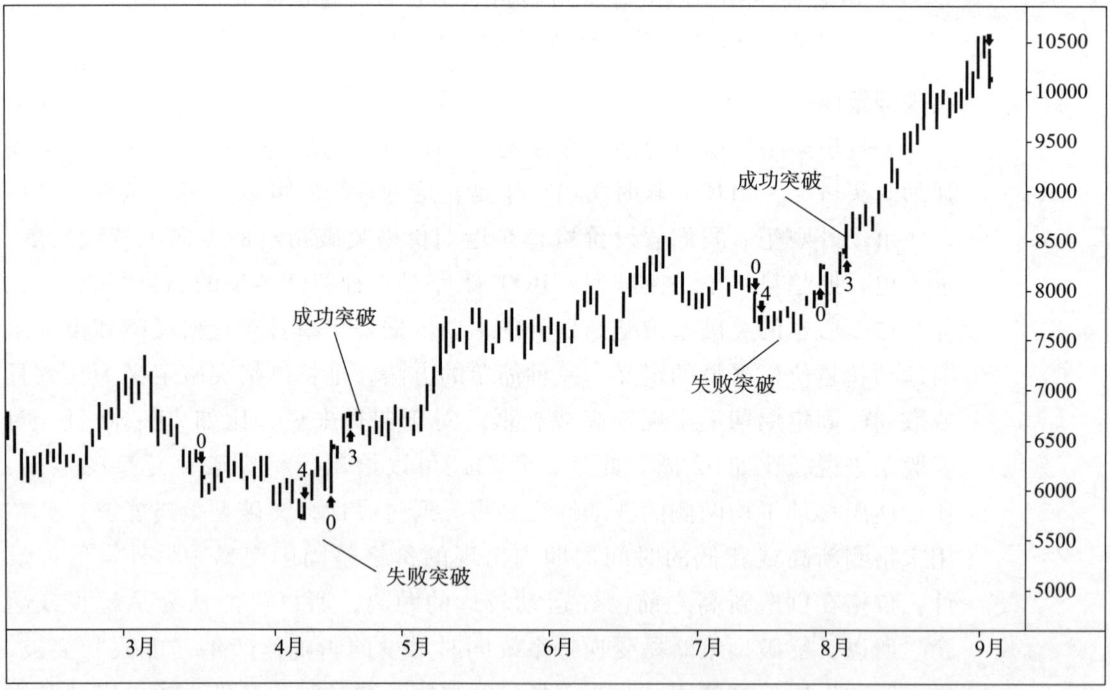

图3.15　突破型策略在纽约燃料油期货上表现出该策略对失败突破的敏感性

账户资金易受市场波动的破坏。

突破型策略的 4S 评价如下。

◎ 灵敏度：较高，可以立即检测到市场的极值。

◎ 选择度：通过增加时间周期或使用复杂定义，可以得到提高。

◎ 敏感度：中等，根据时间周期的不同，失败突破产生的概率为 30%~70%。

◎ 耐受度：较高，适用于广泛的多元化投资组合。

基于形态的策略

基于形态（PB）的策略使用传统的或非传统的“图表”分析来辨识具有预测能力的价格棒线群组。形态的长度 2~50 根不等，我们认为在形态完成后将出现显著的价格运动。传统的价格形态如双重底（图 3.16）和三角形。非传统的价格形态包括除传统的价格形态外的我们的眼睛可以看到的任何形态。这类形态可以用来初始化趋势跟随、逆势或突破型入场。许多周期性交易策略都属于这一大类。这些系统也可以做多、做空或观望。

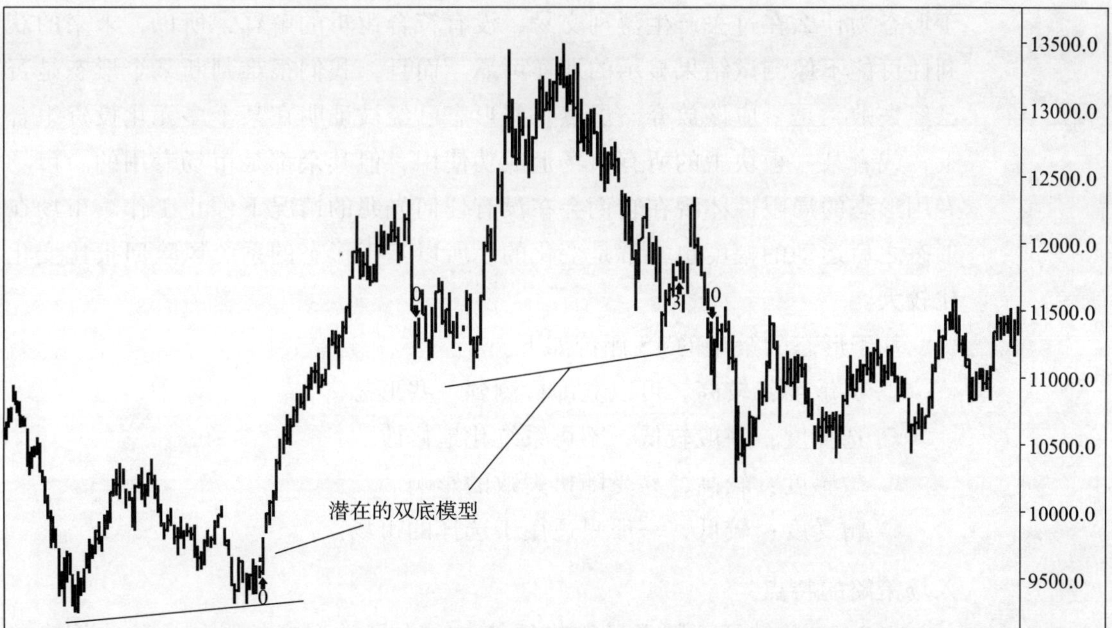

图 3.16 在交易西班牙 MEFF Ibex 指数期货时，识别可能形成的双重底形态

基于事件的策略也可以归到这一类中。基于事件的策略在预定事件的前后对市场运作进行分析，这些预定事件包括经济统计数字或红利分配的发布。例如，美国失业数据一般在每月的第一个星期五发布，债券和股票市场经常焦急地期待该数据。债券市场对该数据的反应可归纳为形态，然后便可对该市场进行系统化交易。

基于形态入场的优点如下。通过使用基于形态的入场，交易者能够建立独特的入场，而不容易被其他交易者推导出来。所以，入场滑移价差可以降低，与趋势跟随和突破型入场的相关性比较差。一旦形态完成，对形态的反应滞后很小或没有。风险和回报可以被清楚地定义，而且一些形态在测试和校正时非常简单。许多形态可能是预定事件（经济报告发布）或农产品数据（当季产量/上季产量）。所以，对于特定价格形态的出现，可能有一些基本面的解释。这种策略一般与趋势跟随策略关联较小。

基于形态入场的缺点如下。整个基于形态的方法依赖于快速和准确的形态辨识，使得它对错误的市场数据非常敏感。一些形态，比如三角形，在实际交易中可能比较难以辨别，因为趋势线定义的形态可能受到“虚假”背离的影响，所以要对形态进行频繁的重新定义。

价格形态出现的频率可能比较低，所以需要扩展的图表形态库。有时对于形态为什么在过去产生盈利交易，没有符合逻辑的解释，所以，未来的获利性可能不像测试结果显示的那样可靠。而且，我们很难判断某个形态是否已经失败，是否应该放弃。虽然一些形态已经被证明在某个多元化投资组合上，或者某一板块中的所有市场上成功使用，但其余都是市场专用的。市场专用形态的局限性体现在它们会在没有任何先兆的情况下停止工作。市场在形态之后运动的幅度也常常是变化的，所以基于形态的系统风险回报比变化比较大。

基于形态的策略的4S评价如下。

◎ 灵敏度：较高，可以立即检测到一些形态。

◎ 选择度：一般较低，不可系统化地修改。

◎ 敏感度：较高，易受随机失败的影响。

◎ 耐受度：较低，一般只适用于选择的市场。

入场策略的特点

表3.20总结了不同入场策略的特点。入场类型指的是使用这些策略的典型系统，其中L代表看多入场，S代表看空入场，F代表观望。于是，L/S代表系统总是在市场中做多或做空，而L/S/F表明系统可以根据市场行情做多、做空或观望（在市场外）。

表 3.20 趋势跟随（TF）、逆势（AT）、突破型（BO）和基于形态（PB）入场策略的优缺点对比

属性	入场类型			
	TF	AT	BO	PB
灵敏度	可变	高	高	高
选择度	可变	低	可变	低
敏感度	低	高	中	高
耐受度	高	低	高	低
类型	L/S，L/S/F	L/S/F	L/S/F	L/S/F

出场设计问题

一旦进入交易并设置好资金管理算法，下一个决策性问题便是如何出场和何时出场。当然，任何一笔交易的精确过程都是未知的，因为价格会以多种方式运动。所以，我们不知道何时出场（交易时间）或者出场价格。选择出场策略的目标是确定一个或两个这些不确定因素（图 3.17）。因此，当我们希望出场时，应该制订详细的出场时间策略，或者希望出场的价位，但不是两者。

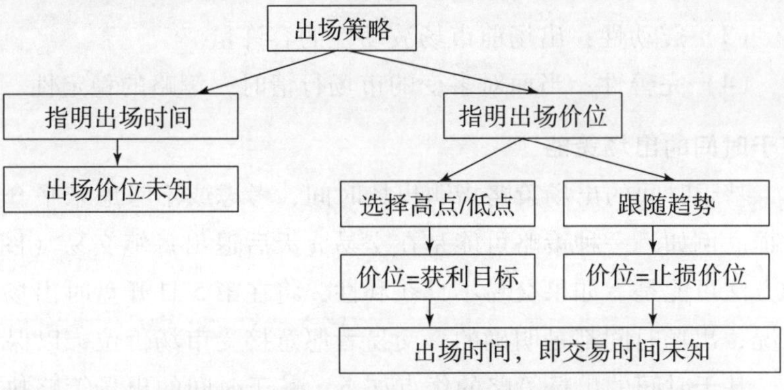

图 3.17 出场策略的决策树。我们可以指明出场时间或出场价位，但不能两者都指定

如果选择指明交易时间的策略，那么出场价位通常是未知的，例如在交易的第三天收盘时出场，或者在交易的第二天开盘时出场。对于这两个例子，我们愿意接受指定时间的市价为出场价。

第二种策略是指明出场价位，然后等待所定价位出现。在设置出场价位时，我们有两种选择：一种是使用拥有预定获利目标的限价单，另一种是使用跟踪止损的止损单。限价单需要我们选择高点或低点。使用跟踪止损时，

我们愿意跟随趋势足够长的时间，等待市场触发止损、了结交易。决策性选择总结于表 3. 21 中。

表 3. 21　出场策略的决策性选择总结

	出场策略类型	
	指明时间（价格未知）	指明价格（时间未知）
主动型	时间止损	获利目标
被动型	条件性时间止损	跟踪止损

该分析的目的并不是说明这两种策略（时间出场和价位出场）不可以交互使用。例如，通过设置远离入场价位的跟踪止损，我们可以有效增加交易的持续时间。反之，通过设置接近当前价位的获利目标，我们可以缩短交易时间。于是，将时间和价位分开是一种理解出场策略的好方法。需要注意的是，选择其中一个就会影响到另一个。

在设计出场策略时，我们所做的任何权衡还会产生其他的相关问题，比如渗漏性、贬值性、震动性和完善性。

（1）渗漏性：未平仓利润损失是出场太慢的代价。

（2）贬值性：出场太快的代价。

（3）震动性：出场前市场波动性的容许量。

（4）完善性：当面对多变的市场行情时，策略的稳定性。

基于时间的出场策略

基于时间的出场策略指明出场时间，考虑或不考虑未平仓交易的利润或亏损。例如，一种策略可能是在交易 n 天后退出每笔交易（图 3. 18）。另一种方法可能是，如果交易不具获利性，将在第 5 日开盘时出场。对于这两种情况，出场时间都是明确的，交易者愿意接受市场价位，以保证按时出场。

基于时间的出场策略的优点如下。基于时间的出场策略执行起来比较简单，从交易一开始时钟便开始不停地转动了。当市场在交易区间内或者以一种周期性模式运动时，这种策略表现得最好。当市场横盘运动时，基于时间的出场策略还可以使我们退出交易。例如，只要突破失败，市场就可能缓慢地返回到原先整固区的价格区间内。基于时间的出场策略提供了一个性能优良的安全阀，使人们能及时退出横盘市场。在市场流动性好的时间，比如开盘或收盘时交易，可以使滑移价差最小化。

基于时间的出场策略的缺点如下。基于时间的出场策略假设时间和价格的变化会遵照交易者的分析。但是，市场更可能按照自己的意愿变化。交易

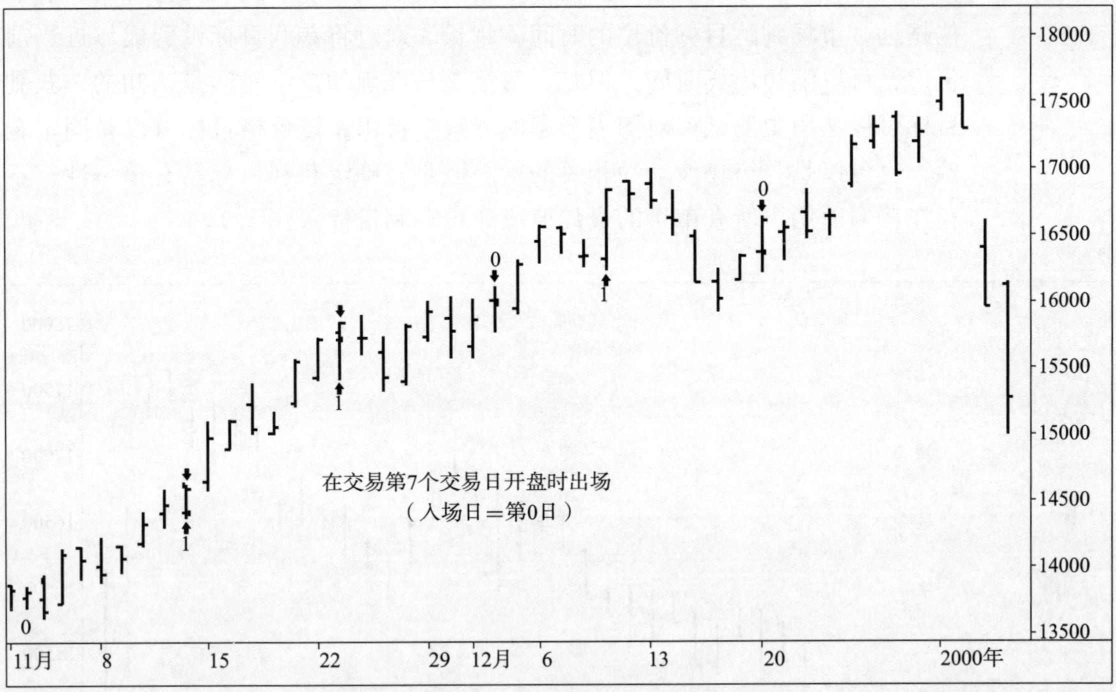

图 3.18　基于时间的出场策略示例：在交易第 7 天开盘时出场，入场日作为第 0 天

持续时间一般是市场专用的，所有市场都没有最佳交易持续时间。在我们出场之后，趋势很可能会继续，所以会损失较多的机会。这种出场策略必须与灵敏的入场策略配套使用，以保证进入强趋势，然后在未转势时出场。交易规模的计算对获利性至关重要，因为在连续重复入场的过程中交易规模常常会减小。这种策略在广泛的市场投资组合上可能不会有效，而且随着时间的推移，对于给定的市场必须进行调整，因为市场参与者的特性总是不断变化的。

对基于时间的出场策略的评价如下。

◎ 渗漏性：出场前的交易利润损失相对较低，易受快速反转的影响。

◎ 贬值性：相对较高，趋势可能继续，需要重新入场，重新调整头寸规模。

◎ 震动性：相对较低，在市场进入反转前的波动期之前出场。

◎ 完善性：相对较低，通常为市场专用型，经常需要校正。

基于价位的出场策略：获利目标出场策略

获利目标出场策略指明一个出场价位，然后持有头寸等待市场达到那一价位。对于多头来说，出场价位高于市价；对于空头来说，出场价位低于市价。这种趋势期望型策略试图抓取市场的高点或低点。获利目标距离当前价位越远，市场到达目标价位的时间就越长。通过将获利目标设置成靠近当前价位，可以缩短出场时间，但是，每笔交易准确的持续时间是未知的。获利目标可以从历史测试或对图表形态的观察中得出，该价格目标可以是固定金额，也可以是与市场波动性相关的量。但是，确定获利目标具有单一性，不存在普遍适用于所有市场的最佳值或通用获利目标（图 3. 19）。

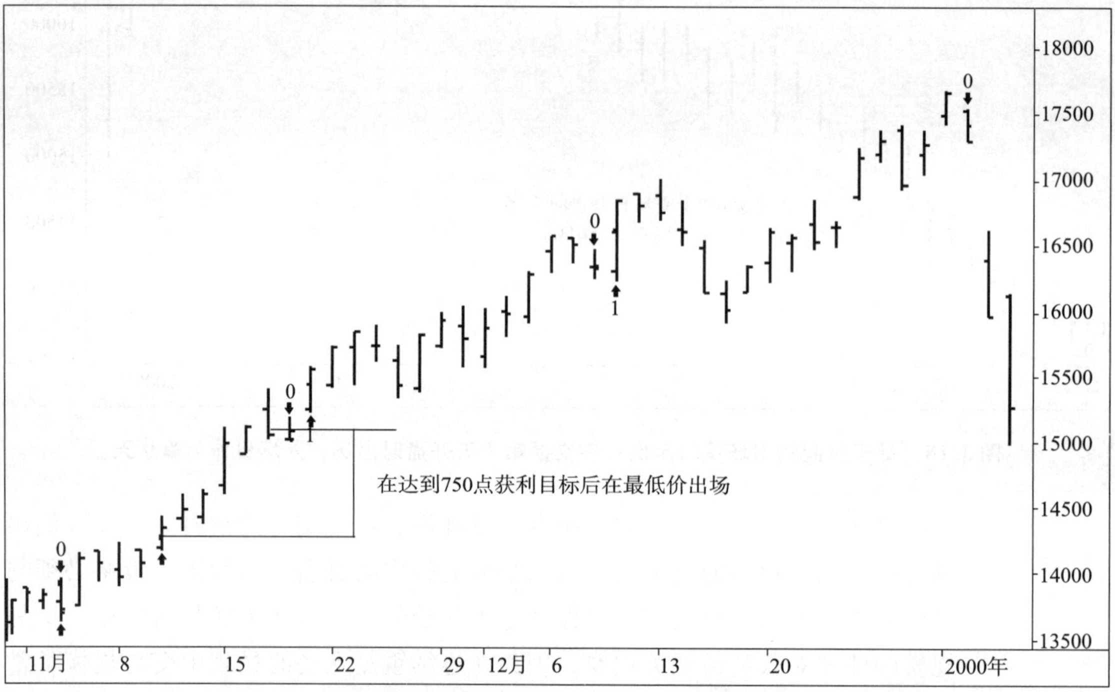

图 3. 19　获利目标出场策略示例：香港恒生指数，在获利至少 750 点后收盘出场

获利目标出场策略的优点如下。获利目标出场策略能够产生较高比例的盈利交易和相对平滑的资金曲线。市场流动性决定着滑移价差和交易规模。当市场在交易区间内或者做震荡运动时这种出场策略表现良好。

获利目标出场策略的缺点如下。获利目标出场策略的最大限制是趋势可能在出场后继续，所以重新入场的条件和交易规模会对整体业绩产生重大影响。获利目标通常是市场专用的，而且需要频繁校正，因此有时一轮趋势在未达到价格目标时便结束。在使用这种策略时，我们需要与一位优秀的经纪人合作才能成功进行。

对获利目标出场策略的评价如下。

◎ 渗漏性：出场前的交易利润损失相对较低，易受不良执行的影响。

◎ 贬值性：相对较高，趋势可能继续，需要重新入场，重新调整头寸规模。

◎ 震动性：相对较低，在市场进入反转前的波动期之前出场。

◎ 完善性：相对较低，通常为市场专用型，经常需要校正。

基于价位的出场策略：跟踪止损出场策略

跟踪止损出场策略指明出场价位：对于多头，低于市价；对于空头，高于市价。如有必要，尽可能长时间持有头寸。这是一种趋势跟随方法，只对交易如何变化做了很少的假设。出场价格的选择有很多种方法，常见的几种是：定额止损、资金百分比止损、价格通道止损、图表形态止损、持仓利润回调百分比止损和波动性止损（图 3. 20）。

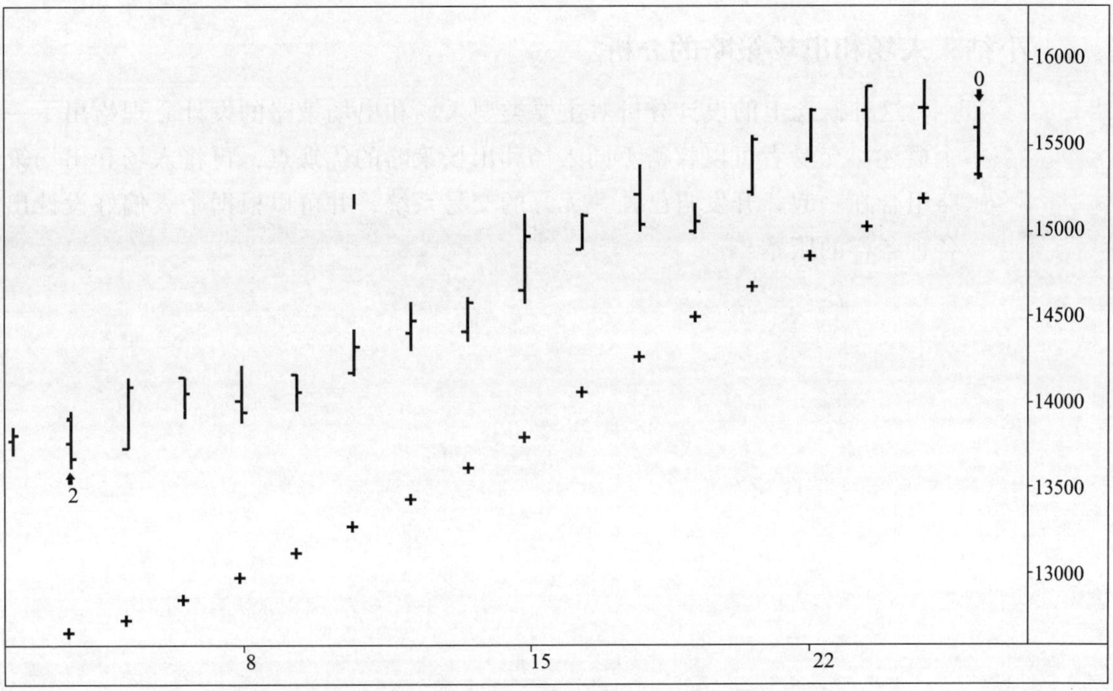

图 3. 20　在香港恒生指数上使用一个简单的跟踪止损

跟踪止损出场策略的优点如下。当市场以平滑、长期的趋势运动时，跟踪止损表现最佳。它们可以用来控制风险，并获得极好的风险回报比。因为它们没有对价格变化做任何假设，所以这些止损能够使我们与市场中的主要趋势保持一致。当设置的止损较远时，它们能够很好地吸收市场的波动性，而不会被市场震动出场。人们可以通过调整止损的前进速度来调整交易时间，或者通过缩短分析的时间框架来调整交易时间。

跟踪止损出场策略的缺点如下。当市场以压缩的方式运动时，采用跟踪止损出场策略可能出场太慢，它们在出场前常常会放弃较大比例的持仓利润。因为这些出场必须以止损单的形式设置，所以场内交易者可能会想方设法推动市场穿越价格图表上关键的支撑或压力价位来“击中”这些止损。坐观市场调整需要极大的耐心，有些调整会转变为新的高点或低点，因此这种出场会使交易者在心理上很难接受。

对跟踪止损出场策略的评价如下。

◎ 渗漏性：出场前的交易利润损失相对较大，易受不良执行的影响。

◎ 贬值性：相对较低，出场可以产生于趋势反转被确认之后。

◎ 震动性：相对较高，可以吸收较大的市场波动而不出场。

◎ 完善性：相对较高，可以用于广泛的市场和时间周期。

小结：入场和出场策略的分析

这种概念上的设计分析对主要类型入场和出场策略的设计心理给出了一个概述。交易者可以权衡不同入场和出场策略的优缺点，再将入场和出场策略组合在一起，开发自己独一无二的交易系统，并可以根据个人偏好设计出各种各样的版本。

第四章

开发新的交易系统

不要在鸡未孵化出来时计算鸡的数量。

简介

交易系统的性能受制于交易者对市场的直觉。只要可以想到的交易系统，我们都可以将其公式化，并用现在的计算机软件来测试。前面几章中我们分析了系统设计的基本规则。本章将开发并测试几套原创的交易系统，以展示那些规则的实际应用。

（1）一套简单的趋势跟随系统——65SMA－3CC 系统。

（2）一套只用于做多的基于价格模型的系统——CB－PB 系统。

（3）一套寻求趋势、度量趋势强度的系统——ADX 爆发趋势寻求系统。

（4）一套自动模式切换系统——顺势—逆势系统。

（5）一套用于相关市场的场间系统——黄金—债券系统。

（6）一套用于抓取底部的系统——底部钓鱼系统。

（7）一套用于逐渐增大仓位规模的系统——超常机会系统。

在本章中，每一个案例都代表了不同的设计思想。我详细地分析了 65SMA－3CC 系统，相同的原理适用于其他所有系统。每套系统都有一个在连续合约上长期测试的结果。

我并非建议读者去使用这些系统，因为这些系统都受到假设测试结果的限制。在这里它们只是作为开发交易系统的示例，展示一下交易系统的设计艺术，以便引导读者开发适合自己交易风格的系统。

趋势跟随系统背后的假设

简单趋势跟随系统背后的基本假设如下。

（1）市场以趋势的方式平滑上涨或下跌，并且趋势会持续较长时间。

（2）向上穿越移动平均线的收盘价给出趋势改变的信号。

（3）市场不会出现大型逆势价格震荡。

（4）价格运动不会离中期移动平均线太远。

（5）双面拉锯式的市场形态相对较少，不会导致大的亏损。

（6）重要价格运动会持续数周或数月。

（7）市场主要以趋势的形式运动。

趋势跟随系统的本质如下。

（1）市场经常以波动方式在价格区间内运动，所以在交易区间内亏损较大。

（2）资金曲线会有大的波动，因为该模型在发现趋势反转之前会“归还”给市场较大比例的获利。

（3）这些系统需要相对“宽松”的止损来避免错过大约5%的大型盈利交易。

（4）这些系统在趋势强劲或虚弱时都会进入市场，于是它们能够在短期但恶性的逆势运动中止损退出。

简单趋势跟随系统的优点如下。

（1）它们能够保证在主要趋势的方向上进入市场。

（2）它们在多市场和多时间框架上都具有获利性，时间框架的长度可以为6个月到5年。

（3）这些系统通常是完善的。

（4）这些系统都具有精确定义的风险控制参数。

65SMA－3CC趋势跟随系统

该部分讨论如何公式化和测试一套简单的、非优化趋势跟随系统，该系统使用尽可能少的价格运动假设。假设使用日收盘价的65日简单移动平均线来度量趋势。65日移动平均与13周SMA（13周×5日/周＝65日）是等价的，代表一年时间的1/4。这是一个中等长度的移动平均，它将非常忠实地跟随市场的主要趋势。

如图4.1所示，当市场趋势向上时，价格位于65日SMA之上；反之，价格位于65日SMA之下。在横向市场中，该SMA变得水平，价格在其上下两侧波动。很显然该交易系统抓住了主要趋势，并紧紧跟随（图4.2）。

有多种方法来判断趋势反转，通常的方法是使用一条短期移动平均线，

图 4.1　在 1995 年 9 月的日元合约上绘出 65 日 SMA，以及该系统产生的信号

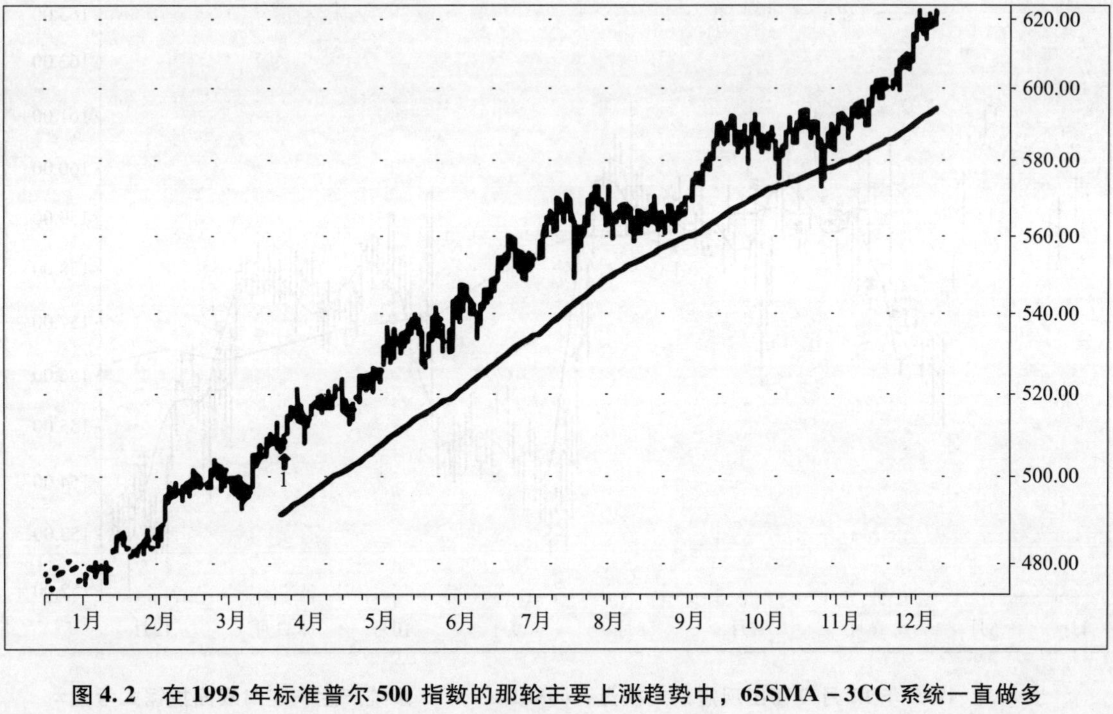

图 4.2　在 1995 年标准普尔 500 指数的那轮主要上涨趋势中，65SMA－3CC 系统一直做多

比如说10日移动平均线，和一条长期移动平均线。当短期移动平均线向上或向下穿越长期移动平均线时，便认为趋势已经改变。短期移动平均线的“长度”对测试结果至关重要。该系统的另一个弱点，是价格的运动速度通常比短期移动平均线快，所以入场时间总会迟一些。

为了提高趋势判断的准确性，65SMA－3CC系统需要3个连续的收盘价（3CC）高于或低于65日SMA（65SMA）来确定趋势已经改变。例如，当3个连续的收盘价高于65SMA时，便认为趋势已经向上反转。同样，当3个连续的收盘价低于65SMA时，便认为趋势已经向下反转。再次重申一遍，上述3个连续收盘价是任意指定的，也可以是10个或其他数量的连续收盘价。显然测试结果会随着确认收盘价的数量变化而有所变化。

如果害怕虚假信号（图4.3），那么确认信号所用的收盘价数量就像一层滤网，可以减少交易的数目。在一个快速运动的市场中，需要较大数目的连续收盘价来延时入场（图4.4）。相反地，如果市场运动迟缓，那么较少数量的连续收盘价将给出虚假信号。于是，人们需要权衡决定识别趋势变化的速度。

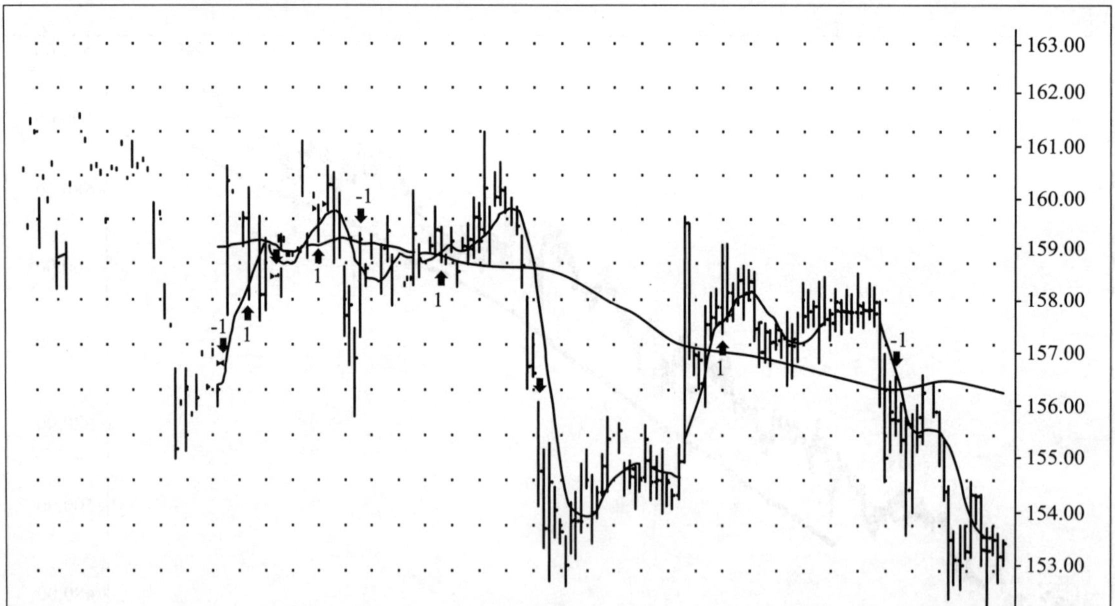

图4.3　1995年12月英镑出现震荡式横盘，65SMA－3CC系统产生一连串双面拉锯式亏损

图 4.4　1995 年 12 月原油市场的大幅震荡使 65SMA－3CC 系统产生了许多交易，但是收益甚微，原因是该系统没有明确的出场规则

一旦识别出趋势变化，接下来的问题便是决定如何入场。我们应该在次日开盘时入场，以保证执行所得信号并实现订单。例如，如果 3 个连续收盘价规则在今晚收盘时被满足，那么应该在次日开盘时买进，在次日开盘期间实现订单。对于买单来说，很可能在靠近开盘区间顶部的位置被实现；对于卖单来说，则可能在开盘区间的底部位置被实现。滑移价差应该予以忽略，而计入为滑移价差和佣金所做的 100 美元的考量。该入场机制的主要问题是没有滤除任何入场信号，而且保证在入场条件被满足的第一时间进入市场。

实际情况下入场有多种选择。比如，我们可以在 3 个连续收盘价高于或低于 65SMA 时在收盘时入场。另一种选择是在次日收盘时，在高于或靠近上个交易日最高价或最低价的位置限价入场。在实际应用中，我们还应该滤除一些入场信号，因为我们不可能对每一个信号都下单。在已经持续了较长时间的趋势中，当价格在 65SMA 之上出现短暂的长钉形态时，这种过滤显得非常有用。

第三种选择是在信号出现后延期 x 天，然后在一个高于 n 日的高点或低点附近入场。这是另一种滤除入场信号的方法，目的是寻找更多具有获利性的交易。需要注意的是，如果使用限价单入场，有时订单根本不会实现，因数点之差而错过入场机会。所以，应该在次日开盘时入场，以确保进入新的趋势。

在继续讲解之前，让我们对该入场信号进行一下严格测试，目的是判断65SMA－3CC 的入场是否比随机入场要好。我们使用李布和卢卡斯的方法来测试入场信号。测试时，在第 n 天收盘时出场，不使用止损，也不考虑滑移价差和佣金的影响。简化起见，我们只列出看多入场。盈利交易的比例应该一直大于 55%。该测试包括在超过 21 个市场、从 1975 年 1 月 1 日到 1995 年 7 月 10 日间的连续合约上所有的看多入场。并非所有的市场都可以回溯到 1975 年，使用的只是可以收集到的数据。

如表 4.1 所示，平均 55% 的做多入场都是获利的，表明 65SMA－3CC 系统比随机交易要好。做空交易的结果与之类似，所以我们有理由相信该系统可以提供可靠的入场信号。我们的任务是把该系统与我们的风险控制和出场方法结合在一起。

表 4.1　测试 65SMA－3CC 做多入场信号，使用 21 个市场，从 1975 年 1 月 1 日到 1995 年 7 月 10 日间的所有可用数据。出场在第 n 日收盘时

市场	5 日/%	10 日/%	15 日/%	20 日/%	30 日/%	50 日/%
英镑	55	59	60	58	60	60
咖啡	54	57	56	54	50	51
铜	51	49	50	52	50	46
玉米	53	55	56	57	59	55
棉花	60	61	62	63	64	60
石油	54	53	53	56	58	45
德国马克	59	59	60	58	59	63
欧洲美元	59	59	61	62	63	62
黄金	54	55	54	49	53	47
燃料油	53	55	58	56	51	51
日元	55	53	60	61	59	69
生猪	57	57	59	57	55	59
橙汁	53	52	52	55	55	45
白银	48	50	45	46	44	46
大豆	52	47	51	52	53	51
标准普尔 500	54	59	58	62	58	69
糖	56	56	55	58	57	52
瑞士法郎	56	56	59	58	63	61
10 年期国库券	57	59	59	58	58	56
美国债券	55	52	56	50	50	46
小麦	52	52	51	51	51	51
平均	54.62	55	55.95	55.86	55.71	54.52

实际交易入场发生在收盘时系统发出信号的交易日的下一个交易日的开盘时。这时我们注意到没有明确的出场信号，意味着做空的入场信号就是做多的出场信号，做多的入场信号就是做空的出场信号。实际上，如果我们做多一份合约，就卖空两份合约，相当于净做空一份合约。

注意一点，在下面的测试中我们添加了一个条件来防止相同类型的连续入场。当分析添加止损或出场的影响时，这使得我们可以得到一个同等条件下的比较结果。但在实际应用时我们不需要这样的条件。

在此我们总结一下什么内容还没有定义：没有使用初始资金管理止损的明确的风险控制规则，也没有任何的资金管理规则来确定需要交易的合约数目。简化起见，我们只是交易一份没有风险控制的合约。但这并不是建议读者在交易时不使用风险控制止损，此处不带止损的计算只是作为示例。稍后，我们将研究如何添加风险控制并分析资金管理的作用。

65SMA－3CC 系统在强趋势中可以创造利润，在横盘或非趋势市场中会导致亏损。它的胜率应该为 20%～50%。我们使用 20 年的连续合约数据，在 23 个市场上测试该系统。可能某份合约在 20 年里都没有被交易，所以我们从开始日期起使用所有可利用的数据。我们为滑移价差和佣金做出 100 美元的常规考量。因此，这是对一套非优化系统在一个较长时间段上和很多个市场上的严格测试。测试结果见表 4. 2。

表 4. 2　65SMA－3CC 趋势跟随系统的测试结果

市场	测试周期	模拟利润/美元	总交易笔数	胜率/%	平均赢利/亏损	平均交易利润/美元	最大日内资金回撤/美元
英镑	1975. 7—1995. 7	125344	105	34	3. 72	1193	－25431
加元	1977. 6—1995. 7	－12750	125	25	2. 32	－102	－21030
可可	1980. 5—1995. 7	－15370	101	28	1. 80	－153	－2219
咖啡	1975. 5—1995. 7	239096	120	30	5. 83	1993	－36956
铜（高级）	1988. 12—1995. 7	－7890	49	34	1. 48	－161	－17355
玉米	1975. 5—1995. 7	26081	106	38	2. 98	246	－4331
棉花	1975. 5—1995. 7	112490	110	38	4. 26	1023	－8730
原油	1983. 8—1995. 7	17570	74	35	2. 58	238	－11690
德国马克	1975. 7—1995. 7	68575	102	38	2. 90	673	－13250
欧洲美元	1982. 6—1995. 7	34175	60	25	3. 16	569	－7150
黄金（纽约商品交易所）	1975. 5—1995. 7	53770	121	33	3. 44	444	－28440
燃料油	1979. 7—1995. 7	56198	103	32	3. 89	545	－18021
日元	1976. 12—1995. 7	143425	87	47	3. 80	1649	－12963

续表

市场	测试周期	模拟利润/美元	总交易笔数	胜率/%	平均赢利/亏损	平均交易利润/美元	最大日内资金回撤/美元
生猪	1975.5—1995.7	31971	120	42	2.49	266	-5863
橙汁	1975.5—1995.7	13018	120	27	3.05	109	-27950
白银	1975.5—1995.7	197305	144	37	6.87	1370	-51040
大豆	1975.5—1995.7	62406	114	38	2.86	547	-21768
标准普尔500	1982.9—1995.7	-7260	101	24	3.13	-72	-97470
糖	1975.5—1995.7	49493	113	37	3.75	438	-10806
瑞士法郎	1975.7—1995.7	108475	100	40	3.28	1086	-11638
10年期国库券	1982.9—1995.7	34219	85	29	3.66	402	-13743
美国债券	1978.1—1995.7	50143	102	35	2.62	491	-38819
小麦	1975.5—1995.7	6263	138	28	2.78	45	-19663
合计		1386747	2400				
平均值		60293.3	104	34	3.3	558	-22014
标准偏差		66698.1	22	6	1.17	583	20342

这套简单趋势跟随系统没有经过任何优化，但其测试结果的确令人振奋。每个市场只交易一份合约就可以获得模拟利润1386747美元，而且在23个相当分散的市场上有19个可以获利。该测试共产生2400笔交易，所以是一次可信度较高的测试。所有交易中大约34%是获利的，这是趋势跟随系统的一个典型比例。

回报率是3.3，在2400笔交易中可以说是相当棒了。该数据可用来估算破产风险，一般要求它高于2.0，超过3就非常受人欢迎了。平均交易利润为558美元，加入交易费和滑移价差的考量后，是一个非常诱人的数字。每个市场的平均获利是60293.3美元，大约是平均最大日内资金回撤22014美元的2.74倍。这是一个完善的恢复因子，可以包含最坏情况下系统连续的资金回撤。

总而言之，简单的趋势跟随方法在许多市场上长时间的测试中，都可有效地工作，而且只用极少的假设，无须优化。

测试结果也暴露出该系统的一些弱点。每个市场的平均获利是平均获利标准偏差的90%。这就意味着获利性会因市场不同而有较大的变化。最大日内资金回撤是其标准偏差的108%，表明资金回撤也会因市场的不同而变化巨大。同时，平均交易利润的标准偏差也表明测试结果会因时间和市场的不同而产生实质性的改变。所以，我们可以将该系统的主要缺陷总结为：因时间和市场的不同，会产生差异较大的结果。

将该系统的优点和缺点综合起来考虑，我们仍认为它是一套相当棒的趋势跟随系统，它在长期交易中，在许多市场上都会提供良好的获利机会。但是因为测试结果有较大的变化，所以交易者在使用该系统时应相对保守一些，应准备较多资金来应对系统失效。

下面我们对 65SMA－3CC 系统的测试结果进行进一步的分析，以便发现更多结果。所有 2400 笔交易的柱状图显示出交易盈利和亏损的分布情况（图 4.5 和图 4.6）。大型盈利交易的数量要比大型亏损交易的数量多，还有许多较小的亏损交易。需要注意的是，这些测试结果是在未使用初始资金止损的情况下得到的。大部分交易在－3000 美元和 2000 美元之间波动，在 0 附近出现的交易频率最高（0 即为盈亏平衡的状态。——译者注）。很少有交易亏损超过 5000 美元，但盈利超过 5000 美元的交易不少。使用初始资金管理止损将清除该柱状图的负半轴部分。

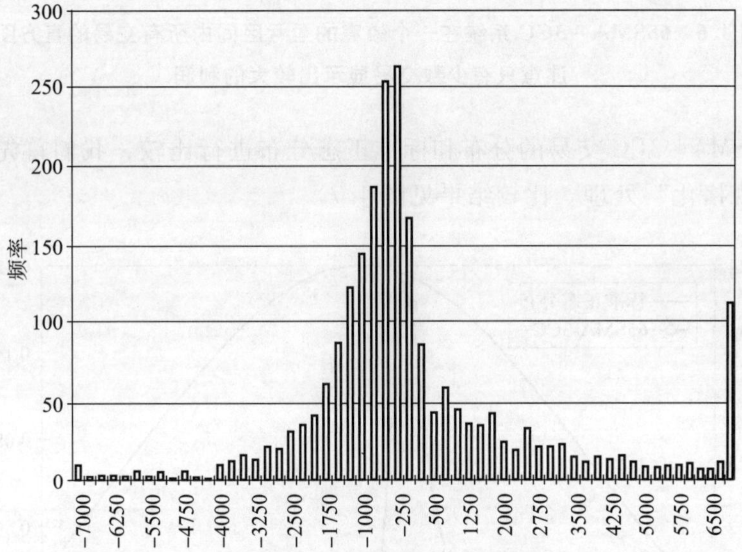

图 4.5　65SMA－3CC 系统所有 2400 笔交易的直方图

很明显，大部分利润来自少数几笔交易。在图 4.6 中，约 12.5% 的交易获得的利润大于 3000 美元。需要注意的是，如果出场太快，就可能错过 100 个或者说约 4% 的超级交易，正是这些交易使得趋势跟随系统值得使用。

下面使用的许多方法都源自标准正态分布。例如，如果我们测量球轴承的直径，测量结果将呈正态分布。正态分布是一种钟形的概率分布。标准正态分布是正态分布的一种特殊情况，其均值为 0，标准偏差为 1。为了将

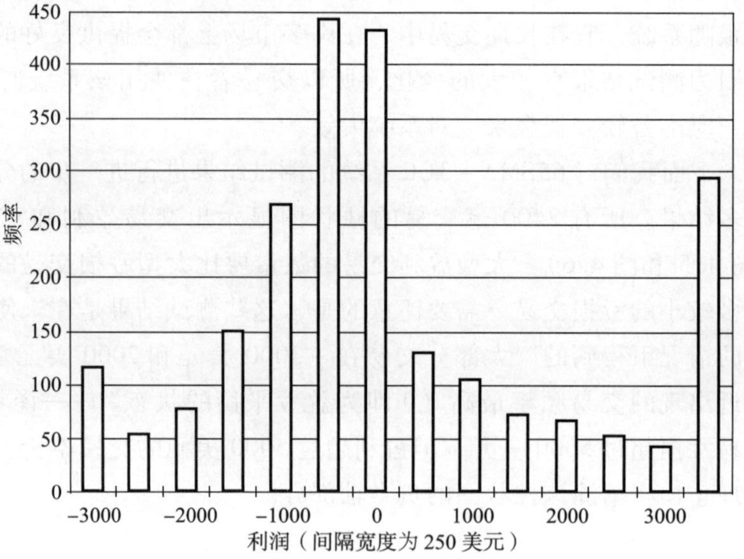

图 4.6　65SMA－3CC 系统在一个较窄的盈亏区间内所有交易的直方图。注意只有少数交易显示出较大的利润

65SMA－3CC 交易的分布和标准正态分布进行比较，我们首先要对数据进行"规格化"处理。比较结果见图 4.7。

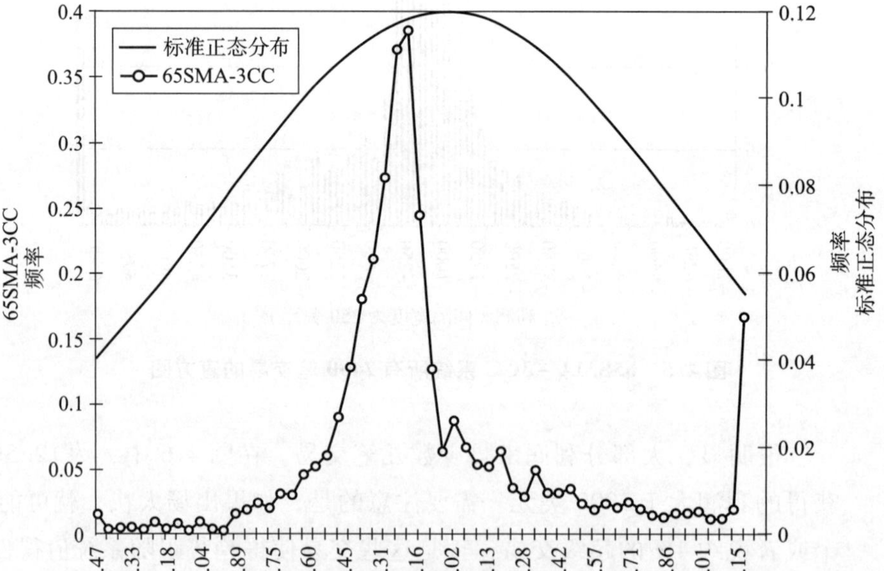

图 4.7　65SMA－3CC 系统的分布比正态分布的中间部分更陡峭

65SMA－3CC 的曲线比标准正态曲线要尖得多。为了产生一个适合我们数据的正态分布，我使用了微软公司 Excel 5.0 电子表格，并对数据进行了反复的手工调整。拟合的正态曲线如图4.8 所示，平均值为0.16，标准偏差为0.18。该拟合的正态曲线表明实际的65SMA－3CC 分布具有“胖胖的”尾巴。这就意味着“超级”交易出现的可能性比我们通过正态分布预期的要大。该图表明超常的大型获利或亏损比正常预期的要多。

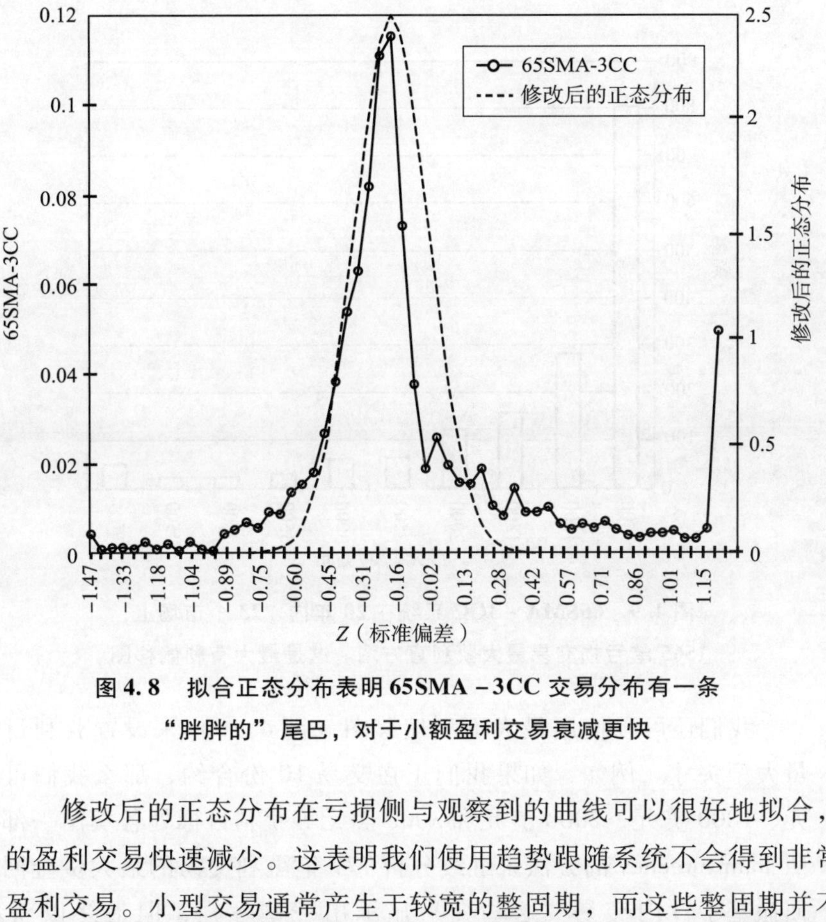

图4.8　拟合正态分布表明65SMA－3CC 交易分布有一条“胖胖的”尾巴，对于小额盈利交易衰减更快

修改后的正态分布在亏损侧与观察到的曲线可以很好地拟合，但是小型的盈利交易快速减少。这表明我们使用趋势跟随系统不会得到非常多的小型盈利交易。小型交易通常产生于较宽的整固期，而这些整固期并不常见。小型亏损交易更容易在整固期出现，正如尖峰左侧拟合良好的曲线所示。

图4.6 右侧边缘的巨大长钉形态代表着大约4%的超级交易，即那些使趋势跟随系统值得使用的交易。该分布表明我们很容易错过这些交易，如果错过的话，我们的投资业绩将快速下滑。你应该试着为自己的系统做出这样一条频率分布曲线，以便对系统的性能有更好的认识。

对亏损交易的进一步观察，使我们发现了65SMA－3CC 系统的另一个弱点。图4.9 是1565 笔亏损交易的最大盈利分布图，该图叫作最大有利偏移

（MFE）图。该系统的显著缺点是，因为没有明确的出场策略，许多盈利超过3000美元的交易都渐渐以亏损方式了结。我们不得不谨慎考虑我们的出场策略，因为只有4%的交易是超级盈利交易。一不留神，我们就会被许多亏损交易套牢，而错失真正的大型盈利交易。最大有利偏移图带给我们的另一条有用信息是，选择获利目标点，在该点移动跟踪止损至收支平衡价位。例如，我们可以在获利2000美元后将止损移动至盈亏平衡点，以减少亏损交易带来的损失。

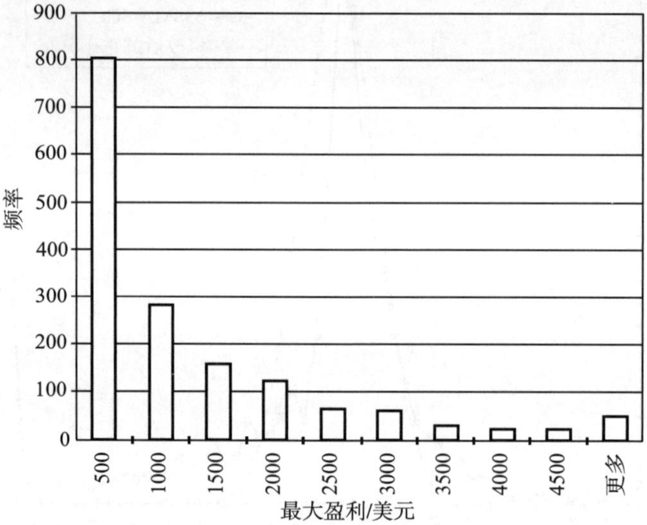

图4.9　65SMA－3CC系统在20年内、23个市场上，1565笔亏损交易最大获利直方图。这是最大有利偏移图

我们还可以使用最大不利偏移图（图4.10）来设置获利目标，用以度量大型头寸。例如，如果我们正在交易10份合约，那么我们可以在500美元、1000美元、2000美元和3000美元等获利目标处各卖出一部分。我们按照John Sweeney的方法来继续分析777笔盈利交易的最大资金回撤。该资金回撤基于日内交易。这些交易显示出一些亏损，但最终以获利了结。从图4.10所示的柱状图中我们可以得到几点有趣的信息。大约500笔（64%）交易是立即获利的，在交易进行的过程中亏损不超过250美元，另有100笔交易资金回撤量小于500美元。

因此，在交易过程中，几乎77%的交易会表现出500美元或小于500美元的亏损。很少有交易在出现大于1750美元的亏损后，再获利了结的。由此我们可以将初始止损设置在1000美元处，这样就可以捕获88%的盈利交易。认真挑选机械系统的初始资金管理止损价位，是一种比较现实的做法。

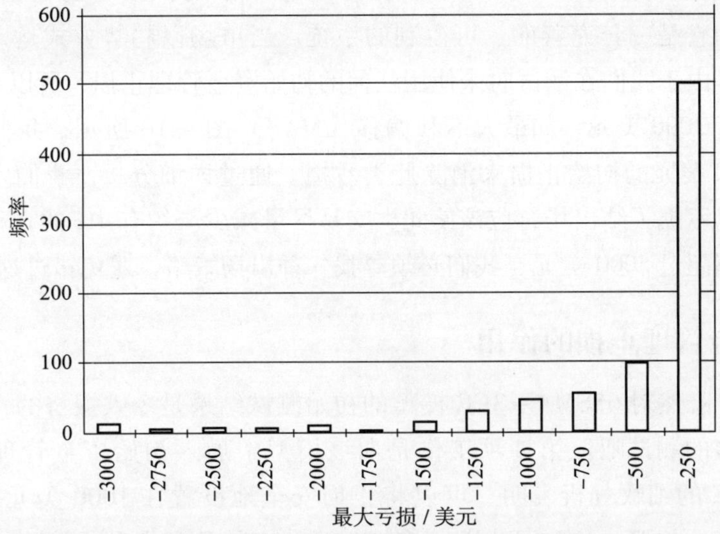

图 4.10　777 笔盈利交易的分析：获利了结交易的最大亏损。这也是众所周知的最大不利偏移图

从图 4. 11 所示的累积频率图中我们也可以得出相同的信息。这种类型的图可以显示出具有最大有利偏移（比如说 500 美元）的交易所占的比例。例如，该图表明约 50% 的交易都曾经达到 1000 美元的获利目标。

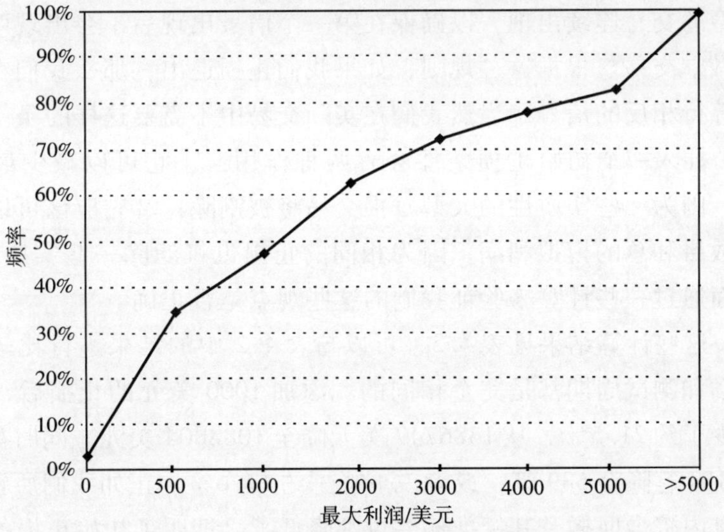

图 4. 11　65SMA－3CC 系统最大有利偏移的累积频率分布。注意水平刻度不是线性的

总而言之，65SMA－3CC 系统在 23 个市场、20 年的数据上测试的结果，表明它是一套完善的、可盈利的系统。当市场以趋势方式运动时，它可以盈利。由于我们在测试时未使用任何的初始资金管理止损，所以有些交易的亏损大于 3000 美元，如最大不利偏移（MAE）图 4.10 所示，我们可以通过设置 1000 美元的初始止损来消除此类亏损。通过详细分析，我们发现几笔盈利交易以亏损了结出场，应该使此类交易尽量减少。约有 4% 的真正大型盈利交易利润超过 5000 美元，我们必须寻找一种出场策略，避免错过这些超级交易。

初始资金管理止损的作用

既然对 65SMA－3CC 模型的初始测试结果是令人振奋的，那么让我们做更多的测试吧。第一项工作是向该模型中加入初始资金管理止损。我们对 MAE 的细致分析表明，可以将止损安全地设置在 1000 美元或 1750 美元这样高的位置，这样可以差不多捕捉到所有的盈利交易。

但是，在测试初始止损的作用之前，我们应该在该系统模型中加入另一个条件。在测试期间，如果我们的止损设得太“紧”，那么在第一个信号出现后就会很快止损退出。于是在进入主要趋势前会有一系列的交易都在相同的方向（都是做多和做空信号），在其中一笔交易进入主要趋势之前，它们可能都是亏损交易。所以，我们的分析就被扭曲了。我们希望得到与加入初始止损前完全相同的交易。为了达到这一目的，我们必须加入规则来避免同类型的交易连续出现，以确保在第一个信号出现后不会出现两个连续的做多和做空交易。根据这种规则，如果我们止损退出，那么我们在再次入场前必须等待相反的信号。当然我们在实际交易中不需要这样的条件。

插入一个初始止损条件会有两种作用：①它可以减少最大日内资金回撤，因为一些实质性的大型亏损交易将被割除；②它应该可以减少盈利交易的数目和总的模拟利润，因为相同的止损也将滤除一些实质性的盈利交易。下面通过一些计算来验证我们的这些观点是否正确。

这些计算结果见表 4.3，可以与表 4.2 中的结果进行比较。两个表中的市场和测试周期都是完全相同的。添加 1000 美元的止损后，总的模拟利润减少了约 21.5%，从 1386747 美元降至 1088804 美元。同时盈利交易的数目从 810 笔降至 689 笔，或者说下降了约 17.6%。正如我们所预期的，平均最大日内资金回撤及其标准偏差也都降低了，证明了初始止损的平滑作用。资金回撤下降了大约 18.5%，其标准偏差下降了约 40%。于是，添加一个硬性的、固定金额的初始资金管理止损可以达到减少最大日内资金回撤、平滑系统性能的作用。不过总盈利也有所下降。

表 4.3 添加 1000 美元初始资金管理止损对 65SMA - 3CC 系统的影响

市场	模拟利润/美元	盈利交易笔数	平均交易利润/美元	最大日内资金回撤/美元
英镑	121325	28	1155	-18100
加元	-8490	32	-68	-17080
可可	-9670	29	-96	-17110
咖啡	203719	23	1698	-24953
铜（高级）	478	17	10	-9175
玉米	26525	41	250	-4175
棉花	99695	39	906	-7810
原油	8290	24	113	-10410
德国马克	69100	34	677	-6675
欧洲美元	17875	21	298	-5225
黄金（纽约商品交易所）	36850	37	305	-36960
燃料油	16760	24	163	-22328
日元	106388	33	1222	-12963
生猪	29970	50	250	-5609
橙汁	20435	32	170	-22188
白银	143165	29	994	-47710
大豆	47281	38	415	-23806
标准普尔 500	29975	14	297	-47295
糖	32044	34	283	-8582
瑞士法郎	55638	27	556	-14975
10 年期国库券	30407	22	358	-8606
美国债券	2706	22	26	-22700
小麦	8338	39	60	-18331
合计	1088804	689		
平均值	47339	30	436	-17946
标准偏差	53800	9	465	12301

我们从 MFE 图中选择 1000 美元的初始资金管理止损。如果将止损设为 500 美元，那么计算结果表明，利润、最大日内资金回撤和波动性都将有更大的降低。

我们可以继续使用该思路来分析美国债券和德国马克市场。我们对 777 笔盈利交易的分析表明，一旦资金回撤超过 -1750 美元，就很少会盈利出场。所以，在接下来的测试中，初始止损从 250 美元到 1750 美元不等，目的是观察初始止损对盈利笔数的影响。当初始资金管理止损增加时，盈利笔数随之增加，到达一定数量后便停止增加（图 4.12）。这表明初始止损起到了滤网的作用，当止损变得宽松时，它就允许更多的交易通过。渐渐地，该滤网变得太过宽松，以至于不再滤除任何交易，于是盈利交易笔数在达到一定数目后便不再增加。

到目前为止，我们所使用的止损是固定金额的，没有考虑市场的波动性。然而，在咖啡市场中，1000 美元的止损可能显得太紧，而在玉米市场中，1000 美元的止损又显得太松。于是在某些市场中，一个给定的止损会像图 4.12 左侧的止损那样工作，相反地，在其他市场中，同样的定额止损又会像图 4.12 右侧所示止损一样工作。

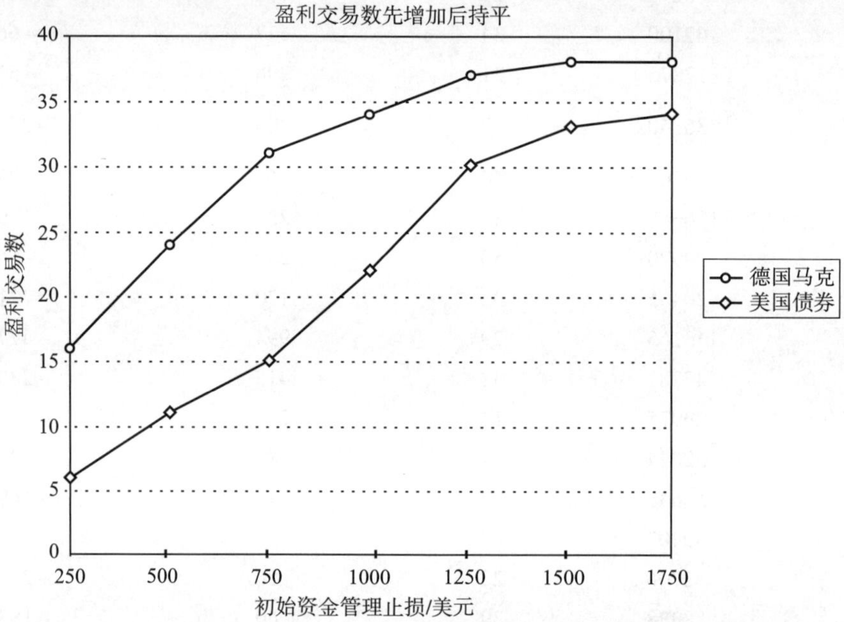

图 4.12　初始资金管理止损对盈利交易数的影响。当止损变得紧凑时，越来越少的盈利交易幸存。上部曲线为德国马克，下部曲线为美国债券

我们可以使用基于波动性的初始资金管理止损来解决这一问题。为了便于计算，我们将初始资金管理止损设为日真实区间的 15 日 SMA 的倍数，用来度量市场的波动性。我们使用与表 4.2 所示相同的连续合约来测试美国债券市场，将基于波动性的止损设为日真实区间的 15 日 SMA 的 25%～30%倍。

图 4.13 表明低于平均波动 1.25 倍的止损太过紧凑，而一旦止损超过 2.0，模拟利润和最大资金回撤会同时增加。最大资金回撤在止损倍数为 1.50 时最小，这就意味着在太紧和太松之间有一个平衡点。在生猪市场上也可看到非常相似的结果（图 4.14）。

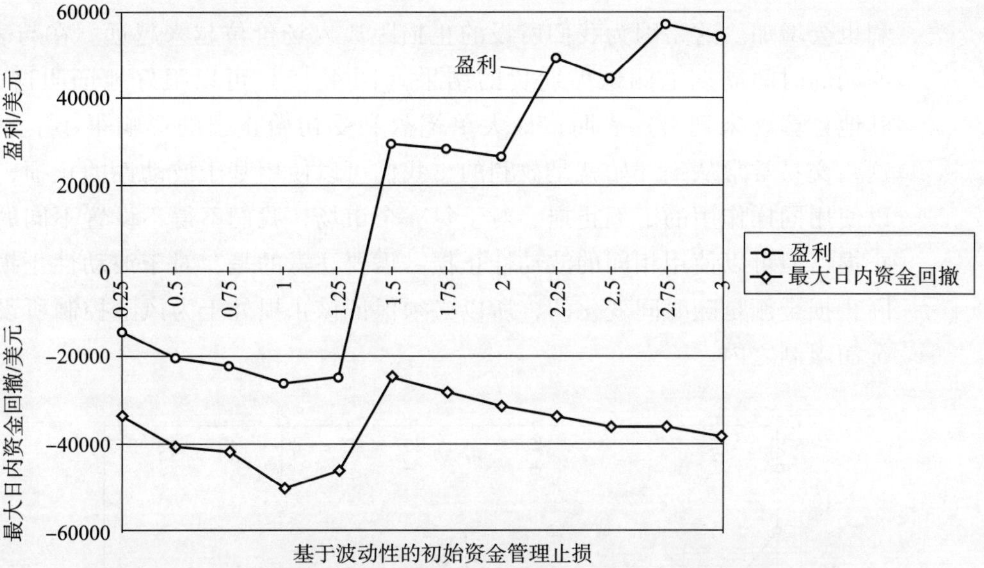

图 4.13　当初始资金管理止损变得宽松时，盈利（上部曲线）增加。逐渐地，止损变得太过宽松，盈利开始持平，下部曲线描绘的是最大日内资金回撤。测试数据取自美国债券市场

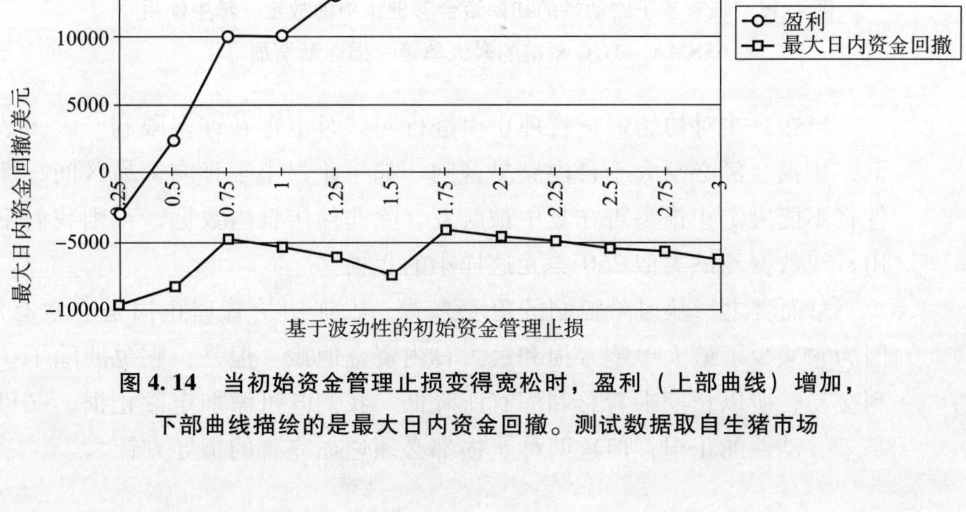

图 4.14　当初始资金管理止损变得宽松时，盈利（上部曲线）增加，下部曲线描绘的是最大日内资金回撤。测试数据取自生猪市场

或许正如我们所预期的那样，当我们加大资金管理止损时，最大单笔盈利也会增加。这是因为我们所设的止损距离入场价位越来越远。在与表 4.2 相同的时间周期上测试糖期货的结果（图 4.15）可以很好地证明这一点。其他计算（未列出）表明，最大单笔盈利受初始止损的影响很小，原因是这些交易常常从一开始就是盈利的。我们可以使用基于波动性的止损，也可以使用同样作用的定额止损。对于每一个市场，我们不得不设置不同的定额止损，但可以使用相同的波动性止损。需要注意的是，对于波动性止损，实际止损金额是随时间变化的，所以必须保证该止损处于为风险控制所设的总金额限制之内。

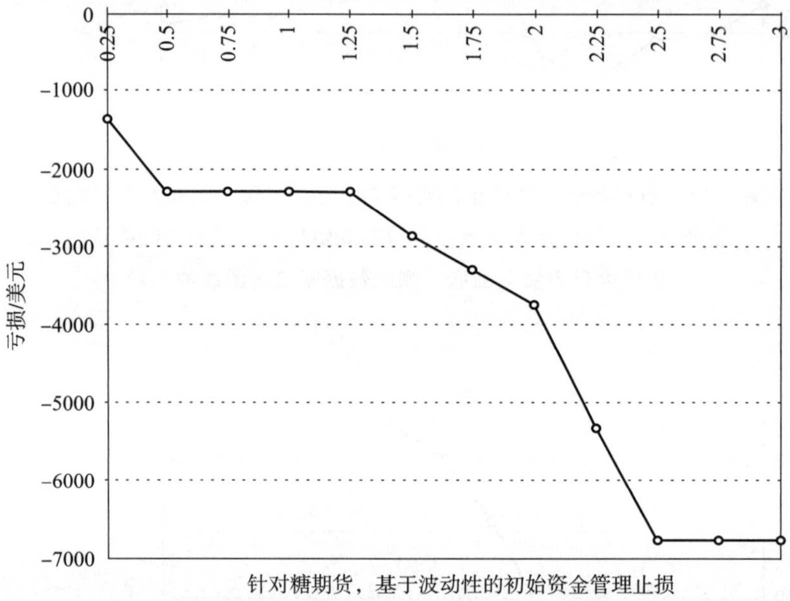

图 4.15　随着基于波动性的初始资金管理止损的放宽，糖中使用 65SMA－3CC 系统的最大单笔亏损逐渐增加

当然，在对初始资金管理止损进行测试时也存在许多限制。大多数情况下，止损金额必须大于日内交易区间。如果止损小于日内交易区间，那么软件将不能决定止损是否在盘中被触发。除非使用日内数据，否则我们不能使用日线数据测试类似 250 美元这样小的止损。

总而言之，从风险控制的角度来看，添加初始管理止损是非常有用的，因为它减少了最大单笔亏损和最大日内资金回撤。但是，它也滤除了一些盈利交易，所以长期来看总利润有所降低。我们既可添加定额止损，又可添加基于波动性的止损，但这两种止损都必须遵循完善的指导方针。

为65SMA－3CC系统添加滤网

到目前为止，我们对交易系统产生的信号未做过任何形式的过滤。正如我们所看到的，当市场处于整固期时，该系统将产生许多短命的或“虚假的”信号。滤网就是试图对入场信号进行精选的一组规则，通过设计，可以使系统更实际地用于市场中。记住一点，我们没有明确的出场策略，做多入场信号同时也是做空出场信号，反之亦然。现在，该滤网只是为了减少整固期的一些信号。

我们可以设计多种类型的滤网。此处我们使用一个以动量为基础的滤网，它使用前面讨论过的区间运动辨识指数（RAVI）。RAVI是收盘价的7日简单移动平均和65日简单移动平均之差的百分比的绝对值。当市场处于整固期时，短移动平均（7日）和长移动平均（65日）会非常接近。反之，当市场做趋势运动时，这两条均线会离得比较远。

我们也可以将韦尔德的ADX（平均动向指数）作为趋势或非趋势市场的滤网。说得明白一点，如果ADX下降至小于等于20时，那么我们可以认为市场处于整固期或者正在进入整固期。我们还可以使用x日高点－低点区间，或者其他的动量震荡指标，来判断市场行情。记住一点，任何指标，包括RAVI在内，不会每次都表现得完美。

首先让我们简要回顾一下65SMA－3CC交易系统在整固市场上的表现。当价格开始进入一个狭窄的区间时，没有明确的方向，较长期的移动平均（65SMA）逐渐变为水平。价格在这条均线上下波动。所以，如果以三个连续收盘价高于或低于65SMA为信号，那么我们可以得到连续的做多和做空信号。

从某种意义上说，这形成了一个自我校正过程，因为入场信号在价格上不会相差太远。所以，即便连续出现几笔亏损交易，亏损额也会相对较小。我们可以想象一下，在某些情况下，市场会在一个比较宽的交易区间内快速地向两个方向运动。美国债券市场曾经倾向于出现这种整固形态。对于65SMA－3CC系统来说，这是一种最坏的行情，我们将获得很多短命的入场信号，导致产生相对较大的亏损，原因是市场正在交易区间内快速上下波动。下面举一些这种市场运动的例子。

图4.16所示为1994年9月美国债券合约的整固期，它出现在著名的熊市之后。让我们来观察一下系统中出现的六个“虚假”信号。由于市场是在一个较宽的交易区间内运动，价格在平均值上下来回震荡，交易系统难免会给出很多虚假信号。通过这个示例，我们可以得到一条普遍规则：无论你定义什么规则，市场都会让系统发出虚假信号。

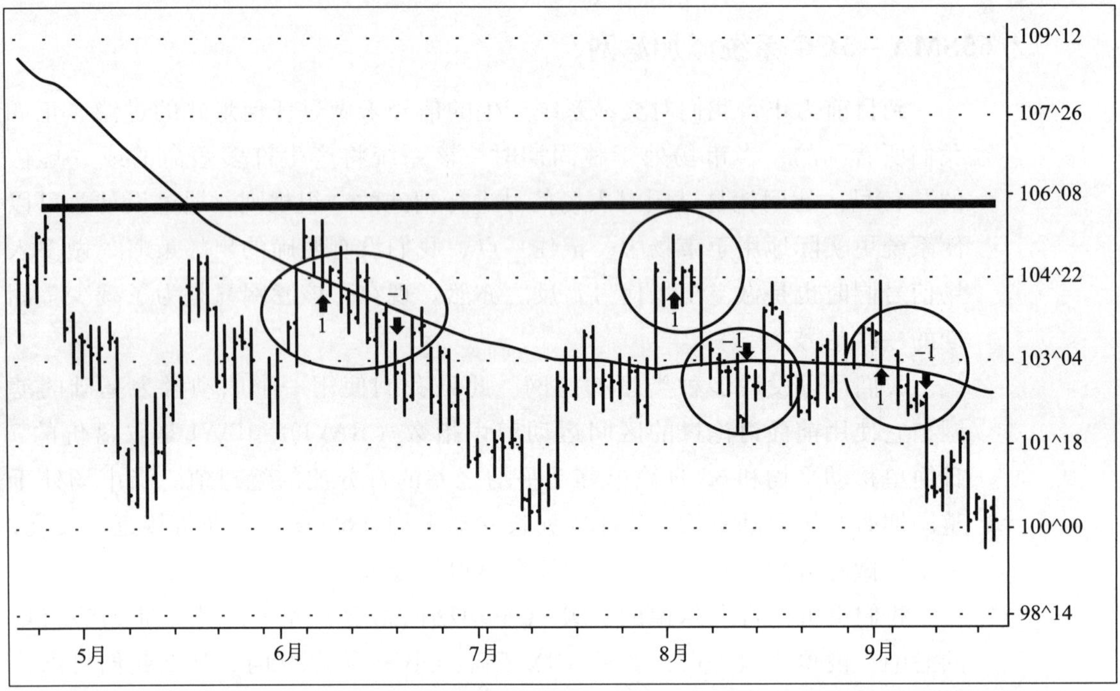

图 4.16　美国债券在其著名的熊市之后的整固期内，65SMA－3CC 交易系统产生数个入场信号，圈出区域为在这一宽阔的整固区内出现的 6 个信号——3 个做多入场信号，3 个做空入场信号

图 4.17 所示为对相同的系统增加滤网后的测试结果。现在在整固区域只有两笔交易。RAVI 线位于价格线之下，所以我们可以看出产生于整固期的信号，其对应的 RAVI 大于 1。因为该模型进入图形左侧时为看空，所以图中第一笔交易为看多买进。添加滤网后的系统只有当 RAVI 大于 1，并且有 3 个连续收盘价高于 65SMA 时才产生购买信号。

较窄的整固区域在购买信号产生后迅速运动，使 RAVI 小于 1。所以，该滤网滤除了接下来的两个信号——一个卖出信号和一个买进信号。同样，它在 6 月份也滤除了一个买进信号和一个卖出信号。当 RAVI 恰好上升到超过 1，且有 3 个连续收盘价低于 65SMA 时，产生了最后一个卖出信号。于是，我们使用 RAVI 值可以滤除一些拉锯式信号。

那么在使用 RAVI 滤除信号时，屏障值应该是多少呢？此问题没有完美的答案，我们不得不使用这样或那样的方法来选择一个值。将 RAVI 屏障值从 1 提升至 1.5，会滤除更多交易。如图 4.18 所示，从 1993 年 8 月开始，该模型应该是看空，市场一路下跌，穿过两个整固区域，每个合约获利 13696 美元。注意当趋势积蓄力量，在较低的整固期开始前向上翘起时，RAVI 是如何强势向上超越 1 的。

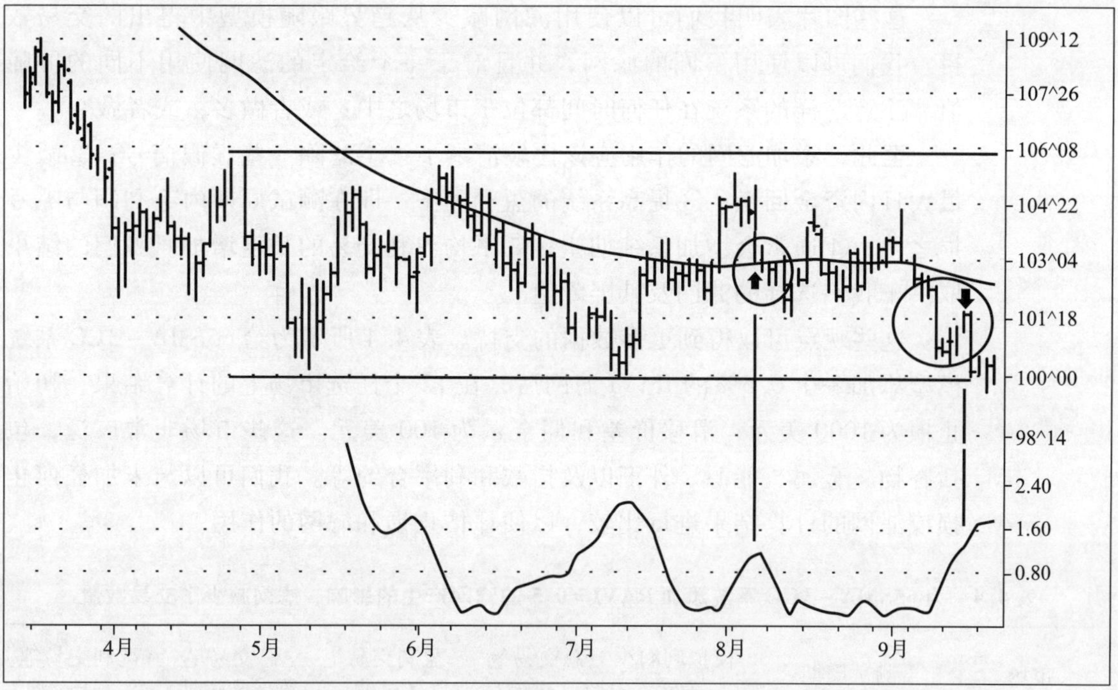

图 4.17　添加屏障值为 1.0 的 RAVI 滤网之后，在该宽阔的整固区内减少了四个虚假信号。注意只有 RAVI 大于 1 时，65SMA－3CC 系统才产生有效的信号

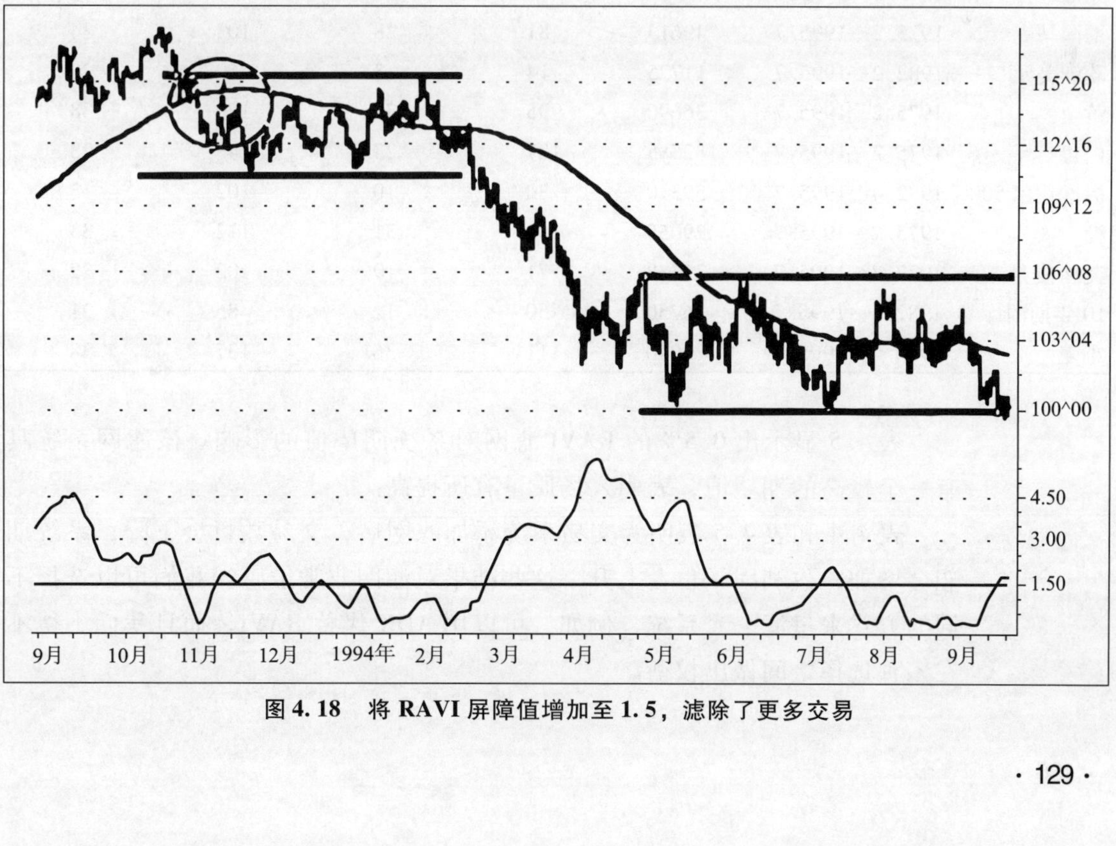

图 4.18　将 RAVI 屏障值增加至 1.5，滤除了更多交易

这些图片表明我们可以使用滤网减少从趋势跟随模型中得出的交易数目。我们可以使用不同的滤网，并且对于一个给定的滤网使用不同的屏障值。注意这样的系统在任何时间都位于市场之中：或者做多，或者做空。

至此，添加滤网的作用应该比较清晰了：①滤除一些虚假信号；②减少最大日内资金回撤；③提高系统的盈利因子，即在测试周期内毛利润与毛亏损之比；④通常会增加系统期望；⑤平均盈利交易的长度增加。我们的结果取决于我们选择的滤网及其屏障值。

这些观点可以得到更多数据的支持。表 4.4 所示为给 65SMA－3CC 系统模型添加一个 0.5% 的 RAVI 滤网后，在 12 个任选市场上的计算结果，初始止损为 1000 美元，滑移价差和佣金量为 100 美元。这些市场非常广泛，包括谷物、金属、能源、外汇以及指数和利率合约等。我们可以与未加任何止损或滤网的计算结果进行比较，以便评估止损和滤网的作用。

表 4.4　为 65SMA－3CC 系统添加 RAVI＝0.5 的滤网产生的影响，滤网减少了交易数量

市场	测试周期	模拟利润/美元	总交易笔数（过滤后）	盈利交易笔数（过滤后）	总交易笔数（未过滤）	盈利交易笔数（未过滤）
英镑	1975.2—1995.7	111106	80	10	102	13
玉米	1975.2—1995.7	26613	81	35	105	41
原油	1983.3—1995.7	2150	63	18	73	22
德国马克	1975.2—1995.7	49613	81	28	103	34
欧洲美元	1982.2—1995.7	11775	14	3	60	20
黄金	1975.2—1995.7	36690	95	30	120	38
白银	1975.2—1995.7	152585	107	23	143	28
标准普尔 500	1982.4—1995.7	59310	80	10	102	13
糖	1975.2—1995.7	29055	102	31	112	33
美国债券	1977.8—1995.7	31588	71	19	102	22
10 年期国库券	1982.5—1995.7	16750	50	12	85	21
小麦	1975.2—1995.7	－2040	111	36	137	38

表 4.5 显示出 0.5% 的 RAVI 滤网对系统期望值的影响。该滤网系统具有一个较高的期望值，表明入场质量有所提高。

表 4.4 和表 4.5 表明为交易系统添加滤网后，交易数目会下降，系统期望会增加，盈利因子也会上升。这些结果对滤网非常敏感。我们可以选择不同的方式来过滤一套系统，例如，可以用 ADX 代替 RAVI。而且我们不得不在多种选择之间做出权衡。

表 4.5 添加滤网增加了平均交易利润

市场	平均交易利润（未过滤）/美元	平均交易利润（过滤后）/美元
英镑	1269	1543
玉米	231	329
咖啡	2783	3488
原油	-66	34
德国马克	699	613
欧洲美元	221	841
黄金	323	389
白银	1014	1426
标准普尔 500	406	741
糖	253	284
美国债券	56	449

首先，我们在 23 个市场超过 20 年的数据上测试了 65SMA-3CC 趋势跟随系统的性能，通过分析获利和亏损交易选择了初始资金管理止损。接下来我们又对系统进行了过滤，减少了信号数量。使用同一模型进行测试的主要优点，是可以使我们观察到交易策略改变前后的明显对比，而在实际交易中是不必受此限制的。

我们在前面的分析中都没有考虑资金曲线管理的问题，允许系统自由运作，以获取最大利润。然而，系统之前总是处于市场中的。如果我们添加一个中性区域，系统就未必总是在市场中了。我们还可以考虑添加一条或多条出场规则，来获得一条比较平滑的资金曲线。有时出场策略也会制造一个中性区域。

为 65SMA-3CC 系统添加出场规则

在系统设计中，选择通用且有力的出场规则是一个有难度的挑战，因为市场总是呈现不同的价格形态。一种特别容易执行的出场规则是初始资金管理止损——毫无疑问，如果止损被触发就退出交易。但是，获利是另一个问题，因为我们必须设计重新入场的规则，使得交易在满足出场规则后继续进行。

在 65SMA-3CC 系统中，把入场规则当作出场规则的方法的确会抓住较长的趋势，代价是账户资金的波动较大。所以，加入出场规则会使资金曲线变得平滑。如果可能的话，我们应该在每个市场中交易多份合约，为每个出场规则分配一份或多份合约。这使我们不会只有一种“最佳”出场策略。

除了入场触发出场方法之外，我们还可以考虑使用许多其他的出场规则。一条简单的规则是使用定额跟踪止损。在这种情况下，我们在交易时将设置一个止损，比如说距离交易中的最高资金点1500美元。除了定额止损，我们还可以使用以波动性为基础的止损。该止损为距离最高交易资金的真实区间的倍数。一种出场策略是使用基于时间的止损，比如说过去 n 天的最高价或最低价。另一种有效的出场策略是在交易中的第 n 天收盘时出场。例如，我们可以在交易的第5天收盘时出场。如果我们交易多份合约，这些合约的交易时间从5~25天不等，那么这种策略会表现得相当棒。

如果在没有有效重复入场策略的情况下使用出场策略，我们会错过重要的市场运动。所以，在使用趋势跟随策略时很少使用敏感的出场策略。出场策略提供许多可供任意选择的机会，如果你喜欢在交易中随意发挥，那么出场策略的设置将是你很好的用武之地。

在表4.6所示的例子中，我们为65SMA－3CC系统添加了一条14日出场规则，滤网为0.5%的RAVI，初始资金管理止损为1000美元。如果价格超过前14日的交易区间，那么跟踪出场将了结该笔交易。例如，我们正在做多，如果今天的收盘价低于最近14天的最低点，那么我们将在明天开盘时退出交易。这是一种趋势跟随出场，可以使我们在主要趋势接近尾声时退出，规则是产生一个14天价格的反转。

表4.6 添加出场规则后对系统在市场中的时间的影响

市场	利润/美元	最大日内资金回撤/美元	市场中天数，所有交易（带出场规则）	市场中天数，所有交易（无出场规则）
英镑	38788	－12350	1070	2609
咖啡	227610	－29500	880	1692
玉米	8125	－4544	2086	4790
原油	8250	－7680	1446	2718
德国马克	25887	－7275	1851	3863
欧洲美元	－2450	－7874	335	2000
黄金	24130	－7080	2034	4170
白银	44970	－32410	1506	3459
标准普尔500	2490	－29640	460	1290
糖	10386	－7854	1991	4591
美国债券	17925	－20887	1218	1689
平均	36919	－15190	1352	2988

添加出场规则后，系统在市场中的天数平均减少了55%，同时，获利性能和最大日内资金回撤都有所降低。系统在市场外观望的时间里，我们使用

金融市场工具所做的所有投资盈利都将增加到自己的总盈利中。所以，如果我们让交易系统受到更多的限制，那么总盈利同时也会受到更多的限制。在这种情况下，是让资金曲线更加平滑，还是让资金增长，取决于交易者自己的选择。

通道突破-回调系统

这一部分讨论的交易系统，源自人们在成熟市场中所发现的一种形态，即市场中存在大量机构性活动。在这些市场中，大型投资者倾向于削弱市场的运动。所以，他们在市场上涨时会给予其压力，而在市场下跌时会给予其支撑。例如，当市场创出一个 20 天新高时，许多大型投资者将重仓做空，压制市场回到先前的整固区。如果市场背后的基本面力量非常强劲，那么在经过短暂的整固后市场将恢复上升趋势。在 20 日新高之后出现的回调期做多，并且只进行做多交易的系统，叫作通道突破-回调（CB - PB）系统。

首先，我们举几个 CB - PB 系统工作的例子，并给出用于测试的代码。接下来，我们在 22 个市场上测试基本的 CB - PB 系统入场策略，以验证该思想的正确性。然后，我们讨论 3 种不同的出场策略，以说明如何将相同的入场策略转变为完全不同的交易系统。这些系统既有短期系统——在市场中 7 ~ 9 天，又有长期趋势跟随系统。我们将对比分析使用 1500 美元“紧凑”初始止损和 5000 美元“宽松”初始止损的效果。这些分析主要集中于下列成熟市场：咖啡、欧洲美元、日元、瑞士法郎、标准普尔 500、10 年期国库券和美国债券。

CB - PB 系统只用于做多。支持该系统的假设如下。

（1）市场在整固期结束后将开始一轮新的上升趋势，因为它最近刚创了 20 日新高。

（2）在整固期入场是一种低风险入场。

（3）出场应该位于 20 日高点附近，使用跟踪止损出场，或者在交易 x 天后出场。

现实情况是，当市场出现一个 20 日新高后，会有一段延长的整固期，甚至会再出现一个 20 日新低，所以看多只有 50% ~ 70% 的正确率。同时也很难寻找一致性的出场策略，因为市场不会每次都以相同的方式运动。因此使用 CB - PB 系统的另一个难题是寻找一个一致性的出场策略。第三个难题是止损的设置。如果市场反转，并开始一轮新下降趋势，那么一个用于风险管理和亏损控制的初始止损是必需的，不管是简单定额止损还是基于波动性的止损。

CB－PB 系统形态的第一个例子使用的是德国马克 1995 年 1 月份的合约。图 4.19 所示为日线图和附加在棒线上面的 20 棒交易区间。将一个 13 点的屏障加到 20 日区间线的两条线上，以滤除一些假突破。从图中可以看出，德国马克在向上突破其 20 日区间后进入为期 7 天的整固区，然后才向上运动。向上运动一段时间后，它创造了一个新的高点，然后又进入整固区。

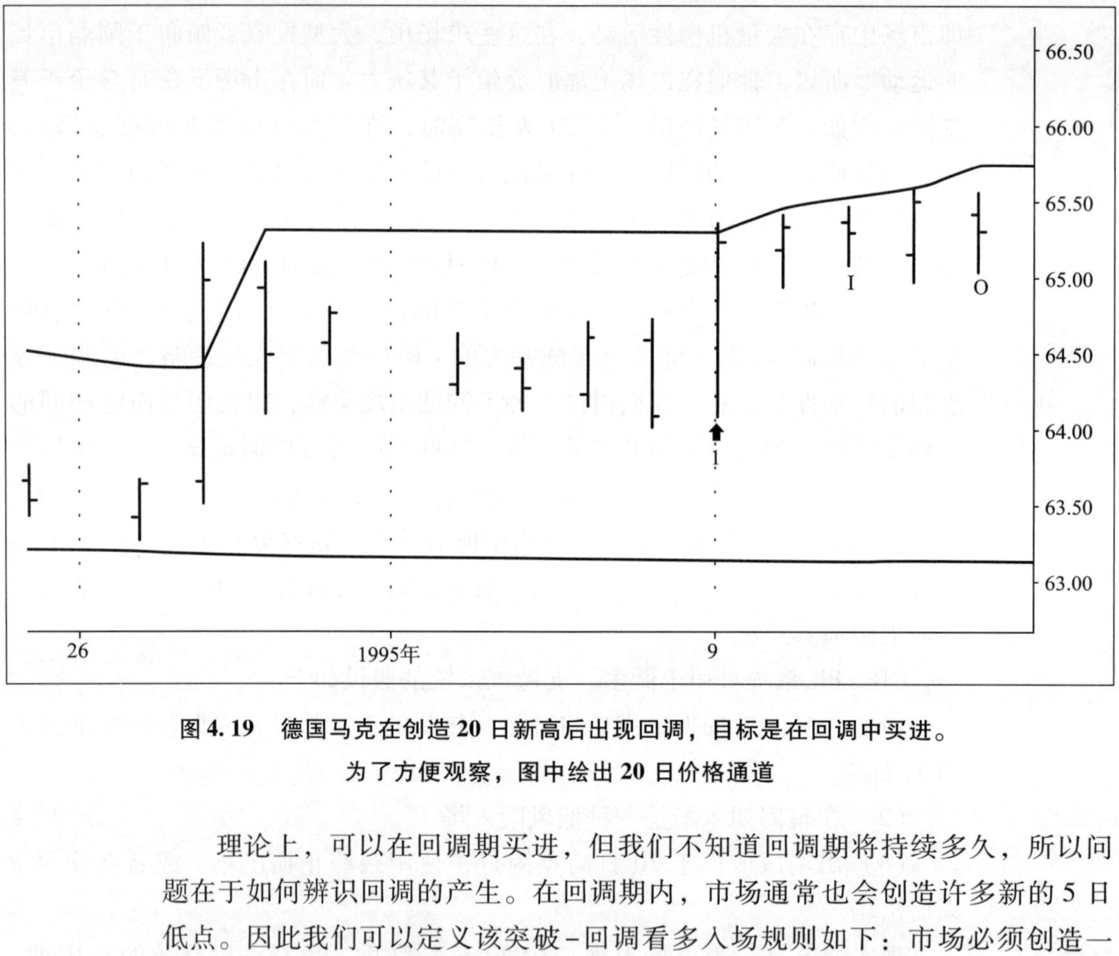

图 4.19　德国马克在创造 20 日新高后出现回调，目标是在回调中买进。为了方便观察，图中绘出 20 日价格通道

理论上，可以在回调期买进，但我们不知道回调期将持续多久，所以问题在于如何辨识回调的产生。在回调期内，市场通常也会创造许多新的 5 日低点。因此我们可以定义该突破－回调看多入场规则如下：市场必须创造一个新的 20 日高点，并且在接下来的 7 天中再创一个 5 日低点。一旦 5 日低点形成，就在下一个交易日开盘时买进。这些选择是任意的，具体数字可通过试验确定。例如，我们可以在市场出现 20 日高点，又紧接着出现 5 日低点后，在下个交易日收盘时买进，而非在开盘时买进。

现在我们需要使用一个出场条件来测试该入场规则。简单起见，我们将

在交易的第 n 天收盘时出场，短期系统设 $n=5$，中期系统设 $n=50$。在此我需要重申一下，这些数字都是任意的，你可以选择其他数值，例如用 3 日低点取代 5 日低点。

使用 Omega Research 的 TradeStation Power Editor™编辑软件，该规则的部分代码如下。

```
Input:Xdays(14);
If Highest Bar(High,20)[1]<7 and Low<Lowest(Low,5)[1]
then buy tomorrow on the open;
If BarsSinceEntry=Xdays then exitlong at the close;
```

第一行将“Xdays”定义为一个输入变量，默认值为 14 日。在测试期间可以对该值进行修改。函数 Highest Bar 将返回从 20 日最高点起的棒线（交易日）数量。第二行首先检查自 20 日新高后是否已经过了 7 个交易日，然后检查今天的最低价是否低于前 5 日最低价（即一个新的 5 日低点）。如果两个条件都满足，那么我们就可以在下个交易日开盘时买进。默认情况下，该系统将购买一份合约。第三行是出场条件，如果今天是自入场起的第 X 天，那么就在收盘时退出正在进行的做多交易。该系统将以入场日开盘价进入看多交易，并且以出场日的收盘价退出交易。

函数 Highest Bar 有一个缺陷，它从测试日开始向前数 20 天，所以有时该函数给出的信号并不是我们所预期的最高点。为了准确捕捉最近 20 天的最高点，该规则应该改为 Highest Bar(High27)[1]。但是从长远来看，两种测试结果的差别不大。

图 4.20 表明，在 1995 年 2 月的德国马克市场上，使用 14 日出场策略工作良好。第一个突破产生于 1994 年 12 月 28 日，回调入场产生于 1995 年 1 月 9 日，入场价位 64.11 美元，恰好是随后 14 天的最低点。出场时间选在 1995 年 1 月 30 日收盘时，出场价为 66.52 美元，在为滑移价差和佣金付出 100 美元的费用后，获利 2913 美元。下一次入场产生于 1995 年 2 月 1 日收盘时，入场价位 65.65 美元。交易进行中的最低点为 65.07 美元，产生于入场 4 天之后，这 58 点的风险为 725 美元。出场时间选在 1995 年 2 月 23 日收盘时，出场价位 68.19 美元，利润为 3075 美元。

所以，在 1995 年 2 月的德国马克图中，CB－PB 系统产生了低风险的入场点，准确进入逐渐形成的上升趋势。对于该图来说，在第 14 日出场是一次幸运的选择，交易者可以使用基于个人偏好的数字。

在此需要注意的是，我们指明的是一种通用的入场形态，没有关于 DM

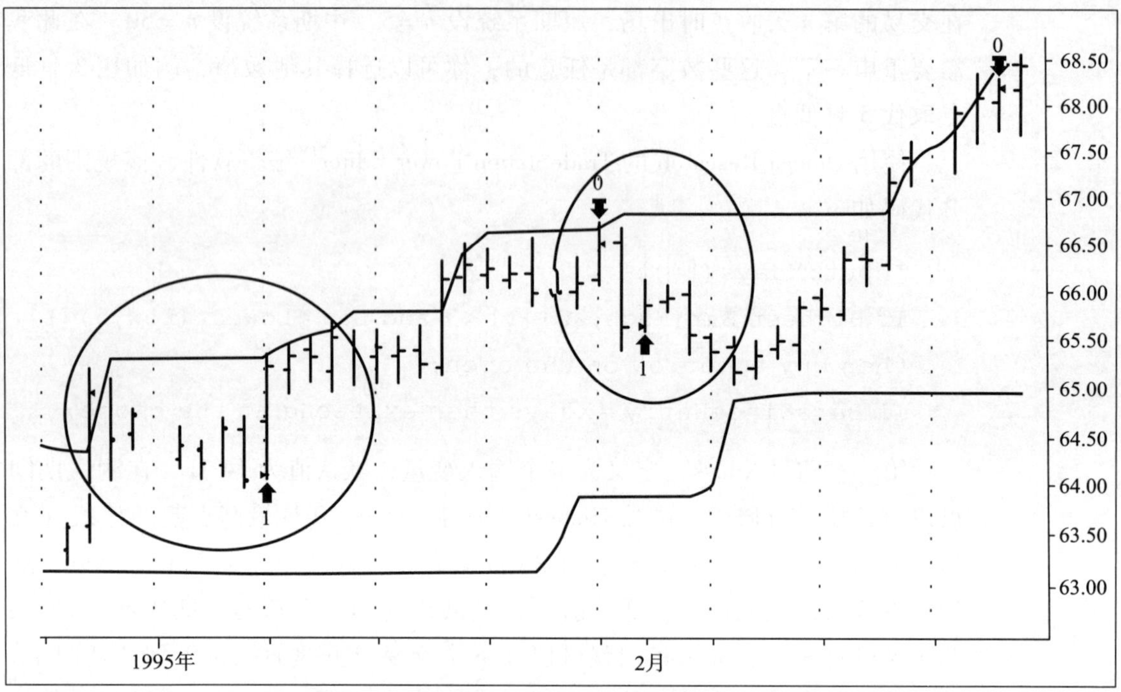

图 4.20 CB－PB 策略产生了低风险的入场点

价格形态的特别假设。同时，出场策略也是任意设置的。当然，如果我们在第5个交易日而不是在第14个交易日收盘时出场，获利会相对较小。CB－PB 系统模型提供了一种相对低风险的入场策略，通过改变出场策略，我们既可以将它用于短期系统，又可以将它用于长期系统。

到目前为止，出场策略都是基于自然的趋势跟随，只是在出场天数上有所变化。例如，我们可以将出场天数定义为5～50天不等，会获得完全不同的测试结果。然而，我们永远不会得出一个“完美”的数字。我们可以期望市场以一种不同的方式运动，从而不以时间，而以我们已经熟知的价格为出场信号。因为是在市场回调时买进，所以似乎我们可以假设市场会重新达到最近20日的高点。于是我们可以把市场重新达到最高点作为出场信号。下面是在 TradeStation Power Editor™中所写的新系统代码。

```
If Highest Bar(High,20)[1]<7 and Low<Lowest(Low,5)[1]
then buy tomorrow on the open;
Exitlong athighest(h,20)[1]limit;
```

第一行与前面的完全相同。第二行指明了一个明日多头出场，使用在最近20日高点交易的限制订单。对于1995年12月标准普尔500合约而言，这已经是一套“完美”的系统模型。连续产生 12 笔盈利交易，总获利 50000 美元（图 4.21）。

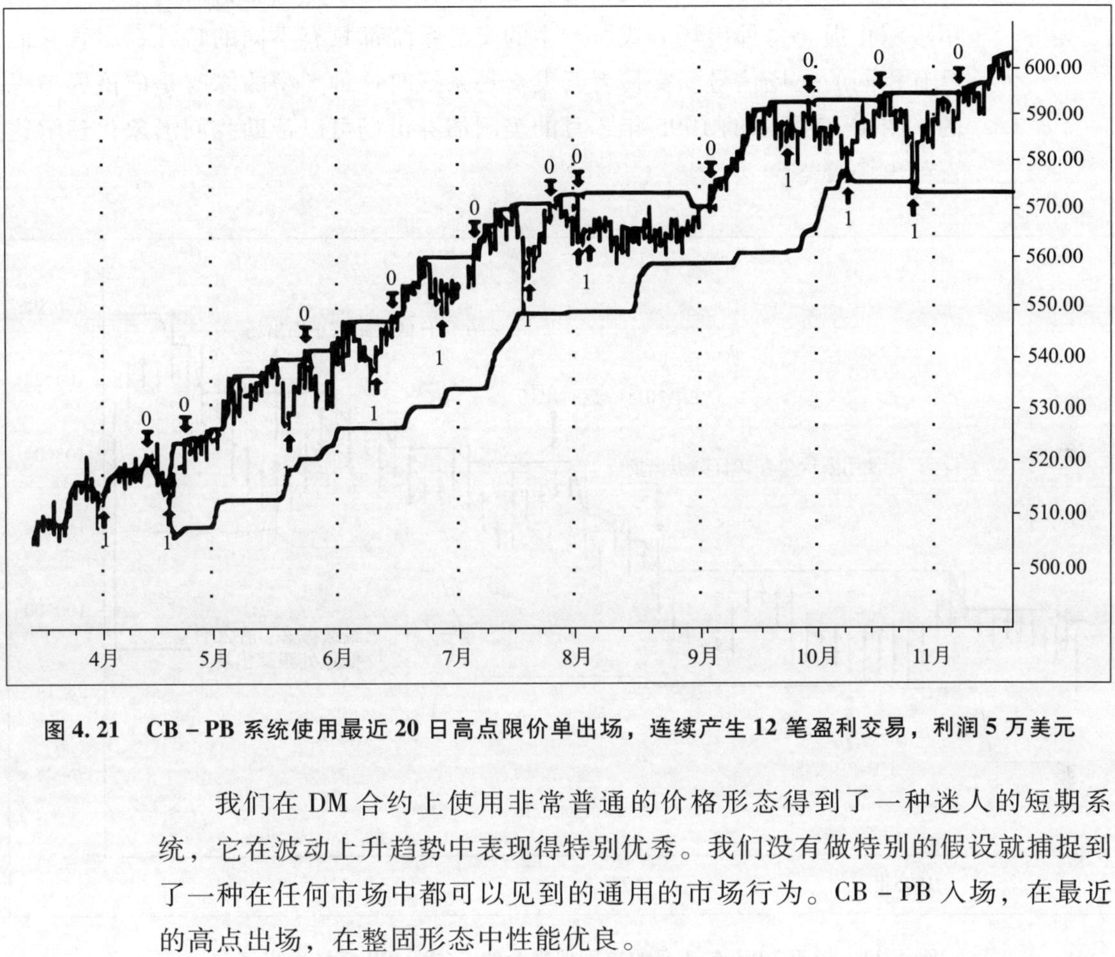

图 4.21　CB－PB 系统使用最近 20 日高点限价单出场，连续产生 12 笔盈利交易，利润 5 万美元

我们在 DM 合约上使用非常普通的价格形态得到了一种迷人的短期系统，它在波动上升趋势中表现得特别优秀。我们没有做特别的假设就捕捉到了一种在任何市场中都可以见到的通用的市场行为。CB－PB 入场，在最近的高点出场，在整固形态中性能优良。

另一种出场策略包含跟踪止损，但是不会在长期趋势未转势前就将交易斩断。所以我们在过去 40 天的最低点出场，这将把 CB－PB 系统转变为一种长期的趋势跟随系统。

```
If HighestBar(High,20)[1]<7 and Low<Lowest(Low,5)[1]
then buy tomorrow on the open;
exitlong at lowest(low,40)[1]-1 point stop;
```

CB－PB 入场规则保持不变。第二行使用止损退出，止损设置在低于前 40 棒线（交易日）的最低点－1 点的位置。我们看到这将变成一种趋势跟随出场。如果市场转头向下，那么我们的初始止损将使我们获利出场。位于 40 棒线低点处的跟踪止损允许我们的交易穿过较小的整固区。

注意我们是如何凭借对市场形态的直觉理解，得出三种不同的出场策略来满足特定交易偏好的。记住一点，我们可以通过在近期高点出场把它作为短期系统使用。对于中短期交易，也可以在交易第 n 天收盘时出场，或者使用跟踪止损。每种出场方式所产生的交易系统都具有不同的特性，尽管它们具有相同的入场信号。交易者开发交易系统时这种类型的修改是应该要考虑的。图 4.22 所示的 1995 年 3 月的美国债券市场可以帮助我们形象化理解这三种出场策略。

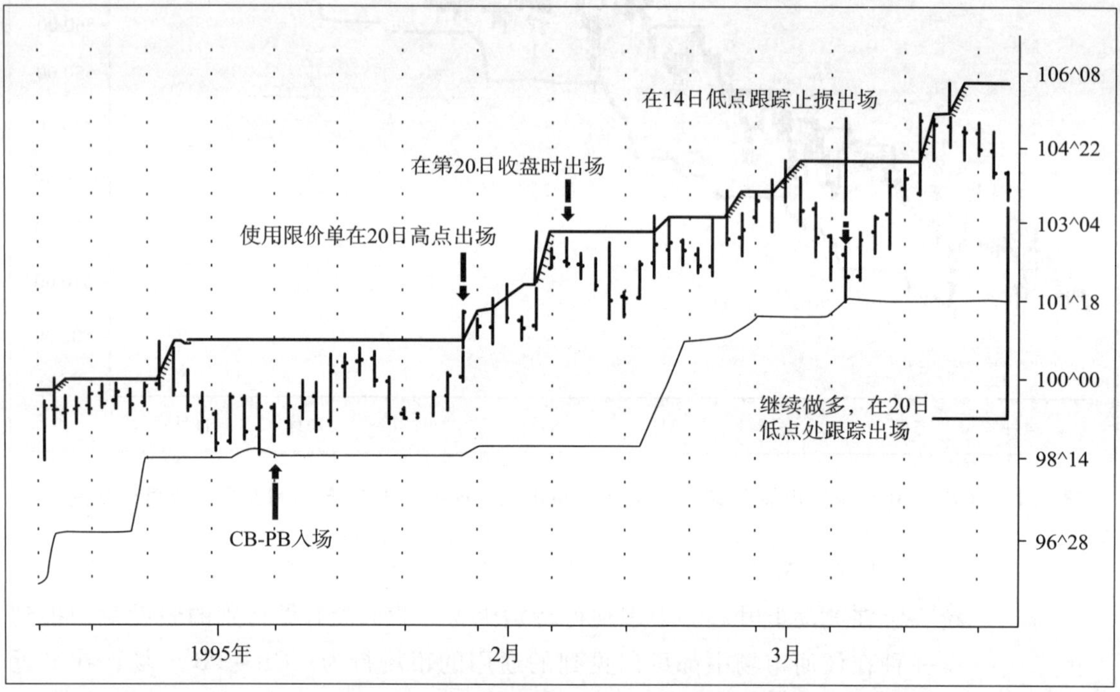

图 4.22　对于 1995 年 3 月的美国债券合约，CB－PB 系统给出了一个进入新一轮趋势的低风险入场点

现在让我们进一步地分析入场信号，看它是否比随机入场系统要好。按照李布（Le Beau）和卢卡斯（Lucas）的建议，我们尽量隔离该 CB－PB 系统入场信号的影响。

我们对 CB－PB 入场信号进行测试，出场选在第 n（$n=5$，10，15，20）天的收盘时，不使用止损，也不考虑滑移价差和佣金。卢卡斯和李布认为如果入场信号好于随机系统，它在一定范围的市场中至少应该产生 55% 的盈利交易。他们只测试了 6 年的数据和 6 个市场，来度量信号优于随机信号的水平。这里我们使用 22 个市场的连续合约从 1975 年 1 月 1 日到 1995

年7月10日期间所有可获得的数据。对于该入场信号，这应该是一次严格的测试，我们的目标是检查它的一致获利性是否总是高于55%。

表4.7表明所有CB-PB入场中约有55%是获利的，所以我们有理由相信CB-PB入场信号比随机信号要好。现在我们可以将该入场信号与各种各样的风险控制和出场策略融合在一起，形成适合我们交易风格的交易系统。

表4.7　在1975年1月1日到1995年7月10日的所有可得数据上，CB-PB入场信号胜率/%

市场	5日出场	10日出场	15日出场	20日出场
英镑	55	52	55	54
加元	54	48	52	45
咖啡	52	56	45	46
铜	51	48	52	56
玉米	57	52	50	46
棉花	57	62	55	58
原油	57	55	62	58
德国马克	55	55	54	55
欧洲美元	60	58	60	60
黄金	55	52	53	53
燃料油	52	53	55	54
日元	56	49	50	55
生猪	56	51	53	51
橙汁	54	54	50	50
白银	54	53	56	48
大豆	56	58	53	46
标准普尔500	64	54	56	61
糖	57	53	57	48
瑞士法郎	48	50	52	53
10年期国库券	63	57	60	57
美国债券	56	53	52	52
小麦	63	52	51	47
平均	56	54	54	53

第一条出场规则就是在交易第 n 天收盘时出场。我们所做的假设是市场在入场信号产生后会以趋势方式运动，所以现在使用连续合约来分析CB-PB入场，初始止损为1500美元，允许100美元的佣金和滑移价差。如本部分开头所讨论的，我们的分析主要集中于“成熟”市场。让我们考虑一下这种情况，即在第5天收盘时退出多头交易。该测试使用从1975年1月1

日到 1995 年 7 月 10 日期间所有可获得的数据。

第 5 日出场的交易结果并不会给人留下深刻的印象（表 4.8）。由于我们是在整固期买进的，所以大部分交易在入场 5 日后获利甚微，我们应该考虑持有多头交易较长的时间。

表 4.8　CP－PB 做多交易，第 5 日出场，使用 1500 美元初始止损，在 1975 年 1 月 1 日到 1995 年 7 月 10 日的所有可得数据上测试

市场	利润/美元	总交易笔数	胜率/%	平均交易利润/美元	最大日内资金回撤/美元	盈利因子
欧洲美元	6050	99	54	61	－4350	1.27
日元	27450	96	51	286	－9863	1.63
咖啡	－11273	122	54	－94	－23500	0.86
标准普尔 500	69330	185	42	375	－19640	1.42
瑞士法郎	－4988	120	45	－42	－17913	0.94
10 年期国库券	18831	122	58	154	－8756	1.39
美国债券	27306	126	52	217	－13219	1.45
平均	18958	124	51	280	－13892	1.28

如果我们持有多头头寸 50 天，然后在收盘时出场，结果如何呢？测试条件与表 4.8 完全相同。从表 4.9 中我们可以看出当 $n=50$ 天时，交易业绩出现了奇迹般的提升，每个市场的平均获利都增加为原来的 3 倍，盈利因子上涨了 46%。所以我们的基本假设，即市场在整固期后将做趋势运动，在这些市场上 39% 的时间里看起来都是正确的。我们通过在第 50 日收盘时出场，就把一个不完善的短期系统转变为了一个引人注目的中期系统。

表 4.9　CP－PB 做多交易，第 50 日出场，使用 1500 美元初始止损，在 1975 年 1 月 1 日到 1995 年 7 月 10 日的所有可得数据上测试

市场	利润/美元	总交易笔数	胜率/%	平均交易利润/美元	最大日内资金回撤/美元	盈利因子
欧洲美元	21875	45	56	485	－8525	1.74
日元	76613	52	46	1473	－11525	2.69
咖啡	27434	71	27	387	－18719	1.33
标准普尔 500	86085	102	22	781	－26475	1.62
瑞士法郎	52889	63	37	839	－13900	1.81
10 年期国库券	49799	58	47	831	－9575	1.98
美国债券	63094	66	37	923	－14169	1.95
平均	53970	65	39	817	－14698	1.87

前面我们曾经讨论过，初始止损应该基于市场的波动性。例如，对于标准普尔500市场，1500美元的止损可能“太过紧凑”。对于在第50日出场的CB－PB系统，使用5000美元而非1500美元的初始止损，除标准普尔500之外，表4.9中所有市场的获利都下降。标准普尔500的获利增加至141840美元，56%的交易（55笔）盈利，平均交易利润2579美元，最大日内资金回撤为－24795美元，盈利因子从1.62增至2.29。所以，初始止损会影响整个系统的性能。

我们可以使用跟踪止损继续分析该入场信号的长期特性。从表4.9中可以看出，我们应该使用允许趋势发展的跟踪止损。所以，让我们任意指定出场信号为过去40个交易日的最低点，这将把中期系统转变为长期系统。同前面一样，我们使用1500美元的初始止损，并为滑移价差和佣金做出100美元的考量。

从表4.10中我们可以看出该入场信号的长期性能，盈利因子接近于3，平均交易利润为1082美元。净获利与最大日内资金回撤绝对值的比例超过4.5。这些数字表明我们可以使用相同的入场信号，并把它转变为一套强大的长期趋势跟随系统。

表4.10　CB－PB做多交易，最近40日低点跟踪出场，使用1500美元初始止损，在1975年1月1日到1995年7月10日的所有可得数据上测试

市场	利润/美元	总交易笔数	胜率/%	平均交易利润/美元	最大日内资金回撤/美元	盈利因子
欧洲美元	32200	37	35	870	－3375	3.65
日元	70419	34	38	2063	－7112	4.39
咖啡	53928	59	14	914	－24020	2.00
标准普尔500	85200	70	14	510	－25480	1.41
瑞士法郎	55200	59	20	936	－11550	2.42
10年期国库券	57250	51	28	1123	－8038	3.39
美国债券	62513	54	24	1158	－11475	2.13
平均	59530	52	25	1082	－13007	2.77

仍以CB－PB入场，出场选在最近20日高点处。作为对整固期间的回补，我们有理由假设市场会重新达到最近20日高点。表4.11是对使用1500美元初始止损及100美元的滑移价差和佣金量测试结果的总结。

在近期20日高点出场的CB－PB系统，只在欧洲美元、标准普尔500、10年期国库券和美国债券市场上得出引人注目的结果。大比例的盈利交易使得该出场信号特别吸引人的眼球，不过平均盈利交易的长度只有9天。

我们可以开发这种策略的其他版本。CB－PB 系统的一个特点是满足了我们低风险进入多头交易的需要，我们可以使用多合约交易策略来提升系统的性能。另一种方法是增加滤网，减少交易数目。

CB－PB 系统具有一个灵活的入场规则，可以适应多种交易形式。在中长期系统中，CB－PB 策略更具获利性。短期系统只在几个比较活跃的市场上表现良好。需要注意的是我们应如何使用相同的入场信号，通过改变出场策略来开发不同的系统。

表 4.11　CB－PB 做多交易，最近 20 日高点限价出场，使用 1500 美元初始止损，在 1975 年 1 月 1 日到 1995 年 7 月 10 日的所有可得数据上测试

市场	利润/美元	总交易笔数	胜率/%	平均交易利润/美元	最大日内资金回撤/美元	盈利交易长度/天	盈利因子
欧洲美元	7250	98	72	74	－8750	9	1.24
日元	17200	93	54	185	－11225	13	1.30
咖啡	－7751	117	43	－66	－24463	11	0.93
标准普尔 500	48860	185	36	264	－25070	6	1.25
瑞士法郎	－5963	116	50	－51	－16625	7	0.97
10 年期国库券	26781	120	65	223	－8388	9	1.42
美国债券	37306	126	60	296	－10856	8	1.47
平均	17669	122	54	132	－17377	9	1.22

ADX 爆发趋势寻求系统

在 65SMA－3CC 和 CB－PB 系统中，我们都假定市场即将做趋势运动，虽然我们并不确信市场是否正在进入趋势，因为很难一直准确地度量趋势。正如我们在第三章中所讨论的区间运动辨识指数（RAVI），市场动量是对趋势所做的一种很好的度量。不幸的是，为了减少指数中的噪声，我们需要做一定量的平滑处理，而这种平滑处理通常会使指数反应延迟。

图 4.23 所示为美国债券合约从 1992 年 12 月至 1993 年 3 月期间完美的上升趋势。日线下面的指数线为 18 日平均动向指数（ADX）指数线。ADX 度量给定时间上的动量，较强的趋势通常会引起 ADX 上扬。当 ADX 超过 20 时，我们便认为市场处于趋势之中。但是 ADX 是一种延迟指标，所以对于任何特定的指数值来说没有太大的意义。

ADX 与双重平滑的绝对动量紧密相关，所以常常具有同样的延迟。在指示趋势方面，ADX 常常给出迟到的信号，而且波动市场不按原来方向运动，

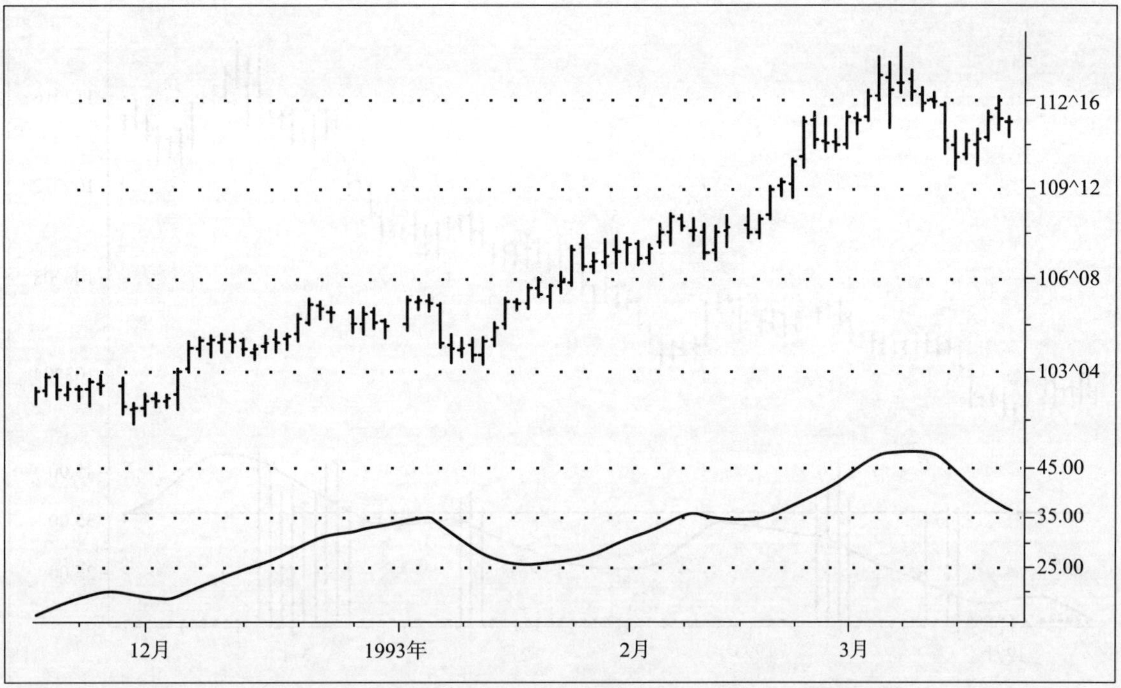

图 4.23　上升走势的 18 日 ADX 是一轮上涨趋势的良好指标

也将导致 ADX 上升。事实上，当市场强势反转时，ADX 还可能继续上升。

在一轮强劲的趋势中，当市场在日内以趋势方向做出较大动作时，日 ADX 动量可能突然超过 1.0，此时我们说 ADX“爆发”了。图 4.24 所示为美国债券市场 1993 年 3 月份的数据，从中我们可以看到 ADX 的柱状图不断向上直至爆发超过 18 日 ADX 线。随着趋势加速，日 ADX 变化量大于 1。伴随着 ADX 的爆发，我们可以看到相对较长的棒线。现在我们可以使用图 4.25 所示的思想建立一套交易系统，图中圈出的是入场信号。

很明显，ADX 的爆发表明动量正在加速变化。所以这里的设计思想已经改变为增加趋势跟随策略的成功率。注意是 ADX 爆发本身触发了交易，ADX 此处并不作为滤网使用。要想获得更多信息，读者可参考卢卡斯和李布所开发的类似系统。我们的目标是在短期趋势的方向上交易。如果 3 日 SMA 大于 12 日 SMA，那么趋势是上升的。表 4.12 所示的测试结果，使用了一条简单的 20 日出场规则，为滑移价差和佣金做出 100 美元的考量，测试数据是从 1975 年 1 月 1 日到 1995 年 7 月 10 日间所有可获得的数据。

相当大的盈利因子表明在辨识盈利交易方面该入场信号是有效的，于是 ADX 爆发是进入强劲趋势的良好信号。此处的盈利因子在某种程度上估计过高，因为我们使用的是连续合约数据。使用多合约策略还可提升测试结

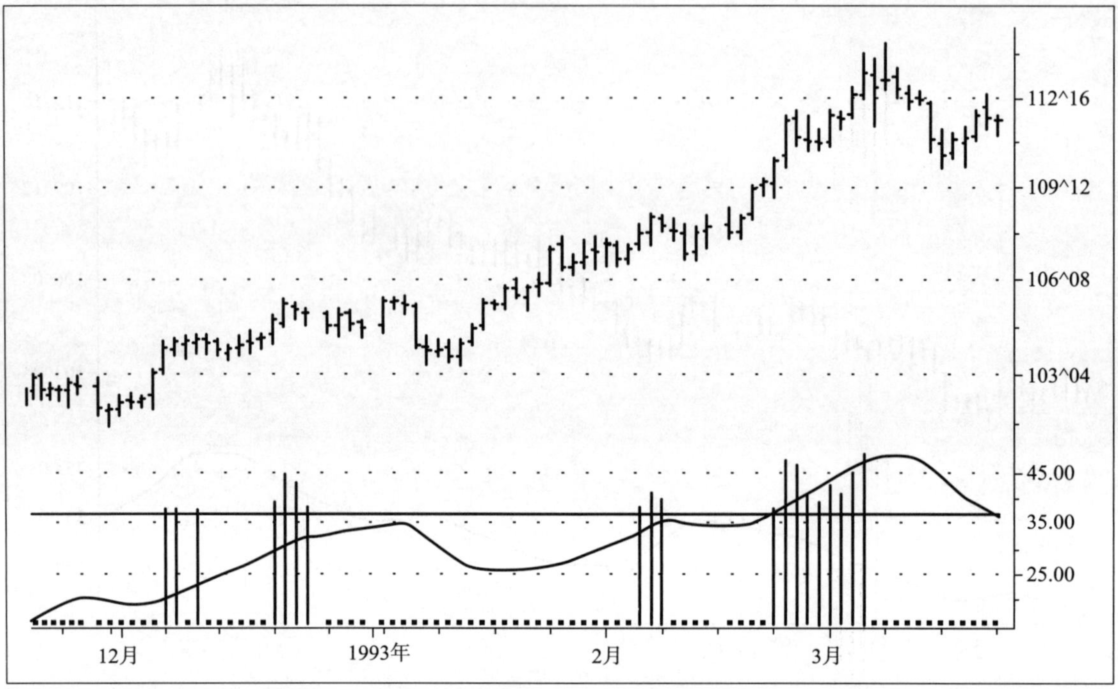

图 4.24　ADX 爆发动量的柱状图显示出大于 1 的每日变化

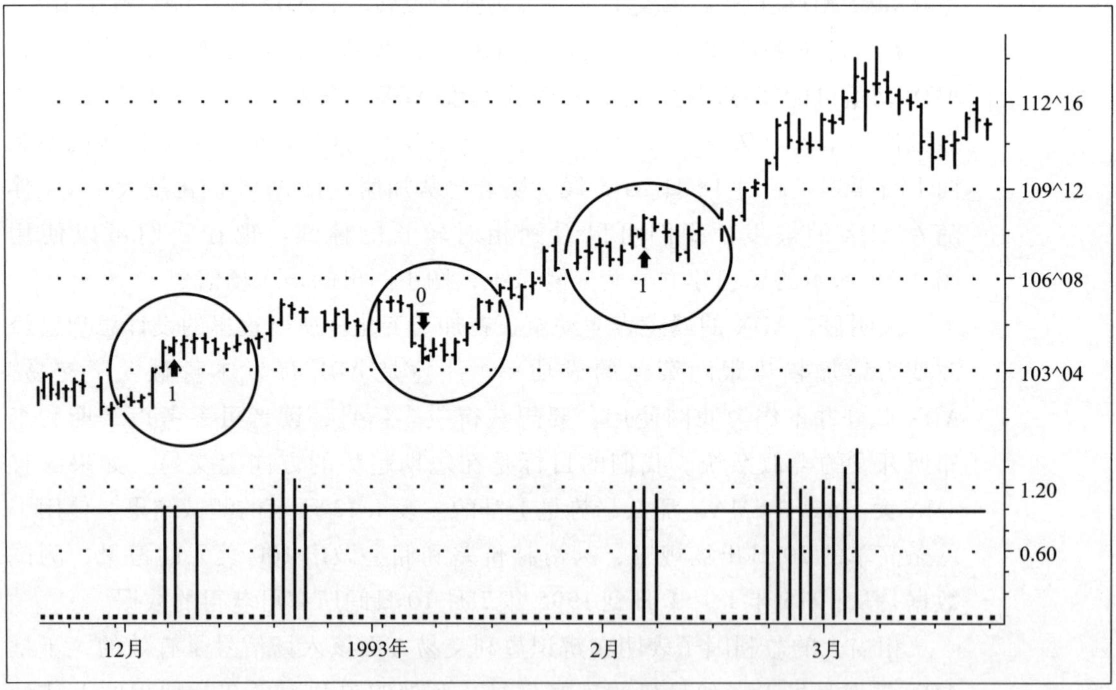

图 4.25　由 ADX 爆发信号触发的交易系统，每日动量变化大于 1

表 4.12　ADX 爆发趋势寻求系统业绩总结，5000 美元初始止损

市场	利润/美元	盈利笔数；总交易数；胜率/%	盈利因子（毛利润/毛亏损）	平均交易利润/美元	最大日内资金回撤/美元
英镑	40531	34；75；45	1.39	540	-25113
加元	6830	20；56；36	1.28	122	-7060
咖啡	137014	29；75；39	3.86	1826	-21225
铜	4770	15；25；60	1.29	191	-5970
玉米	22269	37；70；53	2.58	319	-3356
棉花	72770	32；64；50	3.49	1138	-4860
原油	10590	21；54；38	1.44	196	-13400
德国马克	63300	40；73；55	3.49	867	-8675
黄金	4770	31；84；37	1.04	30	-27450
燃料油	52469	30；56；54	2.61	937	-7850
日元	63450	37；69；54	2.35	920	-18050
生猪	20080	36；75；48	1.65	268	-6140
橙汁	25013	29；80；36	1.63	313	-12692
大豆	38606	31；73；42	1.81	529	-10713
标准普尔 500	-28650	20；55；36	0.79	-520	-65815
瑞士法郎	76238	35；68；51	2.75	1121	-8075
美国债券	54531	27；60；45	2.56	909	-11306
平均	39093		2.12		

果，交易者可以尝试使用其他的出场策略。

如果将这些交易数据与 65SMA-3CC 系统的测试结果做一下比较，我们会发现入场减少了，表明 ADX 爆发既是一个交易滤网，又是一个交易触发信号。例如，该系统在市场中的时间比例是 35%~45%，表明它有一个相当大的“中性区域”。具有中性区域的交易系统总处于市场之外，除非市场超过其入场屏障。65SMA-3CC 系统总是处于市场之中，并且是一种反转型系统，而 ADX 爆发趋势寻求系统在市场外停留的时间比例是 55%~65%。

在这些计算当中，我们使用一个 5000 美元的宽松初始止损，以便独立地观察该系统的性能。表 4.13 所示为该系统在所选市场上使用 1500 美元初始止损的性能数据。两种初始止损的性能大致相同。

ADX 爆发趋势寻求系统的缺点之一，是在短促的底部或顶部附近，常常会给出迟到的信号（图 4.26）。这种短促的运动会触发该系统的入场信号，但是反复无常的市场不会按我们预期的方向做趋势运动。所以，我们在使用该系统时总应该设置止损。

表 4.13　ADX 爆发趋势寻求系统业绩，1500 美元初始止损

市场	利润/美元	交易数量	胜率/%	平均交易利润/美元	最大日内资金回撤/美元	盈利因子
英镑	64438	82	39	744	-18719	1.82
咖啡	148584	85	33	1749	-13851	3.07
棉花	66800	66	48	1012	-6015	2.95
原油	6070	55	38	110	-13440	1.24
德国马克	62088	73	55	851	-8457	3.34
标准普尔 500	19160	68	25	282	-33675	1.24
瑞士法郎	61575	72	44	855	-9125	2.88
美国债券	40556	66	36	615	-12944	1.74

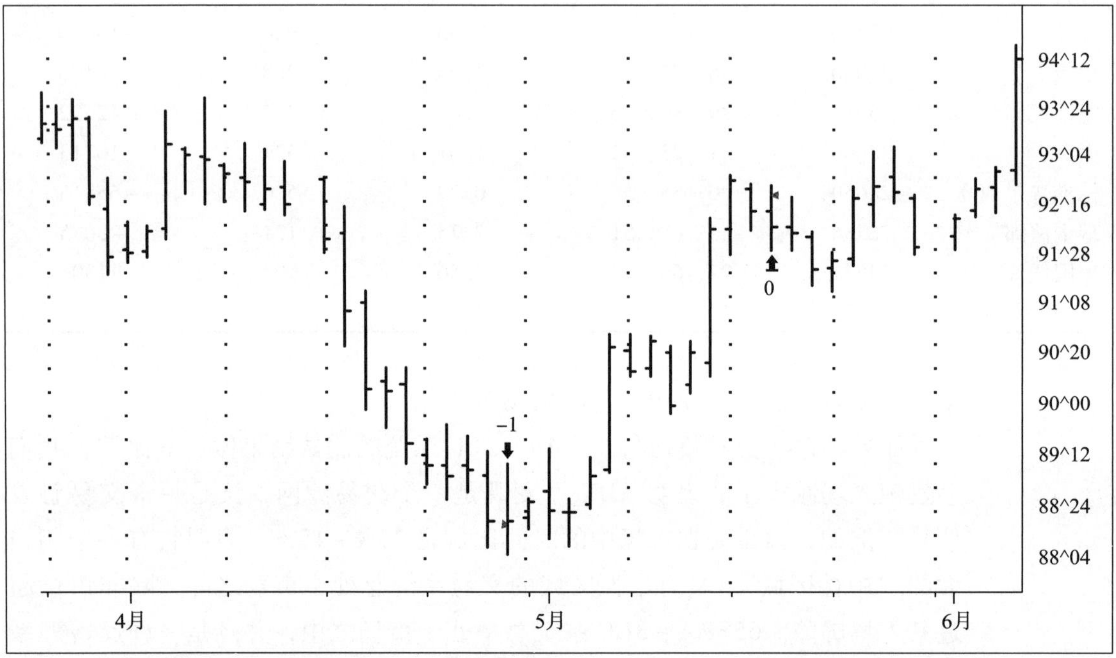

图 4.26　1990 年 6 月美国债券的抛售在交易区间内创造一个具有良好动量的新低点。该系统做空入场。不久，债券市场便向上反转，重新回到前期的整固区域

总之，ADX 爆发趋势寻求系统可以提供进入强劲趋势的入场信号，在许多市场长期的数据上测试良好。该系统具有较大的中性区域，所以它在市场中的时间比例只有 35%~45%。而 65SMA-3CC 系统总是处于市场之中，而且不具备趋势滤网。我们可以使用该系统入场或增加头寸。通过使用不同值的 ADX 爆发，修改用于计算爆发的回顾周期，以及使用其他出场策略，我们可以得到其他版本的系统。

顺势-逆势交易系统

这一部分我们将研究顺势-逆势（T-AT）交易系统，它可以在逆势模型和趋势跟随（即顺势）模型之间自动切换。如果你特别想阻止市场的运动，但是在需要的情况下并不介意转而应用趋势交易，那么你会喜欢该系统。该系统证明趋势跟随不是交易市场的唯一运作方式。许多投资机构和资金经理，拥有雄厚的资金、巨型的头寸、超凡的执行力和较低的交易费用，其通常假定市场在区间内运动。这些老练的交易商会在新的高点卖出，在新的低点买进。当然，区别在于交易的时间先后：其在大多数交易者做交易前的热身时，就已经出入市场10多次了。

这种交易系统的问题是需要找到一个一致性的标准来确定何时跟随趋势交易，何时逆势交易。市场通常会创造新的25日高点或低点，但没有强大的动量。这被解释为市场正准备反转，所以我们应该在高点卖出，在低点买进。但是，如果市场继续创造新的高点或低点，动量也在增加，那么我们必须立即反转头寸跟随趋势。

对于该系统，我们使用18日ADX来度量市场趋势，并将ADX的18日SMA作为参考。

如果ADX高于其18日SMA，那么市场正在做趋势运动，我们将在新的高点买进，并在新的低点卖出。反之，如果ADX低于其18日SMA，我们将在新的高点卖出，并在新的低点买进。由于我们是在做反短期趋势交易，所以必须使用初始风险管理止损，否则亏损将是难以承受的。

我们还必须决定如何进入市场，简而言之，是如何在下个交易日开盘时入场。我们可以利用普通的20日出场规则来检验趋势跟随方面的特性。同样，简单起见，我们将在没有明确出场信号的情况下测试该系统，于是入场信号同时作为反方向头寸的出场信号。

图4.27所示为美国债券1993年9月份的数据，从中我们可以看出该交易系统是如何工作的。市场在经过一段整固期后强力反弹，中间有一段短暂的横盘区域，观察该模型是如何压制新的高点，然后快速反转进入趋势方向的。该系统在1993年4月和1993年5月的整固期内准确捕捉了高点和低点。它在1993年5月的底部看多进入反弹趋势，在1993年6月和1993年8月暂跌两次，接着便快速进入上涨趋势。

如图4.27所示，T-AT系统可以非常好地抓取一些转折点。该系统也

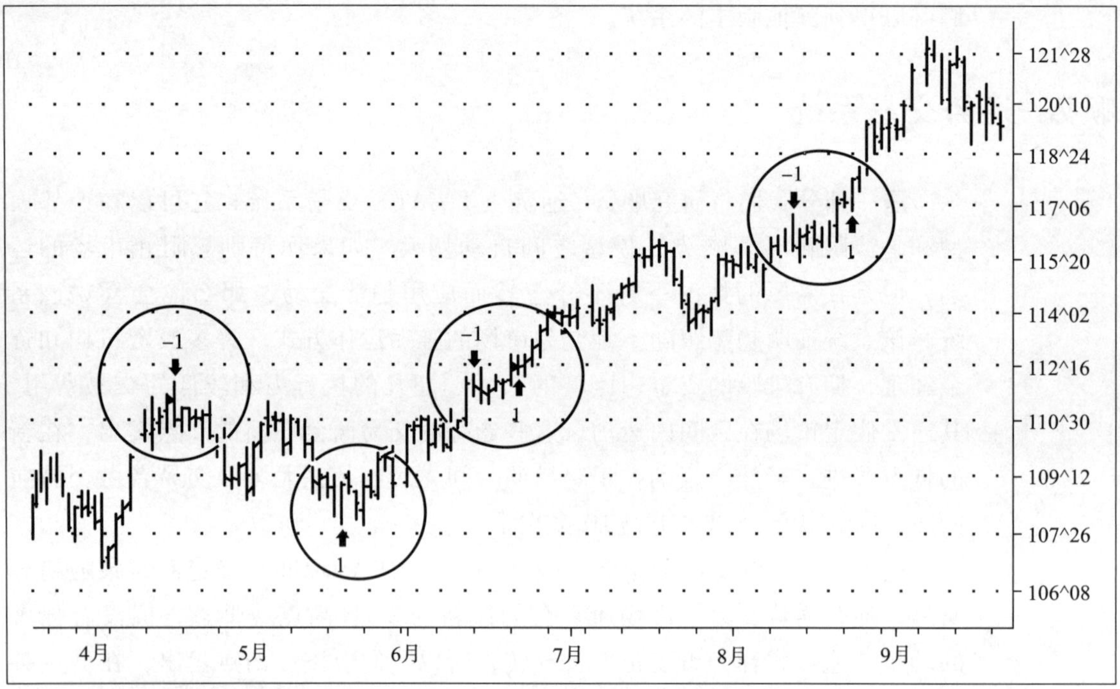

图 4.27　顺势–逆势交易系统在 1993 年 9 月美国债券合约上的动作情况。注意它是如何准确捕捉整固期内的转折点的。它在上涨趋势中检测到两个转折点，但迅速反转跟随上涨趋势

能捕捉一些细小的转折点，当然有些转折点也会被错过。T－AT 系统的回调是亏损的主要原因，因为它在逆势和趋势跟随模型间毫无结果地来回切换。

普通的 T－AT 系统在 1985 年 12 月的德国马克（DM）市场上表现得相当完美（图 4.28）。DM 市场在经过一轮下跌趋势后出现了一个较宽的整固区域。注意 T－AT 系统在经过一个不成熟的空头信号之后是如何在 9 月份迅速反转看多的。在后续的市场反转中，系统表现得完美无瑕。对于一套只使用单一趋势检测规则的机械系统来说，这是一个非凡的结果。

在使用该系统时必须附加良好的风险控制，因为市场可能会在一个不利的逆向波动中逆势运动，1995 年 6 月的德国马克市场便是一个很好的例证（图 4.29）。在实际合约高点出现的当天，T－AT 系统发出一个完美的空头交易信号。然后它准确地抓住了快速抛售所形成的底部。但是它在短暂的整固期内反转做空，并持续至 1995 年 5 月末的动荡反向运动。逆势交易需要对系统有较高的忠诚度和严格的风险控制，改进后的系统将具有极好的风险回报比。

1995 年 6 月的德国马克合约还表明在波动市场中应用过度平滑的 ADX 是非常困难的。相同的平滑处理减弱了 ADX 的敏感性，如果市场在狭窄的

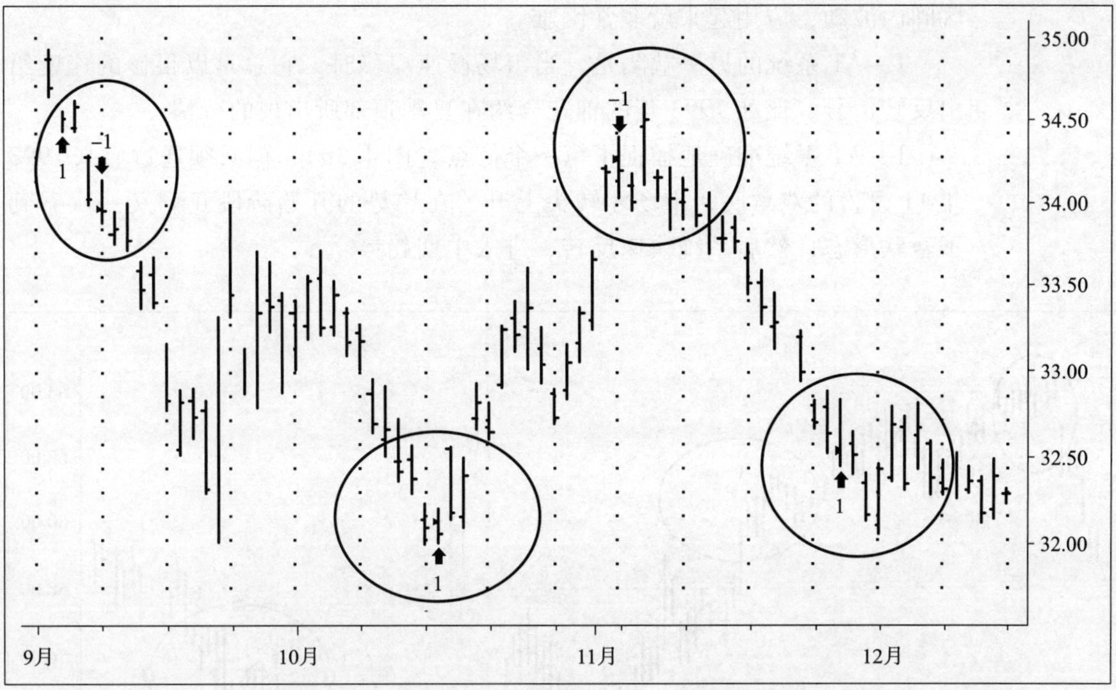

图 4.28　T – AT 系统在 1985 年 12 月的德国马克合约中错误地捕捉了转折点。注意它是怎样随着市场向下滑移并在 9 月迅速反转到趋势跟随模型的

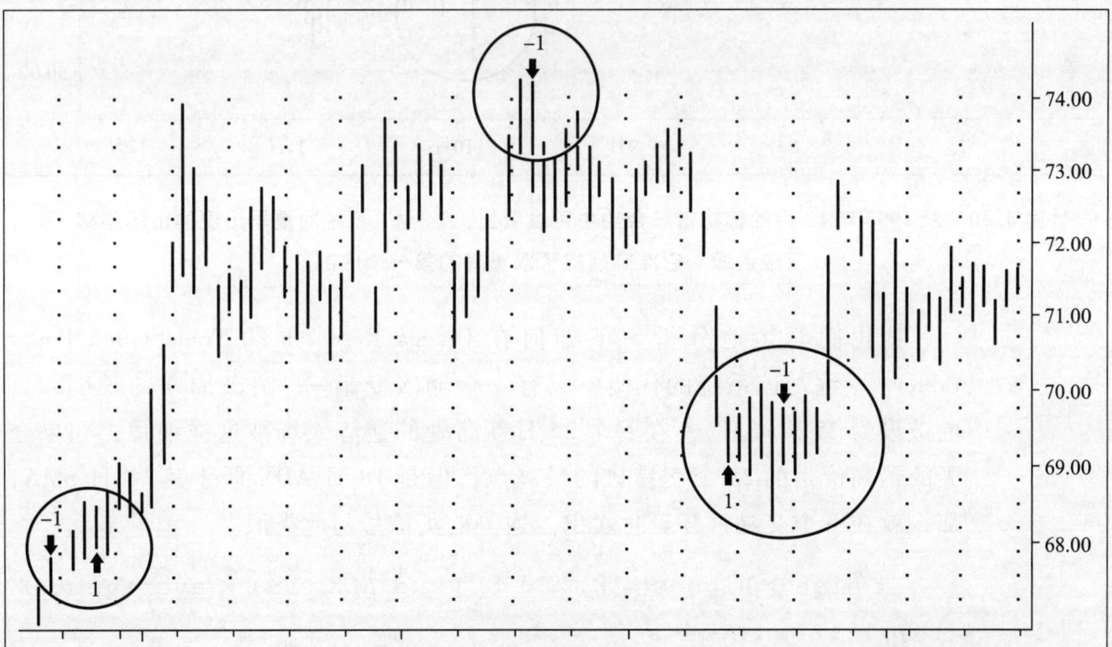

图 4.29　在 1995 年 6 月德国马克合约中我们可以看出，T – AT 系统可能落入波动性反向运动的陷阱

区间内波动，应用起来就非常困难。

T－AT 系统的另一缺陷是，当市场慢速漂移时，它总是以很慢的速度给出反转信号，比如 1993 年的棉花合约在夏季顶部所出现的行情。

T－AT 系统准确地捕捉了第一个低点（图 4. 30），但必须通过后来 1993 年 11 月份的双重底，市场才转头上升。在趋势的开始阶段我们又一次看到了暂跌形态，然后系统快速反转，进入中期趋势。

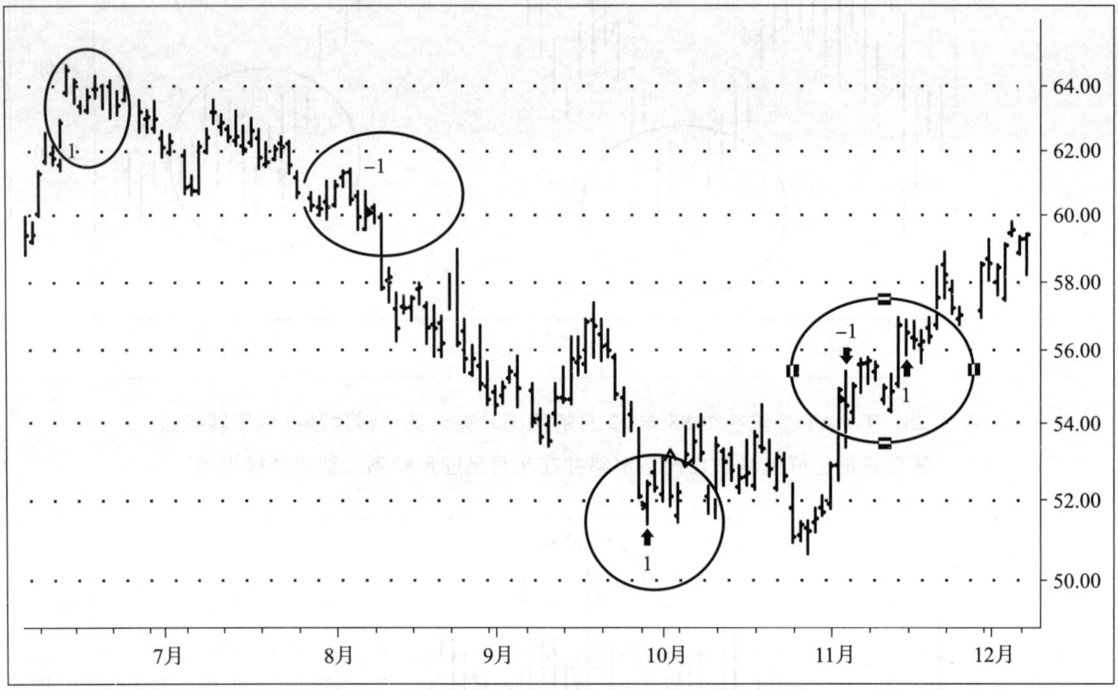

图 4. 30　从 1993 年 12 月的棉花市场合约中可以看出，T－AT 系统对夏季出现的市场漂移反应迟缓。它准确捕捉了双重底的第一个底部

让我们简短地分析一下如何在 Omega Research 的 TradeStation Power Editor™中编写该系统的代码。只有一个输入变量——突破周期的长度，目前被设为 25 棒（日）。在一个 25 日新高处的逆势入场被这样编写：如果今天的最高价是前 25 个交易日的最高点，但是 18 日 ADX 低于其 18 日 SMA，那么就在下个交易日开盘时卖出。逆势购买信号与此类似。

```
If high > highest (H, 25) [1] and ADX (18) < average (ADX (18),18) then sell
Tomorrow on the open.
If low < lowest (L, 25) [1] and ADX (18) < average (ADX (18),
```

```
18)then buy
    Tomorrow on the open.
```

该系统以逆势思想为基础所给出的多、空卖单是对称的。假设我们在一个主要底部附近有一个多头头寸，市场向上反弹数天后，反转向下开始一轮强劲的下跌趋势。在这种行情下，我们希望系统能够从前面的多头头寸切换到空头趋势跟随头寸。类似地，如果我们以看空开始，那么一个伴随动量增加的25日新高将是切换为多头头寸的信号。所以，趋势跟随入场类似于逆势入场，但我们必须先确定系统看多还是看空。

```
    If MARKETPOSITION(0) =1 and low < lowest(L,25)[1]and ADX
(18)>average(ADX(18),18)then sell tomorrow on the open.
    If MARKETPOSITION(0) = -1 and high < highest(H,25)[1]and
ADX(18)>average(ADX(18),18)then buy tomorrow on the open.
```

这里的MARKETPOSITION是一个内置函数，如果系统看多，它的返回值为1，而如果系统看空，它就返回 -1。对于看多入场，我们又一次有了对称的条件。如果我们在一个25日新高处卖空，但市场又创出一个伴随着动量增加的25日新高，那么T-AT系统将切换为做多。类似条件适用于做空的重新入场。

通过设计，T-AT系统首先尝试逆势入场，在重新入场时则切换为趋势跟随头寸。所以，当该系统探测到重入市场行情时会导致亏损。当然，如果接下来的趋势时间比较长，那么比较起来重入亏损非常小。

如果读者喜欢这种交易方法，可以尝试修改为其他版本：可以不在开盘时入场，而在收盘时或在高于上个交易日最高价或在低于上个交易日最低价处入场；还可以使用更加灵敏的入场规则，比如只要出现25日新高或新低就入场，而无须考虑ADX的条件。

表4.14所示为在从1975年1月1日到1995年7月10日期间所有可得数据上所做的长期测试，使用的止损为5000美元，为滑移价差和佣金所做考量为100美元。表中只列出了结果为正的市场，因为该策略需要比较活跃的市场。

表4.14显示出T-AT系统具有如下优缺点。第一，它不适用于所有市场。第二，它会产生大量的交易信号。所以，这是一套交易成本较高的系统，如最大日内资金回撤数据所示。初始止损必须相当宽松，我们设为5000美元，以允许使用逆势部分工作。但是盈利因子和期望利润都令人满意。所以，在成熟活跃的市场中，T-AT系统看起来会工作得相当棒。该交

易策略需要交易者具有极好的风险控制能力和严格地执行纪律。现在，读者可以根据自己的交易偏好，以该系统为基础开发自己的交易系统了。

表 4.14　T－AT 系统在 1975 年 1 月 1 日到 1995 年 7 月 10 日的所有可得数据上的长期业绩，5000 美元止损，100 美元滑移价差和佣金

市场	利润/美元	总交易数量	盈利因子	最大日内资金回撤/美元	平均交易利润/美元
英镑	46956	207	1.17	－42163	226
咖啡	29005	203	1.08	－101753	145
铜（高级）	17563	57	1.55	－7333	308
棉花	91585	194	1.77	－12300	467
原油	26260	103	1.45	－17310	255
德国马克	69775	175	1.53	－11975	399
黄金	22060	168	1.16	－19050	131
标准普尔 500	92435	141	1.34	－56030	656
瑞士法郎	103850	188	1.58	－16475	552
美国债券	106269	172	1.68	－20281	617

图 4.31 所示为 T－AT 系统产生的 1311 笔交易的频率分布图。该分布图比 65SMA－3CC 系统的分布图（图 4.5）要宽一些，它在靠近 5000 美元初始止损的位置也出现了一个长钉形态。像 65SMA－3CC 系统的分布图一样，它也出现了一个大型盈利交易的尖峰。图 4.32 所示为正态化的分布曲线与一条拟合的正态分布曲线进行的对比。我们很快可以发现，与正态分布相比，T－AT 交易的分布图有一条“胖胖的”尾巴。于是，在远离中心的位置，交易概率比正态分布要高得多。获利侧的尾巴比亏损侧的要“胖”，表明入场信号良好。注意观察初始止损是如何斩除亏损交易的。但是在获利侧则没有这样的滤除，这可以从分布图右侧的长钉形态看出。这是在第一章中介绍的 TOPS COLA 规则用于交易系统的一个实例。

总的来说，T－AT 系统向我们展示了如何开发一套可以根据市场行情自动切换的系统。它与 65SMA－3CC 系统不同，初始目的是进行逆势交易，而 65SMA－3CC 系统总是进行依靠趋势的交易。如果市场中出现反转的行情，T－AT 系统将反转到趋势跟随状态。这种客观的反转可确保在主要趋势的方向入场，于是我们可以在所有的市场行情中获利。

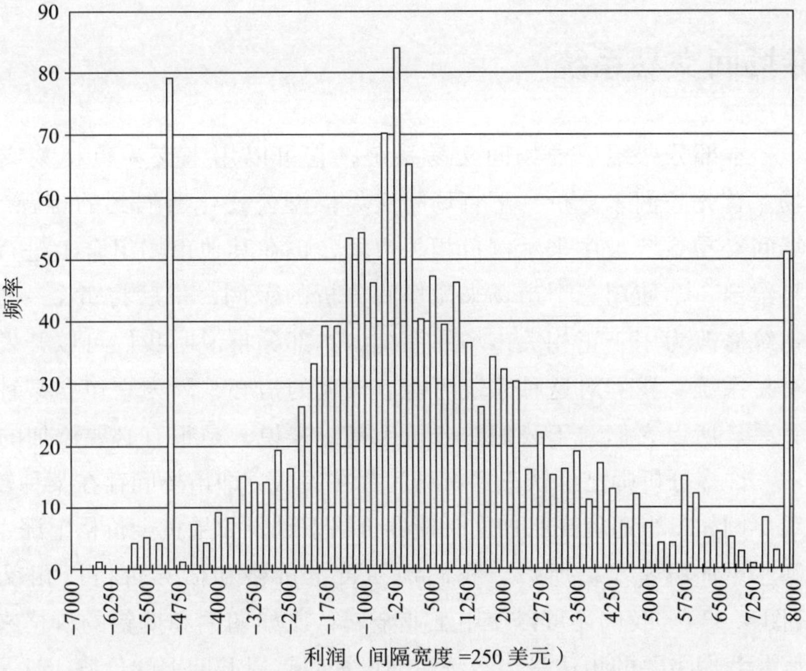

图 4.31　T－AT 系统的频率分布显示，在 5000 美元初始止损和获利大于 8000 美元处均出现一个长钉形

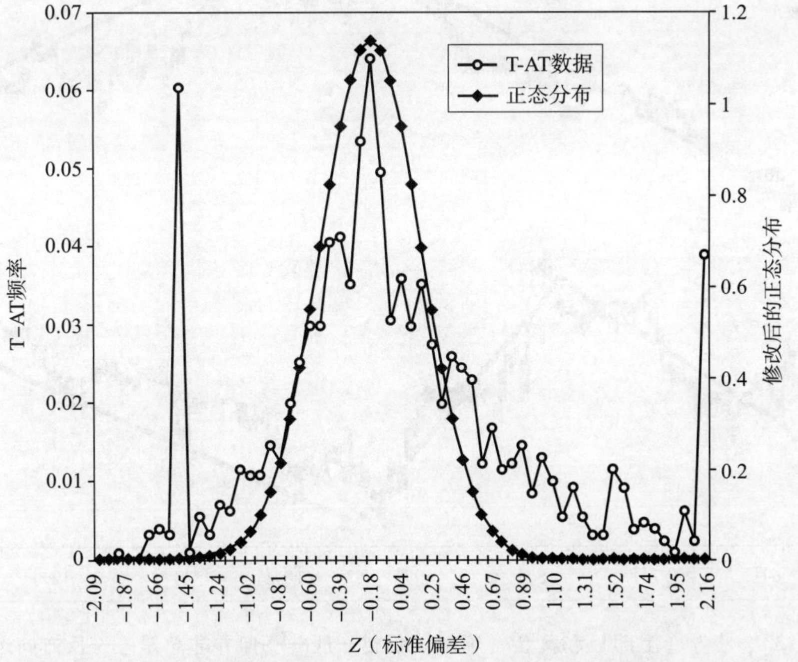

图 4.32　T－AT 系统正态化的频率分布与拟合的正态曲线进行比较

黄金-债券场间交易系统

本部分介绍一种场间交易系统，它可以用来交易负相关或正相关的市场。首先我们来分析一下将场间交易模型公式化所遇到的难题。黄金-债券场间交易系统被用来示例负相关市场，也在其他市场组合上进行测试。下面将给出一个使用三个市场来做场间分析的示例，最后将黄金-债券场间交易系统修改为用于正相关市场的系统。本部分将说明我们可以开发有趣的场间交易系统。我们对这种系统可能有较大的信心，因为它包含某种程度的因果关系。所以它们对于我们的分析工具组来说，是很有必要添加的一种工具。

许多分析师已经认识到市场间存在关联，即市场间存在某种较弱的因果关系。例如，当通货膨胀加剧时债券价格下跌，如果黄金价格上涨，就表明通货膨胀更加厉害了。所以，我们预期黄金价格和债券价格以相反的方向运动（图4.33）。我们还可以使用工业金属，比如期铜和期铝的价格来度量通货膨胀。我们主要的想法是当经济活动增加时将提升期铜的价格，这是通货膨胀的前兆，因此，我们预期期铜价格和债券价格以相反的方向运动（图4.34）。

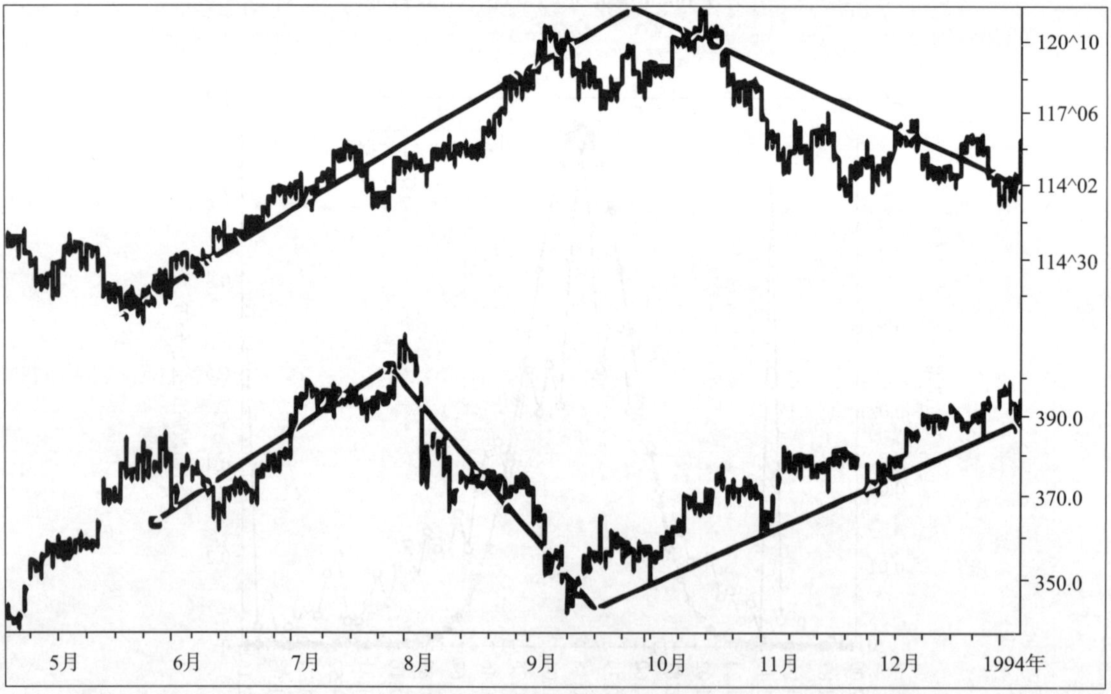

图4.33　债券（上部）和黄金（下部）价格一般——但并非总是——反方向运动。所以，场间关系常常是不完美的

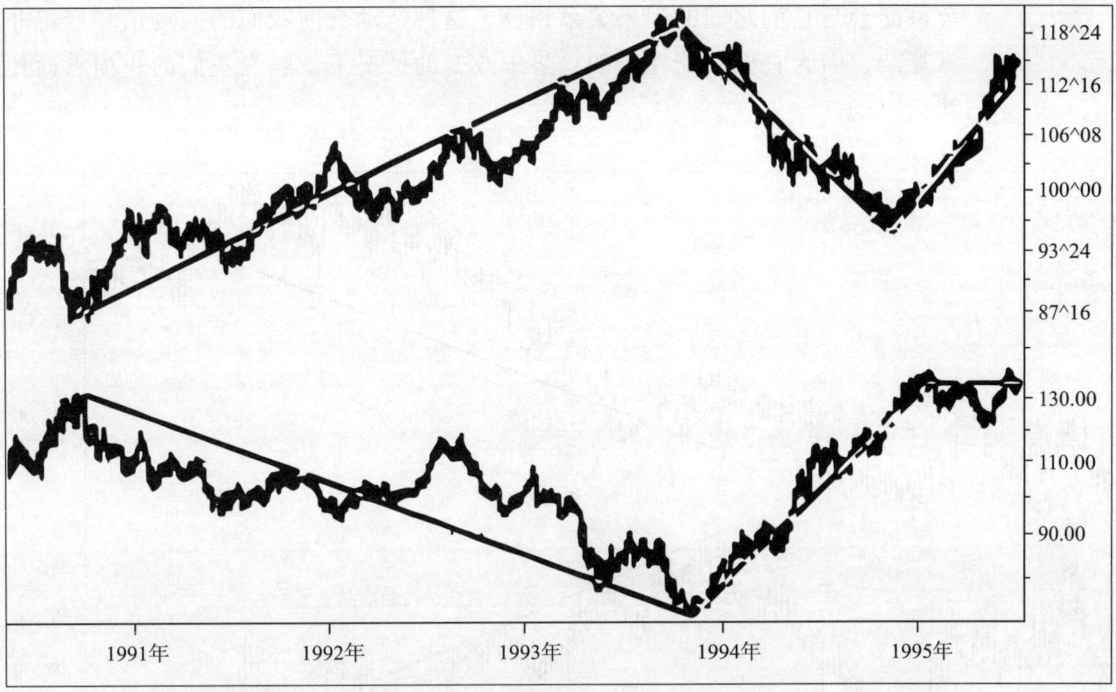

图 4.34　债券周线（上部）与期铜（下部）价格一般呈反向关系

下面举一些市场间关系为正相关的例子，即某些商品的价格同时涨跌。例如，上涨的原油价格表明出现了实质性的通货膨胀，那么我们应该预期黄金价格上涨。外汇市场是这种正相关的很好示例。汇率反映了基本面力量在经济活动中的长期作用，比如通货膨胀和利率也是如此。于是，我们预计美元与其他外汇，比如日元和德国马克，大约同时向反方向运动。所以，我们应该预计日元和德国马克的价格是相关的，可以在一个市场中找到另一个市场的买卖信号。

在分析场间关系时有几个难点。第一个难点是弱相关市场的因果关系具有时间上的滞后性，所以在债券价格下跌前，期铜的价格可能已经上涨了几个月。相关市场之间的尖峰和低谷之间的这种时间差叫作时间滞后。问题在于时间滞后既不是常数又不具有稳定性。第二个难点是每个市场都有自身的供需力量，它们通常会扭曲正常的场间关系。举例说明，我们可能预计期铜和黄金价格会在大致相同的时间上涨和下跌。但是，在某些时期期铜价格和黄金价格以相反的方向运动（图 4.35）。因此，基于场间关系的任何系统并不总是正确的。第三个难点是每个市场都存在内在技术行情。各个市场可能在不同的时间出现“超买”和“超卖”行情。常见的场间趋势是比较宽广的趋势，可能需要数月的时间才能显露出来。在这些市场中，非常短期的趋势可能会与它们之间的因果关系相反。这种运动会使我们的入场信号变得非常复杂，因为它们可能在场间趋势未改变的情况下就触发我们的止损点而让我们出场。

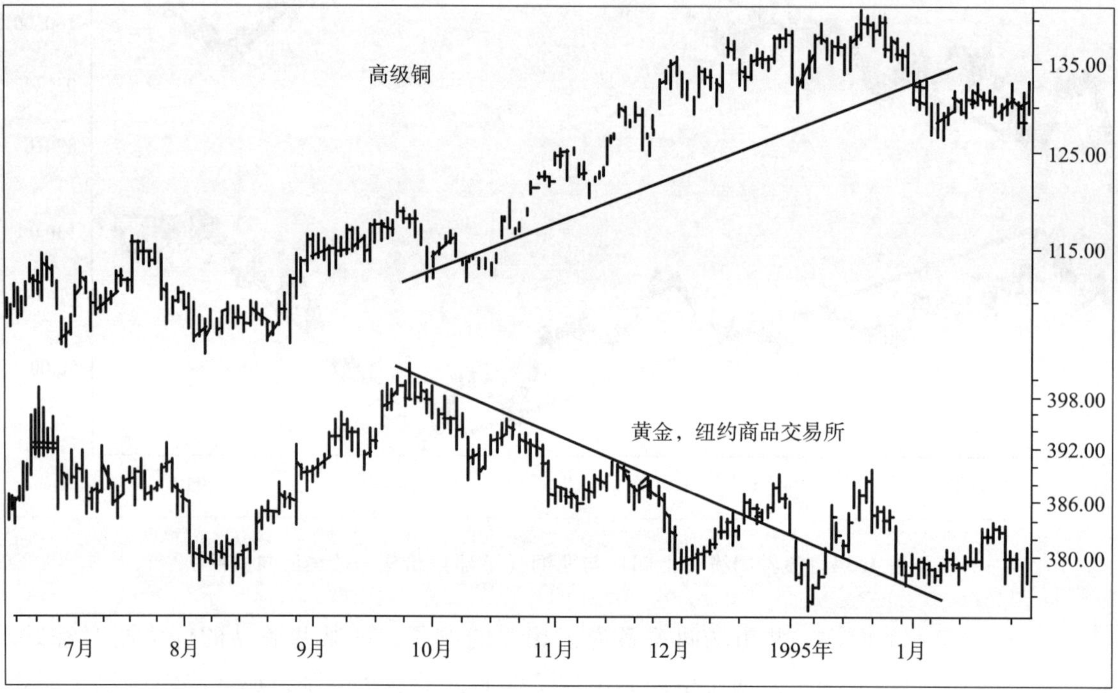

图 4.35　铜和黄金的价格反方向运动示例，数据时间段为 1994 年至 1995 年

所有这些难点都会影响到系统中场间关系的准确形式，我们必须决定是否希望使用两个或多个相关市场。

黄金-债券场间交易系统假设债券价格的运动方向与黄金价格的运动方向相反。它是关于如何构建场间交易系统的一个简单而有效的例子。该系统假设黄金价格的上涨是实质性通货膨胀的信号，所以会影响债券市场。我们将使用一个双移动平均交叉系统，任意指定 10 日和 50 日简单移动平均来构建该系统。下面是系统规则。

（1）如果黄金市场的 10 日 SMA 向上穿越 50 日 SMA，那么就在下个交易日开盘时卖出债券。

（2）如果黄金市场的 10 日 SMA 向下穿越 50 日 SMA，那么就在下个交易日开盘时购买债券。

这些规则的意思是说，出现向上穿越表明黄金价格上涨，所以预计债券价格下跌。这里我们没有使用任何滤网来滤除黄金市场中的短期趋势，如果需要，当然可以为该系统加入 ADX 指标滤网。要想使用 ADX 滤网，需要 14 日 ADX 是上升的，通过比较 3 日 SMA 和 20 日 SMA 来决定短期趋势的方向。ADX 滤网的规则如下。

（1）如果 14 日 ADX 大于其 14 日前的值，而且每日黄金收盘价的 3 日 SMA 低于 20 日 SMA，那么就在下个交易日开盘时购买债券。

（2）如果 14 日 ADX 小于其 14 日前的值，而且每日黄金收盘价的 3 日 SMA 高于 20 日 SMA，那么就在下个交易日开盘时卖出债券。

我们在美国债券和纽约商品交易所黄金连续合约上测试这些模型，测试周期从 1977 年 8 月 23 日到 1995 年 7 月 10 日，初始资金管理止损为 5000 美元，为滑移价差和佣金所做的考量为 100 美元。正如上面讨论过的，市场中的短期趋势对于该类系统的入场是一个问题。测试结果见表 4. 15。

表 4. 15　黄金-债券场间交易系统测试结果，1977 年 8 月 21 日至 1995 年 7 月 10 日

	双移动平均黄金-债券场间交易系统	ADX 黄金-债券场间交易系统
净利润/美元	38675	92488
盈利因子（毛利润/毛亏损）	1. 24	1. 62
总交易笔数	122	152
胜率/%	48	52
平均盈利/平均亏损	1. 37	1. 50
平均交易利润/美元	317	608
最大日内资金回撤/美元	-34724	-16506

这些结果表明，在黄金和债券的价格之间的确存在较强的反向关系，但是从交易前景看，只有大约一半的交易获利。添加滤网后的黄金-债券场间交易系统显然比双移动平均交叉系统获利更多，而最大日内资金回撤大约只有其一半。黄金-债券场间交易系统可以作为一种滤网，用来检测“交易环境”是否对债券价格上涨有利。

我们知道市场间的价格运动存在滞后。由于通货膨胀的一点暗示可以引起许多其他市场的运动，所以，我们应该在其他市场组合上测试基本的黄金-债券场间交易系统，比如大豆和债券、铜和债券，以及德国马克和债券等市场组合。谷物市场常常会发出通货膨胀的信号，所以将大豆市场作为那些市场的代表。铜市场跟随工业板块的运动，也是通货膨胀的一个先行指标。最后利率会反映社会经济中较为广泛的力量，这些力量也会影响外汇市场，比如德国马克对于负相关的市场，我们应用黄金-债券场间交易系统时，初始止损同样为5000美元，每笔交易只有一份合约，滑移价差和佣金考量为100美元，尽可能从指示通货膨胀的市场中为债券市场产生买卖信号。

表4.16中的数据表明，在预兆通货膨胀的市场中出现的趋势变化可用来交易债券市场。对于测试的所有组合，铜市看起来提供了最好的指示作用。在每一种情况下只有大约一半的信号具有获利性。于是，这些系统遵循著名的经济预测原理：如果我们必须预测，那么就经常预测。

表4.16　黄金-债券场间交易系统与其他市场组合的测试结果

	大豆-债券	铜-债券	德国马克-债券
测试周期	1977.8.21—1995.7.10	1988.7.28—1995.7.10	1977.8.21—1995.7.10
净利润/美元	34556	41269	42950
盈利因子（毛利润/毛亏损）	1.23	2.27	1.39
总交易笔数	122	42	88
胜率/%	52	57	53
平均盈利/平均亏损	1.15	1.70	1.21
平均交易利润/美元	282	983	488
最大日内资金回撤/美元	-16100	-12694	-28006

到目前为止，我们只使用了一个市场来为债券市场产生交易信号。我们当然可以使用多个市场来得出交易信号，比如使用两个市场——黄金和大豆——来为债券市场产生交易信号，选择这两个市场的原因是它们的供需力量看起来是不相关的。为了体现完整性，我们还测试了黄金、铜和债券的组合。

我们将基本的黄金-债券场间交易系统扩展为3个市场，并且只有黄金和大豆同时上涨和下跌时才为债券市场产生反方向信号。例如，对于黄金和大豆，它们日收盘价的10日SMA一低于50日SMA，将触发债券市场的一个购买信号。历史数据测试表明，黄金-大豆-债券组合系统比黄金-债券和大豆-债券系统都要好。像往常一样，我们使用5000美元的初始止损及100美元的滑移价差和佣金考量。

表4.17中的测试结果表明，使用三个市场组合减少了总交易笔数，如我们预期的一样。比如，黄金-债券测试和大豆-债券测试产生了122笔交易，而黄金-大豆-债券三个市场组合只产生了77笔交易。使用三个市场，盈利因子也得到了提高，这是我们所预期的滤网效果。例如，黄金-铜-债券三者组合的盈利因子高达2.53，产生的利润与期铜-债券组合基本相同，

但交易数减少了约35%。这些测试表明，使用三个或更多市场来过滤交易信号可以提高场间系统的效率。但是加入更多市场后，有效性常常会减弱，因为市场间存在许多随机噪声。

表 4.17 将黄金–债券场间交易系统扩展到 3 个市场

	黄金–债券场间交易系统扩展到 3 个市场：黄金、大豆和债券	黄金–债券场间交易系统扩展到 3 个市场：黄金、期铜和债券
测试周期	1975. 1. 2—1995. 7. 10	1988. 7. 28—1995. 7. 10
净利润/美元	69706	42206
盈利因子（毛利润/毛亏损）	1. 56	2. 53
总交易笔数	77	27
胜率/%	47	56
平均盈利/平均亏损的比	1. 78	2. 02
平均交易利润/美元	905	1563
最大日内资金回撤/美元	–30600	–12388

基本的黄金–债券场间交易系统试图抓取黄金和债券市场之间的弱相关性。这种弱相关性同样存在于其他市场之间。大多数趋势跟随系统在原油市场上的测试结果都不令人满意，亏损超过 4 万美元。在原油和玉米市场之间存在一种负相关性（图 4. 36），原油和短期汇率之间也存在这种负相关性。欧洲美元市场可以作为短期利率的代表。基于玉米–原油和欧洲美元–原油组合的黄金–债券系统的测试结果见表 4. 18。这些测试使用玉米和欧洲美元市场的趋势变化信号来交易原油。

结果表明，如果我们从玉米市场和欧洲美元市场获取信号的话，黄金–债券场间交易系统可以在原油市场获得小部分利润。与典型的趋势跟随系统相比，这是一个较大的提高。

于是，这些结果表明我们可以使用黄金–债券场间交易系统来交易弱相关的市场。原油和玉米市场之间的负相关性不是很明显，这与国际运输费用的提高有关。当原油价格上涨时，运输费用增加，美国的玉米生产商必须通过降低玉米价格来支付更高的运输费用。原油价格和短期利率之间的反方向关系是由人们对未来通货膨胀的恐惧产生的。

到目前为止，我们讨论的所有场间系统都呈场间的负相关。我们当然可以扩展这些思想来交易正相关的市场。在正相关市场中，某个市场出现上升趋势将在另一个市场中产生购买信号。日元–德国马克组合使用日元市场中的趋势变化为德国马克市场产生交易信号。玉米–生猪组合使用玉米市场中

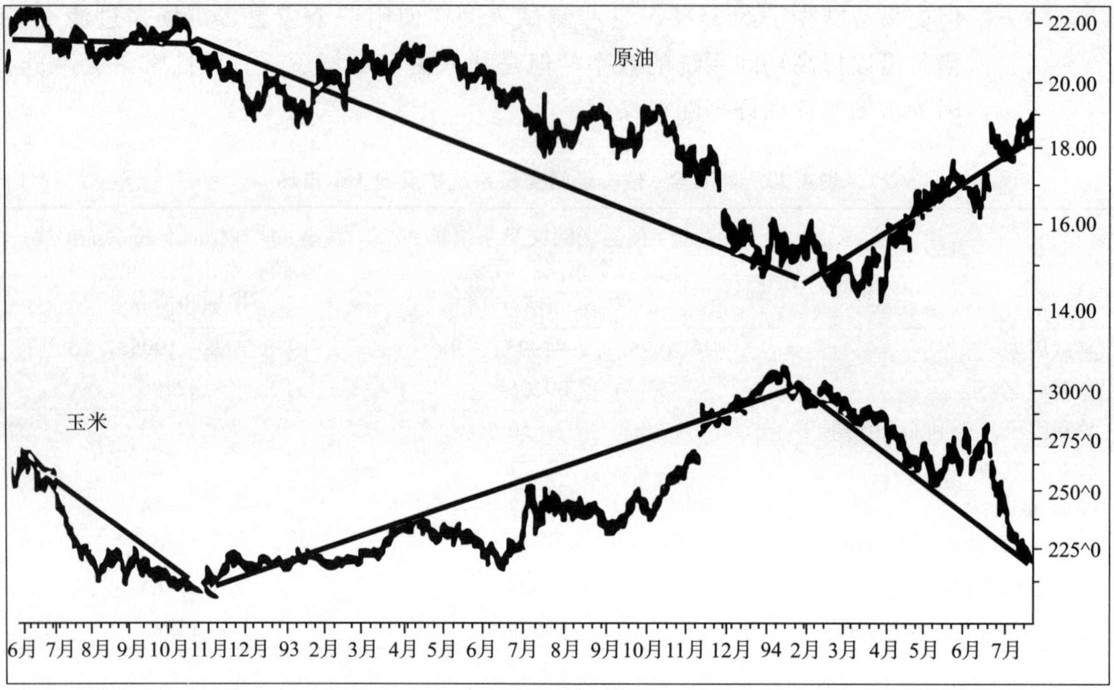

图 4.36　原油市场和玉米市场之间大致相反的价格关系

表 4.18　用黄金-债券场间交易系统交易原油，使用玉米和欧洲美元市场产生的交易信号

	黄金-债券场间交易系统交易 玉米-原油市场	黄金-债券场间交易系统交易 欧洲美元-原油市场
测试周期	1983. 3. 30—1995. 7. 10	1982. 2. 1—1995. 7. 10
净利润/美元	11550	16320
盈利因子（毛利润/毛亏损）	1. 25	1. 36
总交易笔数	57	57
胜率/%	53	53
平均盈利/平均亏损	1. 13	1. 22
平均交易利润/美元	203	286
最大日内资金回撤/美元	-11390	-20020

的趋势变化来为生猪市场产生交易信号。玉米可用来喂猪，玉米价格的上涨将引起生猪生产费用的提高（图 4.37）。为了在这些相关市场上测试黄金-债券场间交易系统，我们为外汇市场设置 5000 美元的初始止损，但生猪市场只设置 1000 美元的初始止损，原因是该市场的波动性较弱。同前面一样，我们为滑移价差和佣金所做的考量仍为 100 美元（表 4.19）。

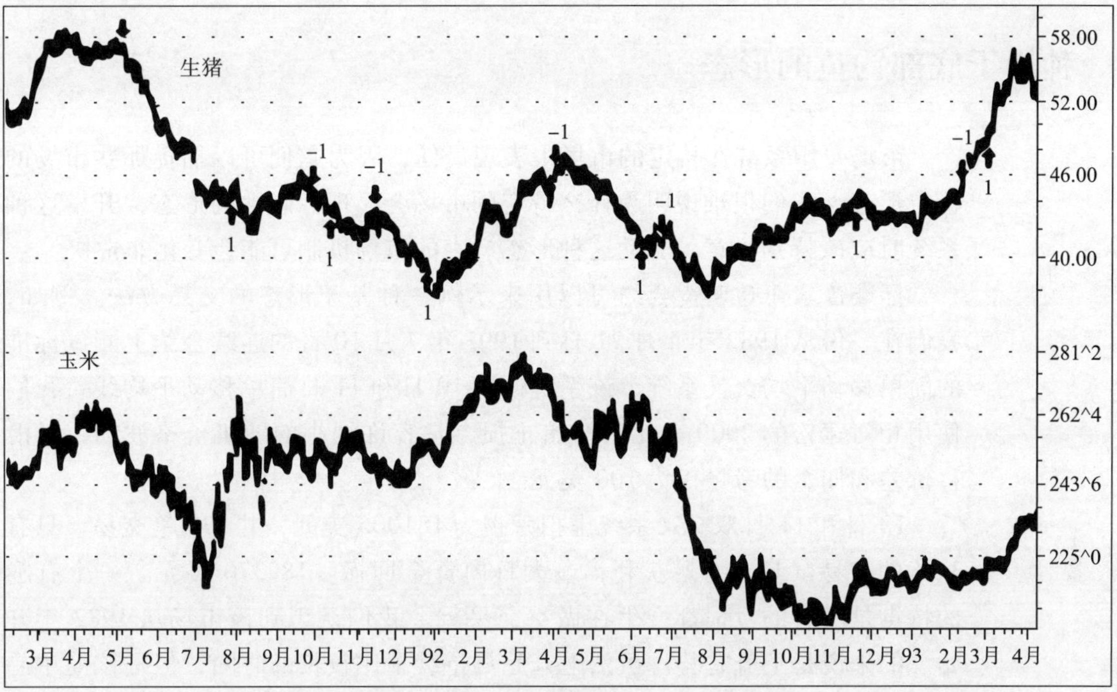

图 4.37 玉米价格和生猪价格之间的关系

表 4.19 将黄金-债券场间交易系统推广到相关市场，比如日元-德国马克和玉米-生猪

	黄金-债券场间交易系统 用于相关市场：日元-德国马克	黄金-债券场间交易系统 用于相关市场：玉米-生猪
测试周期	1975.2.13—1995.7.10	1975.1.2—1995.7.10
净利润/美元	51188	34052
盈利因子（毛利润/毛亏损）	1.53	1.64
总交易笔数	99	105
胜率/%	46	44
平均盈利/平均亏损	1.77	2.11
平均交易利润/美元	517	324
最大日内资金回撤/美元	-12800	-12184

总之，这些结果表明我们可以成功地使用相关市场来产生交易信号。使用来自场间系统的信号我们可能会感觉比较舒服，因为它们之间存在某种弱因果关系。至少我们可以将场间分析作为资金管理算法“背景”信息。例如，一个场间系统信号可用来增加当前头寸的规模，或者增加新的头寸。对于传统的单市场性系统，我们还可以将场间信号作为出场策略。

一种用于底部钓鱼的形态

市场专用系统在特定的市场中表现最佳，因为它们可以捕捉那些市场的特定形态。我们很难说明为什么特定的市场会显现标志性的形态，开发这种系统时应该特别注意，驱动这种形态产生的市场机制可能会变化非常快。

标准普尔 500 期货合约可以用来示例一种基于形态的交易方法。例如，我们在一份从 1982 年 4 月 21 日到 1995 年 7 月 10 日的连续合约上测试标准的简单移动平均交叉系统，该系统使用 10 日和 11 日简单移动平均线。我们使用相对宽松的 2000 美元的初始止损，它容许细小的随机价格波动，对滑移价差和佣金的考量仍为 100 美元。

10 日和 11 日双交叉系统虚拟亏损为 181005 美元，共 530 笔交易。只有 34% 的交易（178 笔）获利，最大日内资金回撤 -189370 美元。一个有趣的特点是所有的亏损都产生在做空交易上。我们认识到该市场从 1982 年开始总的来说是上升趋势。虽然上升趋势持续了比较长的时间，但是该简单趋势跟随系统表现得相当差，所以标准普尔 500 期货市场不适合采用简单的趋势跟随方法。

因为在前面的测试中所有的亏损都产生于做空交易，所以我们会考虑尝试采用简单移动平均交叉系统的逆势模型。逆势规则如下。

（1）如果 10 日 SMA 向下穿越 11 日 SMA，那么在收盘时买进。

（2）如果 10 日 SMA 向上穿越 11 日 SMA，那么在收盘时卖出。

使用与前面的测试相同的测试周期、初始止损、滑移价差和佣金考量，改用逆势规则后的获利变化是引人注目的。该逆势 10 日和 11 日系统在 531 笔交易上净获利 55920 美元，上下波动 240925 美元。48% 的交易（254 笔交易）是获利的，最大日内资金回撤量为 -32735 美元。

虽然逆势交易方法的结果不至于引起大家的关注，但它们确实突出了标准普尔 500 市场不寻常的特性，同时告诉我们可以找到市场专用系统，而该类系统在其他市场上的测试结果可能非常差。例如，在瑞士法郎连续合约的相同时间周期上，对 10 日和 11 日逆势策略进行测试，亏损额为 56775 美元，而 10 日和 11 日趋势跟随策略在相同时间周期上只亏损了 13088 美元。

接下来让我们看一个例子，其用于说明“后见之明”是如何影响系统设计的。在标准普尔 500 市场的日线图上有很多 V 形底，我们尝试使用底部钓鱼策略来探测市场的底部。理论上，由于这是一种逆势方法，所以测试结果应当不错。用于标准普尔 500 市场的底部钓鱼［底部钓鱼，一般理解为逢低购进的策略。在《克拉默投资真经》（魏丹译，中信出版社出版）一书中有详细的阐述。——译者注］系统模型的规则如下。

（1）一个 20 日底部已经在最近 5 天内形成。

（2）今天的高低价差大于 X。对于保守型交易，X 等于 4；对于冒险型交易，X 等于 1（每个点代表全标准普尔指数点，等于 500 美元）。

（3）今天的收盘开盘价差大于 Y。对于保守型交易，Y 等于 3；对于冒险型交易，Y 等于 0。

（4）如果以上规则都为真，那么在下个交易日收盘时买进。

（5）在第 20 个交易日收盘时退出。

（6）每份合约的初始资金管理止损等于 2000 美元。

注意一点，我们可以使底部钓鱼的系统模型完全自动化。在入场方面没有什么问题，因为如果我们今天得到一个信号，那么我们可以在下个交易日收盘时买进，因此很容易执行这样一套机械化的系统。比如这些分析可以在收盘后的数小时内进行，而在下个交易日开盘前订单已经进入市场。

该系统具有一套保守型的入场组合和一套冒险型的入场组合，保守型方法产生较少的交易。我们可以对该模型以各种方式进行修改。最显著的变化是出场策略，比如我们将出场目标设在最近 20 日的最高点。

我们使用 System Writer Plus™ 和实际的标准普尔 500 合约来测试该系统。延期日是到期前那个月的 20 号。测试结果在表 4.20 中被分为两大块，因为 System Writer 每次只能处理 30 份合约。我们可以将保守型或冒险型组合的 X 和 Y 值看作未优化的组合。两种组合在两块数据上都是获利的。

表 4.20　底部钓鱼系统的业绩，使用 2000 美元初始止损，在第 20 个交易日收盘时出场，使用带展期的标准普尔 500 实际数据

类型	测试周期	净利润/美元	总交易笔数；胜率/%	平均盈利/平均亏损	平均交易利润/美元	最大日内资金回撤/美元	盈利因子
$X=4$，$Y=3$	1982.9—1988.2	40900	18；44	3.80	2272	-6300	3.04
$X=4$，$Y=3$	1988.2—1995.7	60650	46；39	3.25	1319	-13675	2.09
$X=1$，$Y=0$	1982.9—1988.2	58625	57；45	2.45	1029	-11425	2.06
$X=1$，$Y=0$	1988.2—1995.7	70600	93；35	2.81	759	-27125	1.54

两种方法的资金曲线见图 4.38 和图 4.39。保守型系统组合的资金曲线比冒险型系统组合的要平滑，而且冒险型产生的资金回撤量也比保守型的要大。

使用 1995 年 3 月标准普尔 500 合约数据产生的测试结果见图 4.40 和图 4.41。图 4.40 中，$X=4$，$Y=3$；图 4.41 中，$X=1$，$Y=0$。该系统非常

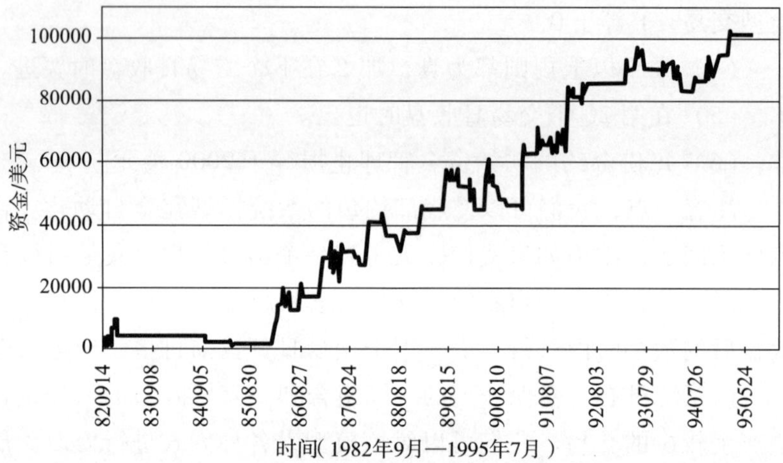

图 4.38　底部钓鱼系统交易标准普尔 500 的资金曲线（1982.9—1995.7），$X=4$，$Y=3$（保守型交易），初始资金管理止损为每份合约 2000 美元

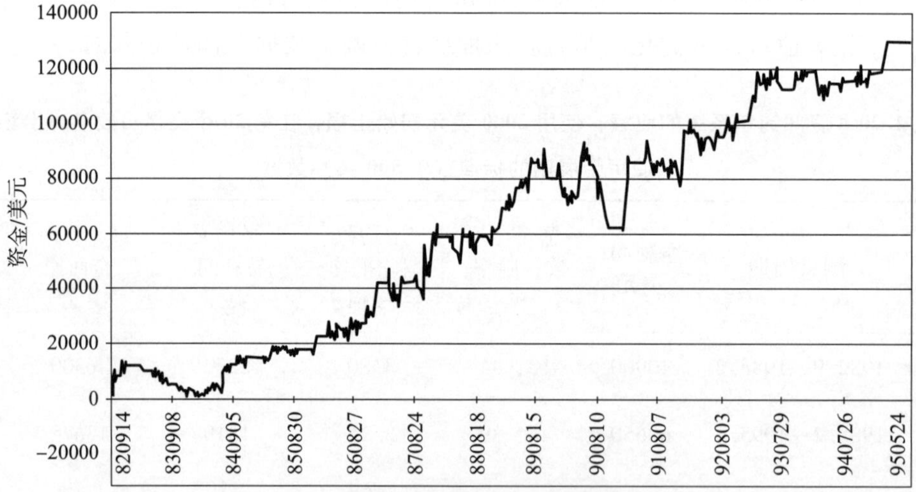

图 4.39　底部钓鱼系统交易标准普尔 500 的资金曲线（1982.9—1995.7），$X=1$，$Y=0$（挑战型交易）。初始资金管理止损为每份合约 2000 美元

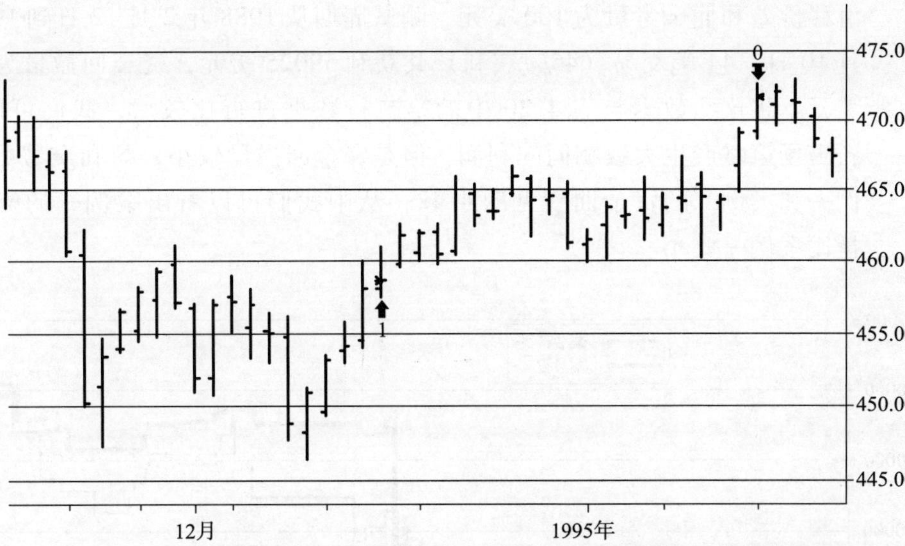

图 4.40　底部钓鱼系统，$X=4$，$Y=3$，捕捉了 1994 年 12 月的重要底部

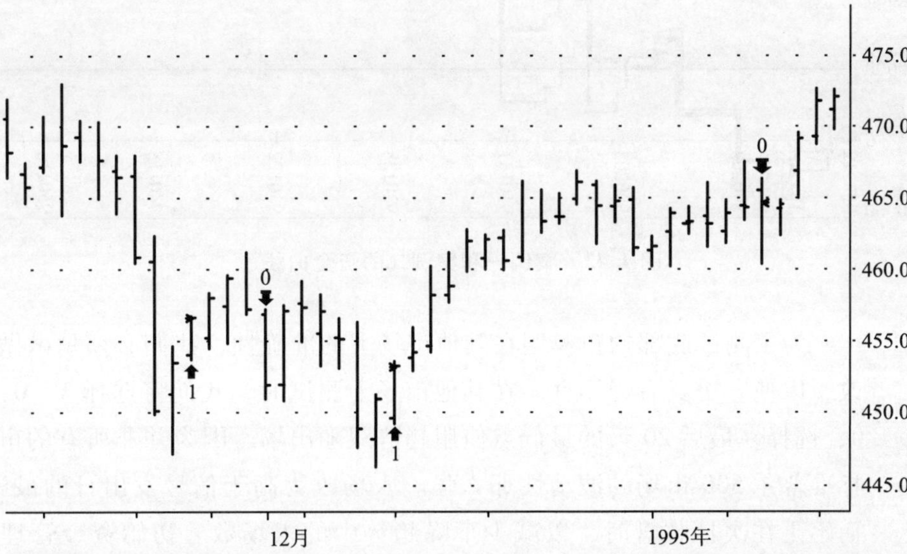

图 4.41　底部钓鱼系统，$X=1$，$Y=0$，在 1994 年 12 月的底部附近进入市场

准确地捕捉了市场的底部。在收盘时入场可以保证入场并降低滑移价差。所以，这种基于形态的逆势底部钓鱼策略在标准普尔 500 市场上表现极佳。

我们可以尝试使用其他的出场策略。在案例一中，我们将出场定在 20 号的收盘时，而在案例二中，我们使用跟踪止损在交易获利 1000 美元后的五日低点处止损退出。在案例二中，$X=4$，$Y=3$，初始止损为 2000 美元，滑移价差和佣金考量为 100 美元，测试周期从 1988 年 2 月 12 日到 1995 年 7 月 10 日，44 笔交易（45% 获利）共获利 59025 美元，资金回撤量为 -7625 美元。将这些数据与表 4.20 中的第二行数据进行比较后，我们可以看出，新出场策略产生大致相同的利润，但是资金回撤量较小，盈利交易更多。案例一和案例二的资金曲线见图 4.42，从中我们可以看出案例二的资金回撤量比案例一要小。

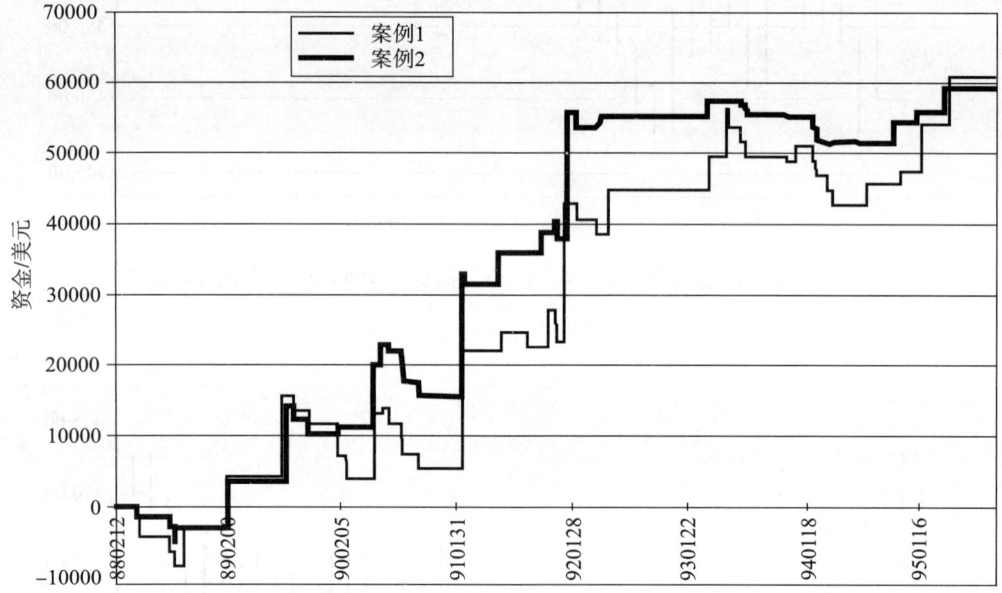

图 4.42　案例一和案例二的资金曲线

为了测试底部钓鱼模型在其他市场上的准确性，我们必须稍微做一下修改，以使它更具有通用性。在其他市场上测试时，我们将选择 $X=0.1$，$Y=0$，选择在最后 20 天的最低点使用趋势跟随出场，因为并非所有的市场都像标准普尔 500 市场的波动性那么强。入场改为高于信号发出日的最高价处，而不是在次日收盘时，以减少下降趋势中的入场数。初始资金管理止损为 2000 美元，滑移价差和佣金考量为 100 美元。在 17 个市场从 1975 年 1 月到 1995 年 7 月间所有可用的连续期货数据上测试该系统模型，每次只交易一份合约。

通用型底部钓鱼模型在 17 个市场中的 11 个市场上都是获利的，包括咖啡、原油、欧洲美元、黄金、日元、橙汁、白银、标准普尔 500、糖、瑞士法郎等。于是该系统似乎在趋势良好或具有良好震荡的市场上可以获利。测试结果见表 4.21。

表 4.21 通用型底部钓鱼系统在其他市场上的测试结果

市场	利润/美元	交易数量	胜率/%	最大日内资金回撤/美元	盈利因子
咖啡	86740	200	20	-62251	1.36
原油	-35660	117	22	-38000	1.43
欧洲美元	20650	45	36	-5825	1.71
黄金	7510	187	25	-40000	1.06
日元	98513	138	30	-15188	1.95
橙汁	12653	194	21	-11978	1.16
白银	121970	189	23	-54550	1.81
标准普尔 500	127925	111	30	-43065	1.64
糖	-23660	175	25	-34166	0.75
瑞士法郎	64450	162	27	-28387	1.48

这些数据表明底部钓鱼策略抓住了市场中的一些基本交易形态。经过长期测试，其在许多市场上获利的结果表明这种交易思想是完善的。该系统在市场间的性能差异，是形成这种形态后市场运动的幅度不同造成的。

将底部钓鱼系统在股票市场上进行测试，以分析它在不同时间周期上的性能。图 4.43（周线图）和图 4.44（日线图）所示为通用型底部钓鱼模型

图 4.43 通用型底部钓鱼模型在股票周线数据上的示例

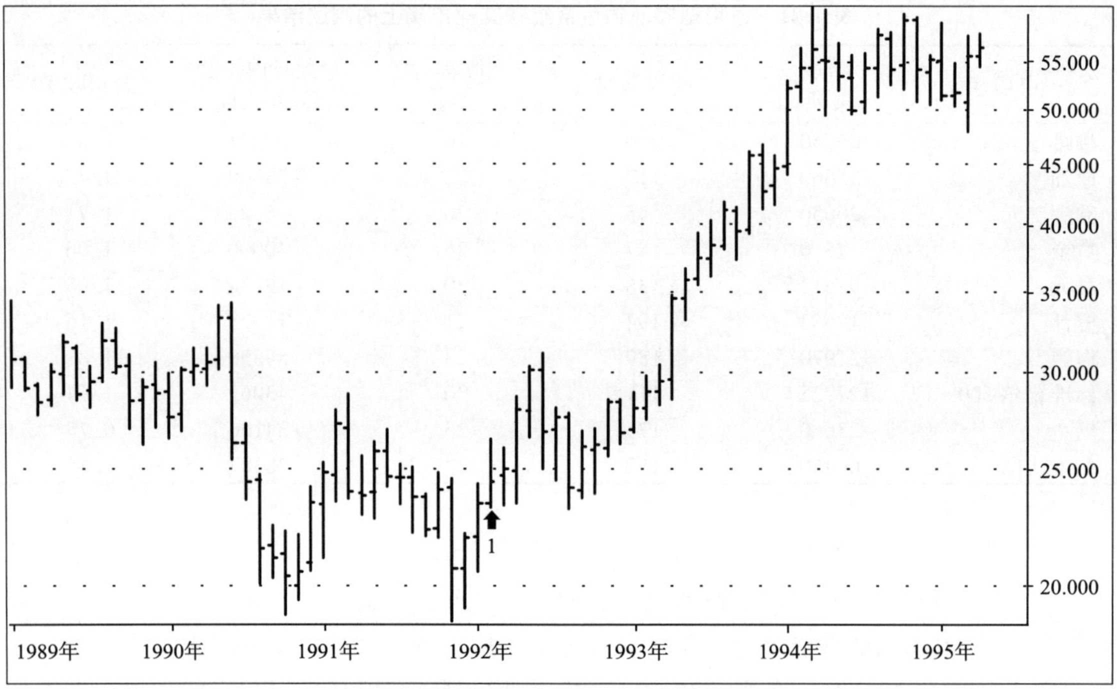

图 4.44　通用型底部钓鱼模型在股票月线数据上的示例

的工作状况。图 4.43 所示为联合碳化物公司（Union Carbide）股票的周线数据，从中我们可以看出该系统捕捉了 1990 年和 1991 年的底部。该系统在整个上升趋势中停留的时间也比较长。在股票的周线数据上，该系统测试结果良好。图 4.44 所示为卡特彼勒拖拉机公司（Caterpiller Tractor）股票的月线数据。底部钓鱼系统抓住了 1992 年的底部，并一直持续到上涨结束。

总之，基于底部钓鱼模型的系统是市场专用系统的一个很好的实例，我们可以以它为模型在标准普尔 500 市场上开发基于其他形态的系统。该模型在经过通用化处理后可以成功地用于其他市场，包括股票市场。在日、周、月等时间周期上它都可以很好地工作。所以，底部钓鱼模型是抓住了价格变动的一种基本形态。

辨识超常交易机会

期货市场每年总会出现一两次超常机会，可以让交易者获得超常的利润。如果我们可以利用这些机会，那么我们的账户业绩会有显著提高。理论上，当市场呈现超常机会时，我们应该努力增加仓位规模。在增加仓位规模时，我们可以使用一个固定的公式或者根据自己的盘感。

如图 4.45 所示，日元期货在 1995 年 9 月出现了这样一个超常的机会。如果在这两个超常运动期间将仓位增加为原来的 3 倍，那么我们会获得额外的 4 万美元，而额外的风险只是中等的。面对这些行情，我们需要有“变为一头猪的勇气”，正如一位著名的资金经理所说的那样。

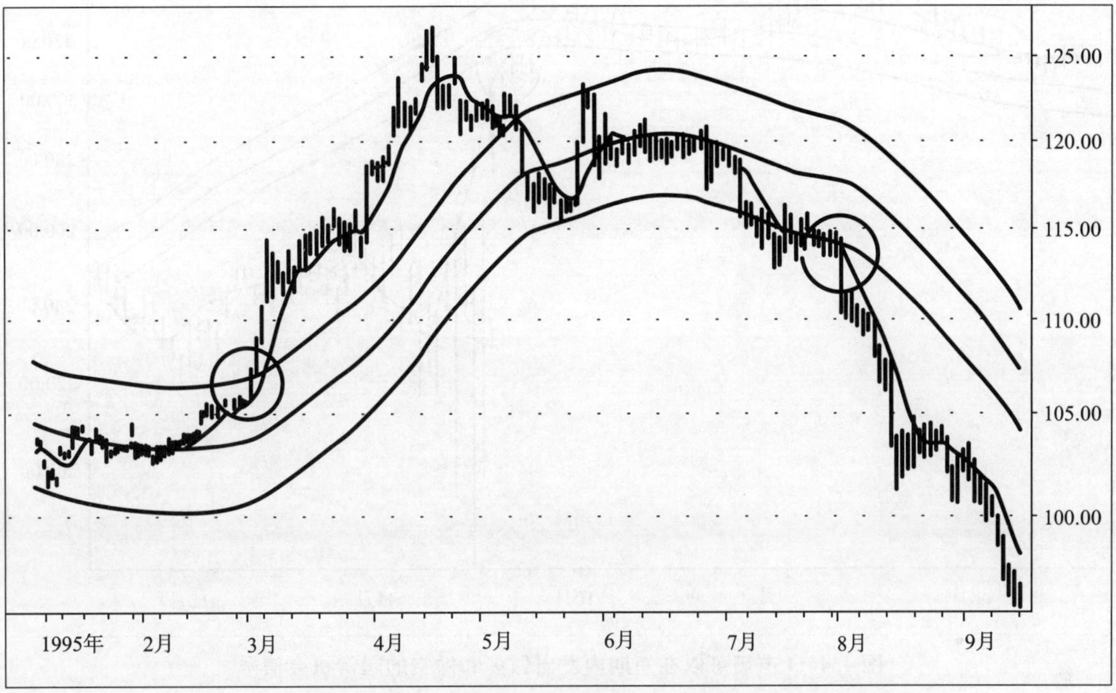

图 4.45　7 日 SMA 穿越 50 日 SMA 两侧 3%的交易带，产生超常机会

系统设计的问题是找出超常机会的一种一致性定义。一旦有了一个一致性定义，我们就可以以自己喜欢的方式来使用它。特别是我们可以使用主观交易来利用这些行情调整自己的仓位。

此处使用的超常机会的定义比较简单。使用一条 50 日 SMA，并在它的两侧画出 3% 的交易带。当 7 日 SMA 向上或向下穿越交易带时，我们便认为超常机会产生了。于是，如果 7 日 SMA 向上穿越 3% 上轨线，便出现了一个上侧的超常行情（图 4.45）。相反的定义可以用于熊市。最好的情况是市场在既定的趋势方向上强有力地继续运动；最坏的情况是市场在让我们高兴一两天后进入整固区域，迫使我们用初始止损了结交易。

需要注意的是，同一个市场可以在几个月内同时出现良好的做多和做空交易机会。有时一个短命的做多信号会是强势下跌的前奏，比如 1978 年的标准普尔 500（图 4.46），所以我们获得超常市场行情信号后要特别警惕。

下一个主要问题是出场策略。在交易的第 20 日收盘时出场是一种简单而又良好的策略。另一种出场策略是当 7 日 SMA 返回交易带时了结该交易。读者可以使用其他出场策略，我非常希望读者能够一一测试它们。

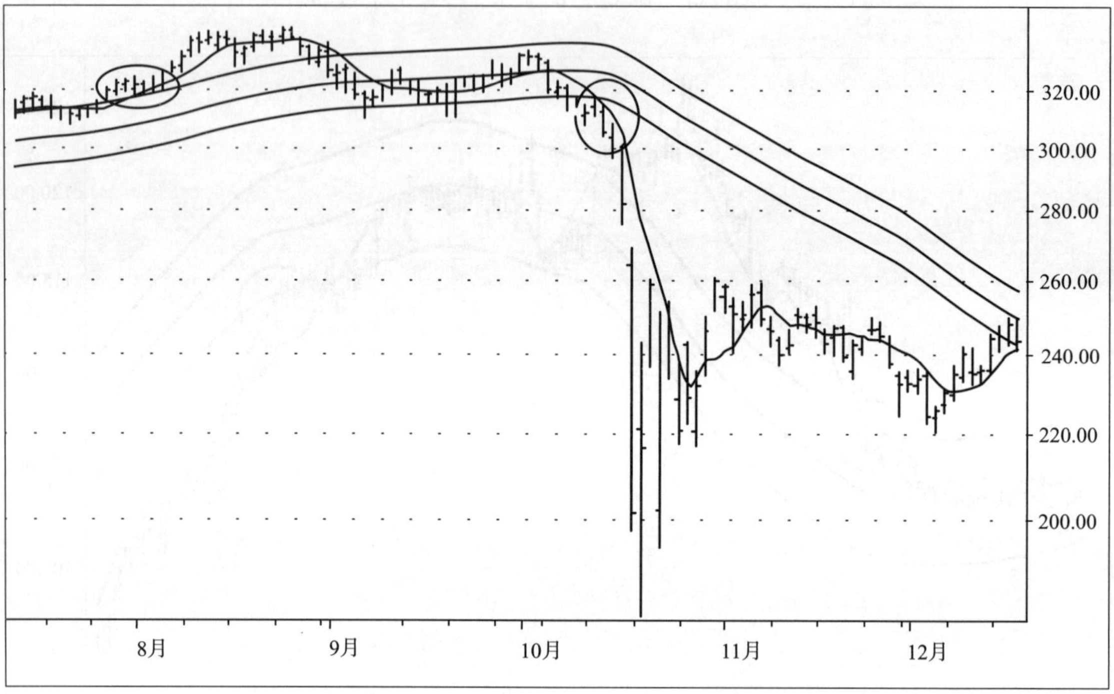

图 4.46　市场可以在短期内发出做多和做空的超常机会信号

表 4.22 所示为超常机会系统在几个市场从 1975 年 1 月 1 日到 1995 年 7 月 30 日所有可用数据上的测试结果。这些计算将普通的 20 日通道突破与定义超常市场机会的规则组合在一起。出现看多入场信号需要 7 日 SMA 高于 50 日 SMA 的 1.03 倍，目的是抓取前 20 日中的最高价。相反的条件可以用于做空交易。出场定于第 20 日收盘时，像往常一样，止损为 3000 美元，为滑移价差和佣金所做的考量为 100 美元，目的是获得更准确的测试结果。

表 4.22　业绩总结，使用 3%的交易带，在交易第 20 日收盘时出场

市场	利润/美元	盈利笔数；总交易笔数	胜率/%	平均盈利/平均亏损	盈利因子	最大日内资金回撤/美元
英镑	38125	37；62	60	1.08	1.60	–11756
咖啡	122273	69；157	44	1.94	1.52	–34683
棉花	48255	66；123	54	1.33	1.55	–11505

续表

市场	利润/美元	盈利笔数；总交易笔数	胜率/%	平均盈利/平均亏损	盈利因子	最大日内资金回撤/美元
原油	12610	40；73	55	1.08	1.31	-7800
德国马克	9963	36；71	51	1.15	1.19	-10688
黄金	46310	42；85	49	1.75	1.71	-21520
燃料油	19220	59；117	50	1.18	1.20	-17822
日元	18225	34；71	48	1.42	1.31	-16638
生猪	10805	82；149	55	0.94	1.15	-11832
大豆	25756	49；107	46	1.5	1.26	-25675
标准普尔500	28040	22；58	38	2.08	1.27	-27932
瑞士法郎	19187	44；85	52	1.14	1.22	-15050
10年期国库券	3918	88；18	44	1.53	1.23	-7506
美国债券	3468	34；65	54	0.89	1.04	-27932
平均值	29011		50	1.36	1.33	-17739

超长的测试周期（在某些情况下为20年）、广泛的市场、相对较高的胜率，表明该方法是一种辨识超常市场机会的准确方法。MIDD数据表明，出场策略对该系统至关重要。作为示例，添加跟踪止损和将交易带变窄后的结果见表4.23。

表4.23　业绩总结，使用1%的交易带和20日跟踪止损

市场	利润/美元	盈利笔数；总交易笔数	胜率/%	平均赢利/平均亏损	盈利因子	最大日内资金回撤/美元
英镑	146544	47；93	51	2.39	2.44	-17319
咖啡	242119	47；118	40	3.84	2.49	-26970
棉花	58135	46；100	46	2.21	1.56	-19160
原油	4740	28；69	39	0.73	1.11	-8020
德国马克	69526	48；94	51	1.90	1.98	-10425
黄金	29360	41；112	37	2.29	1.32	-27170
燃料油	44177	42；101	42	2.11	1.50	-26879
日元	99400	46；87	53	2.32	2.60	-11338
生猪	53768	57；108	53	1.88	2.10	-9376
大豆	45688	44；116	38	2.58	1.57	-19275

续表

市场	利润/美元	盈利笔数；总交易笔数	胜率/%	平均赢利/平均亏损	盈利因子	最大日内资金回撤/美元
标准普尔 500	-25955	25；105	23	2.44	0.73	-79710
瑞士法郎	80338	50；101	50	1.97	1.93	-9188
10 年期国库券	37768	22；58	38	2.60	1.65	-5206
美国债券	57100	35；90	39	2.28	1.50	-16075
平均值	67336		43	2.25	1.75	-20437

在我们对破产风险的讨论中，假定如下变量为常数：胜率、回报率和交易资金份额。我们应该考虑修改每笔交易所冒风险占账户资金的比例，特别是在辨识出超常市场机会时。

本章的测试结果只是用一份合约得出的，这是一种运用自己的判断力增加仓位的机会。根据这些单合约的测试结果，我们可以推断出使用多合约会对获利产生实质性的作用。对于出场，读者还可以使用自由决定的方法，或者使用短期数据，比如 1 小时图来决定出场。

记住一点，我们可以使用基本面信息来确认超常市场机会的存在，比如可能出现反常的天气、政治变化或者谷物歉收，即我们可以在经济快讯中看到的此类事件。从纯技术角度来看，我们不需要基本面分析的确认。但是，如果反常的基本面引发行情出现，那么市场运动可能的持续时间和幅度或许可以给我们暗示，来帮助我们调整仓位的规模。

性能升级：65SMA -3CC 系统

在 1995 年 1 月到 2000 年 7 月全球不同投资组合的数据上对 65 SMA -3CC 系统进行测试，初始风险为 5000 美元，合约交易规模可变，使用 50 日平均真实区间，滑移价差和佣金考量为 100 美元。这是一种长期的趋势跟随系统，使用多元化投资组合效果更好。投资组合见表 4.24。

现在该系统模型正处于自 1998 年 9 月开始的资金回撤期中（图 4.47）。此外，当前的杠杆可能太高，在考虑利息和交易费之前，月盈利率标准偏差率约为 14%。但是，盈利率为令人满意的 0.25，与本书后面讨论的水平相一致。考虑交易费和利息前的平均月盈利率为 3.45%，由此可估算出年毛利润率大约为 50%。最坏的理论资金回撤幅度为 43%，与近期的股市下跌

表 4.24　65SMA－3CC 系统的全球投资组合

能源	农作物	短期利率	股指期货
燃料油	CBT 玉米	加拿大银行汇票	澳洲 All Ordinaries
IPE 布伦特原油	CBT 小麦	欧洲美元	CAC－40 指数
IPE 柴油	堪萨斯州小麦	欧洲美元－瑞士法郎	DAX 指数
纽约原油	豆粕	LIFFE Euribor	FTSE－100 指数
纽约天然气	豆油	NZ 银行汇票	恒生指数
无铅汽油	大豆	短期英国货币	Ibex 35
	东京红豆	SIMEX 欧洲美元	MIB－30 指数
	WCE 油菜籽		SIMEX Nikkei 225
			SOM OMX 指数
			瑞士市场指数
IMM 货币	金属	长期债券	柔性期货
澳元	黄金（纽约商品交易所）	澳大利亚 10 年债券	橙汁
英镑	高级铜	澳大利亚 3 年债券	纽约棉花
加元	纽约白银	加拿大政府债券	糖 11 号
德国马克/欧洲美元	东京钯	尤莱克斯 BOBL	东京橡胶
日元		尤莱克斯联合债券	
墨西哥比索		Long Gilts	
瑞士法郎	肉类	Matif 虚拟债券	
	生牛	Simex JGB	
	生猪	西班牙政府债券	
		瑞士联邦债券	
		美国 30 年期国库券	
		美国 5 年期债券	

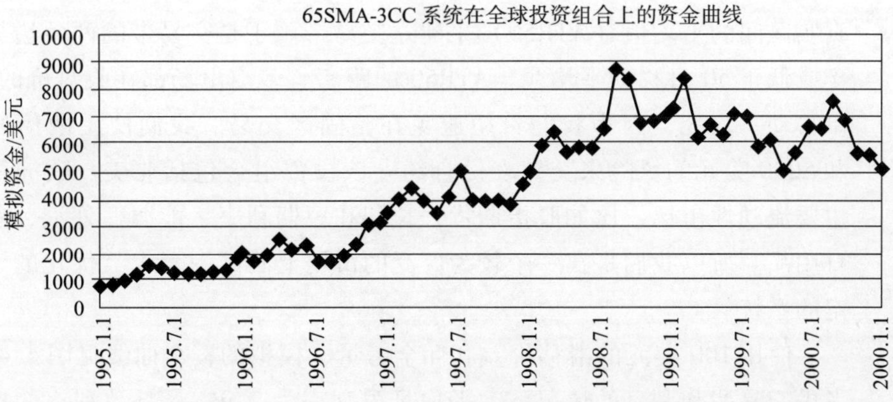

图 4.47　65SMA－3CC 系统的样本外资金曲线

相一致，大约为月盈利率标准偏差的 3 倍，也与随后第七章中的讨论相一致。这些计算确认了原系统模型的准确性和基本趋势跟随系统的完善性。基本趋势跟随系统使用少数几个参数，而且可以在参数不变的情况下用于广泛的多元化投资组合。

目前已经持续了 22 个月的资金回撤超过了以前所有的资金回撤长度，但是还少于理论预测的 33 个月。这也使我们开始担心多元化投资组合的水平和慢速出场的模型。我们所希望的是市场出现强势复原，因为在多元化投资组合中出现如此长期的资金回撤是不正常的。

ATR 交易带突破系统模型

通过使用基于波动性的交易带，我们可以将超常机会系统的思想进行推广。对于交易带突破模型，最简单的定义是对高于或低于中长期移动平均线固定百分比线的突破。这种类型的交易带是超常机会系统的基础。交易带的思想被解释为一种移动的通道，它可以根据我们想象到的任何准则进行设置。一种类型为波动型交易带，在这种系统中使用平均真实区间（ATR）或价格标准偏差来度量系统的波动性。这种扩展的主要优势在于它使交易带具有自适应性，即可以响应市场的波动性。当波动性较弱时，交易带比较接近移动平均线。反之，在趋势的顶部和底部附近，波动性相对较强，交易带也分得比较开。

交易带突破系统模型不但具有突破型系统的所有优点，而且具有自动适应市场的优势。这种模型可以很容易地用于全球投资组合。交易带可以基于反映市场运动中价格变化的任何形式的度量，现在我们以平均真实区间为例来分析交易带。为了方便，我们使用 50 日移动平均线，通过计算过去 50 日真实区间的平均值（ATR50）来建立交易带。于是交易带的两条边界分别高于或低于 50 日移动平均线、ATR50 的距离。多空出场都在收盘价的 25 日简单移动平均处，因为我们希望避免在整固区交易。我们使用两倍的 ATR50 和 5000 美元的风险来交易多份合约。该投资组合包括北美、欧洲等地区的主要流动性市场，比如股指期货、长期和短期利率、能源、外汇、农产品和日用品。所以我们是在一个较为广泛的市场上测试一套未经优化的、预先指定的系统。

使用 100 美元的滑移价差和佣金考量，模拟的资金曲线见图 4. 48。在不考虑交易费和利息的情况下，平均月盈利率为 2. 9%，月盈利率的标准偏差为 8. 9%。盈利效率接近 0. 33，最大资金回撤幅度刚好低于 20%（约为月盈利标准偏差的 2.25 倍)。自 1995 年 1 月 1 日开始有 11 次连续出现的资金回撤，平均每次资金回撤的持续时间为 4 个月。但是对这些资金回撤序列的指数分布拟合表明，一次主要的“最恶劣”的资金回撤持续时间为 22 个月。

这些计算结果，令我们得出了突破型系统的优点和缺点。这些系统是完善的，可以使用相同的参数来交易许多市场。但是它们容易受到虚假信号的影响，防止资金回撤的主要方法是采用多元化投资组合。但是，只有市场间的关系发生转移，或者主要市场都不出现持续的趋势时，才会形成长时期的资金回撤。

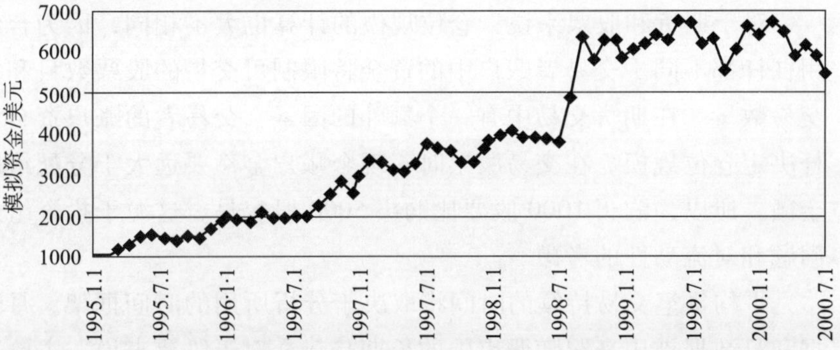

图 4.48　ATR 交易带突破系统的资金曲线，它是超常机会系统的扩展版。注意纵轴所示为 1000 美元的不断增长，而不是 100 万美元的账户

交易股票

到目前为止，本章所讨论的所有交易思想都可以用于股票交易。在这一部分，我们将在期货和股票市场上开发并测试趋势跟随模型。我们先分析期货和股票交易策略的不同点，因为它们与投资组合设计和交易系统都有关系。

最简单的股票交易策略是分批购买并持有策略，而且只看多。一般情况下，当股票处于连续上升趋势时，使用该策略很少有失手的时候，因为该策略是一种没有跟踪止损的趋势跟随策略。所以，该策略可以经受大比例的和长期的（持续 12 个月或更长时间）价格回调运动而不退出交易。这种策略总是处于市场之中，所以不容易错过股市中突然产生的大型运动。还有一点需要注意，分批购买并持有策略具有较低的交易费，并且是一种税费经济型策略，因为持有账面获利的股票无须缴纳任何税费。通过使用非常慢的出场策略，持有头寸 65 个交易日或更长时间，交易者可以在期货市场中使用这种股票策略。但是，正如该系统定义的那样，我们不可能使用期货合约来执行分批购买并持有策略，因为期货合约具有到期日，不像股票那样没有时间限制。所以，分批购买并持有策略在期货市场中使用时具有较高的交易费和税费。

期货和股票的另一个关键不同是该方法中暗含的杠杆作用。分批购买并持有策略是一种典型的不具有杠杆作用的策略，与期货交易相比，波动性的影响是很微弱的。期货市场中的杠杆作用使得获利了结（即出场）策略非常必要，因为其可以锁定头寸的收益。把获利了结策略用于股票市场时，税费问题马上就出现了，而且在出入场时经常滞后于市场的运动。所以要想在股票交易中成功，股票的选择是至关重要的。

对于期货和股票来说，仓位规模的计算也大不相同，因为合约规模和可用杠杆都不同。交易者账户中的资金将限制可交易的股票数目和每只股票的交易数量。在期货交易中有一个额外的因素：交易者的账户资金和要求的杠杆决定仓位规模。在交易股票时，现金账户金额要远大于分配给股票头寸的金额。所以，购买 1000 股要比购买 5000 股容易，这源于投资组合中的资金问题和对流动性的考虑。

平均每笔交易持续的时间将取决于分析所用的时间框架，月数据、周数据和日数据被用来跟随股市中的长期趋势。对于股票来说，主要选择周数据和日数据，日数据交易持续时间大约比周数据长 5 倍。市场的波动性越强，分析需要的时间框架越短。所以对于科技股，日数据比周数据更有助于分析。但在使用分批购买并持有策略时，使用周数据比使用日数据观察得更清楚，因为这种分析需要较长的时间框架。

我们可以设计多种股票选择策略来辨识自己满意的股票，最好交易工业板块中的领先股。新高股列表、最活跃股列表以及领先共同基金的控股公司，都是我们寻找值得交易股票的好地方。《投资者日报》（*Investor's Business Daily*）会刊登一些专有的业绩度量信息，并提供帮助辨识领先股的图表分析。因为随着时间的推移，有些股票从引人注目渐渐变得销声匿迹，就如“小说情节”的变化，所以，阅读经济快讯可以帮助交易者选择流行的投资主题。使用相同的系统交易股票的结果，高度依赖于我们在自己的投资组合中所选的股票。

我们将一个基于动量的系统模型使用长期趋势跟随方法在许多具有良好上升趋势的股票上进行测试。使用该模型，我们希望当股票已经处于确定的上升趋势中，并且股价伴随较强的动量创出 20 日新高时买进。使用 ADX 指标度量市场的动量。我们将日价格和 65 日简单移动平均（SMA）作为参数，并且假定当前收盘价高于 65 日 SMA，而且过去 20 日的最高点也高于 65 日

SMA 时为上升趋势。然后添加一个条件来确认股票的确正在进入上涨趋势。我们使用平均动向指数（ADX）指标，要求 18 日 ADX 的值高于 20。ADX 指标的选择和它的参考值的确定根据期货交易的"一般规则"。如果两个条件都满足，我们就把入场价位设在高于 20 日最高点 +2 点的位置。这里一个点指的是股票交易中最小的增量，比如说货币单位的 1%，或者股票交易所制订的其他值。

在计算交易规模时使用回调距离（Dist）或者 3 倍于平均 40 日真实区间（ATR）的风险，真实区间是"有效"日价格区间的度量，而"有效"日价格区间在期货交易中非常流行，并且允许价格中出现缺口。真实区间是真实最高价（今日最高价和昨日收盘价中较高的那个）和真实最低价（今日最低价和昨日收盘价中较低的那个）之差。真实区间是对价格运动区间或"波动性"的度量，40 日 ATR 越高，在那一点上市场的波动性越强。通过用股票市值中一个全点变化（即"大点值"，通常为 1 美元或 1 个货币单位）来乘以 40 日 ATR，我们将 40 日 ATR 转换为以美元为单位的数值（或者其他货币单位的数值）。需要注意的是，大点值在期货合约间可以相差很大。然后我们用风险资金（此处为 5000 美元）除以 40 日 ATR 的美元值，便得出仓位规模。仓位规模会因波动性的不同而不同，价格处于整固期时，波动性相对较弱，而仓位规模相对较大。

我们的出场策略非常简单：只需要使用 65 日 SMA。这使得我们可以在股市中停留尽可能长的时间。如果交易者使用日线数据，65 日 SMA 距离价格线相对较远，可以忍受相当幅度的反向价格运动，从而避免被止损出场。使用周线数据后，忍受反向价格运动的能力大大加强。ADX 条件使我们尽量远离股市的突变区，并且 20 日最高价距离 65 日 SMA 不太远，于是股票重复创造 20 日新高，然后向下折回到 65 日 SMA。ADX 的第二个优点是可以在股市出现波涛汹涌的行情时保护我们的账户资金。欧米伽研究中心（Omega Research）交易平台（TradeStation™）的软件代码如下。

```
{---Code for Omega Research TradeStation ---}
{---Momentum Trend System for Stocks and Futures ---}
{---© 2000 Tushar Chande ---}
    Inputs:Eqty(5000);
    Vars:NumLong(0),Dist(0);
    {----Contract calculation s ---}
     Dist =3*Average(Truerange,40);
     {--convert to currency units --}
```

```
        Dist = Dist*BigPointValue;
        {-- protect division by zero --}
        If Dist > 0 then
        Numlong = intportion(Eqty/Dist)
        Else    Numlong = 0;
    {--- Entry Signals ---}
        if c > average(C,65)and highest(h,20)[1] >
        average(C,65)and adx(18) >20 then buy Numlong
        contracts at highest(h,20) +2 points stop;
    {---- Exit Signals ---}
        Exitlong at average(C,65)stop;
    {--- End of Code ---}
```

现在我们来看一下该系统在股票和期货市场中表现如何。图 4.49 所示为 1999 年 8 月份 Veritas 软件公司（VRTS）股票的入场情况。注意到收盘价高于 65 日 SMA（交叉），同时 20 日最高价也高于 65 日 SMA。18 日 ADX 高

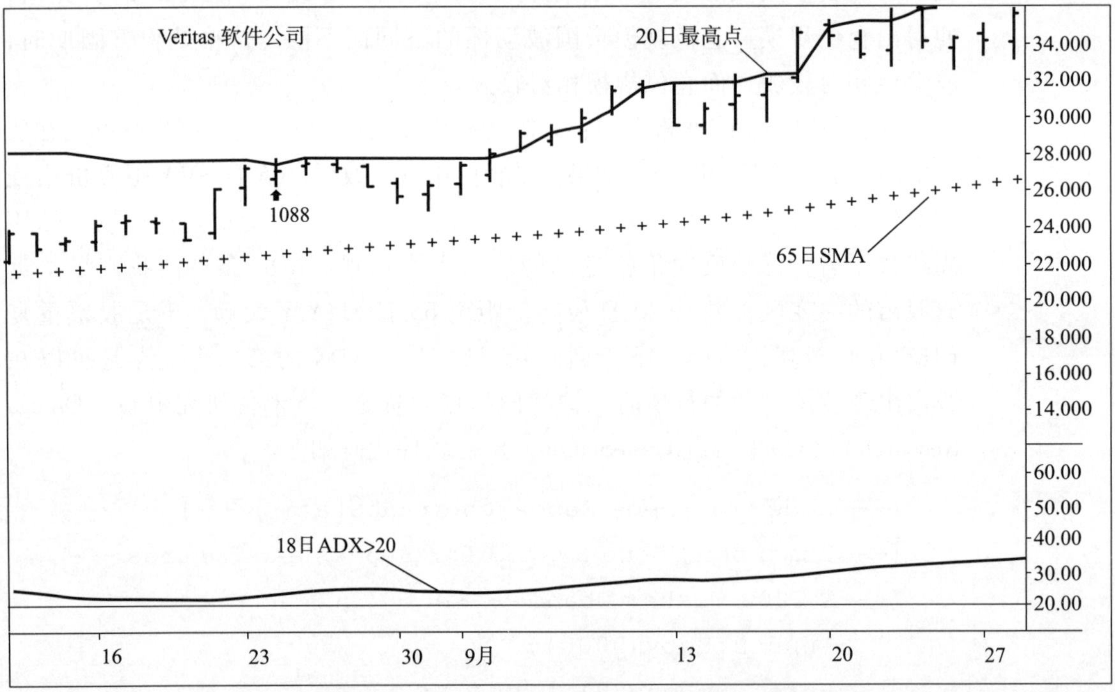

图 4.49　Veritas 软件公司股票的日线图，作为建立系统模块的示例。
18 日 ADX 高于其参考值 20，收盘价和 20 日最高价都高于收盘价的 65 日 SMA，入场条件得到满足。入场价格为 20 日最高价加 2 点

于其参考值20。于是，VRTS满足了我们的入场条件，系统在1999年8月底一个20日新高处开始一个看多头寸，建议规模为1088股。图4.50所示为系统是如何进入2000年的。1999年底至2000年初的科技股反弹带动VRTS股价大幅升高。趋势的力量使18日ADX在整个上涨期都高于其参考值。科技股在2000年3月份的调整影响到了VRTS股价，使它向下跌破其65日SMA，触发出场信号。

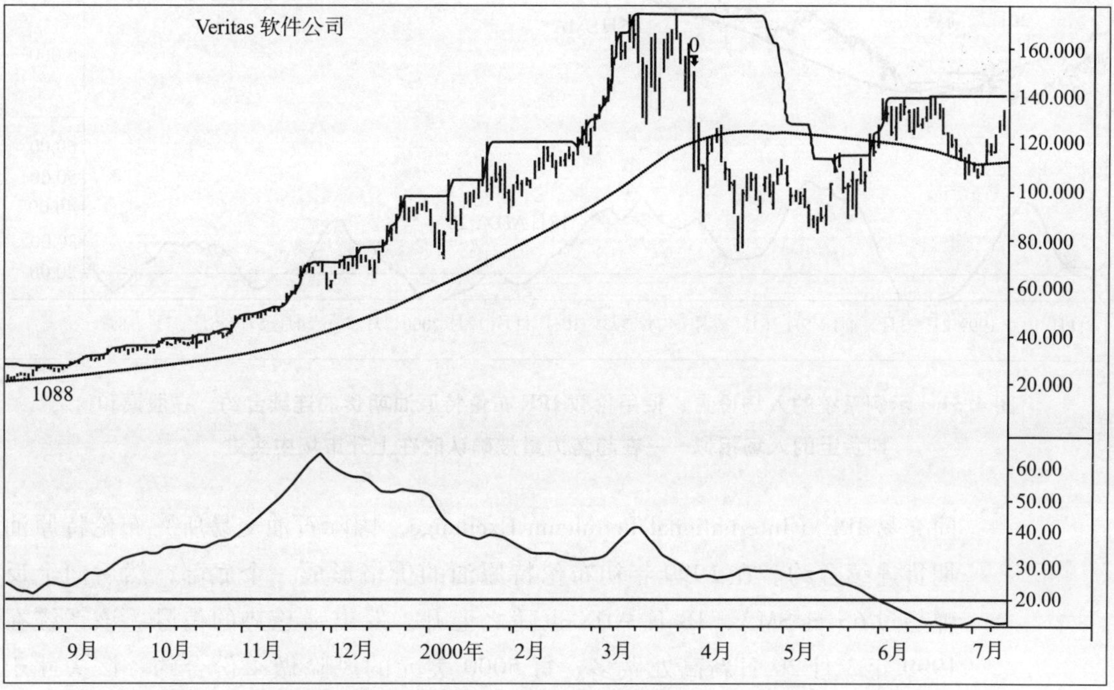

图4.50　系统在收盘价的65日SMA（见图中虚线）处退出Veritas股票。因为18日ADX在整个运动期间都大于20，所以趋势异常强劲

注意相对较慢的出场策略是如何在实际了结头寸前放弃一大部分未结清交易利润的。但是，这种相同的策略在整个交易过程中经受住了几次尖锐的调整。VRTS在2000年夏季时形成一个底部，然后创出20日新高。但是，ADX指标低于20，所以它并未确认这些20日新高。在低于先前的高点较多处出现的整固期中，该交易系统的一个关键条件没有被满足。在2000年3月的调整期，ADX指标一直保持在高于20的水平，在2000年7月开始出现低于20的低谷。ADX指标响应滞后的原因是在计算时做了太多的平滑，这也是我们不用它出场的原因。

如图4.51所示，我们使用相同的系统在1999—2000年能源价格上涨期

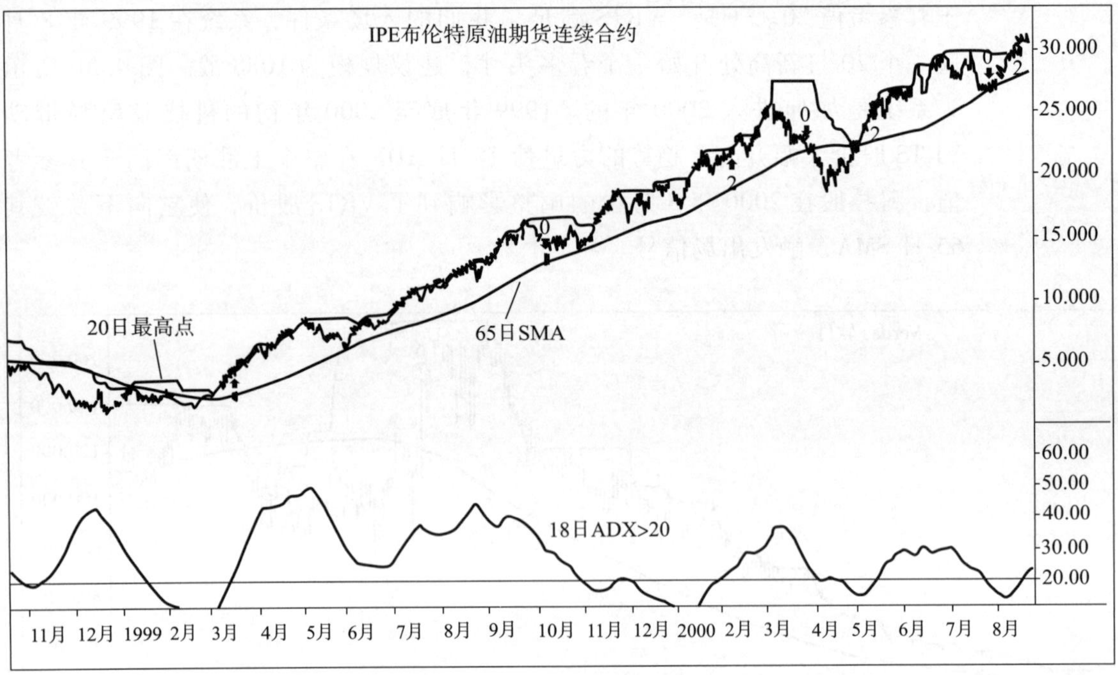

图 4.51　示例系统的入场设置，使用伦敦 IPE 布伦特原油期货的连续合约。在股票和期货上的入场相似——在趋势力量被确认时在上升市场中买进

间交易 IPE（International Petroleum Exchange，国际石油交易所）布伦特原油期货连续合约。在 1999 年初布伦特原油的价格形成一个底部，然后向上反弹超过 65 日 SMA，18 日 ADX 也随之上升，发出强趋势的信号。该系统在 1999 年 3 月 20 日新高处做多，每 5000 美元的风险做 4 份合约。该头寸于 1999 年 10 月在 65 日 SMA 处被了结，获利 3.2 万美元。当布伦特原油继续上涨时，ADX 指标不再确认趋势，于是我们避开了随后出现的整固期。该系统在 2000 年 2 月的新高处买进，但是持续增长的风险致使每 5000 美元的风险只交易两份合约。市场从高点迅速下跌，该交易中度亏损，反映出了出场策略的缺陷。接续而来的价格下跌帮助 ADX 调整返回探测上升价格的状态，于是它在 2000 年 5 月又发出强烈的反弹信号。在期货市场中，65 日 SMA 如同在股票市场中一样，可以忍受较大的反向价格运动，但是需要平滑的趋势来锁定实质获利。布伦特原油示例表明在股市和期货市场中的趋势是相似的，相同的交易规则可以用于两者，在趋势期间产生类似的反应。自然地，如果市场趋势不平滑，或者从高点处快速下跌，那么该系统将不具备获利性，因为它不是用来适应这些行情的。

如图 4.52 所示，市场虽然满足了系统的入场条件，但是系统未能有效获利。我们分析巴黎 MATIF（法国国际期货期权交易所）虚拟债券，它经过一轮长时间的下跌趋势后开始反弹，然后形成一个底部，接着便进入整固期。注意 ADX 经常表现为一个与行情同时波动的指标，而非领先型指标，因为它也是从收盘价中得出的。所以，ADX 出现“较大”值并不足以证明会出现持续数周或数月的强劲趋势。

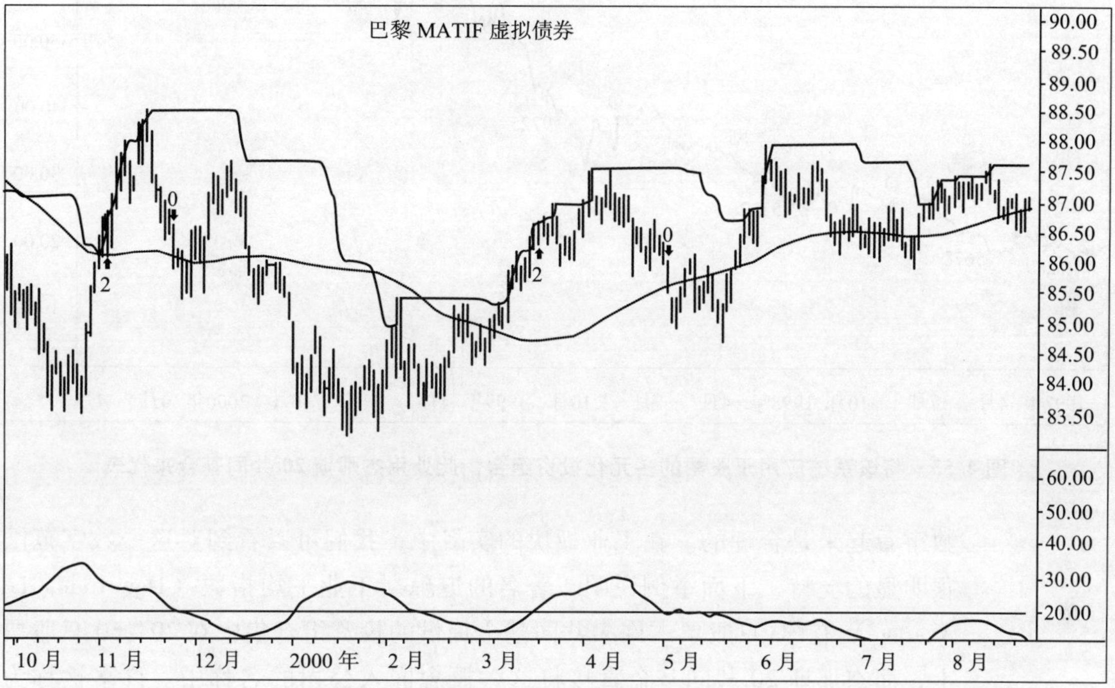

图 4.52　该系统在巴黎 MATIF 虚拟债券（法国国际期货期权交易所）连续合约上的应用表明，某只股票或某个市场可能会满足入场条件，但未能按系统预期的方向运动，导致交易亏损

同交易股票一样，该系统可以使用日线数据交易共同基金。图 4.53 所示为交易杰那斯 20 共同基金的结果。交易的持仓平均长度为98 天，从 1996 年 9 月 15 日到 2000 年 8 月 1 日共有 10 笔交易，假设交易费为 0，交易利润为 193436 美元。但是，这与分批购买并持有策略在相同时间上的获利相比便不值一提了，因为该基金正处于持续数年之久的上涨趋势中，在这段时期内上涨了大约 16 倍。这种交易方法需要资金也比较多，8 万到 15 万美元不等。所以在基金之间的相关性比较广泛的情况下，交易共同基金的根本优势应该被仔细研究。

股票投资组合的最佳规模是多少呢？在这个问题上很难得到一致意见。要得出一个完全客观的答案需要太多的主观因素，但是 30～50 之间的某个

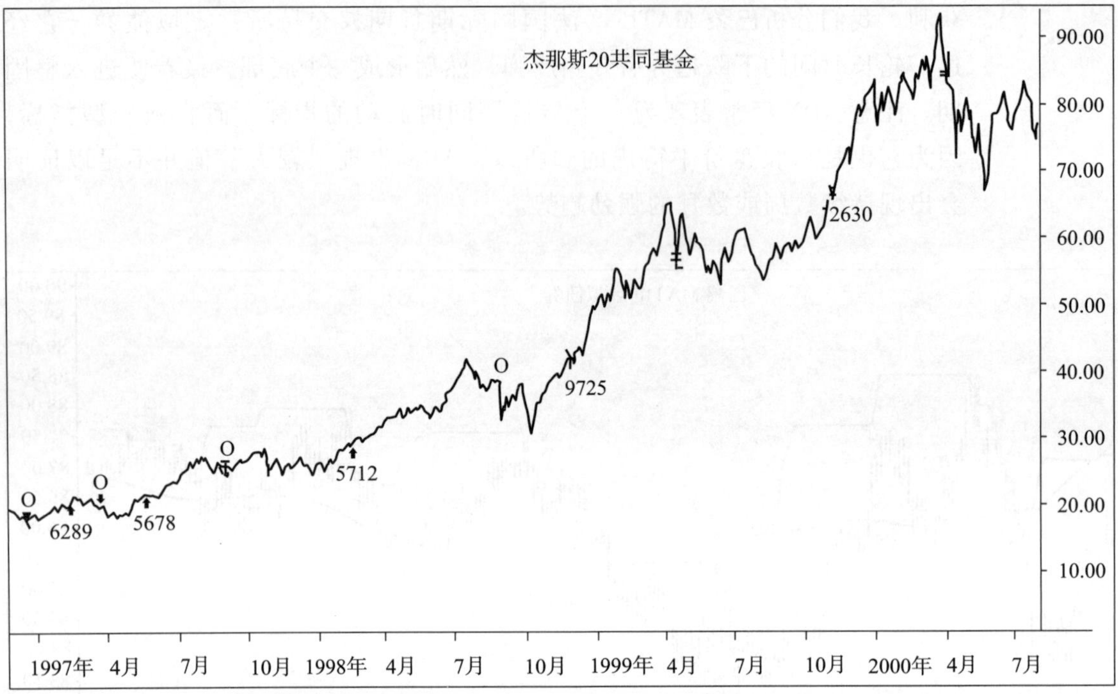

图 4.53　将该系统应用于股票的多元化投资组合，此处用杰那斯 20 共同基金来代表

数字看起来是合理的。在工业板块的实战中，我们可以看到对这一数字范围很明显的支持，下面举例说明。著名的道琼斯工业平均指数（Dow Industrial Average）有 30 只股票。许多共同基金提供的投资组合集中在 20～50 只股票上，而杰那斯 20 共同基金直接将这一概念嵌入公司的名称中。许多被称为“多元化”的 100 万美元以上的共同基金可交易 80～120 只股票，而基金的 15%～40% 集中在 10 只股票上。纳斯达克超过半数的数值集中在前 30 只股票上。所以，一个在 30～50 之间的数字看起来是“优良多元化”投资组合规模的一个很好的猜想。相同的规模限制也适用于期货投资组合。

基于完整性的考虑，我们在一个多元化投资组合的期货市场上测试该股票交易系统。在账户金额为 100 万美元，每笔交易的风险为 5000 美元时，我们得出一个模拟的资金曲线，如图 4.54 所示。月盈利率标准偏差为 4.6%，平均虚拟月盈利率为 1.2%，产生一个 0.26 的盈利效率。平均交易持仓长度为 75 日，最长的资金回撤序列为 13 个月，这 13 个月中 61% 的时间都具有正值盈利。对于简单趋势跟随系统来说，该系统的整体性能是相当可观的，证明我们可以建立同时适用于股票和期货市场的简单系统。

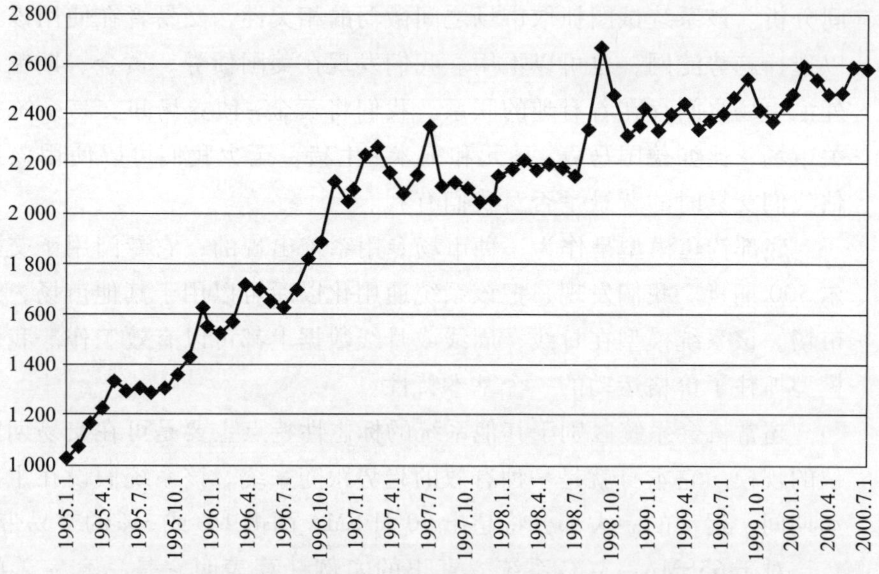

图 4.54　将系统应用于多元化期货投资组合上的资金曲线

小结

本章我们分析了几种主要的交易系统，每种交易系统都运用不同的交易心理。65SMA－3CC 系统是一种简单趋势跟随系统，它可以产生稳定的业绩。我们以很大的篇幅对该系统进行了详细分析。读者应该对自己的系统进行这样细致的分析。我们使用了许多重要思想，比如最大有利和不利偏移、交易的频率分布，以及基于波动性的初始止损的作用。读者应该努力理解这些思想，并应用于自己的日常交易中。总之，65SMA－3CC 系统是一套完善的，并且具有获利性的系统，它可以在趋势运动中获利。约 4% 的交易为巨型交易，我们在选择出场策略时应仔细斟酌，以免在这些巨型交易尚未转势时便过早出场。

ADX 爆发趋势寻求系统使用一层基于趋势力度的滤网，它可以成功提供进入强劲趋势的入场。该系统具有一个较长的中性区域，所以它在市场中的时间只有 35%～45%。

随后我们分析了顺势和逆势（T－AT）交易系统，它可以在逆势模型和趋势跟随模型之间自动切换。该系统经常以令人称奇的准确率捕捉市场的高点和低点。在使用这种系统时，交易者应该采取良好的风险控制策略，因为波动性极有可能会将你套牢。

黄金－债券场间交易系统使我们有机会在正相关或负相关市场上使用场

间分析。该系统试图抓取市场之间微弱的相关性，交易者在使用该系统时可以选择趋势滤网，也可以不用。我们发现在美国债券、黄金、期铜、大豆及外汇市场之间存在着有趣的联系。我们将黄金-债券场间交易系统推广到相关市场，比如德国马克-日元和玉米-生猪。至少我们可以使用该系统来评估我们交易时的背景是否对我们有利。

底部钓鱼模型是作为一种市场专用系统出现的，它专门用于交易标准普尔500期货。我们发现，把该系统通用化以后可以用于其他市场，包括股票市场。该系统模型在日线、周线或月线数据上都可以有效工作。我们使用该模型抓住了价格运动的一个基本特性。

超常机会系统区别于其他系统的标志性特点主要是可在交易期间改变仓位的规模。它本身就是一种有效的趋势跟随系统。该系统假设在主要趋势运动期间，运动的一大部分将超出50日SMA两侧1%或3%的交易带。

对于65SMA-3CC系统，真正的实例计算表明它是一套完善的交易系统，而且具有可观的风险调整能力。这些计算还表明资金回撤会持续较长时间，除非大部分市场都开始出现持续的趋势。ATR交易带突破系统类似于超常机会系统。该系统示例说明了如何开发完善的、非优化的系统，这种系统在测试任何单个市场之前，可以进行先验推导。于是，通过在股票和期货市场上测试这同一个系统，本部分所阐述的思想可以用来交易股票和期货。

读者可能已经注意到，我们没有根据往常的经验把测试周期分为数个子周期，然后在一个子周期上对系统进行“完美化”，最后再在剩余子周期上进行测试。这种方法使系统接触新的数据，系统在这种“出于抽样”的数据上所得的业绩可以帮助我们确定它在未来的性能表现。如果读者测试了多种参数组合，那么试着找出最“稳定”的一组。稳定性意味着系统在大部分测试数据上具有获利性，并且测试结果不会因测试条件的细微变化而产生大的波动。关于这种方法的详细论述见巴伯考克、钱德、克罗、帕多及施瓦格等人的著作。

我们的分析并不仅仅依赖于系统测试，而是把重点放在交易策略的制订上。我们利用20多年所有可用的数据来测试这些系统，且未对这些数据进行优化。我们测试这些系统是否有效反映市场运动，来判断它们能否在未来的市场中交易获利。这些系统是围绕特定的市场条件建立的ART新策略的示例。在下一章，我们将阐述如何修改著名的、已经被证实的交易思想，然后创建属于自己的交易系统。

附录：附加的性能升级

这些性能升级是于2000年12月底完成的。简化起见，我们使用较小的投资组合（用30个期货市场代表全球所有市场）、单趋势跟随出场策略（在最近20日的高点或低点出场）、初始风险为5万美元（或者每百万美元的5%）的条件来产生交易，包括在波动性强的市场中，比如标准普尔500指数期货市场。

CB－PB系统（通道突破－回调系统）仅仅在6个市场的原始组合上突破，但是在多元化投资组合上没有获利，因为这些市场中的大部分在测试周期内都未出现上升趋势。或许该系统需要附加滤网来使它有效地工作。

ADX爆发趋势寻求系统在30个市场的投资组合上测试良好，自1995年1月起平均年盈利约为33%，月标准偏差为12.4%，最大峰至谷资金回撤为35%，约为月标准偏差的3倍。与其他的趋势跟随系统一样，其资金曲线在1998年9月出现峰值，并且在2000年底重新反弹至1998年高点的13%。其盈利效率比较可观，为0.19，与其他的趋势跟随系统一致。

T－AT系统在多元化的30个市场组合上表现较差，基本没有获利。它与趋势跟随系统的相关性较弱，为0.43。但是，这并不足以说明可以在一个高度多元化的投资组合上使用该系统。

黄金－债券场间交易系统在过去6年的数据上都是获利的。该交易系统背后的思想是当黄金价格强势上涨时就做空美国长期债券期货（反之亦然），因为黄金价格的上涨意味着通货膨胀时期的开始。测试周期从1995年1月1日到2000年12月21日。我们使用5万美元作为初始止损，以便为所有信号提供足够规模的交易。该系统在42笔交易上获利229669美元，盈利因子为1.39，如表4.25所示。

标准普尔500底部钓鱼系统模型的目标是使用趋势跟随出场交易在标准普尔500指数中常见的V形底。我们从1995年1月1日到2000年12月21日在标准普尔500上测试，使用5万美元初始止损。系统在第20天收盘时出场，测试报告显示在62笔交易上获利668150美元，盈利因子为1.57。测试结果见表4.26。

我们在30个市场的全球投资组合上测试超常机会系统，使用50日移动平均±1%的交易带，然后在20日高点或低点处出场。1%的交易带比3%的交易带产生了更多的交易。需要注意的是，在欧洲美元和欧洲银行同业拆借利率（Euribor）合约中，1%的交易带也显得太宽，以致不能产生交易。这两个市场一般使用长期趋势跟随模型。从1995年1月到2000年12月的平均年盈利约为31%，月标准偏差为11.3%，最大资金回撤为66%。相对较大的资金回撤和延长的无利润期都表明该投资组合没有充分多元化，最好使用本章前面所讲的波动性交易带，因为1%的交易带是任意指定的，而与市场当时的波动性无关。

表4.25 黄金-债券场间交易系统业绩表（1995年1月1日至2000年12月21日）

净利润	229669美元	持有仓位的利润/亏损	11500美元
毛利润	816200美元	毛亏损	-586531美元
总交易笔数	42	胜率	48%
盈利笔数	20	亏损笔数	22
最大单笔盈利	137700美元	最大单笔亏损	-52369美元
平均每笔盈利	40810美元	平均每笔亏损	-26661美元
回报率	1.53	平均交易利润	5468美元
最大连续盈利笔数	3	最大连续亏损笔数	4
盈利交易平均棒线数	50	亏损交易平均棒线数	15
最大日内资金回撤	-195975美元		
盈利因子	1.39	最大合约数	20
账户规模需求	195975美元	账户盈利	117%

表4.26 标准普尔500底部钓鱼系统业绩表（1995年1月1日至2000年12月21日）

净利润	668150美元	持有仓位的利润/亏损	0美元
毛利润	1843025美元	毛亏损	-1174875美元
总交易笔数	62	胜率	37%
盈利笔数	23	亏损笔数	39
最大单笔盈利	282975美元	最大单笔亏损	-50400美元
平均每笔盈利	80132美元	平均每笔亏损	-30125美元
回报率	2.66	平均交易利润	10776美元
最大连续盈利笔数	3	最大连续亏损笔数	9
盈利交易平均棒线数	20	亏损交易平均棒线数	6
最大日内资金回撤	-286025美元		
盈利因子	1.57	最大合约数	21
账户规模需求	286025美元	账户盈利	234%

第五章

开发交易系统的变化版本

看似相同的变化，其实永远不会相同。

简介

本章阐述如何使用现有思想来开发适合自己交易风格系统的方法。使用这种方法，我们可以建立一个大型的交易系统集合，以满足不同的目的。每位交易者都有不同的交易信条、时间窗口、资金限制、获利目标和信念水平，因此很少有交易者使用完全相同的交易策略。只要稍微努力，我们就可以使用著名的交易系统，根据著名的交易系统开发适合自己的新版本交易系统，从而使我们可能得到一种获胜的优势。同往常一样，我并不是建议使用某种特定的思想交易，而是试图激发交易者的创造性。改进现有系统的重点在于每个变化版本如何改变原交易系统的架构和它对市场数据的反应。

我们先来分析 20 日或 4 周突破系统，它或许是该行业中最古老的机械化交易系统之一。我们以 20 日棒线收盘突破系统的测试结果为改进的基础，该系统使用两种不同的出场策略。一种出场策略是简单的 x 日跟踪出场，另一种是比较复杂的、基于波动性的出场。第一种变化版本是使用高于 20 日价差的固定阈值，然后考虑使用变化的或基于波动性的阈值。

作为一种有趣的尝试，对于阈值我们不加反减，从 20 日通道中减去一个基于波动性的阈值，然后分析这种通道突破版本的统计学性能。所有这些变化版本都证明我们可以对一种既有的思想根据自己的需要或交易风格进行调整。

然后我们来分析两个基于平均动向指数（ADX）指标的模型，用平均动向指数度量价格趋势。我们将看到重度平滑的 ADX 减少了总交易笔数，但未错过主要趋势。我们先测试使用固定 ADX 值来触发交易的效果，然后加上 ADX 必须正在上升的限制条件。我们将看到 ADX 的绝对值不如它的趋势重要。

我们或许听到过这样的交易建议："当市场回调到支撑线时买进。"这条建议本身便足以建立一套交易系统，而我们将分析一套回调系统，它既可以在上涨趋势中工作，又可以在下跌趋势中工作。

在本章结束时，我们将讨论一套只用于做多入场的基于形态的系统。橄榄球赛场上的长传引发了"长传系统"。使用这种系统我们可以在自己喜爱的图表中收集许多有用的形态。

我们将在未经优化的条件下测试这些系统。在任何测试之前，因为系统中使用的值都是随机选择的，所以测试结果不会因为参数的选择而出现偏见。所有系统都是在相同的数据集上进行测试的，便于我们理解系统规则和市场运动之间微妙的相互影响。我们应该根据著名的交易思想来开发自己的变化版本，找出适合自己交易风格、满足自己交易目标的特定组合。

我们用来测试的市场见表 5.1，选择这些市场只是因为它们代表了一个多元化的组合，有的显示出强劲的趋势，有的显示出周期性的波动，有的具有较多的整固区。测试使用 1500 美元的初始止损，滑移价差和佣金考量为 100 美元。

表 5.1　本章中使用的市场和测试周期总结

市场	测试周期
英镑	1975. 2—1995. 7
咖啡	1975. 1—1995. 7
原油	1983. 1—1995. 7
棉花	1975. 1—1995. 7
德国马克	1975. 2—1995. 7
欧洲美元	1982. 2—1995. 7
黄金	1975. 1—1995. 7
日元	1976. 8—1995. 7
美国债券	1977. 8—1995. 7
小麦	1975. 1—1995. 7

带跟踪止损的收盘价通道突破系统

我们首先分析为普通的通道突破系统添加跟踪止损后的作用，目的是将通道突破系统转变为短期交易系统。大家对收盘价通道突破系统可能都比较熟悉，该系统中的做多入场规则和做空入场规则是对称的，如下所示。

（1）如果今天的收盘价高于最近20日的最高价，那么就在收盘时买进。

（2）如果今天的收盘价低于最近20日的最低价，那么就在收盘时卖出。

出场条件为简单的跟踪止损，止损价位为最近数日的最高价或最低价。在我们的例子中，我们希望使用5日跟踪止损。该出场条件如下所示。

（1）在最近5日的最低点处使用止损退出多头交易。

（2）在最近5日的最高点处使用止损退出空头交易。

假设市场在出现20日通道突破后会快速、果断地运动，我们可以使用相对紧凑的跟踪止损来保护大部分的利润。当市场做震荡运动时，紧凑的止损工作良好。反之，在拉长的趋势中，这种紧凑的跟踪止损会太早地退出交易。在长趋势期间我们会看到不止一笔交易，因为系统将在新出现的超过屏障的突破上产生一笔新的交易。表5.2给出了历史数据的测试结果，使用1500美元的初始止损，每个信号交易一份合约，滑移价差和佣金为100美元。

表5.2　收盘价20日通道突破系统，在5日高点或低点处出场的历史数据测试结果

市场	利润/美元	总交易笔数	胜率/%	盈利/亏损	平均交易利润/美元	最大日内资金回撤/美元	盈利因子
英镑	38869	259	34	2.35	150	-21338	1.21
咖啡	177438	255	38	3.26	696	-24414	2.03
棉花	-1300	260	35	1.81	-5	-23275	0.99
原油	-43230	157	29	1.10	-275	-44230	0.44
德国马克	38575	229	43	1.86	168	-12800	1.42
欧洲美元	14225	142	45	1.71	100	-5175	1.40
黄金	19180	222	31	2.67	86	-36870	1.18
日元	64913	201	44	2.01	323	-11388	1.56
美国债券	-5013	222	36	1.71	-23	-35994	0.96
小麦	-24169	248	29	1.61	-97	-32475	0.67
合计	279488	2195					
平均	27949	220	36	2.01	112	-24796	1.19

基本的20日棒线突破系统是一种典型的趋势跟随系统，胜率为36%，回报率大于2。63%的获利来自一个市场——咖啡。盈利因子（毛利润与毛亏损的比值）为1.19，说明该系统产生的利润略多于亏损。平均交易利润

为 112 美元，恰好位于可以接受的水平，部分原因是仅在交易中停留了较短的时间。

2195 笔的总交易数表明交易费用和滑移价差将对整体业绩产生重要影响。令人担心的是，10 个市场中有 4 个亏损。平均利润略大于平均最大日内资金回撤，这是另一个让人担心的地方。

这些测试使用在最近 5 日的最高点或最低点出场的策略。5 日高点或低点出场策略假设市场在出现 20 日新高后将进入一轮强劲的趋势，接下来的两个例子说明在实际交易中如何运用这种出场策略。在小麦的例子中（图 5.1），市场出现一个波动性的上升趋势。波动性的上升趋势是比较虚弱的，因为市场在出现新的高点后进入整固区。我们在 5 日高点和低点的出场了结了在新高出现之后的整固区中的交易，所以在小麦市场波动性的上涨趋势中，出现了一连串短命的交易。

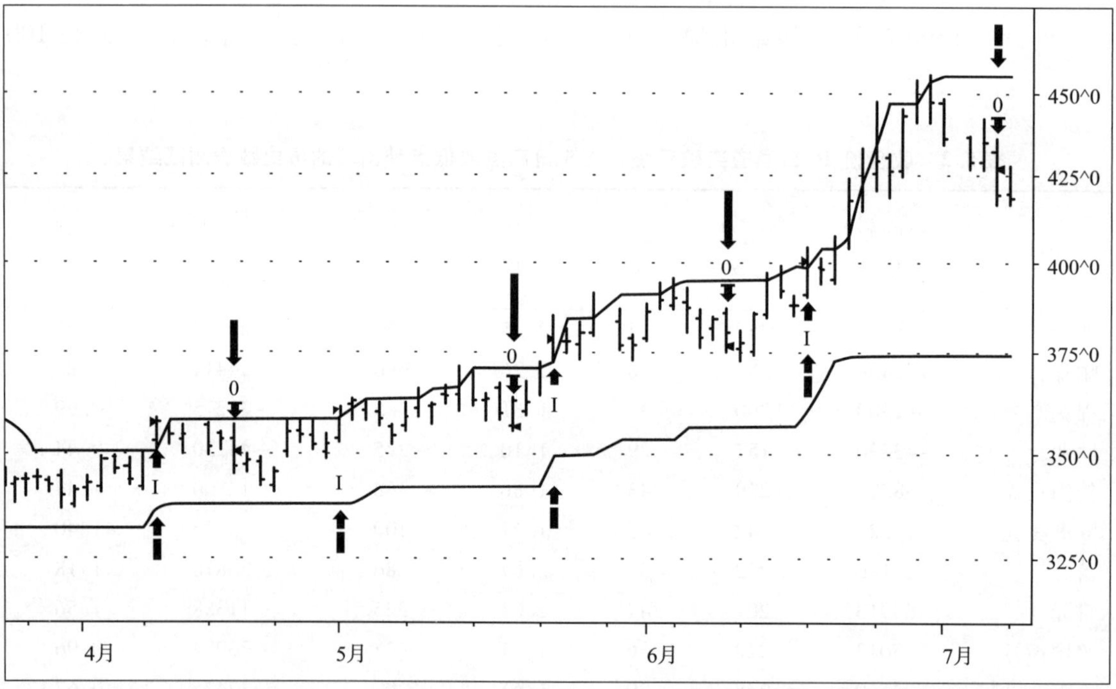

图 5.1　在小麦市场中，5 日高点或低点的收盘价在波动的上涨趋势中频繁给出出场信号

下一个例子（图 5.2），展示的是使用当前出场策略的理想交易。咖啡市场一旦突破 20 日价差便强势上涨。第一个显著的休整区触发了 5 日低点的跟踪止损。比较这两个例子，我们可以看出跟踪出场在震荡市场中表现最佳。如果交易者希望运用自己的判断力随意交易，那么应该记住震荡市场中

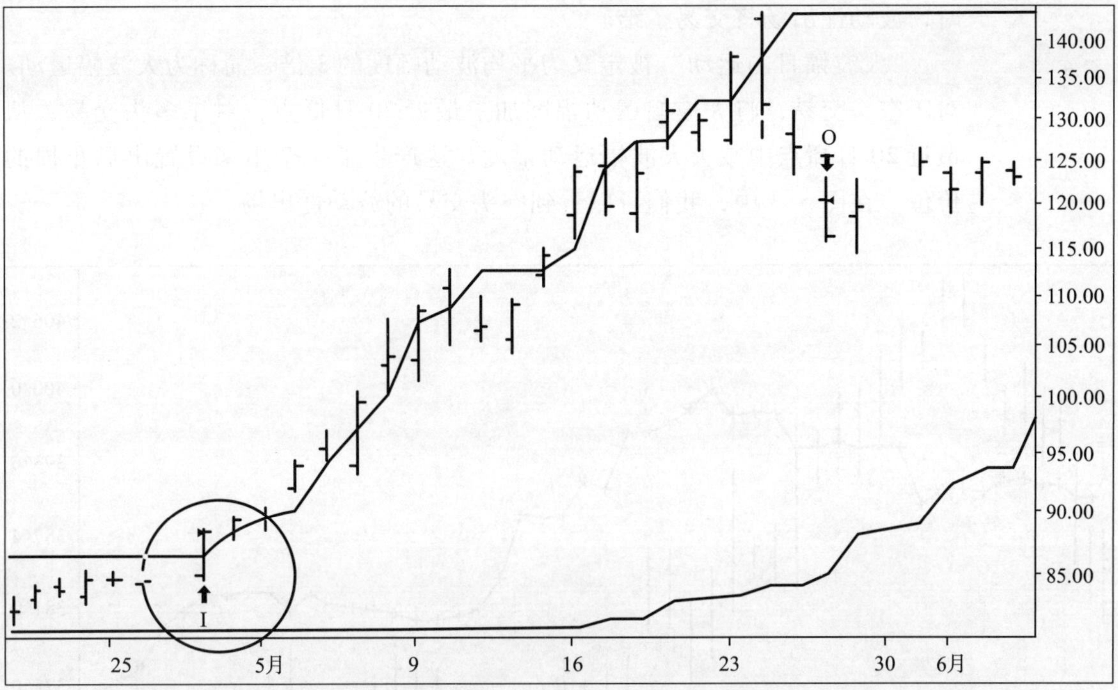

图 5.2　对于 5 日跟踪出场，咖啡永久合约显示出理想的市场运动，在突破后市场快速运动的行情中，这种策略表现最佳

的这种出场策略。

由于必须为跟踪止损指定“回顾”天数，所以这种出场策略也是有限制的。在下一部分，我们将讨论如何使用基于波动性的出场策略来克服这种限制。

带波动性出场的收盘价通道突破系统

有时在整固期来临之前，市场会出现与当前趋势相反的大幅运动，而波动性规则可以检测到这种逆势的“大幅”运动。我们希望在使用跟踪止损时，不必明确指定 x 天的回顾周期。接下来，我们便要设计一种基于波动性的跟踪止损。

基于波动性的出场策略有很多种类型。我们可以使用每日价差的 10 日简单移动平均来度量市场的波动性。日价差是日最高价和日最低价之差。如果市场在一个较窄的区间内运动，日价差会缩小，波动性减弱；而当市场做大幅的日内运动时，波动性增强。例如，在震荡市场结束时，市场常常会出现较宽的价格区间，方向与当前趋势相反。当出现逆势的大波幅日内运动时，波动性出场将交易了结。

“大波幅日内运动”被定义为平均波动幅度的3倍，简称为大波幅运动。对于空头交易，将大波幅运动幅度加上最近20日低点；对于多头交易，从最近20日高点中减去大波幅运动幅度。这产生了一个用来设置出场止损的价位。在图5.3中，我们可以看到空头交易的波动性出场。

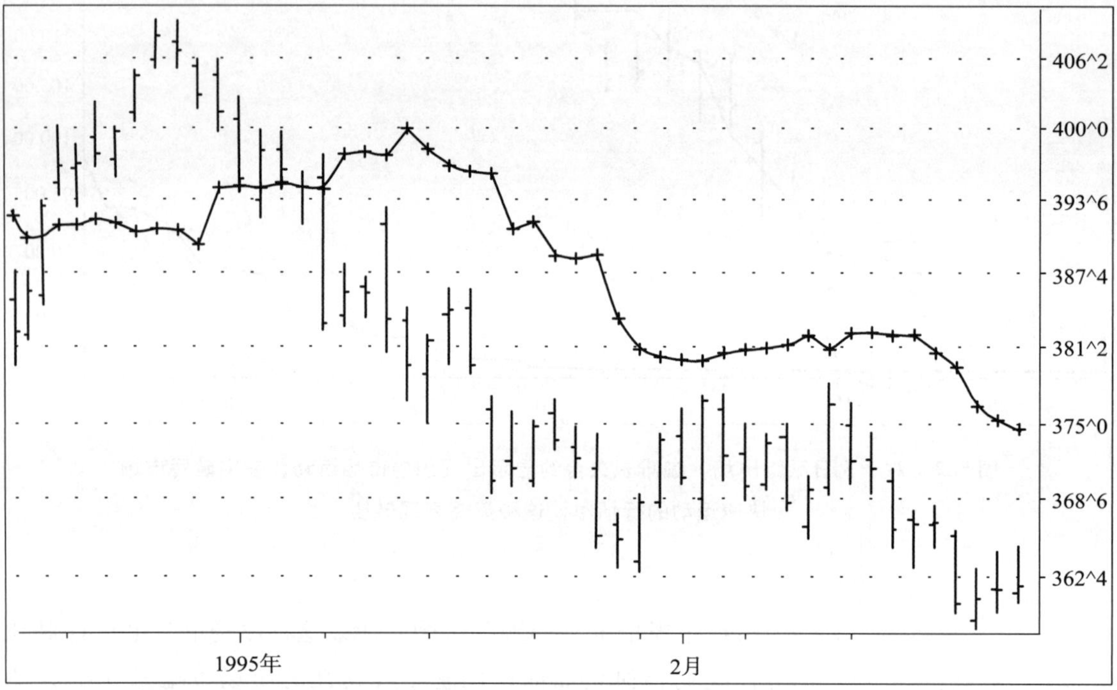

图5.3　空头交易的波动性出场跟踪价格，直至出现大的运动或反转才了结交易

现在我们可以使用波动性出场来对通道突破系统进行更精确的定义。交易规则类似于普通通道突破系统。

（1）如果今天的收盘价高于最近20日最高价，那么在收盘时买进。

（2）做多交易的出场价位设在20日最高价减去3倍的日价差10日SMA处，使用止损出场。

（3）如果今天的收盘价低于最近20日最低价，那么在收盘时卖出。

（4）做空交易的出场价位设在20日最低价加上3倍的日价差10日SMA处，使用止损出场。

对于计算机测试，我们使用1500美元的初始止损，每个信号交易一份合约，滑移价差和佣金考量为100美元。根据需要我们可以交易多份合约。图5.4所示为原油期货的波动上涨趋势。该系统在普通20日突破收盘时买了一份原油合约。一个尖锐的反转导致图 5. 4 中部位置出现一个大幅的下探棒线，其收盘价比先前的两个棒线收盘价都低，次日跟进的卖压触发了我们的止损出场（图 5. 4 中部偏下圆圈位置）。

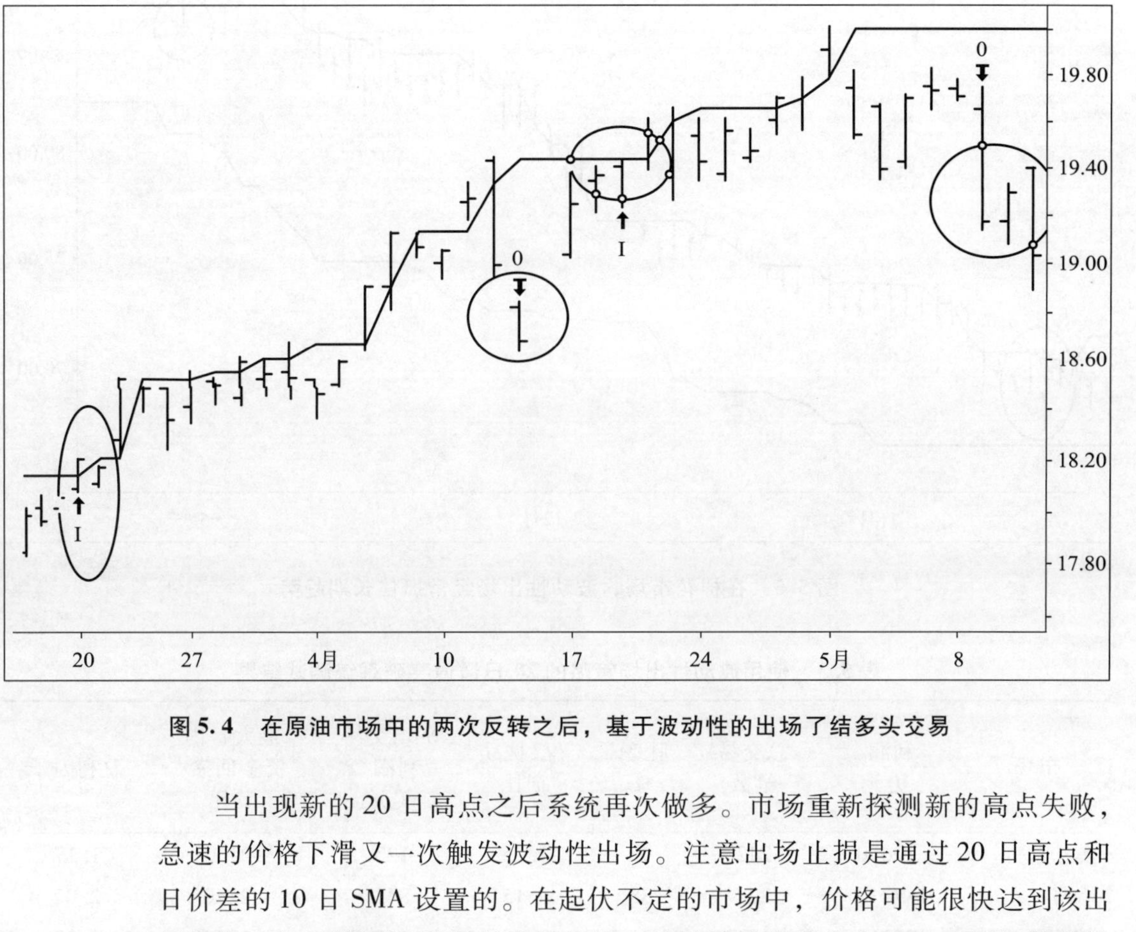

图 5. 4　在原油市场中的两次反转之后，基于波动性的出场了结多头交易

当出现新的 20 日高点之后系统再次做多。市场重新探测新的高点失败，急速的价格下滑又一次触发波动性出场。注意出场止损是通过 20 日高点和日价差的 10 日 SMA 设置的。在起伏不定的市场中，价格可能很快达到该出场价位，也可能缓慢下滑到止损价位。关键转折点常常出现在一轮趋势的结尾或者一段整固区的开头。

例如，突然的日价差扩大的价格运动出现于交易者对价位一致认同时。日价差的扩大是因为许多交易者做出了类似的判断。反之，有时没有消息驱动市场，价格便会以较小的加速度向出场止损价位方向运动。基于波动性止损的主要优点，是它把止损调整到适合市场交易模型的水平（图 5. 5）。当然，如果价格穿过我们的止损价位，我们将以任一方案出场。

表 5. 3 所示为这种出场策略在历史数据上的遭遇。这些结果略好于使用 5 日高点或低点跟踪止损所得的测试结果（表 5. 2）。使用波动性出场策略，总利润增加了约 25%，交易数减少了约 13%。盈利因子略有提升，平均最

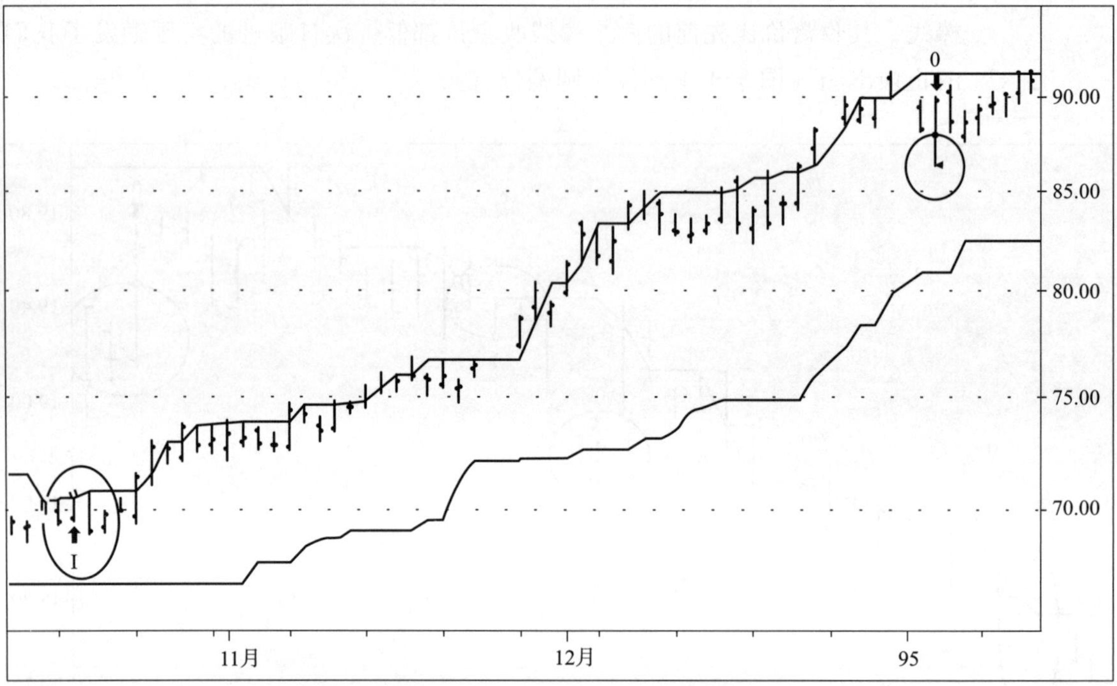

图 5.5　在棉花市场，波动性出场经常抓住长期趋势

表 5.3　使用波动性出场策略的 20 日通道突破系统测试结果

市场	利润/美元	总交易笔数	胜率/%	盈利/亏损比	平均交易利润/美元	最大日内资金回撤/美元	盈利因子
英镑	29650	242	40	1.75	123	-27331	1.17
咖啡	187210	222	38	3.15	843	-21405	2.02
棉花	27565	194	35	2.28	143	-18690	1.23
原油	-45210	158	32	0.99	-286	-44970	0.46
德国马克	51275	201	45	1.89	255	-9813	1.56
欧洲美元	20925	115	41	2.42	182	-4775	1.67
黄金	31170	199	33	2.66	157	-31430	1.29
日元	59350	209	43	2.06	284	-12500	1.53
美国债券	-1669	182	33	2.01	-10	-28838	0.99
小麦	-12069	187	30	2.00	-54	-19306	0.85
合计	348197	1909					
平均	34820	191	37	2.12	164	-21906	1.28

大日内资金回撤降低了约12%。这些结果之间的差异并不是非常大。

到目前为止，我们都是在高于20日交易区间仅1点的位置自动进入交易。如果我们将1点的屏障放宽的话，便可以减少交易数目。下一部分将分析使用20点屏障带来的影响。

使用20点阈值的通道突破系统

至此，我们的收盘通道突破都是规定收盘价超过前20日最高点或最低点1点。这1点只是20日交易区间之上的一个屏障值。图5.6使用20点阈值代替1点阈值。该数字是任意指定的，读者当然可以测试其他数值。在这种情况下，超过阈值的决定性收盘价将引发一轮强势上涨。

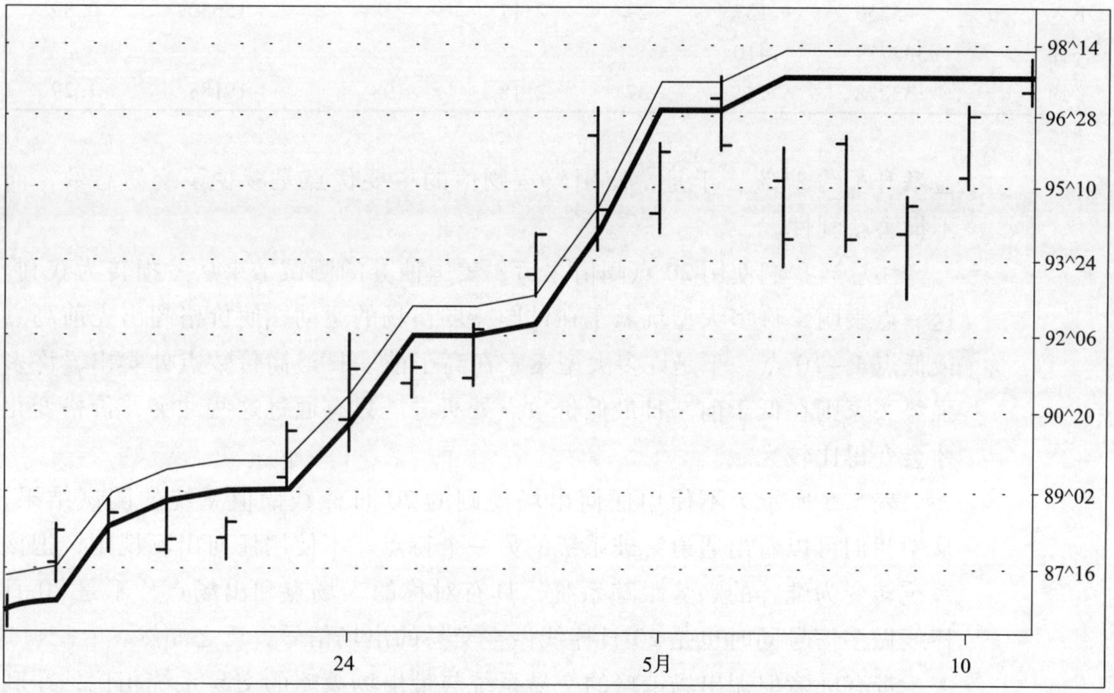

图5.6　在美国债券市场上使用20点阈值。粗线是20日高点，细线是20点阈值

接着上一部分的讨论，表5.4所示为该系统的测试结果。初始止损为1500美元，滑移价差和佣金考量为100美元。

与使用波动性出场策略的20日棒线通道突破系统（表5.3）相比，净利润基本未变。利润虽然相同，但平均交易笔数减少了约26%（从191笔降至141笔）。正如我们从交易减少的情况中所预期的一样，每笔交易的收

表 5.4　使用 20 点阈值和波动性出场的 20 日通道突破系统测试结果

市场	利润/美元	总交易笔数	胜率/%	盈利/亏损	平均交易利润/美元	最大日内资金回撤/美元	盈利因子
英镑	24588	222	41	1.69	110	-26888	1.15
咖啡	175631	213	39	3.04	825	-22605	1.98
棉花	27430	178	35	2.28	154	-18595	1.25
原油	-40630	111	28	1.04	-366	-42130	0.40
德国马克	33275	152	39	2.23	219	-7813	1.46
欧洲美元	2250	17	41	1.92	132	-2900	1.34
黄金	31610	142	32	2.87	222	-25640	1.38
日元	53950	161	43	2.08	335	-9550	1.60
美国债券	29925	77	38	2.46	388	-20113	1.49
小麦	-5250	137	29	2.17	-38	-15650	0.89
合计	332779	1410					
平均	33278	141	37	2.18	198	-19188	1.29

益攀升了约21%，于是，使用较宽阈值的主要优点是减少了交易总数，而不损害获利性。

注意当我们使用20点阈值之后，美国债券的测试结果从亏损转为获利。这一点表明，许多大型玩家正在试图减弱市场的运动，使价格超出先前高点或低点1~10点。于是许多大型卖家在高于前一日最高价数点处卖出，许多强势买家则在低于前一日最低价数点处买进。只有通过这些冲突，价格变化才会变得比较大。

表5.5所示为不使用任何出场规则的20日棒线阈值系统的测试结果，从中我们可以看出通道突破系统的另一个特点。不使用任何出场规则，把该系统转变为纯粹的趋势跟踪系统，具有对称的入场点和出场点，于是20日棒线做多信号同时也是20日棒线做空交易的出场信号，反之亦然。

带有屏障但无出场策略的交易系统与带出场策略的交易系统相比，净利润提高了约50%，而交易笔数减少了约37%。基本的趋势跟随系统的确相当具有吸引力。我们有理由问，为什么应该在通道突破系统中使用出场策略呢？这源于系统在市场中的天数，还有潜在风险的问题。如果我们不使用任何出场策略，部分时间系统会位于市场之外。如果系统经常在市场之外，我们预计可以降低暴露在市场中的风险。

表5.6总结了带出场策略和不带出场策略的20日通道突破系统在市场中的天数。添加波动性出场策略平均减少了系统在市场中的天数约58%。

表 5.5 使用 20 点阈值并且无出场策略的 20 日通道突破系统测试结果

市场	利润/美元	总交易笔数	胜率/%	盈利/亏损	平均交易利润/美元	最大日内资金回撤/美元	盈利因子
英镑	101644	135	31	3.75	753	-25544	1.69
咖啡	220100	144	30	5.46	1508	-25224	2.37
棉花	43345	114	37	2.94	380	-15310	1.41
原油	-17320	55	33	1.40	-315	-29020	0.68
德国马克	49900	89	38	2.66	561	-10613	1.64
欧洲美元	2150	10	30	2.78	215	-7225	1.19
黄金	-6320	100	30	2.14	-83	-56940	0.92
日元	74575	95	35	3.40	785	-12813	1.81
美国债券	44400	55	27	4.50	800	-19825	1.69
小麦	-12581	88	30	1.87	-143	-29494	0.79
合计	499893	885					
平均	49989	89	32	3.09	446	-23156	1.42

表 5.6 添加出场策略缩短了系统在市场中的天数

市场	市场中天数，无出场规则/天	市场中天数，波动性出场规则/天	天数差异/%
英镑	4028	2322	-42
咖啡	2945	1932	-34
棉花	4568	2948	-35
原油	2732	883	-68
德国马克	4605	1904	-59
欧洲美元	1643	279	-83
黄金	4110	1713	-83
日元	3838	1645	-58
美国债券	3005	1196	-57
小麦	4816	2287	-60
平均	3629	1711	-58

于是我们为通道突破系统添加出场策略后，潜在风险大大降低。当在市场之外时，我们的账户资金还可以为我们赚取利息，利息收入也有助于账户资金平滑。

注意使用波动性出场策略后，平均最大日内资金回撤为 -19188 美元，而没有出场策略时为 -23156 美元。于是，添加出场策略使平均最大日内资金回撤降低了约17%，但这可能纯属偶然。总之，加宽屏障的主要好处是减少了系统在市场中的天数。

理论上，我们应该根据市场波动性来调整屏障的宽度。固定屏障可能太宽，以致不能在日波动性的普通区间内触发交易。例如，对于欧洲美元市场来说，20点阈值太宽了。基于波动性的阈值将根据市场行情变化，在所有的市场上提供一个更加一致的阈值。下一部分将讨论使用基于波动性的可变阈值会对系统产生什么影响。

带内部波动性阈值的通道突破系统

在前一部分中我们看到了20日价格区间之外的20点阈值对系统产生的影响。阈值加宽了20日价差，并帮助滤除了一些交易。在欧洲美元市场的示例中，20点阈值比市场的正常波动宽很多，所以20点阈值只允许10笔交易通过，减少了利润和交易机会。

本部分向您展示如何设计基于波动性的屏障。作为一种有趣的尝试，我们将在20日价格通道内设置阈值（图5.7）。因为通道将变窄，所以我们会得到更多的交易机会。阈值的宽度就像过滤交易的滤网。我们应该非常清楚

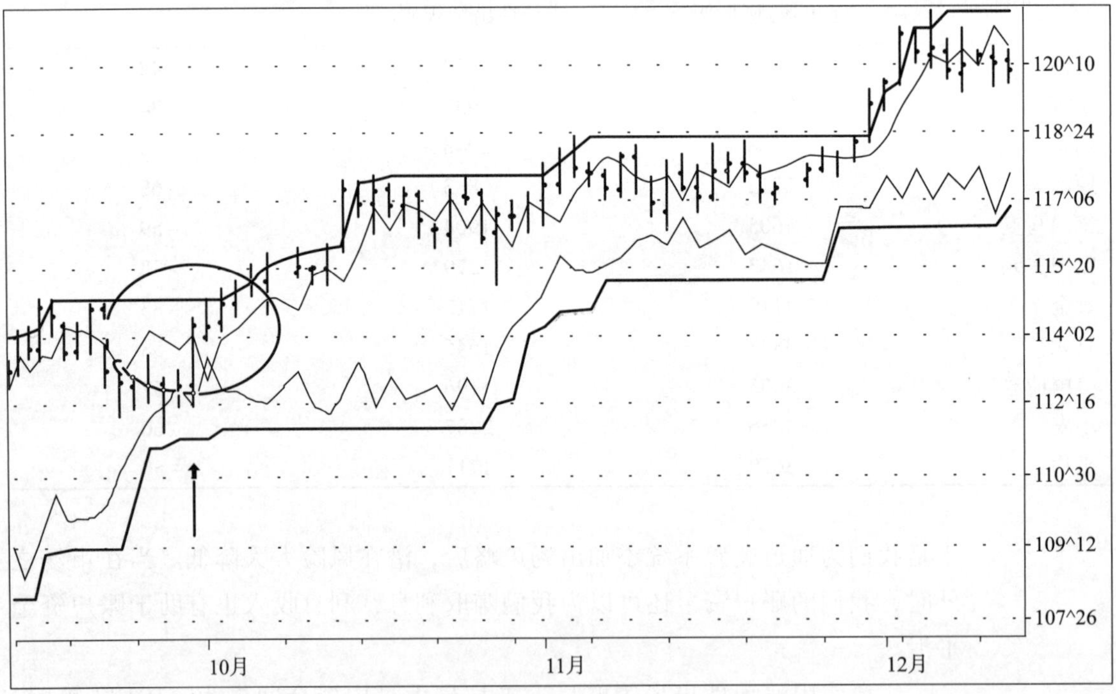

图5.7　内侧波动性阈值叠加于20日通道上，在美国债券市场上出现一笔做多交易

地理解波动和通道宽度之间的交互作用。如果波动较小，那么实际通道宽度将变宽。而如果波动较大，那么实际通道宽度将变窄。当波动增大时，该系统的交易频率将增加。

此处的波动被定义为日价差的 10 日 SMA。日价差是当日最高价和最低价之差，因此上侧内部阈值就是 20 日最高价减去波动。类似地，下侧内部阈值就是 20 日最低价加上波动。如果市场高于上侧内部屏障，我们将在收盘时做多；如果市场低于下侧内部阈值，我们将在收盘时卖出。波动性出场为日价差的 10 日 SMA 的 3 倍。

从图 5.8 中我们可以看到内部阈值更详细的工作过程。阈值的实际宽度比较窄，但是每天都在变化。因为宽度比 20 日通道要窄，所以使用内部阈值后交易数增加。从图 5.8 中我们可以看出，在狭窄的整固区内，内部阈值之间可以非常接近，甚至互相交叉。随着内部阈值逐渐靠近，交易数不断增加。于是，内部阈值系统在价格整固区产生许多双面拉锯式交易。

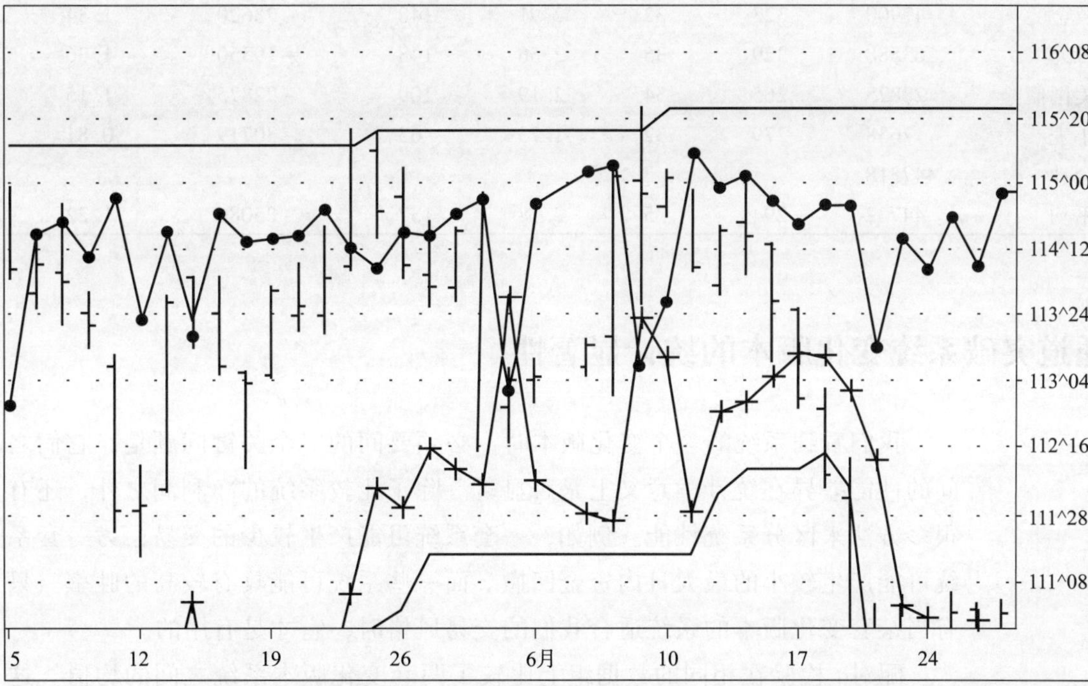

图 5.8　内侧波动性阈值在整固区内非常接近，增加了交易频率

读者可能不喜欢内部阈值系统在整固区内增加交易频率。普通通道突破系统的优点之一，是它可以在价格拥挤区产生较少的交易。所以，内部阈值系统并非对所有交易者都有吸引力。

表 5.7 所示为在前述市场数据上的测试结果。读者将注意到，与带波动性出场的固定 20 点阈值系统（表 5.4）相比，总利润上升了约 35%，总交易笔数平均为 294，是固定 20 点阈值系统的两倍多。如果交易者的交易费用较低的话，交易频率越高，系统的魅力就越大。

表 5.7 带内侧波动性阈值和波动性出场的通道突破系统测试结果

市场	利润/美元	总交易笔数	胜率/%	盈利/亏损	平均交易利润/美元	最大日内资金回撤/美元	盈利因子
英镑	49394	356	37	2.01	139	-27719	1.20
咖啡	235774	355	33	2.58	664	-29451	1.79
棉花	21050	281	33	2.31	153	-18395	1.13
原油	-57300	249	32	1.11	-230	-57720	0.52
德国马克	48700	318	39	2.12	153	-14213	1.34
欧洲美元	26975	184	41	2.25	147	-6600	1.55
黄金	47900	323	32	2.91	148	-23620	1.34
日元	63588	329	35	2.56	148	-19550	1.36
美国债券	28875	265	34	2.19	109	-22875	1.15
小麦	-17638	279	32	1.73	-63	-30719	0.81
合计	447318						
平均	44732	294	35	2.18	137	-25086	1.22

通道突破系统变化版本的统计显著性

我们看到系统的一个变化版本时，必须要问的一个关键问题是，它们之间的性能差异在统计学意义上是否显著。除了比较系统的净利润之外，还有很多方法来区分系统性能。例如，一套系统可能产生较少的交易，另一套系统可能产生较小的最大日内资金回撤。而一些系统可能具有较高的胜率。只有当某套变化版本的系统适合我们的交易风格时，它才是有用的。

配对 t 检验在相同的数据组上比较了两套变化版本系统之间的均值。这种检验将告诉我们，我们比较的这两套系统在统计学意义上是否真正不同。读者可以在有关统计学的书中找到关于 t 检验的详细论述。为了实现我们的目的，这种检验给出了两个数据：一个是数据的 t 统计量，一个是合适的参考值（t 临界值）。如果我们的 t 统计量大于 t 临界值，那么系统之间的性能差异在统计学上就是显著的。微软的 Excel 5.0 中具有内置的 t 检验功能，可以从数据分析的工具菜单中选择。

在使用 t 检验之前，为了达到比较的目的，我们需要一套参考系统或标准系统。这里我们将一套无任何出场策略的 20 日通道突破系统作为参考系统。如果没有指明任何出场策略，那么其中的做多入场点便是做空出场点，反之亦然。于是，添加出场策略对参考系统的影响便很容易度量。表 5.8 总结了无出场策略 20 日通道突破系统在先前数据上的测试结果。像往常一样，初始止损为 1500 美元，滑移价差和佣金考量为 100 美元。

表 5.8　无出场策略的收盘价 20 日通道突破系统历史数据测试结果

市场	利润/美元	总交易笔数	胜率/%	盈利/亏损	平均交易利润/美元	最大日内资金回撤/美元	盈利因子
英镑	92494	149	30	3.76	621	-29250	1.58
咖啡	222042	152	30	5.21	1461	-26083	2.34
棉花	35870	77	31	1.55	276	-20270	1.29
原油	-12740	130	34	2.91	-165	-27400	0.70
德国马克	72000	109	44	2.44	661	-9975	1.92
欧洲美元	25825	63	44	2.16	410	-10275	1.73
黄金	29920	124	35	2.36	241	-39520	1.30
日元	64388	121	38	2.61	532	-17563	1.60
美国债券	-1956	133	30	2.29	-15	-32629	0.99
小麦	-11463	125	33	1.73	-92	-27775	0.85
合计	516380	1183					
平均	51638	118	35	2.70	393	-24074	1.43

让我们分析为参考系统添加 5 日高点-低点跟踪止损后对系统性能产生的影响（表 5.2）。在比较两套系统的净利润时，t 统计量为 2.224，t 临界值为 2.262，自由度为 9。于是，t 统计量小于 t 临界值。参考系统的平均利润为 51368 美元，而添加跟踪止损后为 27948.8 美元。在 5% 的置信水平上，这种差异还是非常显著的。所以，添加跟踪止损可能大大降低了平均利润。使用电子表格的检验结果见表 5.9。

表 5.10 中比较了两个交易系统的交易笔数。带跟踪止损的系统平均交易数为 220 笔（表 5.2），而参考系统为 118 笔（表 5.8）。交易数的 t 统计量为 8.055，t 临界值为 2.262，表明在统计学意义上交易数有显著增加。所以当我们添加跟踪止损后，总交易数明显增加。

表 5.9　参考系统与带 5 日跟踪止损的 CHBOC 之间的 t 检验结果比较

t 检验：两个样本的均值配对	参考系统	5 日出场
均值	51638	27948.8
方差	4.85×10^{8}	3.77×10^{9}
观察量	10	10
Pearson 相关性	0.875	
假定平均差	0	
df	9	
t 统计量	2.224	
$P(T\leq t)$ 单侧	0.027	
t 临界值 单侧	1.833	
$P(T\leq t)$ 双侧	0.053	
t 临界值 双侧	2.262	

表 5.10　参考系统和带 5 日跟踪止损系统的交易数 t 检验结果对比

t 检验：两个样本的均值配对	5 日出场	参考系统
均值	220	118
方差	1736.72	818.455
观察量	1	1
Pearson 相关	0.410	
假定平均差		
df		
t 统计量	8.055	
$P(T\leq t)$ 单侧	1.05	
t 临界值 单侧	1.833	
$P(T\leq t)$ 双侧	2.10	
t 临界值 双侧	2.262	

现在我们把这两组比较结果结合起来分析。这些结果表明，添加 5 日高点-低点跟踪止损使利润降低了约 30%，同时交易数增加了约 76%。现在我们必须决定这些改变是否适合我们的交易风格。

接下来我们分析添加波动性出场对参考系统的影响（表 5.3）。平均利润从 51638 美元下降至 34820 美元，在统计学上是显著的（t 统计量：$2.54>t$ 临界值：2.262）。利润减少了约 33%，交易总数增加了约 61%（t 统计量：$8.82>t$ 临界值：2.26）。所以，波动性出场减少了利润，增加了交易频率。当然，它引入了中性区域（即在市场外观望。——译者注），缩短了账户暴露于市场中的时间。我们可能会喜欢这种出场策略，因为它会响应特定的价格形态，比如大幅的逆势运动。一些交易者可能喜欢这种出场策略产生的资金曲线优于参考系统的资金曲线。另一些交易者则可能喜欢该系统带来的高交易频率，因为这意味着更多的交易机会。

使用20点阈值没有使无出场策略时的净利润产生统计学上的显著性减少（表5.5）。参考系统在每个市场上的平均利润是51638美元，加上20点阈值后的利润为49989美元。所以，添加阈值没有明显减少利润，但是，它使交易数减少了约25%，这是统计学上显著性的（t统计量：4.71 > t临界值：2.262）减少，表明阈值起到了滤网的作用。

为20点阈值系统添加波动性出场（表5.4），也没有使净利润产生统计学上显著性的变化。但是，交易数明显增多。我们将不得不分析资金曲线，以决定是否愿意接受添加出场策略的影响。

参考系统与带内部波动性阈值的系统（表5.7）之间没有明显的差异。例如，20点阈值系统的平均利润是51638美元，而使用内部波动性阈值的平均利润是44732美元。但是，不使用内部波动性阈值的交易数要少约60%。所以内部波动性阈值使交易频率产生了统计上的显著性的增加。于是，内部阈值会满足我们高频交易的胃口，而不会对业绩产生大的影响。

这一部分的分析表明，我们应该使用统计测试来区分系统性能之间的差异。我们可以使用电子表格来帮助分析，或者使用专业的分析软件（目前国内用得比较多的是SAS和SPSS。——译者注）。我们应该仔细记录出场策略的改变对利润、交易频率和最大日内资金回撤的影响，这样我们很容易便可找到满足自己交易需求的入场信号。

两个ADX变化版本

平均动向指数（ADX）在度量趋势性时应用比较广泛。对两个ADX系统变化版本的测试结果表明，ADX的绝对值没有特别重要的意义。测试时使用1500美元的止损，考虑100美元的滑移价差和佣金。测试市场为英镑、咖啡、棉花、原油、德国马克、欧洲美元、黄金、日元、美国债券和小麦。测试数据为从1975年1月1日到1995年7月10日之间所有的可用数据。

当14日ADX值向上超过30时，第一套测试系统做多或做空。当上一日ADX值小于30，而当日ADX值大于30时交叉产生。如果收盘价的3日SMA大于20日指数移动平均，那么系统将在次日开盘时买进。反之，如果收盘价的3日SMA小于20日指数移动平均，那么系统将在次日开盘时卖出。测试时使用1500美元的初始止损，考虑100美元的滑移价差和佣金。出场信号是一个跟踪止损信号，位于最近20日的最高价或最低价处。

第二个变化版本不使用ADX的绝对值，它只要求ADX是上升的。如果ADX值大于其28日前的值，便认为它是上升的。除此之外，两个变化版本的规则是完全相同的。测试结果总结于表5.11和表5.12中。上升ADX系统看起来比ADX>30系统更具获利性。t检验表明它们之间的差异的确具有统计学上的显著性，因为t统计量为2.76，大于t临界值2.26。

表5.11　ADX>30交易系统的测试结果

市场	利润/美元	总交易笔数	胜率/%	盈利/亏损	平均交易利润/美元	最大日内资金回撤/美元	盈利因子
英镑	66188	51	41	3.72	1298	-8869	2.61
咖啡	112531	64	33	5.76	1758	-13065	2.81
棉花	68795	50	50	4.09	1376	-8355	4.09
原油	17780	22	50	2.93	808	-3550	2.93
德国马克	21338	57	44	2.00	374	-7238	1.56
欧洲美元	18675	36	53	2.13	519	-3350	2.38
黄金	-1860	50	34	1.85	-37	-25180	0.95
日元	42125	47	47	2.56	896	-9887	2.25
美国债券	2525	56	34	2.05	45	-14588	1.05
小麦	5675	48	44	1.65	118	-6950	1.28
合计	355632						
平均	43745	47	43	2.87	323	-10103	2.19

表5.12　ADX上升趋势系统测试结果

市场	利润/美元	总交易笔数	胜率/%	盈利/亏损	平均交易利润/美元	最大日内资金回撤/美元	盈利因子
英镑	131469	180	35	3.43	730	-24850	1.85
咖啡	217465	213	28	5.28	1021	-19824	2.08
棉花	57495	173	35	2.90	332	-17745	1.54
原油	-1590	121	32	2.05	-13	-14620	0.97
德国马克	74888	141	49	2.07	531	-10475	1.99
欧洲美元	38600	96	43	3.45	402	-4000	2.57
黄金	33150	182	35	2.46	182	-24120	1.33
日元	71850	164	36	2.94	438	-16763	1.65
美国债券	60163	164	37	2.52	367	-12188	1.49
小麦	5105	151	52	1.98	15	-24131	1.04
合计	690185						
平均	85635	159	37	2.91	323	-16872	1.65

这些测试结果表明，ADX 的趋势比其绝对值更有用。但是，使用 ADX >30 这样的值是一种严格条件，它使交易数明显减少。我们发现 ADX >30 系统在市场中的时间只有上升 ADX 系统的 40%~50%。所以，ADX >30 系统的亏损和最大日内资金回撤都比较小。于是两种方法各有优缺点，我们可以根据自己的交易偏好进行选择。

我们在图 5.9 和图 5.10 中看到了两套系统的运作情况。图 5.9 所示为 ADX 上升系统在 1995 年 11 月橙汁合约上的入场。ADX 指标及其 30 参考值位于图表的下半部分。ADX 曾一度下降，但是在 28 天的时间框架下看都处于上升趋势。图 5.10 所示为 ADX 向上穿越 30 时的入场。ADX >30 系统的入场信号产生于 ADX 上升系统出现信号 3 个多月之后。ADX 是一种重度平滑的指标，我们应该能预料到这种延迟入场。显然，具体选择哪一种还要根据交易者的交易风格和偏好。

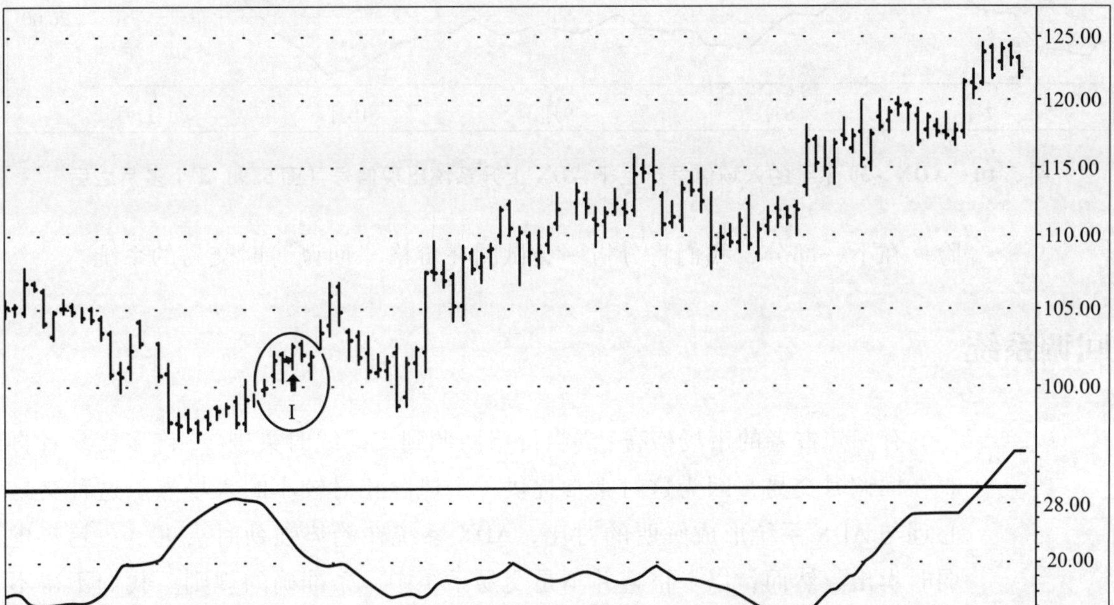

图 5.9　在 1995 年 11 月的橙汁市场中，ADX 上升系统产生的入场点

ADX 策略假定交易者正试图确认一轮强趋势的存在。重度平滑的 ADX 要花费几天的时间才能响应价格的变化，所以这些入场产生时，价格可能已经运动了一小段距离。许多交易者不喜欢在价格强势上涨时买进，也不喜欢在市场疲软时卖出，他们通过在回调处买进或在小幅反弹处卖出来降低风

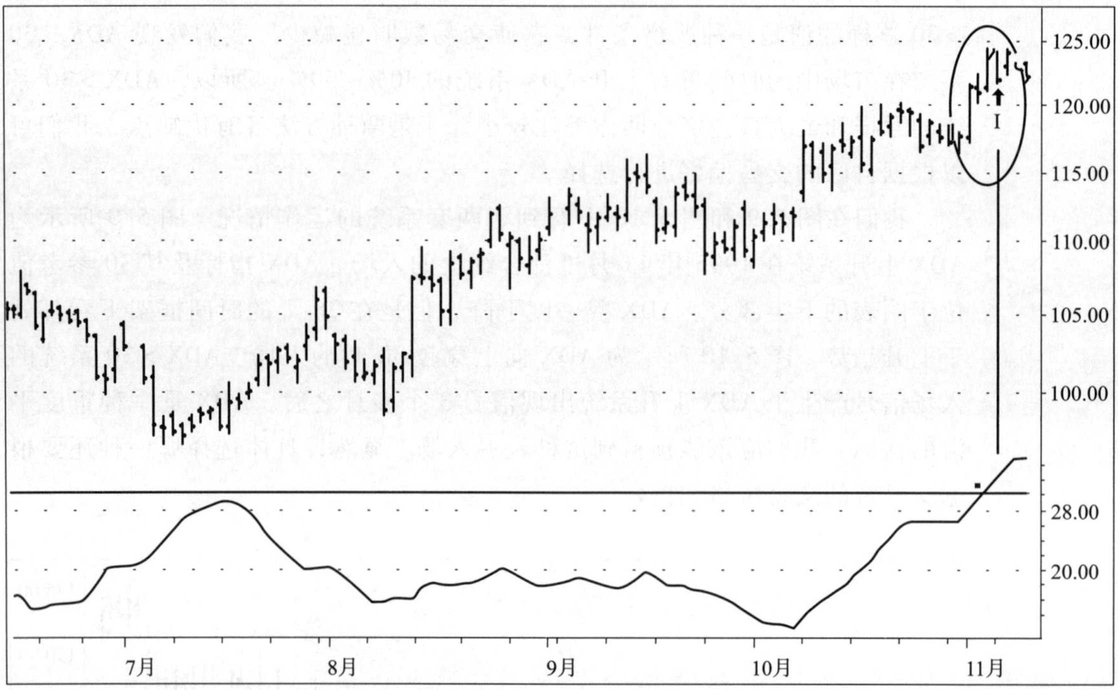

图 5.10　ADX >30 系统的入场信号产生于 ADX 上升系统出现信号（图 5.9）3 个多月之后

险。在下一部分，我们将分析一套试图在价格“回调”时交易的系统。

回调系统

有一句古老的市场格言：“当价格回调到支撑线时买进。”许多交易者喜欢在回调时交易，因为这时常常提供一个风险相对较小的入场点。这种交易心理与 ADX 系统形成鲜明的对比，ADX 系统在趋势强劲时买进，在趋势虚弱时卖出。然而，以上格言并不是交易系统中一条准确的规则。我们不得不对回调和支撑进行定义。该系统是第四章中所分析的 CB－PB 系统的一个变化版本。此处回调的定义与移动平均相关，而非与 20 日突破相关。

回调就是上升趋势中的微小休整，有许多种表现形式。例如，我们可以将回调定义为三条连续下降的棒线，也可以将其定义为“返回到支撑线”，而这条支撑线就是一条移动平均线。我们可以选择不同类型的平均线，比如 20 日或 50 日简单或指数移动平均线。“回调到支撑线”是含糊不清的——我们得确定价格是必须接触到平均线，低于平均线，还是进入距离平均线 1% 的范围。我们一旦定义好了“回调”与“支撑”，就必须决定在何处买进。例如，我们可以在次日开盘价、次日最高价或5日最高价处买进。选择一种精确的定义将使我们能够建立该系统的许多变化版本。

我们希望建立这样一套系统，它能够在下降趋势和上升趋势中识别价格回调运动。我们把回调定义为上涨趋势中出现新的5日低点，或下跌趋势中出场新的5日高点。

接下来我们必须定义趋势。如果趋势为上涨，则市场出现新的5日低点时，该低点将保持在 d 日 SMA 之上。类似地，如果趋势为下跌，当市场出现新的5日高点时，该高点将保持在 d 日 SMA 之下。我们任意指定 50 日 SMA 为参考移动平均线，在长期趋势中，价格将一直在它的上方或下方。于是，市场出现新的5日低点时，若该低点仍位于50日 SMA 之上，则趋势被定义为上涨（图5.11）。对应的下跌趋势是新的5日高点保持在50日 SMA 之下。

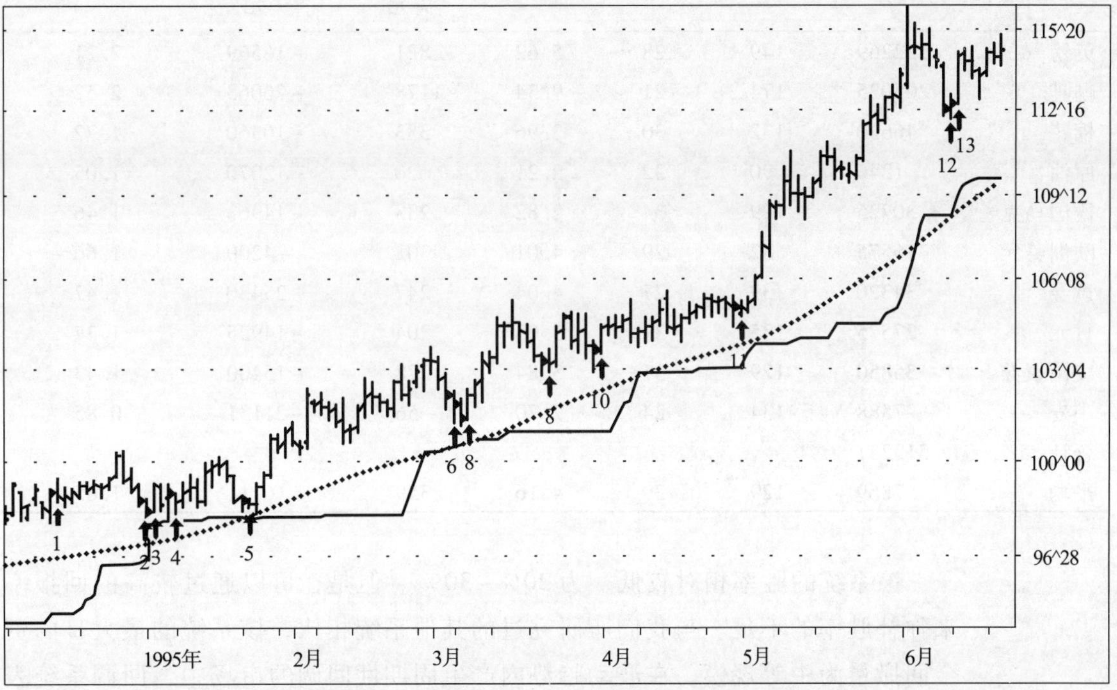

图5.11　在1995年6月的美国债券市场中，回调系统有很多入场点进入强劲的上升趋势。实线是跟踪20日低点，50日 SMA 用虚线表示

我们可以设计该系统的其他版本。例如，根据康纳斯和拉西克的建议，添加一层 ADX 趋势滤网。他们建议使用14日 ADX 值大于30并且使用20日指数移动平均。另一种选择是使用14日 RSI 或随机震荡指标，然后寻找这些指标的反转点。例如，我们寻找随机指标下降到低于20，然后上升到超过20的反转点，将其定义为买进点。

使用本章测试所有系统所用的相同数据集，对回调系统进行测试，结果见表5.13。我们再次使用1500美元的初始止损，100美元的滑移价差和佣金考量。入场选在5日新低高于50日SMA之后的开盘时，出场点为跟踪20日高点或低点。当我们在宽范围的市场上考查回调系统的获利性时，该系统的基本思想看起来是正确的。20年的测试周期也对回调系统的未来获利性做出了肯定。

表5.13 回调系统测试结果：新的5日低点高于50日SMA，或者新的5日高点低于50日SMA；20日高点或低点跟踪出场；1500美元初始止损，100美元的滑移价差和佣金

市场	利润/美元	总交易笔数	胜率/%	盈利/亏损	平均交易利润/美元	最大日内资金回撤/美元	盈利因子
英镑	122269	149	28	5.62	821	-16569	2.21
咖啡	205035	174	21	9.34	1178	-26063	2.52
棉花	46630	132	30	3.96	353	-10360	1.72
原油	1840	90	32	2.21	20	-12070	1.05
德国马克	30725	129	34	2.82	238	-14963	1.46
欧洲美元	16575	82	29	4.01	302	-4200	1.66
黄金	34320	139	27	4.04	247	-25430	1.47
日元	27575	135	31	3.03	204	-14925	1.37
美国债券	35850	129	31	3.84	278	-15400	1.43
小麦	-7588	134	24	2.70	-56	-21131	0.85
合计	513231						
平均	57869	129	29	4.16	359	-16111	1.65

该系统的胜率相对较低，为20%~30%。但是，可以通过较高的回报率来弥补胜率的不足。与我们所研究过的其他系统相比，该系统的最大日内资金回撤量为中等规模。在波动趋势内产生周期性回调的市场中，回调系统表现最佳。（注意观察在原油市场中较小的利润和美国债券市场中较小的亏损。）本书中讨论的其他趋势跟随系统在这些市场上都表现得不好，原因是这些市场经常出现波动性趋势。

与该系统的设计理念相一致，最大日内资金回撤值比其他趋势跟随系统小得多。但是，表5.13中的测试结果还不如我们看到过的其他趋势跟随系统引人注目。在图5.12所示的生猪市场中，我们可以明显看出系统失利的

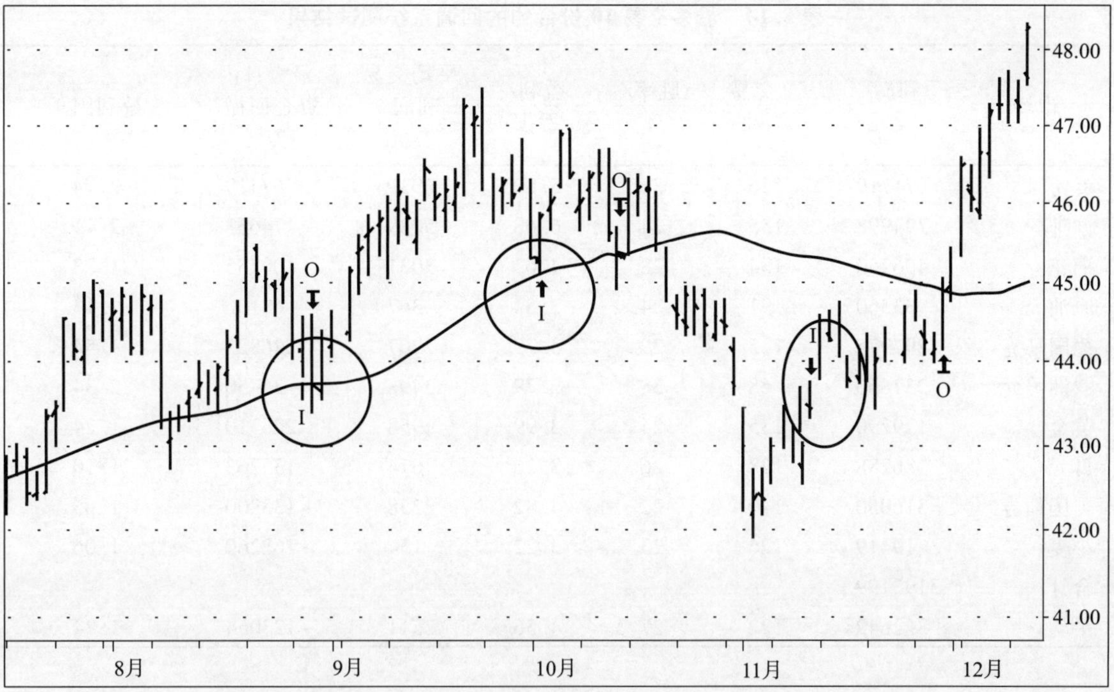

图 5.12 生猪市场的波动性趋势触发系统入场，但未产生明显的利润。这是波动市场中的一个常见问题，此时我们的出场策略变得更加重要

原因。该市场在撤回到50日均线后，再也没有出现具有获利性的震荡运动。对于这种只在50日均线上方做微弱反弹的市场，我们的出场策略就显得更加重要。读者可以使用自己最喜欢的或者任意指定的出场策略来进行试验。

到目前为止，有一项关键的设计特性我们尚未利用。我们是在回调产生后买进或卖出，希望获得低风险的入场点或出场点。对于使用变合约资金管理策略来说，低风险入场是最理想的选择。对于回调系统给出的信号，如果我们每个头寸可以冒1万美元的风险，那么就可以使用5日高点-低点区间来度量市场的波动性，最多交易10份合约。在表5.14中，当5日新高或新低穿越50日均线时，我们进行交易。出场点被设置在20日跟踪高点或低点，并且使用1500美元的初始止损，100美元的滑移价差和佣金考量。

在单合约策略和10合约限制的变合约策略之间存在显著的性能差异。后一种策略产生的利润是前一种的6倍多。但是，最大日内资金回撤量几乎平均增加了8倍，所以收益的代价是高昂的。需要注意的是，后一种策略的最大日内资金回撤比一直交易10份合约的策略要小，所以变合约策略要比交易同等数量的固定合约策略要好。交易者可以测试其他使用该入场策略的变合约策略来满足自己的偏好。

表 5.14　最多交易 10 份合约的回调系统测试结果

市场	利润/美元	总交易笔数	胜率/%	盈利/亏损	平均交易利润/美元	最大日内资金回撤/美元	盈利因子
英镑	871719	126	32	5.89	6919	-67419	2.74
咖啡	794998	155	24	6.68	5039	-174653	2.11
棉花	406250	134	28	4.63	3031	-100755	1.83
原油	33360	91	24	3.54	367	-68100	1.13
德国马克	297975	135	29	3.79	2207	-126825	1.54
欧洲美元	237850	68	38	3.79	3498	-35750	2.34
黄金	129290	135	24	3.99	958	-226310	1.24
日元	86288	128	26	3.26	674	-135263	1.10
美国债券	316050	140	22	4.82	2258	-133200	1.65
小麦	19419	126	23	3.22	154	-162260	1.06
合计	3193199						
平均	352642	122	27	4.36	2511	-123054	1.74

总之，回调系统的基本思想是正确的。它具有相对较高的盈亏比和平均交易利润。我们可以尝试添加滤网来提升系统性能。交易者应该考虑使用变合约资金管理方法来寻找低风险入场点。

长传——一套基于形态的系统

大量的橄榄球队因“长传”而生存或灭亡。在美国橄榄球比赛中，长传是指长距离传球，目的是获得较多的码数。一个成功的长传可以重振球队的士气、压制对手，甚至在剩余时间不多时很快得分。这是一种爆发式传球，但并非没有风险。本章介绍一种由长传心理引发的基于形态的交易系统。基于形态的交易系统可以使我们迅速做出反应。但是，形态并不经常出现，而且市场不会每次都坚持完成形态。我们在测试形态时，必须注意使用足够大的数据集。

长传是一种 5 日棒线底部捕捉形态，它与市场在双重底附近的运动有关，一般的说法就是底部市场探测器。当大型交易者探测到底部时，他们大批买进，造成市场快速反弹。其他交易者感觉这可能是一个做空的良机，于是大型交易者引领的反弹受到随后入场的做空者们的阻滞，市场重新返回到先前的底部。如果在市场重新回到底部时没有显著的卖压，那么市场又会重新恢复上升运动，并开始快速上涨。此时的交易策略是在快速上涨期间入场——一种相当简单的思想。随着市场从底部爆发，在随后的几天里收盘价总高于前几天的最高价。如果满足下列条件，那么就在明日略高于今日最高价处买进。

（1）今天的收盘价高于前天的最高价。

（2）昨天的收盘价高于大前天的最高价。

（3）前天的收盘价高于倒数第四天的最高价。

这些关系极为普通，没有市场专用的假设。另外，我们也没有必要对该系统进行优化。接下来的一些尝试将使该系统变得非常有趣。假设我们购买多份合约，每笔交易的风险为 1 万美元。我们可以使用今日收盘价和 5 日低点之差，将该“价差”换算为美元，计算出合约数量。所以，如果“价差”为 2000 美元，那么我们就买进 5 份合约，并在该头寸上设置 1 万美元的硬性止损。另一个尝试是我们将在跟踪 50 日低点处出场，以获得一套长期系统。

现在读者应该明白为什么该系统的名字叫作长传了。通过购买多份合约和使用非常慢的出场，我们正在使用 TOPS COLA 策略，用橄榄球场上的说法便是长传。

欧米伽研究中心的交易平台（TradeStation™）中 Power Editor 的代码如下。

```
input:dx(50);
vars:Numc(0);
if C - lowest(low,5) <>0 then
NumC = intportion(10000/[(c - lowest(low,5)]*Big
pointvalue))else NumC =1;
Condition1 = c >h[2];
Condition2 = c[1]>h[3];
Condition3 = c[2]>h[4]
If Condition1 and Condition2 and condition3 then buy
(“123 Signal”)NumC
contracts at high +1 point stop;
Exitlong atLowest(low,dx)[1]-1 point stop;
```

“dx”是出场策略中使用的天数，使用该变量我们可以对出场策略进行试验。在计算合约数之前，我们应该再次检查今天的收盘价是否高于 5 日低点，避免计算时出现除数为 0 的情况。指明形态的三个条件都是不等式。如果今天满足了入场条件，那么我们将在明天入场，入场价位略高于今天的最高价，使用买进止损单。所以，如果市场开盘价高于我们的止损，那么会出现一些滑移价差，但是该入场条件相当于一重滤网，可以减少交易数量。

图 5.13 所示为这种入场条件在真实棒线图中的运作情况，我们使用的欧洲美元合约刚好出现了一个明显的市场底部。长传系统恰在市场重新探测低点之后做多，位于第一轮反弹之后。注意在入场之后市场没有出现回调——就像长传，市场一直上升、上升，直到很远的位置。类似的形态见图 5.14 中燃料油合约的行情。

图 5.13　当欧洲美元市场加速冲出主要底部时，长传系统入场

这看起来可能有些奇怪，我们发现长传形态通常出现于市场的底部。表 5.15 给出了该系统在 10 个市场中的长期测试结果。测试周期从 1982 年 1 月 1 日到 1995 年 7 月 10 日，约 14 年的长度包含了多种多样的市场行情。如果我们进行更长期的测试，结果甚至会更好。我们使用 1500 美元的止损，100 美元的滑移价差和佣金，并且在 50 日低点跟踪出场。我们还为 1 万美元的风险计算出了多份合约，计算方法如前所述。

表 5.15 中没有列出大部分市场的平均盈亏比远大于 3 的事实。测试结果表明，该系统在交易多合约时是具有获利性的，同时也出现了比较可观的

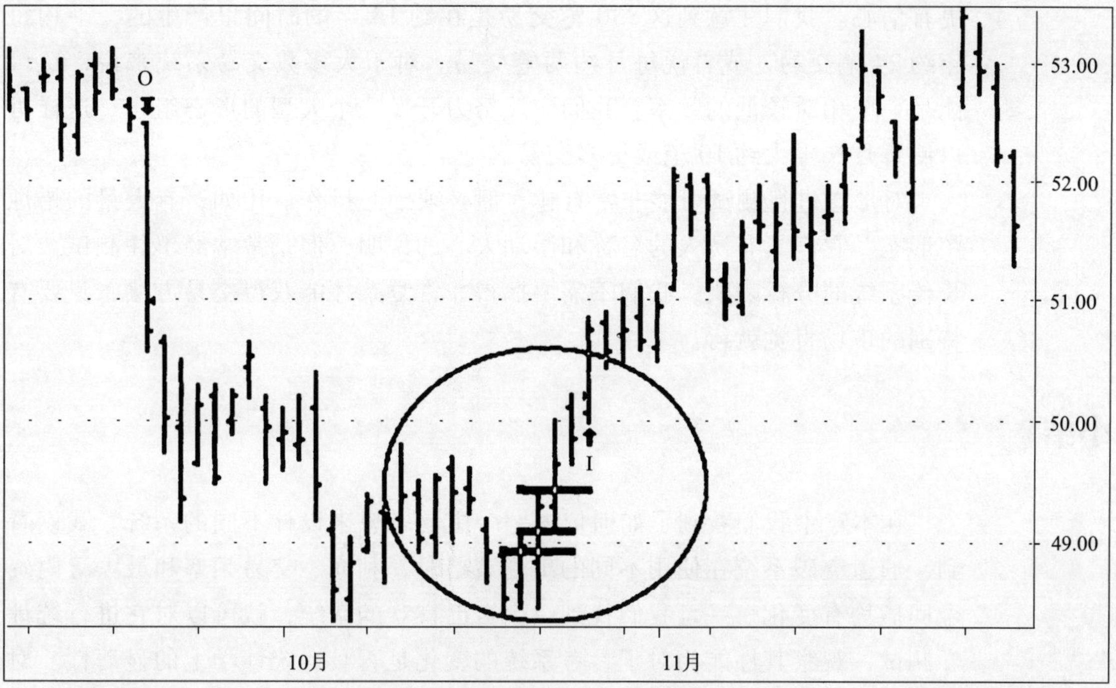

图 5.14　长传系统在 1995 年燃料油市场中的入场。入场后市场便顺畅上升，夹杂少许的回调

表 5.15　长传系统的长期测试结果

市场	利润/美元	盈利因子（毛利润/毛亏损）	盈利笔数；总交易笔数；胜率/%	最大合约数量	最大日内资金回撤/美元
英镑	114313	1.54	12；35；34	9	-96407
咖啡	417770	3.03	9；34；26	5	-49660
棉花	222590	1.98	10；31；32	25	-136040
德国马克	234263	2.17	10；31；32	22	-60725
欧洲美元	142825	1.76	12；29；41	57	-72200
燃料油	25544	1.07	12；45；27	22	-135565
日元	779324	5.93	11；24；46	17	-38000
大豆	62018	1.20	11；42；26	28	-120695
瑞士法郎	256453	2.70	10；26；38	15	-42310
美国债券	272363	2.41	12；33；36	9	-63400

潜在资金回撤。我们可以测试使用这种入场策略的多种出场策略。我们还可以导出并测试其他形态，比如 3 棒形态或 20 棒形态。

注意我们在每个市场中都得到大约 30 笔交易。如果我们假设所有市场都相同，那么我们就拥有表 5.15 所示的 330 笔交易，这使我们对系统性能更有信心。我们注意到这 330 笔交易是在约 14 年的时间里产生的，平均每年约 24 笔交易，或者说每月约两笔交易。对于大多数交易系统来说，这可能是一个相对较低的频率。我们应该努力开发一个大型的形态组合，这样可以使每月产生大约 10 笔或更多交易。

对形态进行测试可能非常有趣，但必须细心操作。比如，有大量的蜡烛图形态，它们具有诱人的名称和激动人心的说明，但是常常经不住测试。对长传系统的分析表明，我们不需要搞得非常复杂才能获得交易方法，只要有特别的市场直觉就行。

小结

在本章中我们看到了如何依据一个主题思想来设计不同的系统。我们看到，通道突破系统在使用不同的出场策略时，利润、交易频率和最大日内资金回撤均有变化。一旦我们找到一个自己喜欢的系统，就可以对它进行统计学测试，观察其性能相对于参考系统的变化是否具有统计学上的显著性。对于 ADX 思想，我们设计了两个版本的系统。测试结果表明，在设计交易系统时，ADX 中的趋势比固定值（比如 30）更有用。然后我们看到了 CB – PB 系统一个既可做多又可做空的变化版本。在这个例子中，回调的参考值是一条移动平均线，而不是 20 棒通道。最后，我们分析了一套底部捕捉系统，它是普通双重底形态的一个变化版本。通过这个例子，我们看到了使用广泛的可辨识的价格形态来设计系统的方法。

在本章中，我们讨论了如何利用众所周知的交易思想来开发交易系统。一旦我们知道变化版本的测试结果与参考系统相比具有统计学上的显著性，我们就可以评估它们是否符合我们的交易风格。使用这种方法，我们就可以开发出一个大型的交易系统集合。

第六章 资金曲线分析

交易系统设计的梦想是获得完全平滑的资金曲线。

简介

随着时间的推移，只有资金曲线会为我们提供交易系统性能的完整连续的图像。对于我们每天的设计决策将如何影响业绩，普通的测试总结只能给出极少的信息。所以在理解我们的决策对资金曲线变化产生的影响之前，我们的系统设计都是不完整的。

本章将详细阐述如何使用标准误差（SE）来度量资金曲线的平滑度。标准误差来自线性回归分析——SE 越大，资金曲线越崎岖不平。然后我们将看到 65SMA－3CC 系统在使用不同的出场策略时每份合约上的资金曲线变化，切身感受如何将自己的设计选择转变为资金的变化。

接下来，我们分析了使用两套系统的组合交易相同市场时 SE 的变化。一般人们认为交易多个不同的市场会获得更为平滑的资金曲线。我们通过将具有正协方差的两个市场组合在一起来研究这种思想。

然后我们又研究了资金曲线每月的变化，分析了应用 65SMA－3CC 系统交易德国马克市场时不同月数间隔的业绩。这些量被称为间隔资金变化。此处我们的目的是观察系统在测试周期内 1 个月、3 个月或 6 个月的时间间隔下的表现。这些方法可以帮助我们理解添加跟踪止损或改变出场策略的影响。

这些测试表明单单使用出场策略不会提升资金曲线的平滑度（也就是减小标准误差），我们得考虑改变系统设计。为普通的通道突破系统添加滤网会使得资金曲线更平滑。

普通的性能总结不会反映这种信息，所以从资金曲线分析中我们获得的新洞察力使得这些工作非常值得做。读完本章，读者便可以：

（1）测量资金曲线的平滑度；

（2）理解系统设计对资金曲线变化产生的影响；

（3）全面理解多元化对资金曲线的影响；

（4）认识到在系统设计中滤网的作用。

度量资金曲线的平滑度

本部分阐述如何使用线性回归分析来度量资金曲线的平滑度。我们将使用精心设计的数据来完成实际的计算。读者将会明白如何使用标准误差，以及如何计算风险回报比。在本章的后半部分，我们将把这些思想应用于市场数据和交易系统的计算。使用线性回归分析的主要优势在于，它为分析每一条资金曲线提供了一种一致性的框架。

交易账户或系统的资金曲线就是账户的每日平均资金。每日资金等于启动账户余额加上已了结交易的利润或亏损，再加上所有未了结交易的合约市值。理想状态下，我们希望资金曲线随着时间的推移稳步上升，如图 6.1 中所示的假想数据。这条资金曲线的斜率是每天 100 美元，所有点都位于一条

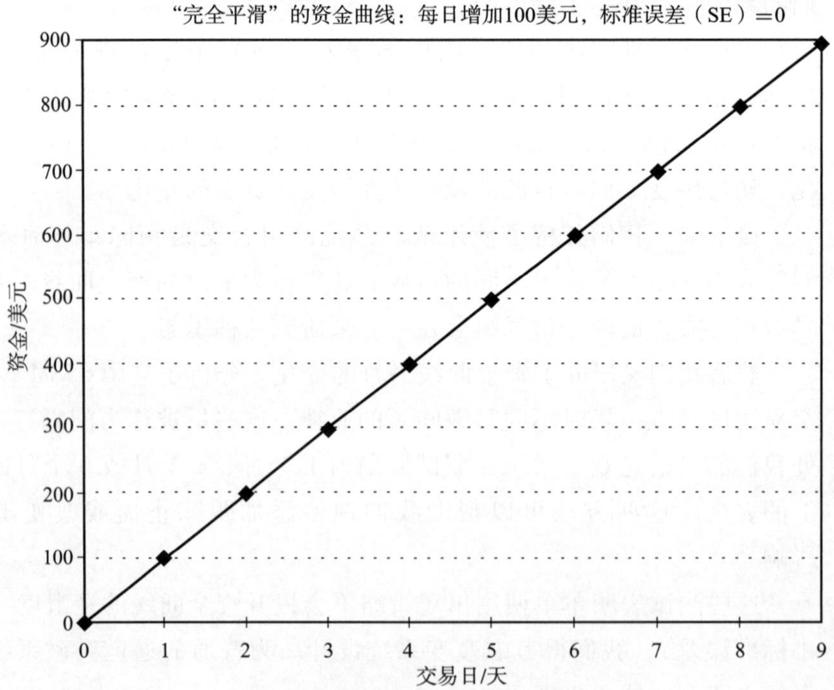

图 6.1　完全平滑的资金曲线

过0点的直线上，而且标准误差为0。这条直线表明资金每日准确地增加100美元。

我们总会有一些亏损的交易，所以资金曲线永远不会是一条完美的直线。在开始比较不同交易系统的资金曲线之前，我们需要应用一种方法来测试它们的平滑度。如果我们比较两套性能类似的系统，那么资金曲线比较平滑的要好一些。此处我们假定在相同的时间单位（日）和类似的时间单位（月或年）上比较系统的业绩。读者可以在其他时间单位和时间跨度上比较系统的业绩，但是必须明白，有时比较的基础会不一致。

我们将使用线性回归分析来确定平滑度。线性回归分析的输出数值之一是残差平方和（RSS）。RSS是每个点上实际数据和拟合回归线之间垂直距离的平方的总和。下一步是用数据点总数减2后除RSS，然后求平方根，计算出标准误差。标准误差度量的是平滑度。如果所有点都恰好落在拟合回归线上，那么RSS便为0，标准误差也为0，这便是资金曲线的极限平滑度。

图6.2显示的曲线是假想资金曲线。最佳拟合线性回归线（下简称最佳拟合线）过0点，斜率仍为每天100美元。但是，数据点分布在最佳拟合线的两侧，这些数据的标准误差为82美元。如果我们测量每日实际资金值和

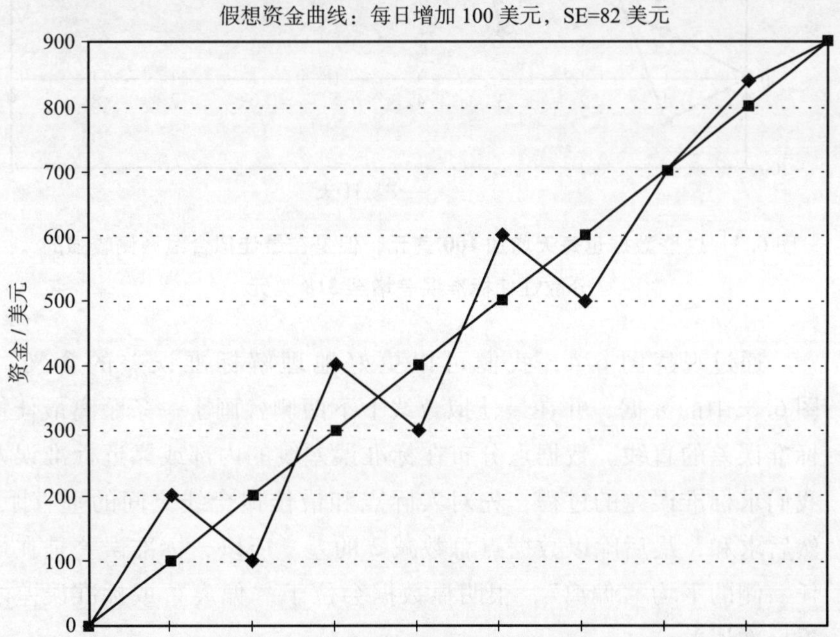

图6.2　这些假想数据每天增加100美元，数据点分散在最佳拟合线两侧，使标准误差增至82美元

最佳拟合线之间的垂直距离，平均垂直距离的绝对值为 82 美元。于是，标准误差告诉我们的是数据点离开最佳拟合线的距离。

图 6.3 中的数据也是假想的，最佳拟合线的斜率仍为 100 美元，但是数据点在最佳拟合线两侧更加分散。正如我们所预期的，SE 几乎是上例中的 4 倍，为 318 美元。

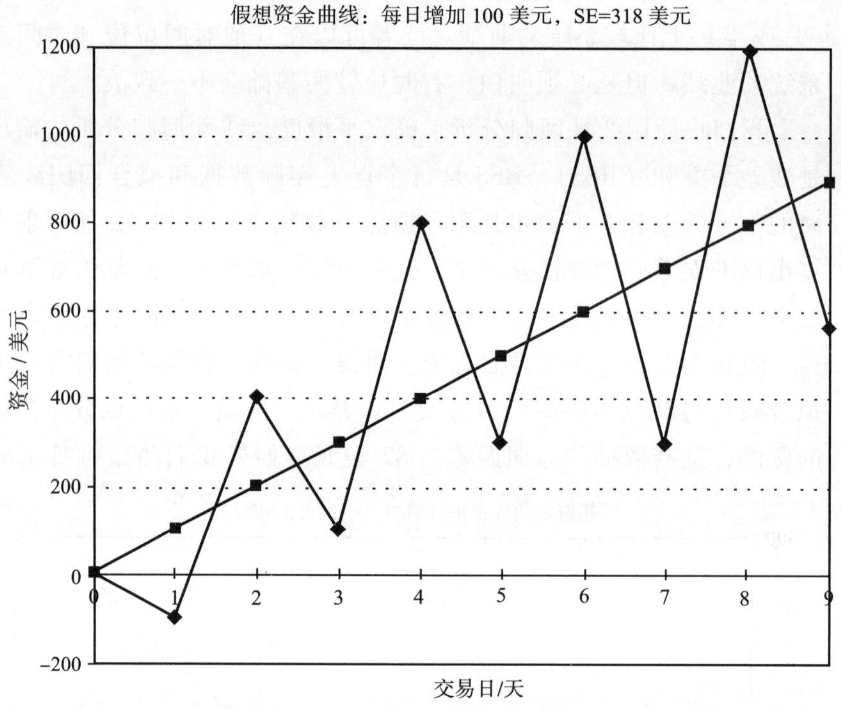

图 6.3　这些数据也每天增加 100 美元，但是在最佳拟合线两侧较强的分散性使标准误差增至 318 美元

通过观察图 6.4，我们可以更好地理解标准误差的含义，其中包含图 6.3 中的数据，并在最佳拟合线上下两侧各画了一条距离最佳拟合线 1 个标准误差的直线。数据点分布在标准误差线的内部或靠近标准误差线。记住我们求标准误差的过程，先对实际点和最佳拟合线之间的垂直距离求平方，然后求和，最后除以数据点总数减 2 的差。所以，标准误差是在最佳拟合线任一侧的平均“偏离”，很明显数据会位于“偏离”或标准误差之内，或接近标准误差。

所以，来自线性回归分析的标准误差是对资金曲线平滑度一种很好的测量方法。注意线性回归方法可以用于任意长度的时间框架和任意资金曲线。标准误差提供了一种通用的、一致的和强有力的平滑度测量方法。

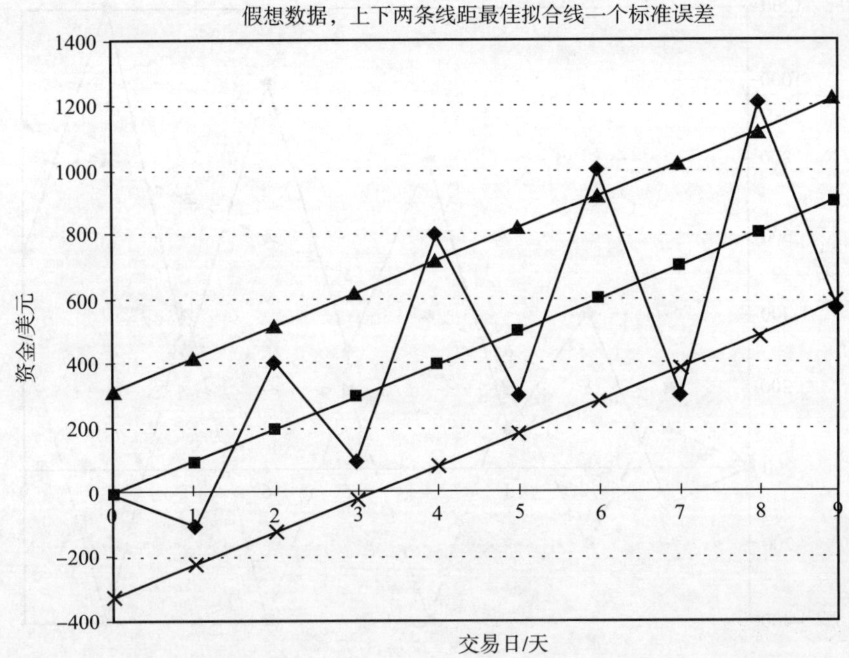

图 6.4　与图 6.3 中数据相同，最佳拟合线两侧为相距一个标准误差的平行线

只有曲线间存在负相关性时，两条或多条资金曲线的合成 SE 才比单条曲线的 SE 小。负相关性的意思是，当一条上升时，另一条下降。对于一个与图 6.3 中的数据完全负相关的数据集，联合资金曲线是一条完美的直线，标准误差为 0（图 6.5）。

降低 SE 是使用多元化的理由之一，多元化通常被解释为在单个投资组合中交易多个市场。如果市场间负相关，至少有时负相关，那么组合投资的联合资金曲线将较为平滑。注意联合资金曲线的斜率就是每条资金曲线斜率的代数和。这就意味着过原点直线的斜率将包含给定周期内的所有利润。

我们可以将多元化主题推广到在相同的市场上使用多套系统。如果这些系统是负相关的，那么资金曲线将变得更加平滑。如果这些系统具有正协方差，那么总的标准误差将增加。当然，如果所有系统都具有获利性，那么斜率也将增加。注意斜率和平滑度是不相关的，所以，增加斜率并不意味着会增加曲线的平滑度。

我们可以将基于线性回归的分析推广到计算系统的风险回报比，方法是计算斜率与标准误差之比。在相同的数据集上对不同系统进行比较时，这是一种快速、可靠的方法。这种计算假设我们正在使用日线数据分析系统的模拟利润。

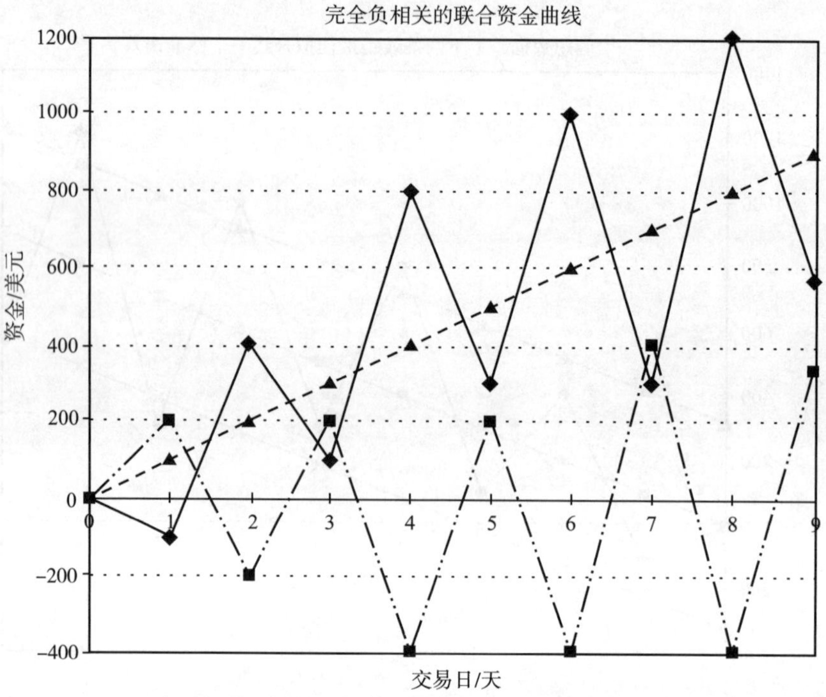

图 6.5　假想的完全负相关的资金曲线。在这个假想的例子中，因为联合资金曲线完全是一条直线，所以 SE 为 0

$$\text{RRR（风险回报比）}=\frac{\text{斜率}}{\text{标准误差}}$$

在三个假想的例子中，对于第一套系统来说，由于 SE 等于 0，所以 RRR 接近无穷大。对于第二套系统，RRR 约为 1.21（100/82），第三套系统约为 0.31（100/318）。如果第一套系统存在的话，我们毫无疑问会选择它。我们可以使用微软 Excel 等类型的电子表格来做线性回归计算。比如，我们在 Excel 中可以通过模板使用内置工具来求出所有相应的回归分析数据。另外，我们还可以使用许多很容易获得的软件包来做统计分析。

在接下来的内容中，我们使用 SE 来度量资金曲线的平滑度。记住一点，增加斜率并不会自动增加平滑度（即降低 SE）。我们将在投资组合上分析不同的系统设计对资金曲线的影响。

出场策略和投资组合策略对资金曲线的影响

与入场、出场和止损相关的所有决策都表现在资金曲线的斜率和平滑度上。本部分我们将分析 65SMA－3CC 系统模型的资金曲线，使用带展期的德国马克实际合约。我们将研究资金曲线如何响应系统设计的变化，比较标准是前一节所述的标准误差计算结果。我们不测试连续合约，因为带展期的实际合约将提供更好的模拟效果。另外，我们将使用欧米伽研究中心的 System Writer Plus 软件来给出详细的资金曲线。

测试数据集包括从 1988 年 3 月到 1995 年 9 月的实际德国马克合约。滑移价差和佣金为 100 美元，软件在到期前一个月的 20 号自动将合约展期。

测试过程如下：将测试案例的日资金数据导入一个 ASCII 文件，然后将其导入微软的 Excel 5.0 电子表格中，使用 Excel 内置的回归分析工具完成回归计算，具体过程如上一节所述。

先在不使用任何止损或出场的情况下在德国马克合约上测试 65SMA－3CC 系统模型（案例 1）。对于案例 1 的资金曲线（图 6.6），线性回归斜率为 17.54 美元/日，标准误差为 4043 美元。在测试周期内，65SMA－3CC 系统模型的模拟利润为 24288 美元，盈利因子为 1.34，最大日内资金回撤为 －11938 美元，每次交易一份合约。案例 1 的资金曲线参差不齐，在 1992 年出现明显的回调，是一种典型的无止损趋势跟随系统。注意有多少交易在了结前放弃了大额的利润。另外，如果市场进入拉长的横盘阶段，该系统模

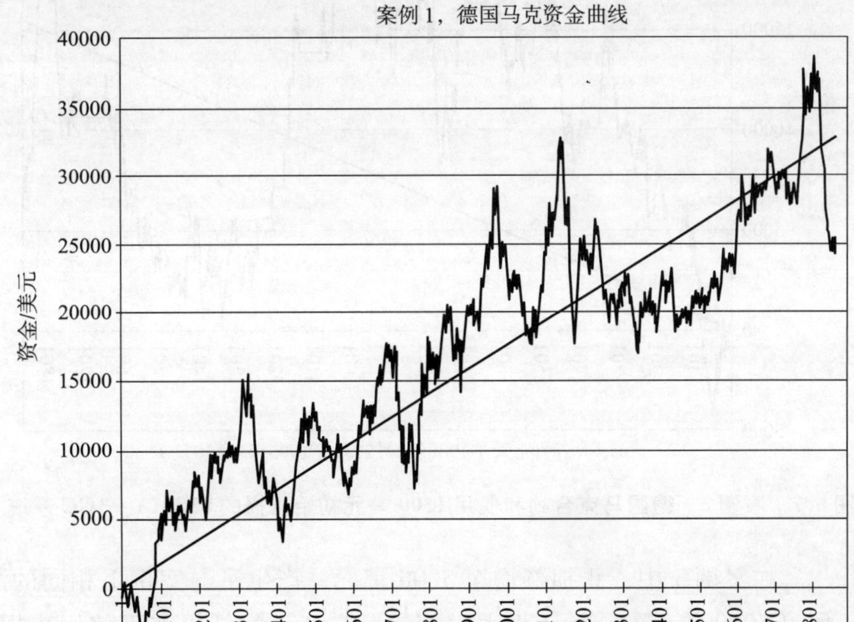

图 6.6　案例 1，在不使用任何止损或出场的情况下，在带展期的德国马克合约上测试 65SMA－3CC 系统模型

型将遭受资金回撤之苦，可能要经过很长时间资金才会再次上升。

在案例2中使用与案例1相同的系统，但是添加1500美元的硬性止损。该系统的资金曲线（图6.7）显示，与案例1相比，添加止损后减少了利润，降低了资金曲线的平滑度，净模拟利润从24288美元快速降至6913美元；盈利因子为微小的1.10；最大日内资金回撤几乎翻番，为-20225美元。这表明1500美元的止损太过紧凑。该资金曲线（图6.7）显示出较少的利润和较高的资金回撤。注意，该资金曲线的斜率已经降至案例1的一半，为8.24美元/日，而标准误差增至7517美元。所以，当我们设置止损时，要将定额止损与市场波动进行比较，确保我们安全地位于市场随机运动区域之外。许多交易者喜欢设置紧凑的止损，而这些计算结果表明，紧凑的止损可能会有损长期业绩。

图6.7　案例2，德国马克合约和使用1500美元初始止损的65SMA-3CC系统

在案例3中，止损额增至5000美元，产生了与案例1相同的测试结果。所以5000美元的初始止损太过宽松，它产生的结果与不使用止损时完全相同。于是，让我们再回到有关波动性的讨论上。我们应该检查止损是否太过宽松，以至于跟不使用止损完全一样。当然，宽松的止损会作为防止大额亏损的最后一招，对于市场中偶尔出现的暂跌是非常有用的。

许多交易者都同意出场策略对于系统的最后成功起着关键作用。常见的方法是为单个入场信号设置数个止损。65SMA－3CC 系统在测试时使用两种出场策略：一种是出场价位于 10 日最低价或最高价处，另一种为第五章讨论过的基于波动性的出场策略。

使用这两种出场策略（案例 4）以及 5000 美元的初始止损使得模拟利润下降更多，为 3737 美元；盈利因子毫无价值，为 1.07；最大日内资金回撤为－13337 美元，比不使用止损大得多。我们预计在使用这些出场策略后资金曲线会比较平滑。如图 6.8 所示，斜率下降至 5.08 美元/日，SE 为 3368 美元。新的斜率是无止损时斜率的约 29%，但标准误差只减少了 17%，所以在盈利降低 85% 的同时风险只下降了 17%——使用这套系统的代价太高。

图 6.8　DM 上的 65SMA－3CC 系统，使用跟踪止损、波动性止损和 5000 美元的出场

我们注意到案例 4 的资金曲线从质量上看与案例 1 的不同，因为它具有"水平"部分。在这些位置，出场规则令系统位于市场之外。案例 4 巧妙地显示出在系统设计中需要做出的权衡之一：或者追求更高的利润，或者追求更加平滑的资金曲线。我们的选择可能取决于许多因素，包括我们对风险和资金波动的个人偏好。

接下来我们分析一套延时 20 棒突破系统，使用 5000 美元的初始止损和位于 14 日高点或低点的跟踪止损（案例 5）。相同周期上的德国马克合约产生的资金曲线的斜率为 8. 36 美元/日，SE = 1960 美元。案例 5 具有一条断续的资金曲线（图 6. 9），具有许多水平部分（系统位于市场之外）。该资金曲线表明，这种交易方法成功地抓住了一些趋势，并且避开了大多数的横盘市场。

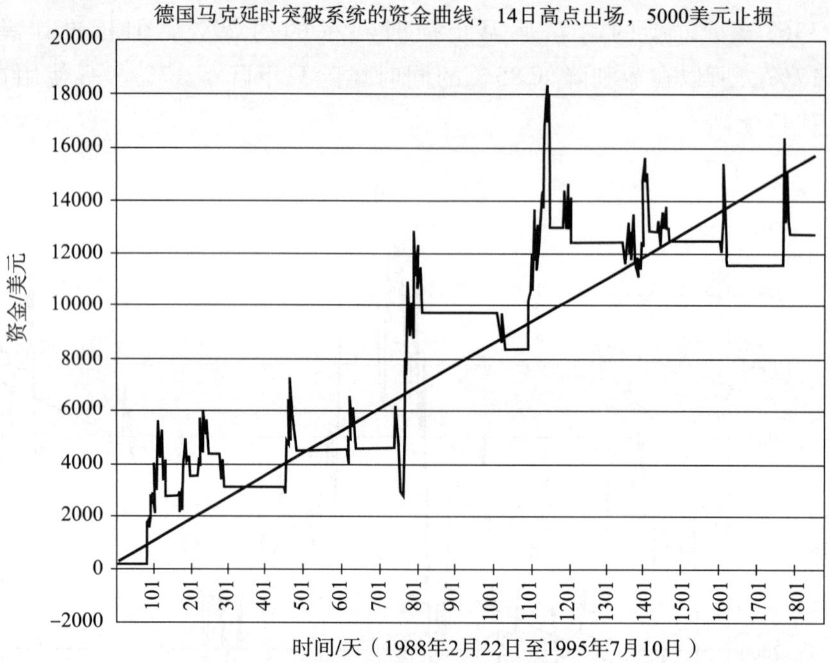

图 6. 9　延时突破系统的资金曲线，使用 5000 美元止损和 14 日高点–低点跟踪止损（案例 5）

需要注意的是，我们一定不能凭肉眼观察来判断资金曲线的相对平滑度。例如，案例 6 的资金曲线（图 6. 10）是通过将案例 1 和案例 5 的资金曲线相加得到的。直观上，该资金曲线要比案例 1 的资金曲线平滑。另外，我们加到案例 1 上的资金曲线只有案例 1 标准误差的一半。回归计算表明，该联合资金曲线的斜率为 25. 90 美元/日，SE = 5263 美元，比任一条曲线都大。如果我们抓住了一致的获利周期，就会在这些叠加的周期上增加资金曲线的波动幅度，这是很容易理解的，结果使得资金曲线具有更大的标准误差。所以当我们将多系统组合运用于同一市场时，应该检查回归分析的结果。

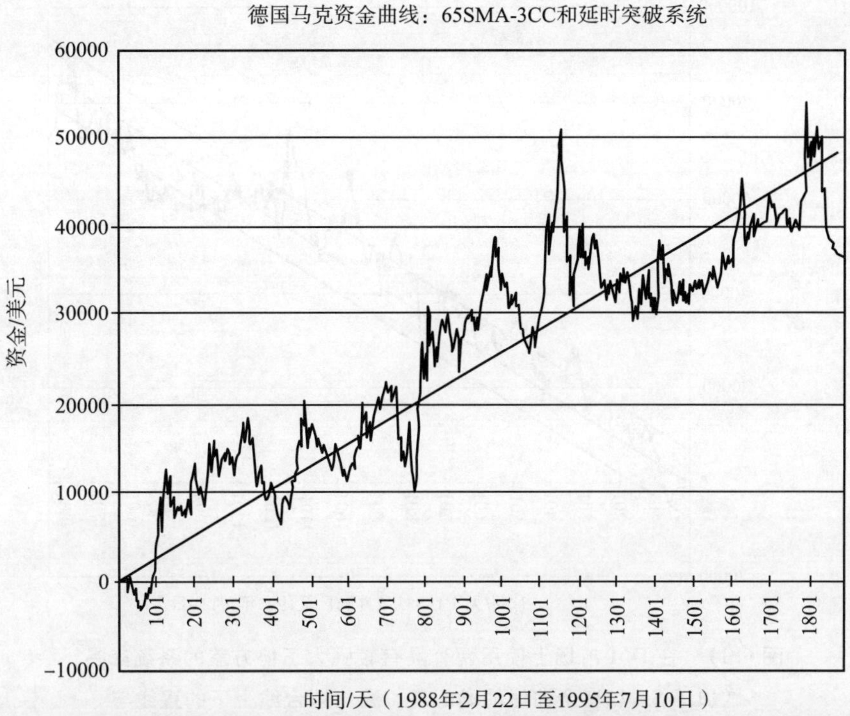

图 6.10　案例 1 加案例 5 得到的案例 6 组合资金曲线

值得注意的是，由于斜率的增加，该联合资金曲线（案例6）(25.90/5263＝0.00492）具有比案例1（17.54÷4043＝0.00434）高的风险回报比，所以通过将不同逻辑的交易系统组合用于同一市场，可以提高风险回报比。

我们不应该低估正协方差导致的潜在困难。图6.11所示为将两套具有正协方差的DM系统组合在一起产生的影响。根据两套独立系统的一般组合规则，我们预计标准误差为5430美元。实际计算的SE为6935美元，大约增加了28%。这两套系统具有正协方差，原因是它们常常同时亏损或盈利，至少在一些时间内如此。图6.11中，在最佳拟合线的两侧我们各画了一条距离最佳拟合线一个标准误差的直线。这两条SE线间包含了大多数（但不是全部）联合资金曲线的数据点。当两套系统彼此“加强”时（此时它们同时赚钱），数据点便位于SE带之外。所以，具有正协方差的系统组合将增加SE，降低平滑度。现在便加入了一个复杂的因素，我们不知道系统间的协方差在未来会如何变化。所以，单纯将各种系统组合后用于同一市场不一定会增加资金曲线的平滑度。

使资金曲线平滑的一种常用方法是分散交易多个市场。使用65SMA-3CC系统交易棉花（CT）市场的资金曲线见图6.12。测试周期从1988年2

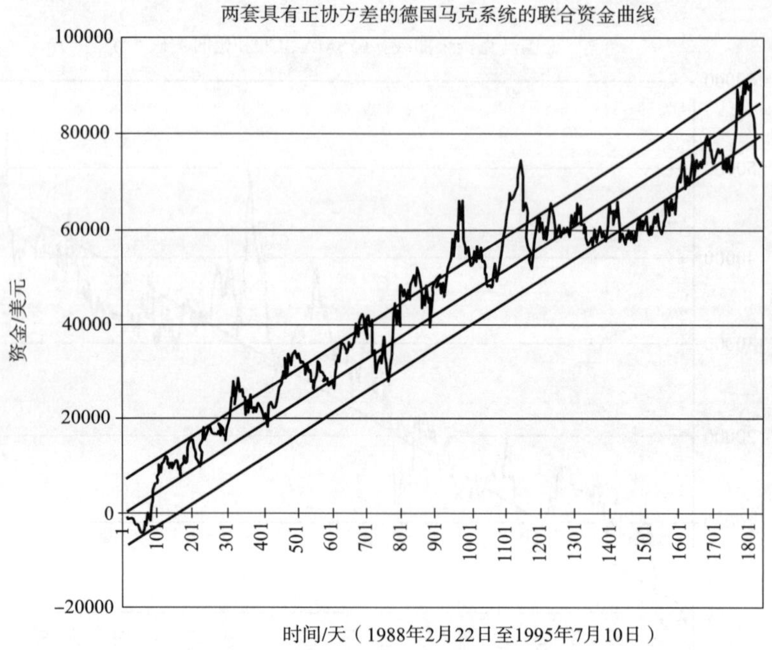

图 6.11　在 DM 市场上使用两套具有较强大正协方差的系统交易，增加了 SE 和资金曲线的崎岖度。最佳拟合线上下的直线与最佳拟合线相距一个标准误差的距离

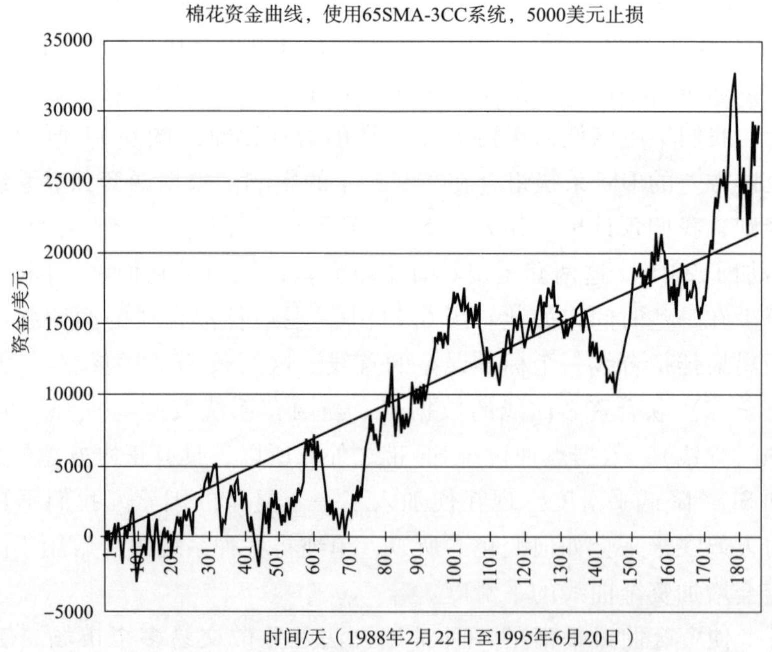

图 6.12　使用 65SMA－3CC 系统交易棉花市场的资金曲线

月22日到1995年6月20日，使用5000美元的止损。该系统的利润为28720美元，盈利因子为1.64，最大日内资金回撤为－7120美元。与往常一样，在这些计算中，对于滑移价差和佣金的考量仍为100美元。回归计算显示斜率为11.65美元/日，SE为3184美元。65SMA－3CC系统在相同周期和条件的DM上，计算结果显示产生的利润为24900美元，盈利因子为1.34，最大日内资金回撤为－11687美元。

测试棉花（CT）和德国马克（DM）资金曲线来增加平滑度。此处假设CT和DM市场是互不相关的。对CT和DM联合资金曲线的回归分析（图6.13）显示，斜率为29.34美元/日，SE为5265美元。斜率的增加是可以理解的，因为两个市场叠加后，相同周期上的利润几乎加倍。CT和DM的联合斜率是它们单个斜率的和（11.65美元/日＋17.69美元/日＝29.34美元/日）。联合协方差原理表明，如果两个市场是相互独立的，那么它们的协方差（平方标准误差）就等于两者线性相加。这表明，CT＋DM联合资金曲线的标准误差的期望值为5098美元。但是，我们看到实际值要略高一些，为5265美元，表明两个市场之间存在正协方差。所以，将这两个市场组合在一起，没有降低资金曲线的崎岖程度（或者说没有增加资金曲线的平滑度）。我们可以证明，向一个投资组合中添加更多市场不会增加平滑度（减

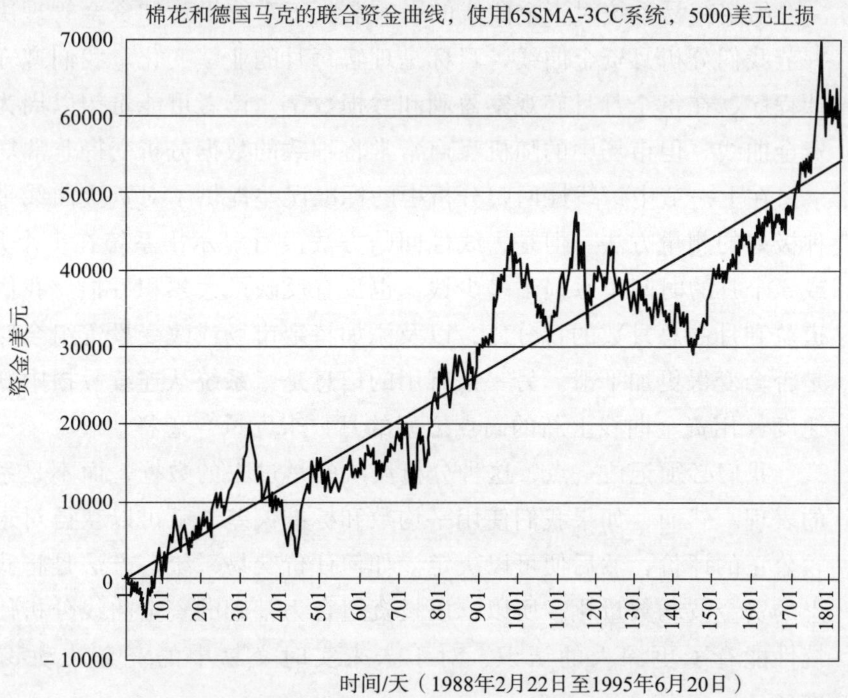

图6.13 CT＋DM联合资金曲线

小 SE），除非市场之间是负相关的。由于一些随机因素或基本面因素的影响，市场之间通常有一些微弱的相关性，而且市场之间很少以完全相反的方向运动。所以，当我们将来自不同市场的资金曲线组合之后，估计崎岖度（或 SE）会增加。

总之，当我们改变出场策略，在相同市场上使用不同的系统组合或者在不同市场的组合上使用不同的系统时，资金曲线的 SE 都不会自动减小。但是，改变入场策略会使 SE 产生明显的变化。该结论与流行的常识——“多元化投资”将给出比较平滑的资金曲线——是有一点相悖的。此处的多元化投资是指使用同一套系统交易许多不同的市场，或者在相同的市场上使用多套不同的系统。我们正在使用来自线性回归分析的标准误差度量资金曲线的平滑度，在前一节中已经看到增加斜率不会使标准误差减小。

我们应该使用本节中的这些信息来理解系统设计和多元化投资策略是如何影响资金曲线平滑度的。本节分析了单个市场或系统的日资金曲线，在下一节将分析月资金曲线，并观察它将如何随着资金管理规则的变化而变化。

月资金变化的分析

给定交易系统对资金曲线的影响取决于系统设计和资金管理决策。在这一节我们分析月资金曲线，目标是理解每月的业绩变化。我们遵守标准的会计程序，在每个月月底观察盈利和亏损数字。读者可能希望以周为单位分析资金曲线，但市场中的随机噪声常常将细致的数据分析变得非常复杂。

在上一节中，线性回归分析中的标准误差提供了对资金曲线平滑度的一种极好的测量方法。但是，线性回归方法没有显示出系统在 1 个月、2 个月或 3 个月的时间里亏损了多少钱，也没有反映最大累积亏损。我们还希望知道盈利月占总月数的百分比，以及添加特定市场或改变投资组合时资金曲线是否会变得更加平滑。另一条有用的信息是，系统从连续亏损中恢复过来的速度（用资金曲线上新的高点之间的月数来度量）怎样。

我们必须记住一点，这种分析反映的是过去的数据，而不是系统在将来的表现。然而，如果我们使用平均数和标准偏差，就可以获得对未来业绩比较公正的评价，然后便可以决定该如何评价交易系统，方法是将我们可以容忍的资金波动数量化。所以，以投资组合为基础的资金曲线分析使我们对系统性能有了更深入的认识，对于未来实时交易中的资金波动我们会更有准备。

目前流行的系统测试软件都不提供这种信息，这些分析大部分是在电子表格中完成的。先在欧米伽研究中心（Omega Research）的 System Writer Plus™软件中使用带展期的实际合约数据产生每日资金曲线，因为我们发现连续合约不会给出可靠的结果。然后，使用汤姆·贝瑞（Tom Berry）的 Portfolio Analyzer™软件来将这些数据总结为每月业绩数据。我们可以使用电子表格或者写一个简单的程序来完成相同的数据处理过程。

一旦将数据导入电子表格，我们就可以计算资金在 1 个月、2 个月、3 个月、4 个月、5 个月、6 个月和 12 个月时间间隔上的实际变化，然后就可以很快计算出每种时间周期上的最佳业绩、最差业绩（资金回撤）和利润的标准偏差。进行资金变化计算的优点是，我们可以清晰地看到一个投资组合中特定出场策略或不同市场组合所产生的影响。通过一些示例计算，我们可以更好地理解在投资组合级上对资金曲线的分析。

我们使用实际 DM 合约，在到期前一个月的 20 号自动展期。测试周期为 1988—1995 年。滑移价差和佣金考量为 100 美元。我们使用单边入场的 65SMA－3CC 系统来测试不同的出场策略。单边入场系统不允许出现相同类型的连续入场，所以我们不会看到两笔连续做空或做多的交易。于是，在一个数据集上的入场数是个常数，以便实现同等条件下的比较。

图 6. 14 所示为 65SMA－3CC 系统的资金曲线，使用 5000 美元的初始止

图 6. 14　带展期的德国马克合约月资金曲线

损，并且没有其他的出场规则。所以，多头入场信号同时也是空头出场信号，反之亦然。较大止损可以更好地测试入场信号内在的完善性。系统报告从1988年2月22日到1995年6月20日，模拟利润为24900美元，盈利因子为1.34，70笔交易中有50笔为盈利交易，资金回撤量为-11687美元。

月资金曲线（图6.14）显示总体上升趋势中带有许多快速的资金回调，这些回调产生于强劲趋势之后的交易区间市场。有趣的是，反转式交易抓住了一轮上升趋势中的大部分利润，优于大多数出场。然而，该系统放弃了上升趋势之后整固区中的大部分利润，表明对该系统进行过滤应该会使资金曲线平滑。通过研究每份测试合约的图表，我们可能已经推导出这个结论，这从该资金曲线中可以看出。如果读者还没有检查那些图表，那么很有必要检查一下。

我们通常所做的总结没有显示出在1个月、2个月、3个月、4个月、5个月、6个月或12个月周期上的每一美元的变动百分比资金回报率的变化，但是我们需要这种类型的信息，以帮助我们理解交易策略对账户资金的影响。所以，让我们重新分析一下65SMA-3CC系统在不同时间间隔上的表现。图6.15画出了在1个月、2个月、3个月、4个月、5个月、6个月或

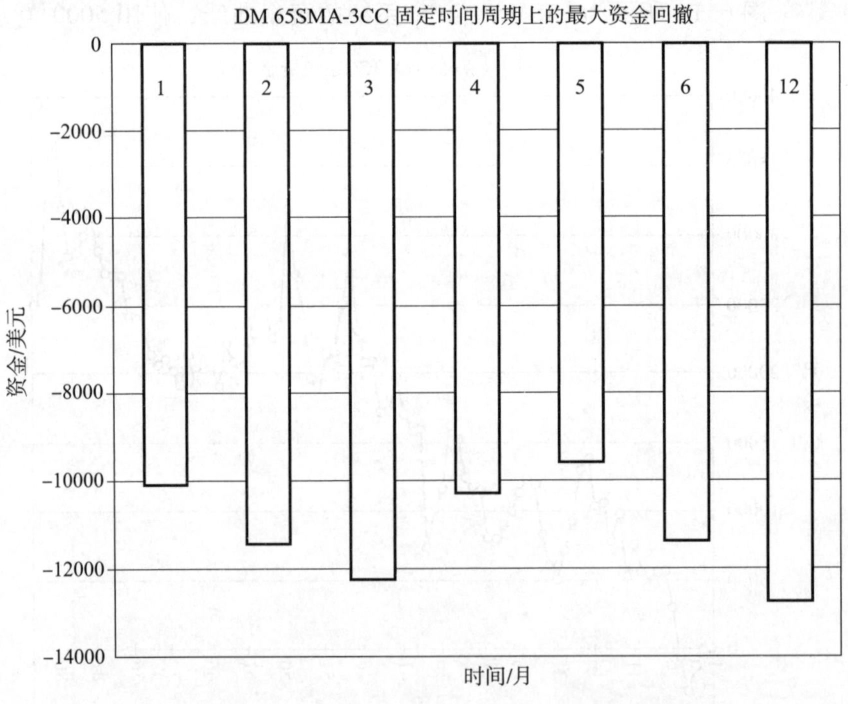

图6.15　在固定月间隔上DM的最大亏损，测试周期从1988年2月到1995年6月。数据周期是从1~12个月的时间间隔

12个月每个时间周期上的最大资金回撤。资金回撤量在－13000～－9000美元之间。这是我们所关注的月周期上资金从尖峰到谷底的最大缩减。

我们应该认识到，这样的资金回撤只有账户资金给定时才有意义。所以，如果我们使用一个25000美元的账户交易该系统，那么它将遭受超过20%的资金回撤，表明我们应该在每份合约上使用5000美元或更多资金来交易。

我们从资金分析中收获的另一条重要信息是获利时间间隔的百分比。这将以月为单位告诉我们连续盈利月所占的百分比，是一种对系统性能非常有用的度量。图6.16显示出使用65SMA－3CC系统在DM上测试所得的数据。从1988年2月到1995年6月，超过50%的月份是获利的。随着时间周期的延长，获利间隔比例增加。这可以解释为我们在资金回撤状态中待的时间越长，就越容易克服它。

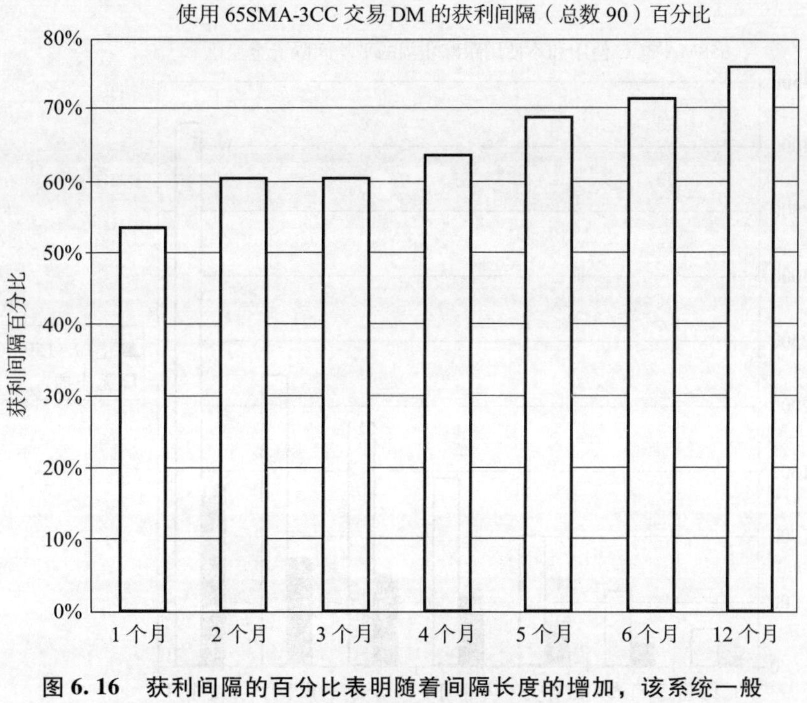

图6.16　获利间隔的百分比表明随着间隔长度的增加，该系统一般具有更少的无获利间隔

把不同的市场组合在一起，希望增加获利间隔的百分比时，我们应该仔细分析一下每个市场的获利间隔百分比。度量多元化过程成功与否的一种好方法是看获利间隔的百分比是否在不断增加。此处的多元化包括多市场、多交易系统和多种资金管理策略。

我们还应该分析一下月资金变化的标准偏差。我们可以使用它来预测系统的资金回撤。这种思想将在下一节进行研究。现在我们将测试为 65SMA－3CC 系统添加 1500 美元跟踪止损的影响，使用带展期的实际 DM 合约和 5000 美元的初始止损。像往常一样，我们允许 100 美元的滑移价差和佣金。对于多头和空头交易，1500 美元的止损都是从距离资金最高点算起。虚拟净利润为 7500 美元，盈利因子为 1.12，资金回撤量为－15515 美元。这些结果比不使用跟踪止损要略差一些。但是，净利润分析不会提供如下所述的洞察。

在图 6.17 中，我们对使用和不使用跟踪止损的 65SMA－3CC 系统的平均月资金变化进行对比。毫无疑问，跟踪止损使得平均每月业绩显著降低。我们应该预计到每月业绩的下降，因为使用跟踪止损的净利润为 7500 美元，而不使用跟踪止损的净利润为 24900 美元。利润总结中并未显示，而从图 6.17 中我们可以清楚看到的一个关键点是 12 个月间隔上的业绩，该数据显示出对不使用跟踪止损的强烈支持。

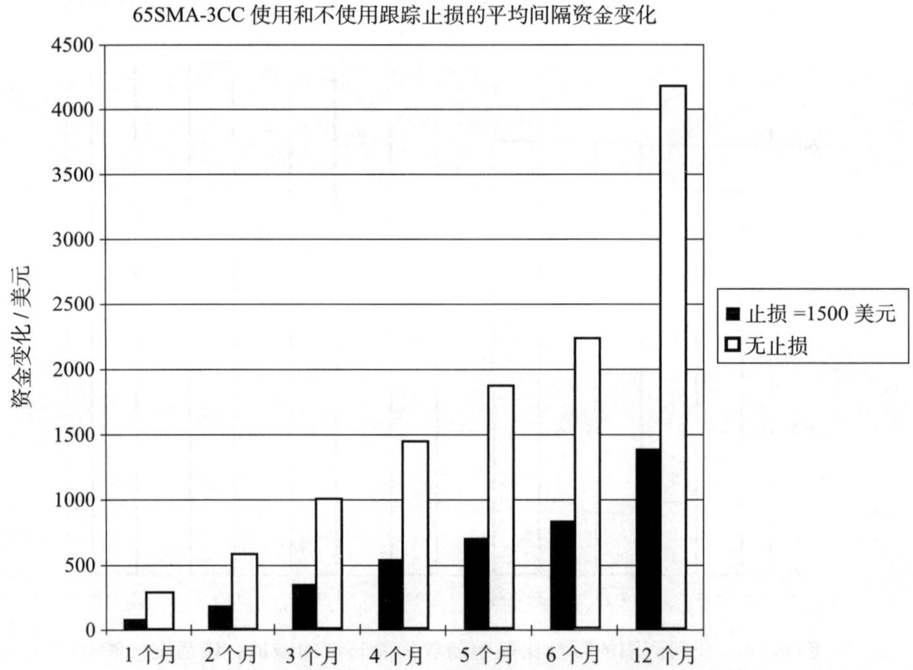

图 6.17　每个月间隔周期上的平均利润显示不使用跟踪止损要好得多，表明许多交易是在未转势时便止损了结了

不幸的是，跟踪止损还减少了获利间隔的百分比。该跟踪止损没有为提高资金曲线的平滑度做出多少贡献。例如，虽然利润突然下降了接近 70%，但是使用跟踪止损的标准误差增加了 3%，为 4087 美元。

删掉跟踪止损，添加在入场第20天出场的出场策略，使利润增至14950美元（使用跟踪止损为7500美元），盈利因子为1.27，资金回撤量为-11325美元。实际上，这些数据与使用5000美元初始止损时是相同的，所以，添加这种出场策略对投资组合级的业绩影响很小。

新的标准误差减少了约10%，为3781美元，但是时间间隔上的业绩与不使用止损时相当。所以，添加这种出场策略只使平滑度获得了微小的提升，但是潜在利润从24000美元下降了40%。虽然此处没有显示，但是获利间隔的比例下降了约10%，这又是一个对该出场策略不利的数据。

其他一些出场策略产生了类似的结果：无一使资金曲线的平滑度提高超过10%，有几种甚至使资金曲线更崎岖，大部分都使利润损失惨重。改变出场策略似乎常常会降低每月的业绩。所以，在下一节中，我们将尝试通过改变系统设计来获得更为平滑的资金曲线。

滤网对资金曲线的影响

滤网是减少交易数、提高入场质量的一种方法，还可以产生更加平滑的资金曲线。我们在前面已经看到，单纯使用出场策略不能提高资金曲线的平滑度（减少标准误差）。当然，读者可能认为还有更好的出场策略，请自己测试一下吧。

为了获得更加平滑的资金曲线，我们尝试改变系统设计，引入一层滤网。亏损主要来自整固区的入场，所以引入滤网的主要目的便是滤除一些不具获利性的入场。代价可能是进入趋势较迟，损失部分利润。有些情况下，迟到的入场可能靠近趋势中间的顶部或底部，然后市场反转进入先前的整固区。这样的交易将触发初始止损指令。下面我们研究如何在第三章讨论过的65SMA-3CC系统上使用RAVI滤网。读者可以使用其他动量滤网，或者发明其他滤网。

我们测试突破系统的原因是，突破系统天生不会在细小的整固区产生入场信号。例如，在一个狭窄的整固区内将不会产生20日高点或低点，所以，65SMA-3CC系统在这些区域中的入场将被滤除。我们使用一个基于动向动量指数（DMI）的简单滤网，因为它比平均动向指数（ADX）滤网要略微灵敏一些。该滤网的目的只是减少失败突破，因为在较宽的整固区内突破产生时没有强劲的市场动量。该滤网仅仅规定14日DMI大于任意选择的一个参考值，比如50。DMI的详细架构请参考韦尔德的著作。

我们在DM数据上测试该系统，测试周期从1988年2月到1995年6月，在到期前一个月的 20 号展期，设置 1500 美元的初始止损，100 美元的滑移价差和佣金考量。添加滤网前后的资金曲线见图 6.18。

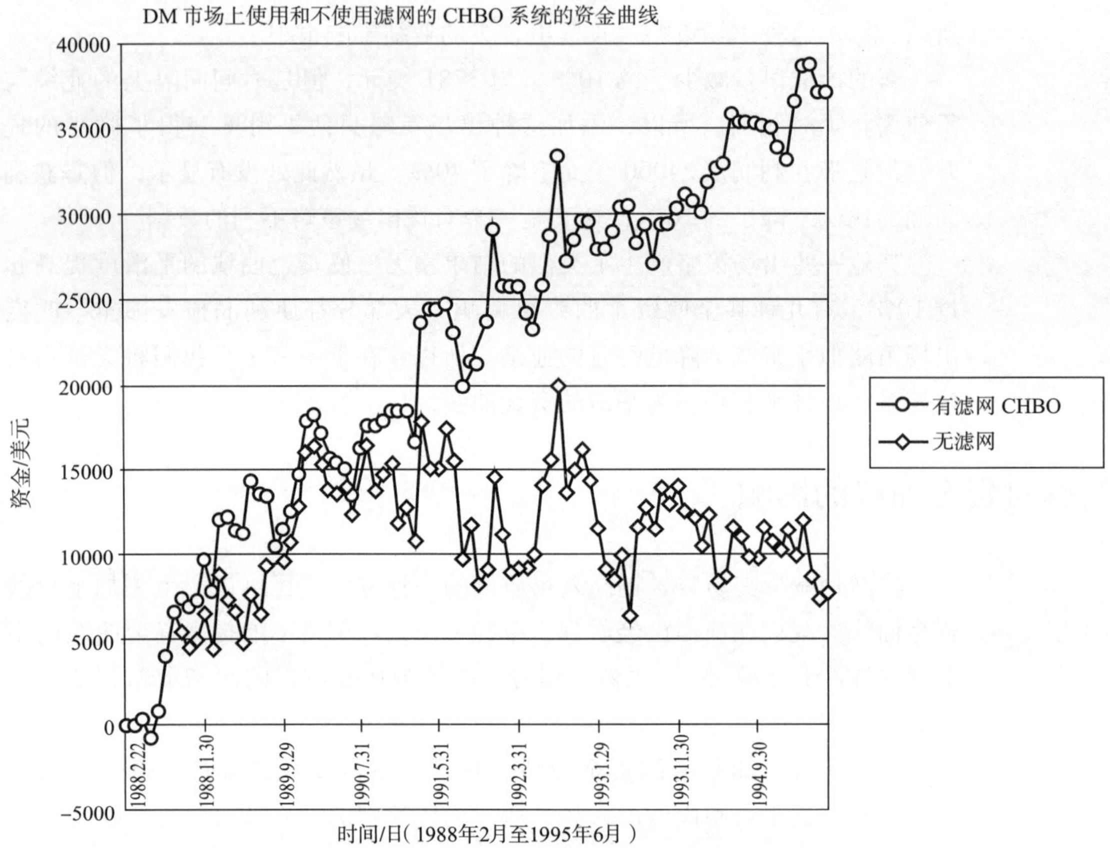

图 6.18　20 日通道系统在 DM 上的资金曲线，上面的曲线使用了滤网，下面那一条未使用滤网。计算时使用带展期的实际日线合约数据

滤网还产生了一条比在本章案例 1 中所描述的未使用滤网的 65SMA－3CC 系统还平滑的资金曲线（图 6.19）。需要注意的是，案例 1 的资金曲线已经从日数据转换为月数据。案例 1 的标准误差为 4043 美元，而添加滤网后资金曲线的标准误差为 2507 美元。间隔资金回撤也变小了，确认了资金曲线更加平滑（图 6.20）。

下面我们比较通道突破系统使用滤网前后的性能变化。对于滤网系统，1 个月、3 个月、6 个月和 12 个月时间间隔上的平均间隔资金变化较大，如图 6.21 所示。所以，滤网系统在 DM 市场上产生更为稳定的结果。比如，对于无滤网系统（图 6.22）来说，间隔回报的标准偏差比较大，证实它的性能是不稳定的。

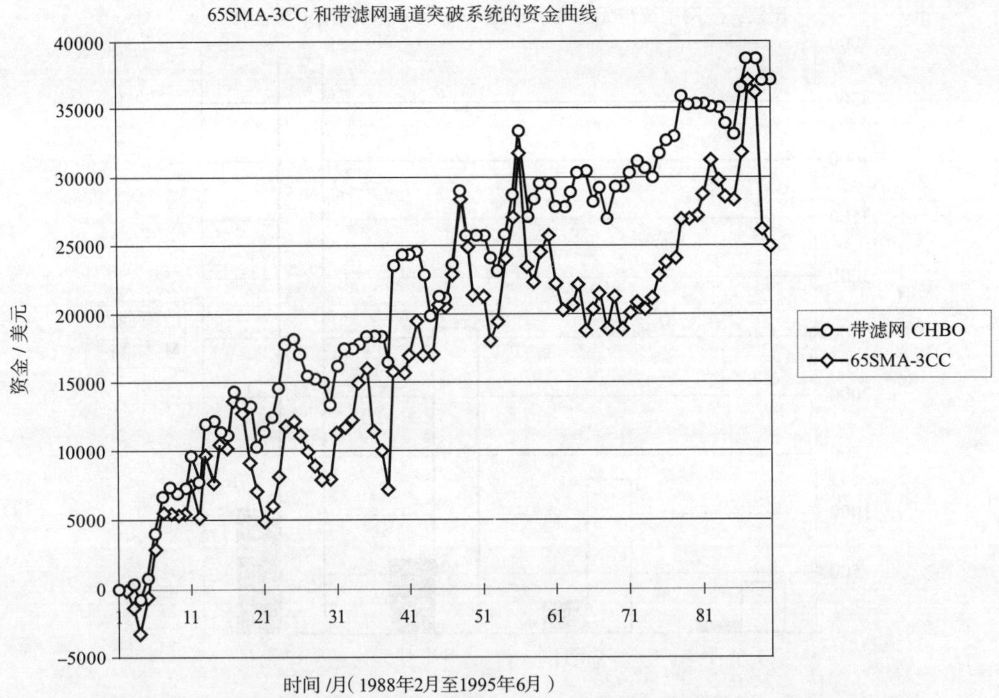

图 6.19　与无初始止损或出场的 65SMA－3CC 系统（案例 1，下曲线）相比，添加滤网的突破系统（上曲线）有一条比较平滑的资金曲线

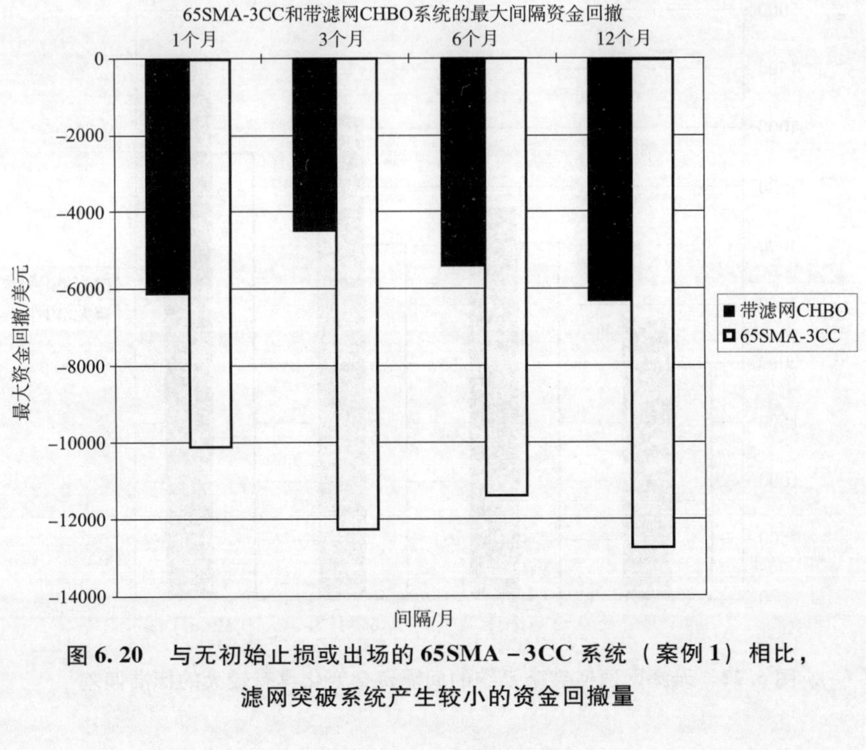

图 6.20　与无初始止损或出场的 65SMA－3CC 系统（案例 1）相比，滤网突破系统产生较小的资金回撤量

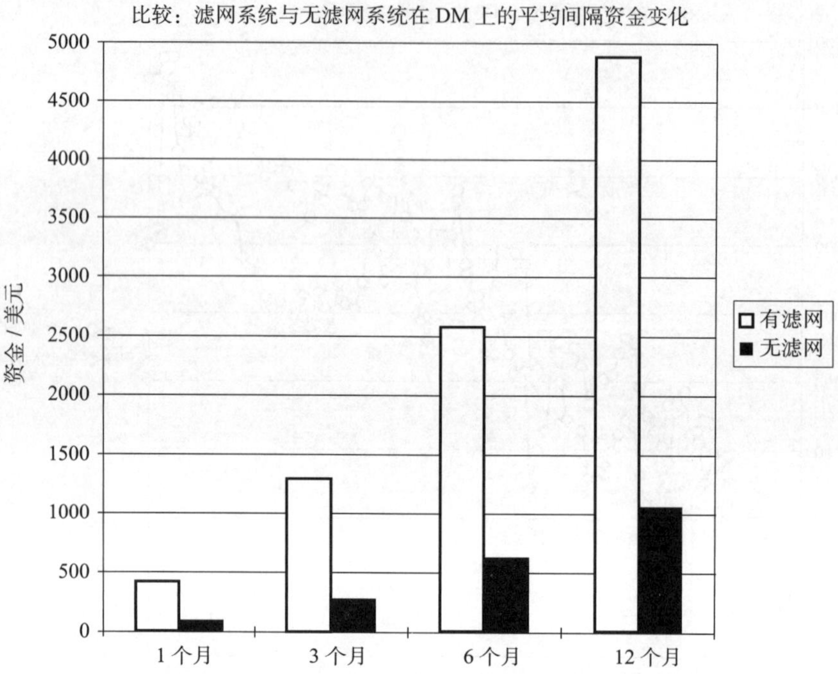

图 6.21　滤网系统在德国马克市场上的间隔资金变化较大

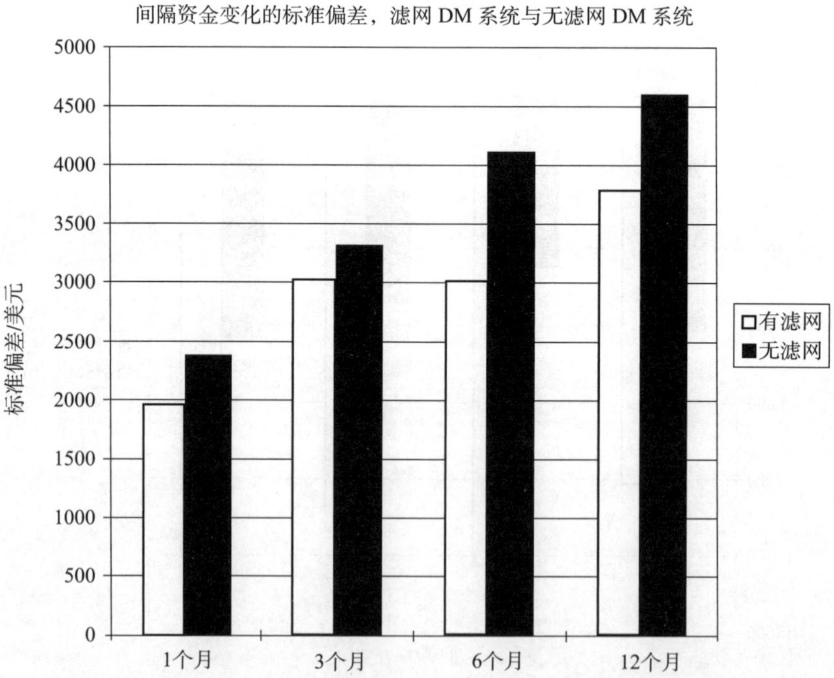

图 6.22　无滤网通道突破系统的间隔资金变化具有较大的标准偏差

正如我们所预计的，线性回归分析表明，滤网系统的标准误差为2507美元，而无滤网系统的标准差为3937美元。所以，滤网产生了比较平滑的资金曲线，标准误差下降了约36%。表6.1对滤网系统和无滤网系统进行了简要的比较。

表6.1 DM系统的比较

项目	无滤网DM系统	有滤网DM系统
净利润/美元	6863	37125
总交易笔数	105	64
胜率/%	38	50
平均盈利/平均亏损	1.75	1.74
平均交易利润/美元	65	580
最大资金回撤/美元	-11338	-5688
盈利因子	1.08	1.74

表6.1中的数据表明，在这个实例中滤网减少了交易数量，增强了获利性，增大了盈利因子。这些计算结果间接表明，滤网可以产生更加平滑的资金曲线。所以，我们还应该在投资组合上评估改变入场策略对资金曲线产生的影响。

CTA的盈利模型

期货交易顾问（CTA）的盈利来自何处？盈利的源头能够解释资金经理之间相关性的差异吗？CTA业绩记录上的盈利可以用期货市场子板块上的盈利来解释。于是我们可以尝试合成资金经理的资金曲线，方法是将子板块中使用简单交易系统得出的盈利“正确地”组合在一起。合成资金曲线需要一些资金经理交易心理和方法的知识，这种信息是不容易获取的。比如，合成趋势跟随型CTA的盈利可能相对容易一些，因为在主要趋势内，趋势跟随者们应该在大致相同的时间上做多或做空。当然，入场、出场和仓位规模等细节不得而知，而且它们的变化范围是相当大的。

我们使用简单的80通道突破系统（前文未提到过该系统，有可能是作者的笔误。——译者注）在期货市场的主要板块上产生假设盈利来分析这个问题。这些主要板块包括农产品和非耐用商品（AG）、外汇（CR）、能源（EN）、短期利率（SR）、长期利率（LR）、金属（MT）和股指（ST）。包括北美、欧洲等地区的所有主要流通市场，它们都是顶级CTA交易的市场。

为了达到对比的目的，我们使用包含12位顶级CTA的随机样本，他们共管理着超过60亿美元的资金。表6.2逐个板块总结了每位CTA合成盈利的相关性，没有考虑交易费或利息，并且假定每笔交易存在100美元的滑移价差和佣金。该表所示为长期通道突破系统的实际盈利与理论盈利的相关性，计算周期从1996年1月到1999年12月。相关系数小于0.30便可认为相关性较弱，相关系数大于0.60便在很大程度上表明资金经理在包含那些子板块的投资组合上使用了长期趋势跟随策略。简单长期模型的相关系数最小为0.15，最大为0.78，表明该模型的确具有解释功效。

表6.2　复合CTA盈利和子板块盈利的投资组合之间的关系，投资组合的多元化程度从左到右逐渐增加

CTA	投资组合#1 LR & SR & CR	投资组合#2 LR & SR & CR & EN	投资组合#3 LR & SR & CR & ST	投资组合#4 LR & SR & CR & ST & EN & MT	投资组合#5 LR & SR & CR & ST & EN & MT & AG
CTA－20	0.52	0.60	0.58	0.67	0.73
CTA－21	0.56	0.54	0.35	0.46	0.40
CTA－22	0.66	0.66	0.48	0.54	0.59
CTA－23	0.71	0.67	0.50	0.56	0.57
CTA－24	0.54	0.50	0.40	0.50	0.45
CTA－25	0.76	0.70	0.59	0.67	0.65
CTA－26	0.35	0.34	0.15	0.23	0.40
CTA－27	0.69	0.70	0.51	0.58	0.64
CTA－28	0.44	0.49	0.42	0.49	0.59
CTA－29	0.63	0.54	0.27	0.42	0.42
CTA－30	0.56	0.61	0.46	0.55	0.56
CTA－31	0.76	0.78	0.60	0.64	0.64
平均	0.60	0.59	0.44	0.53	0.55

引起我们注意的是CTA－20和CTA－31的比较，他们管理着近10亿美元的资金。CTA－20和CTA－31的实际业绩记录之间的相关系数是0.59，表明存在中等程度的相关性，但交易策略不是“完全一样”。关于投资组合#1——长短期利率和外汇，他们两个使用的策略看起来有很大的不同（表6.2，第2列）。但是，比较CTA－20在一个多元化投资组合上（第6列）与CTA－31在利率和外汇投资组合上（第2列）的相关系数，我们看到他们对长期趋势跟随系统的相关系数上升到0.75左右，表明他们似乎使用了类似的交易策略。

于是，CTA－31 和 CTA－20 所用策略的相关性并不明显，除非我们不以相同子板块业绩为基础进行比较。实际上，CTA－20、CTA－23、CTA－27 和 CTA－31 似乎都对长期趋势跟随策略情有独钟，而投资组合的差异似乎可以用来解释他们之间相关性的差异。

现在我们对这种分析进行推广，对 CTA－25 的业绩记录和子板块盈利使用多次线性回归分析。使用长期债券和外汇的板块盈利，根据统计学显著性回归分析，我们能够解释该 CTA 的盈利中至少 60% 的差异（表 6.3）。实际资金曲线和从线性回归模型中得出的曲线示于图 6.23 中。于是，子板块分析可以提供进入“黑匣子”的线索，而该“黑匣子”便是 CTA 的交易策略。“较大”的相关系数（大于 0.60）表明，它是对 CTA 盈利来源的一种很好解释。超短期 CTA 的盈利应该与长期趋势跟随收益无关，对该类 CTA 盈利的测试表明，他们的盈利与利率子板块的相关系数在 0.2～0.3 之间。但是线性回归分析没有显示出统计显著性，与我们的预期一致，所以，小于 0.3 的相关系数表明相关性可能是一种假象。

表 6.3　使用电子表格得出的统计显著性线性回归计算结果的总结表明，CTA－25 盈利中的大部分变化，都可以用交易长期债券市场和货币市场的长期趋势跟随系统的盈利来解释

总结输出

回归统计	数值
多次 R	0.7861
R 平方	0.6179
调整后的 R 平方	0.6010
标准误差	0.0407
观测量	48

ANOVA

项目	df	SS	MS	*F*	显著性
回归项	2	0.1207	0.0603	36.3927	0.0000
残差项	45	0.0746	0.0017		
合计	47	0.1953			

（译者注：其中 df 为自由度，SS 为离均差平方和，MS 为均方差，*F* 为模型回归系数全为 0 的无效假设检验对应的 *F* 值。）

项目	系数	标准误差	*t* 值	*P* 值
交点	0.0115	0.0060	1.9092	0.0626
LT 债券	0.0082	0.0011	7.6891	0.0000
货币	0.0072	0.0024	2.9677	0.0048

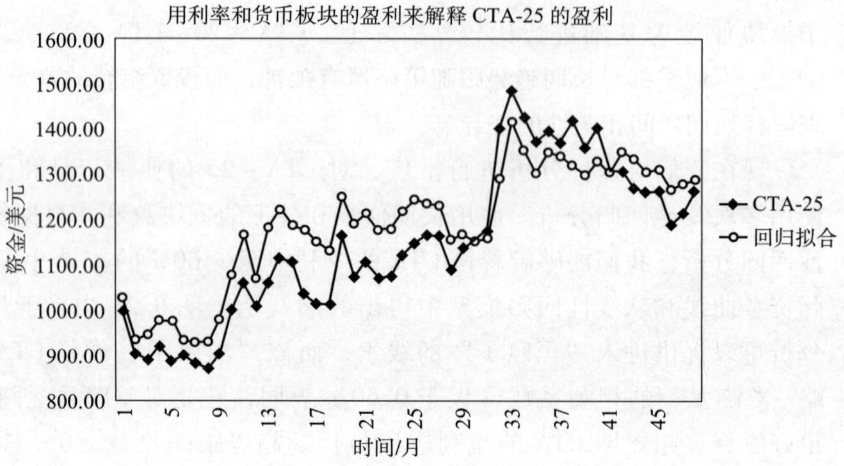

图 6.23　使用表 6.3 中计算出的线性回归参数，通过长期趋势跟随系统交易长期债券和外汇的盈利，可以得出相当接近于 CTA－25 实际盈利的模型

我们在本节中的分析表明，理解 CTA 之间的相关性还需要他们投资组合的详细信息。在没有这种信息的情况下，我们使用简单趋势跟随系统来得出子板块盈利。这种盈利被合成到 CTA 盈利的统计显著性模型中，我们就可以构建更完善、更有效的投资组合。

稳定的资金经理等级评定

开发一个对盈利产生过程（RGP）的性能进行等级评定的稳定程序是相当有趣的工作。这种等级评定主要用来构建有效的投资组合，获取更大的利润。不幸的是，问题可能并不是那样简单，因为过去的业绩看起来与未来业绩关系甚微。业绩评定可以使用绝对标准（评定周期上的百分比盈利），可以使用风险调整后的标准（比如平均月盈利除以月盈利的标准偏差），还可以用相对标准（比如与同组的其他 RGP 进行对比评定）。相对等级评定本身既可以使用绝对评定，又可使用风险调整后的业绩评定在同组中对比得出。

为了实现目标，我们将使用期货交易顾问的业绩进行分析。将每一位 CTA 看作一个独立的 RGP。对一个小群体的研究表明，基于过去业绩的 CTA 等级评定具有有限的预测价值。这些来自学术界和交易行业的研究，在不同周期上对大量 CTA 进行了对比，得出的结论是很难预测后续周期上的绝对盈利。这些研究的确认为基于月盈利标准偏差的等级评定相对稳定，反复多变的 CTA 一般在后续周期上保持他们的反复多变性。

我们来考虑一下：对于一位 CTA 来说，为什么过去的业绩会在未来周期上不断变化？此处假设 CTA 不改变交易中使用的杠杆。如果 RGP 和投资组合保持不变的话，绝对业绩每年都会改变，因为投资组合中的市场随着时间的推移都已经不同。随着时间的推移，市场中的这些变化将反映在风险调整后业绩的变化中。大多数 CTA 都在持续研究新的交易思想，所以投资组合和 RGP 一般也会随着时间变化——对于一些 CTA 来说，这一过程较慢；而对于另一些 CTA 来说，这一过程非常迅速。这使得长期业绩比较更加复杂。另外，如果 CTA 同时选择改变杠杆，那么业绩变化甚至会更大。所以，即便只研究一位 CTA，随着时间的推移，业绩度量方法也将变化。

现在抛开 CTA 的 RGP、投资组合和平均账户规模等因素来研究 CTA 的比较问题。在这种情况下，我们可以对长期交易者和短期交易者进行比较，对专门交易外汇的交易者和交易多元化投资组合的交易者进行比较，而不考虑分析周期上的市场行情。交易账户的规模也会对相对业绩产生影响：CTA 交易的规模越大，业绩越稳定。例如，趋势跟随模型可能都表明账户应该做多日本政府债券（JGB）。但是，对于一些 CTA 来说，账户规模可能太小，以致不能够交易该市场。所以，即便是多元化投资，账户规模也是相对业绩的一个重要决定因素。于是，我们没有理由认为在随机选择的一揽子 CTA 中会出现稳定的相对、绝对或风险调整后业绩，因为影响他们业绩的因素实在太多。

那么，我们可以期望业绩度量会显示出任何的稳定性吗？如果仔细选择样本的话，答案是响亮的“可以”。首先，我们应该通过选择使用类似策略和投资组合的 CTA 来实现同等条件下的比较。例如，我们可以选择都交易多元化投资组合的趋势跟随型 CTA。即使存在许多趋势跟随策略，我们也预计在主要的上涨趋势中这些 CTA 会做多，而在主要的下跌趋势中这些 CTA 会做空。策略中的差异将反映在不同的入场和出场点上。在我们选择的任何一组中，都假设 CTA 们不会随着时间的推移而对杠杆进行很大改动。甚至用投资组合分组也是有问题的，因为大多数 CTA 不会提供交易市场及其相对比重的足够细节，假设所有 CTA 以相同的比重交易所有市场可能有些过度简化。例如，两位“多元化”趋势跟随者可能以不同的比重交易他们投资组合中的外汇市场，所以我们不能完全考虑所有的业绩差异。

其次，我们可以使用重叠样本来对 CTA 随着时间的推移所用交易策略的变化进行内部平滑。例如，当分析连续日历年度 12 月 31 日的业绩时，我们使用最近两年的数据。使用重叠时间间隔来做业绩比较可以得出极好的示例，虽然我们在前面的分析中使用非重叠时间间隔进行比较。抽样统计理论允许在所选样本中进行系统性循环，只要50%或更多的样本具有新鲜数据(见杰森的著作，1978)。在案例中，我们使用两种不同的重叠策略来测试这种思想：使用两年数据，12个旧数据点和12个新数据点（50%置换），或者使用21个月的数据，9个旧数据点和12个新数据点（57%置换)。

再次，我们可以根据风险调整后的盈利使用盈利效率来比较相对业绩。盈利效率被定义为平均月盈利与这些盈利的标准偏差的比值。例如，盈利效率最高的CTA将被评定为1号，其他CTA将根据盈利效率按降序排列，被赋予更高的值。绝对盈利的比较因CTA所用杠杆的差异而流产。相对风险调整后业绩的比较，假设RGP设计的结构性差异将会持续，于是优良的设计将比劣等的设计表现良好。所以我们预计使用类似交易策略和类似投资组合的CTA具有相对稳定性的相对风险控制业绩等级，同时预计由于CTA不断研究，他们会改变自己的RGP，此时相对等级会出现一些变化。

所用统计测试与前面分析中所用的相似。我们先在24个月的周期（结束于12月31日）上计算盈利效率，接着根据盈利效率对CTA进行评级。然后，将时间向前推进12个月，到达下一个日历年度的末尾，并且使用最近24个月的数据。这创建了一个重叠样本，它具有从第一个12个月样本中接转的12个数据点。最后我们使用第二个样本中的盈利效率对CTA进行评级。统计测试为非参数Spearman等级相关性测试或Spearman相关系数测试，它等价于在两组评级之间进行线性回归分析，并计算它们之间的相关系数。如果这两组评级是相关的，那么较低级别的CTA将在第二组中继续为低级别，较高级别的CTA也会将他们的高级别评定带到第二组中。

国际交易者研究中心（位于美国加利福尼亚州的拉霍亚）的数据库是17位CTA数据的来源，他们报告自己在多元化投资组合上使用趋势跟随交易策略。为了保护隐私，他们的姓名已经被替换。数据库的时间跨度为1995—1999年，允许在所有17位资金经理人之间进行比较，于是我们便有4个重叠的两年间隔周期。相对等级评定和相关性被总结于表6.4中。三个周期上的等级相关性在1%的置信度上是显著的。对于投资组合的构成，等级评定具有有趣的暗示。表6.5所示投资组合包括5位顶级CTA在每个两年期末的投资组合。每个周期开始时的投资组合与前一周期结束时的投资组合是相同的。在测试周期上的等级评定将根据风险调整后的业绩把投资组合滚向业绩最佳的CTA。

如果我们使用不同规则来设计重叠间隔，那么结果是类似的。现在我们使用另一条规则，在这条规则中使用21个月的数据——12个新数据点和来自上一间隔的9个旧数据点。我们再次使用盈利效率对CTA进行评级，并

表 6.4 根据 12 月 31 日计算的两年期重叠样本周期上的盈利效率对 CTA 的等级评定

CTA	1995—1996 年	1996—1997 年	1997—1998 年	1998—1999 年
CTA－1	17	17	16	8
CTA－2	13	12	9	16
CTA－3	8	10	15	10
CTA－4	7	4	4	5
CTA－5	11	9	5	3
CTA－6	3	2	1	1
CTA－7	6	5	6	14
CTA－8	5	3	12	13
CTA－9	15	16	17	15
CTA－10	14	13	10	17
CTA－11	9	7	11	12
CTA－12	10	14	14	9
CTA－13	4	8	13	11
CTA－14	16	15	7	6
CTA－15	1	1	2	4
CTA－16	2	6	3	2
CTA－17	12	11	8	7
相关系数		0.90	0.67	0.63

表 6.5 投资组合滚动，根据年末等级评定，使用 24 个月的重叠数据

启动投资组合		CTA－15	CTA－15	CTA－6
		CTA－16	CTA－6	CTA－15
		CTA－6	CTA－8	CTA－16
		CTA－13	CTA－4	CTA－4
		CTA－8	CTA－7	CTA－5
结束投资组合	CTA－15	CTA－15	CTA－6	CTA－6
	CTA－16	CTA－6	CTA－15	CTA－16
	CTA－6	CTA－8	CTA－16	CTA－5
	CTA－13	CTA－4	CTA－4	CTA－15
	CTA－8	CTA－7	CTA－5	CTA－4

度量等级相关性（表 6.6）。对于 1996—1997 年和 1998—1999 年，这些等级评定在 1% 的置信度上是统计学显著的，而对于 1997—1998 年是在 10% 的置信度上。于是，当重叠量减少时，我们看到结果仍然保持稳定。投资组合滚动结果有轻微的变化，但不明显，如表 6.7 所示。

表 6.6　基于 21 个月时间间隔的 CTA 等级，数据具有 57%的置换

CTA	1995—1996 年	1996—1997 年	1997—1998 年	1998—1999 年
CTA - 1	17	17	15	6
CTA - 2	13	7	17	17
CTA - 3	8	12	6	10
CTA - 4	7	4	3	5
CTA - 5	11	14	4	4
CTA - 6	3	1	1	1
CTA - 7	6	3	5	12
CTA - 8	5	5	11	16
CTA - 9	15	13	16	14
CTA - 10	14	9	14	15
CTA - 11	9	10	12	13
CTA - 12	10	11	8	8
CTA - 13	4	8	13	11
CTA - 14	16	16	7	9
CTA - 15	1	2	2	3
CTA - 16	2	6	9	2
CTA - 17	12	15	10	7
相关系数		0.81	0.43	0.70

表 6.7　基于 21 个月时间间隔的投资组合滚动

启动投资组合		CTA - 15	CTA - 6	CTA - 6
		CTA - 16	CTA - 15	CTA - 15
		CTA - 6	CTA - 7	CTA - 16
		CTA - 13	CTA - 4	CTA - 5
		CTA - 8	CTA - 8	CTA - 7
结束投资组合	CTA - 15	CTA - 6	CTA - 6	CTA - 6
	CTA - 16	CTA - 15	CTA - 15	CTA - 16
	CTA - 6	CTA - 7	CTA - 16	CTA - 15
	CTA - 13	CTA - 4	CTA - 5	CTA - 5
	CTA - 8	CTA - 8	CTA - 7	CTA - 4

这些数据表明，将重叠数据用于 CTA 交易类似 RGP 和投资组合，可以产生稳定的相对等级评定，对于投资组合滚动也有重要暗示。等级评定本身不会保证优秀的业绩，在某一年年底等级很高的 CTA 可能在随后的一年中进不了前 5 位。反之，在某一年年底未能进入前 5 位的 CTA 可能在随后一年

名列前茅。由于设计时存在平滑过程，所以等级评定中存在滞后。注意我们使用的是盈利效率——一种风险调整后的业绩度量标准，来进行这些等级评定的。使用盈利效率是有道理的，因为杠杆可被调整达到需要的风险回报比。但是，如果使用不同的标准来对经理人进行评级，那么等级可能会不同。

魔镜，墙上的魔镜……

“魔镜，墙上的魔镜！到底谁拥有最平滑的资金曲线?”这是一个相当有趣的问题。对过去业绩的评价，不管是真实的还是模拟的，都是投资组合设计和系统开发的一个重要组成部分。分析的重点常常集中在使用月数据分析盈利产生过程或交易经理的资金曲线，但日数据可能同等重要。我们采用定量、定性或混合策略来评价资金曲线，关键是要获得同等条件下的比较。

定性方法是在市场出现独特事件的时候比较两位或多位经理人。例如，我们可以分析一个 3 个月的时间段，期间利率合约有力反弹，然后经历一次迅速的回调。或者我们可以在 2000 年 4 月纳斯达克指数下探 25% 的那个星期内比较两位资金经理的风险控制策略。定性方法可以分析每个 RGP 是如何应对快速回调的。

定量方法是在相同的时间段上使用一些分立的定量标准来比较两个或多个 RGP。这种方法的难点在于使用数字标准解释 RGP 之间是否存在有意义的差异。第一，使用者必须小心地考查所选标准对于资金曲线中的实际盈利序列是否灵敏，实际盈利序列必然与计算复合盈利有关。但是，平均盈利和标准偏差对盈利实现的实际顺序并不敏感。第二，杠杆作用也会影响许多数字标准的绝对值。例如，当经理人使用的杠杆增加时，绝对盈利、资金回撤、平均月盈利和标准偏差都会增加，因此在比较经理人或 RGP 时，如果不考虑获得那些盈利的杠杆的差异，那么比较结果常常是毫无意义的。使用定量标准的第三个问题是如何选择用于比较的实际标准。这些标准可能没有显著的预测价值，甚至对一个 RGP 也是如此。例如，在一个固定日历时间段（比如 12 个月）上的绝对盈利具有太强的可变性，所以可靠地预测未来能否盈利是很难做到的。

有一种混合方法可以将定性方法和定量方法的所需特性组合在一起。例如，使用风险调整后的定量方法在所选的月数据上比较 RGP，这可以实现同等条件下的比较。

盈利规格化

假设我们正在一个行情超棒月份的月底比较两位经理人。我们希望确定在这个月中哪一位的业绩比预计的要好。例如，在已知他们所用杠杆值的情况下，即便一位经理人实际报告的绝对盈利大于另一位，这位经理的表现也可能不如预期。我们希望解决的第二个问题是在过去的一个季度上盈利是否与使用的杠杆相一致，第三个问题是该盈利是否与先前盈利的形式相一致。例如，一位经理人的业绩可能具有突出的上侧波动性（即大的正盈利和很小的负盈利），另一位的业绩可能具有上下大致相同的波动性。如果交易者有一个基于先前业绩模型的盈利期望，那么对利好月份的定性评价会很不相同。

我们需要一个度量标准来度量最近这个月（或者要研究的那个月）的业绩。任意选择末尾 24 个月月盈利的标准偏差（Std24）作为将盈利规格化的标准，这 24 个月不包括最近这个月或者要研究的那个月。读者可以使用先前的 12 个月、先前的 36 个月或者其他任意时间间隔。我们选择 21 个月的时间，介于太短和太长之间，但要记住一点，改变度量标准时，规格化结果也会随之改变。

表 6. 8 所示为 8 位期货交易顾问的实际业绩数据，时间周期从 1989 年 12 月到 1991 年 12 月。对这组 CTA 来说，1991 年 12 月是一个明显的利好月，我们希望确定哪些 CTA 会在那个月获得最佳业绩。表 6. 9 所示为使用绝对盈利对 CTA 进行的评级。CTA－3 拥有最大的绝对盈利，为 44. 6%。然而，CTA－7 的绝对盈利虽然为 32. 3%，但是拥有最佳风险调整后盈利，为末尾 24 个月月盈利标准偏差的 3. 81 倍。CTA－3 的风险调整后盈利为末尾 24 个月标准偏差的 2. 98 倍。Std24 的幅值与 CTA 使用的杠杆和交易的市场数量有关。其他所有参数都相等，随着杠杆的增大，收益（或亏损）会增加。由于交易费和业绩费的影响，收益（或亏损）的增加可能表现出轻微的非线性。杠杆可用来增加绝对收益，所以规格化可以用来区分哪些 CTA 有效地使用了杠杆。CTA－3 和 CTA－7 的盈利差异至少能从两位 CTA 使用的杠杆不同上得到部分的解释（对于 CTA－3，Std24 为 14. 99；对于 CTA－7，则为 8. 47）。所以，如果两位 CTA 使用相同杠杆的话，投资者与 CTA－7 合作会比与 CTA－3 合作赚到更多钱。于是，表 6. 9 表明 CTA－7 和 CTA－5 比 CTA－3 更有效地使用了杠杆，即便他们因为使用较低的杠杆而获得了成比例的较低的绝对盈利。

表 6.8 包含 8 位 CTA 的随机样本中的实际月业绩数据

日期	CTA－1	CTA－2	CTA－3	CTA－4	CTA－5	CTA－6	CTA－7	CTA－8
1989. 12	28. 56%	10. 24%	36. 00%	5. 00%	7. 93%	17. 01%	18. 20%	29. 50%
1990. 1	0. 49	5. 63	5. 30	16. 90	4. 13	1. 89	5. 50	－1. 40
1990. 2	3. 37	2. 45	0. 50	27. 90	4. 21	7. 76	3. 50	6. 10
1990. 3	8. 62	5. 68	36. 40	10. 70	2. 99	12. 16	5. 60	13. 90
1990. 4	4. 37	8. 34	39. 60	5. 90	2. 40	16. 71	5. 60	23. 40
1990. 5	－4. 61	－12. 09	－15. 90	－15. 10	－5. 66	－13. 61	－8. 10	－20. 60
1990. 6	1. 77	4. 55	18. 00	3. 10	3. 51	9. 50	4. 80	3. 80
1990. 7	6. 25	4. 32	11. 50	5. 30	16. 05	16. 06	7. 40	23. 90
1990. 8	15. 15	8. 98	16. 70	12. 00	3. 39	21. 80	15. 00	36. 80
1990. 9	0. 60	0. 72	9. 40	8. 20	2. 67	10. 40	12. 80	8. 80
1990. 10	1. 86	2. 13	2. 90	－6. 90	7. 65	4. 87	－3. 70	3. 20
1990. 11	－0. 25	0. 07	0. 20	－0. 30	3. 00	2. 51	－4. 80	1. 00
1990. 12	0. 11	－0. 82	－2. 00	－2. 30	0. 24	－2. 45	－6. 10	－4. 30
1991. 1	－1. 29	－7. 59	－7. 30	－1. 30	－5. 32	－7. 43	－14. 10	－8. 60
1991. 2	4. 84	－2. 58	－11. 60	7. 10	1. 40	－7. 75	4. 40	－1. 50
1991. 3	2. 32	16. 04	0. 20	－4. 90	2. 60	2. 26	12. 00	8. 60
1991. 4	－2. 80	－1. 66	－4. 60	3. 80	－0. 09	－5. 58	1. 80	－10. 00
1991. 5	0. 27	2. 66	－3. 20	2. 50	－1. 13	－1. 17	1. 60	－7. 40
1991. 6	－1. 25	5. 43	1. 10	1. 60	1. 63	3. 32	6. 40	6. 90
1991. 7	－1. 75	－8. 54	－11. 30	－16. 80	－4. 02	－8. 12	－14. 00	－10. 30
1991. 8	－3. 32	－2. 92	－1. 80	0. 40	－6. 09	－2. 93	－8. 10	2. 10
1991. 9	4. 39	2. 11	13. 40	18. 20	0. 91	2. 43	－0. 80	5. 60
1991. 10	4. 21	0. 31	－2. 80	0. 20	－0. 30	0. 66	2. 80	－2. 20
1991. 11	－4. 68	－2. 09	－2. 60	1. 90	0. 10	－0. 27	－3. 30	1. 10
1991. 12	12. 08	16. 01	44. 60	28. 20	16. 35	22. 14	32. 30	30. 40
Std24	7. 05%	6. 24%	14. 99%	9. 77%	4. 76%	9. 12%	8. 47%	13. 40%
12 月份盈利/(Std)24	1. 71	2. 56	2. 98	2. 89	3. 43	2. 43	3. 81%	2. 27
截至 1991 年盈利	12. 51%	14. 86%	3. 66%	40. 45%	4. 44%	－5. 69%	13. 97%	8. 62%
年化标准偏差	24. 41%	21. 62%	51. 93%	33. 86%	16. 49%	31. 58%	29. 43%	46. 43%
截至 1991 年盈利 年化标准偏差	0. 51	0. 69	0. 07	1. 19	0. 27	－0. 18	0. 48	0. 19

Std24 是月盈利标准偏差（1989 年 12 月至 1991 年 11 月）。12 份盈利/Std24 为使用 Std24 规格化的 1991 年 12 月的盈利。

这种思想被推广到规格化大于 1 个月的时间周期上的盈利，于是，我们可以基于使用波动性的度量标准，对本年度截至现在的盈利规格化。所用波

表 6.9　CTA 等级评定，根据 1991 年 12 月份的规格化盈利和绝对盈利

CTA	12 月份盈利/Std24	CTA	绝对盈利
CTA - 7	3.81	CTA - 3	44.60%
CTA - 5	3.43	CTA - 7	32.30%
CTA - 3	2.98	CTA - 8	30.40%
CTA - 4	2.89	CTA - 4	28.20%
CTA - 2	2.56	CTA - 6	22.14%
CTA - 6	2.43	CTA - 5	16.35%
CTA - 8	2.27	CTA - 2	16.01%
CTA - 1	1.71	CTA - 1	12.08%

动性在相应历史时间间隔上度量。例如，我们可以通过乘以 12 的平方根（3.4641）来将 Std24 换算为以年为计量单位。在表 6.8 中，7.05% 的末尾 24 个月标准偏差被换算为以年为计量单位的 24.41%，允许四舍五入误差。然后日历年度 1991 年 12.51% 的盈利除以 24.41%，得到截至 1991 年的规格化盈利。根据规格化结果，CTA - 4 在日历年度 1991 年的盈利明显高于其他 CTA。

有一种倾向就是只使用盈利为 CTA 评级，而不考虑 CTA 使用的杠杆。他们使用的杠杆反映在月标准偏差的高低变化上，而根据规格化盈利来比较 CTA 更有实际意义。因为它通过调整杠杆使指定周期上计算出的月盈利的标准偏差相等，很容易将 CTA 置于平等地位上进行比较。

风险调整后业绩的度量方法

一类定量业绩度量方法是计算风险调整后盈利。设计方法是计算一个比值，其中分子度量盈利，分母度量风险。例如，夏普比（SR）便是一种流行的风险调整后业绩的度量方法。该比值定义为年度盈利超出无风险率（risk free rate）的部分除以年度标准偏差：

$$SR = \frac{R - r}{\Sigma} \tag{6.1}$$

式中，SR 为夏普比；R 为预期年盈利（%）；r 为年无风险率（%）；Σ 为按年计算的盈利标准偏差（%）。

预期年盈利常常为业绩记录期间的平均年盈利，而无风险率为 1 年期美国短期国库券的利率。显然，该比值的计算对 R、r 和 Σ 的规定和计算所用的时间段都很敏感。一般情况下，SR 的计算类似于标准化的正态随机变量

Z 的计算。变量 Z 来自正态分布的定义，$Z=(X-\mu)/\sigma$，其中 μ 和 σ 是正态分布的参数，而 X 是从该分布中抽取的特定随机样本。通过类推，如果年盈利取自 $\mu=r$（年无风险率）且标准偏差为 Σ 的正态分布，那么任一个别盈利的实现 R，将被规格化为 $Z=(R-r)/\Sigma$，即夏普比的定义。需要注意的是，SR 的真实分布是未知的。

夏普比已经遭到批评，说它对风险调整后业绩的度量不完善，特别是在分析期货交易程序的盈利方面。对于这些批评的总结见施瓦格的著作（1996）。那些批评集中在该比值的定义上，包括对受不断增加的杠杆操纵的敏感性，在解释负值方面的含混性，以及倾向于稳定盈利的偏见性。例如，因为分子包含不依赖交易所用杠杆的减数无风险率，所以可以通过增加杠杆来增加夏普比。盈利 R 可以表示为 Σ 的若干倍，于是 Σ 加倍也会使 R 加倍，从而增加夏普比。因此主要基于夏普比对交易程序的比较，会掩盖那些程序所用杠杆的差异带来的影响。继续我们的分析，将 Σ 减半也会使 R 减半，甚至产生负的 SR。我们不清楚的是负的 SR 是所用杠杆不足造成的结果，还是较差盈利本身造成的结果。

标准偏差在定义时便对极值更加敏感，而对平均值较不敏感，这使得另一个异常的问题产生了。于是，如果按年计算的标准偏差增加，那么我们不清楚是均线两侧的极值增加，还是均线一侧（比如均线上方）的极值增加。所以，夏普比随着时间的推移会偏爱稳定的盈利，而非收益产生爆发的获利程序（即上侧波动性较强的程序）。在设计夏普比时使用标准偏差的另一结果是，标准偏差的计算对盈利实现的时间顺序不敏感，所以夏普比不能区分间歇性亏损和连续亏损。

夏普比的一个重要限制来自它的分子使用期望盈利和无风险率之差。金融盈利序列在数学上通常被描述为鞅①（Martingale）对下一个周期的“最佳”预测值是最后一个周期的盈利。这就意味着分子不是用来“预测”扩展周期上的盈利的，所以夏普比具有有限的预测能力。SR 的最后一个问题是它的分布是不得而知的，在计算时它是一个点估计，对于实际业绩数据，当在滚动时间间隔上计算时，SR 值将会改变。

研究人员已经设计出改进夏普比的方法，以便克服它的一些缺陷。一种方法将重点放在分子上，试图寻求一种方法来消除年无风险率。对于该修改

① 鞅是关于金融资产价格的最古老的模型，它起源于赌博业和概率论，若价格随机过程 $P(t+1)$ 满足条件 $E[P(t+1)] \mid P(t), P(t-1)\cdots\cdots=P(t)$ 即 $E[P(t+1)-P(t) \mid P(t), P(t-1)\cdots\cdots]=0$，则我们称价格随机过程 $P(t)$ 为鞅。——译者注

的理论判断是在可控期货中的投资者或交易者可以使用短期国库券来作为他们账户的保证金，并且收取账户余额上的所有利息。因此，他们按年计算的盈利可以写作 $R = T_r + r$，其中 T_r 是交易期望盈利，r 是年无风险率。所以，夏普比中的分子将变为（$T_r + r$）$- r$，或 T_r，这就相当于消除了年无风险率。

另一种公式的思想认为期货投资者是不反对风险的，所以不会在投资决策中考虑无风险率。这就等同于把无风险率设为 0，与上一种思想的效果相同。这种方法将夏普比改为：

$$\mathrm{SR}^* = \frac{R}{\Sigma} \tag{6.2}$$

式中，SR^* 是改进后的夏普比；R 为预期年盈利（%），Σ 为按年计算的标准偏差（%）。

许多作者交替使用这种定义和夏普比的基本定义，却不注明它们之间的差异。对于这种变化，虽然没有一致的命名规则，但是改进后的夏普比显然比原始夏普比对杠杆的变化更敏感，因为分子和分母在大多数情况下都会线性变化。一些“摩擦”（比如交易费和顾问费）产生的非线性可能存在，但是对于大多数实际目的，变化都是线性的。

改进后的夏普比的一个有趣特性是，当以月为周期计算时它的含义和构成略有差异。该差异取决于我们在分子中是使用算术平均盈利还是几何平均盈利。例如，考虑无风险率等于 0 时的“每月”夏普比。注意我们不能仅通过使用每月盈利和标准偏差改写 R 和 Σ 便得出式（6.3）。相反地，我们通过复制使用月平均盈利和月标准偏差的 SR^* 的结构“创造”出这个公式。当以月为单位计算时，SR^* 可以被看作盈利效率 ρ，此处：

$$\rho = \mu/\sigma \tag{6.3}$$

式中，μ 是平均月盈利；σ 是月盈利的标准偏差。

数据序列的长度一般为 36 个月，但必要时可以更长或更短。盈利效率结合了投资者的风险偏好，此处风险（即波动性）偏好通过标准偏差给出，而 RGP 的效率通过平均月盈利 μ 度量。盈利效率可被解释为投资者风险承受限度中转换为盈利的那一部分。使用算术平均值盈利的盈利效率很容易计算，因为业绩数据很容易以月的形式获得，并且容易解释为波动性承受限度中转换为盈利的那一部分。

让我们阐明两个技术问题。分子可以被定义为给定时间周期上的算术或几何平均盈利。算术平均盈利对盈利实现的顺序不敏感，但几何平均盈利不同。当将平均月盈利组合在一起度量按年计算的盈利时，计算 μ 的准确方法，不管是算术平均还是几何平均，将产生一个微小的或者显著的差异。算术平均在计算盈利效率方面较高，因为它的统计特性是众所周知的：它属于正态分布，标准偏差为σ，其中n为数据序列的月数。关于几何平均盈利分布的一般性论述很少。

当按年计算盈利效率时，可以把它看作收益风险比，其中分子是期望收益，分母代表的是预测的未来“最坏情况”下的资金回撤（见第七章）。收益风险比对杠杆不敏感，并且允许我们同时控制上侧（盈利）期望和下侧（资金回撤）期望。这种解释针对的是人们对夏普比的分母不度量风险的批评，此处的风险为一般投资者眼中的风险。为此，施瓦格（1996）提出了盈利回撤比（RRR）：

$$\mathrm{RRR}=\frac{R}{\mathrm{AMR}} \tag{6.4}$$

式中，分子R是平均年复合盈利；AMR为每个数据点的平均最大回撤。

AMR是从前一个资金尖峰开始的最大回撤或到后续低点的最大回撤的平均值。AMR试图对到达和超过每个数据点的回撤求平均值，并且不将资金回撤数据任意限制为日历年度间隔。RRR的分子和分母对盈利实现的实际顺序都比较敏感，平滑的曲线将产生较高的RRR。这种敏感性减弱了它作为未来业绩预测指标的有效性。AMR的计算，除了复杂之外，还可导致离奇的情况出现，因为未来资金回撤是未知的。例如，当一个市场出现新的资金高点时，从前一个资金尖峰的最大回撤和到一个后续低点的最大回撤都为0。当资金出现一系列新高时，便会出现不可思议的结果。大多数交易者经历的资金回撤都与AMR有实质性的不同，因为未来资金回撤的幅度是不可能准确预见的。

通过前面的讨论，我们引出两种新方法。一种方法是对盈利效率思想的推广，使用滚动的3个月盈利代替每月盈利来计算盈利效率。滚动3个月盈利效率，即$\mathrm{R_3RE}$就变为：

$$\mathrm{R_3RE}=p_3=\frac{\mu_3}{\sigma_3} \tag{6.5}$$

式中，μ_3是平均滚动3个月盈利；σ_3是滚动3个月盈利的标准偏差。使用滚动3个月盈利的优点之一是它反映了季度业绩，允许持续的收益和资金回撤，可以反映出更加准确的信息。

另一种方法是计算“双重”改进的夏普比，也就是改进夏普比的改进夏普比，假设第一个SR^*在展期周期，比如24个月或36个月上产生。此处的逻辑是，如果盈利稳定，没有快速的收益或亏损，那么SR^*的标准偏差将比较小，而双重SR^*将成比例地变大。计算公式如下：

$$(SR^*)^2 = SR^*(SR^*) = \frac{\mu_{SR}}{\sigma_{SR}} \tag{6.6}$$

我们可以清楚地看到，R_3RE 的计算要比 $(SR^*)^2$ 的计算简单得多。

风险调整后业绩度量方法的比较

现在我们对前面讨论的风险调整后业绩的度量方法进行一下比较，使用一组特别的合成数据来进行分析（表 6.10 和表 6.11）。资金曲线有 24 个月长，并且每一条都有大致相同的起点和终点（图 6.24 至图 6.27），两年盈利率大约 12.7%。这些合成数据使我们可以在相同的条件下比较度量业绩的各种定量标准。

表 6.10　用来示例业绩分析的专用合成资金曲线（对于所有曲线，24 个月盈利均为 12.7%）

上侧 V	低级 ρ	中级 ρ	高级 ρ	经理 E	经理 F
0.50%	5.10%	3.10%	1.30%	2.12%	-1.06%
0.45	5.20	2.50	2.20	-1.04	-1.07
-0.50	-3.50	-0.50	-0.40	2.10	-1.08
0.60	-6.10	0.50	0.80	-1.03	-1.09
-0.50	8.50	0.60	0.70	2.08	-1.11
5.00	3.10	1.20	1.00	-1.02	-1.12
-0.50	0.20	-0.60	0.50	2.05	-1.13
-0.50	-0.50	-0.30	5.00	-1.01	-1.14
0.40	3.50	1.80	1.10	2.03	-1.16
0.40	4.20	-0.80	-0.50	-1.00	-1.17
0.40	-3.00	-0.30	-0.40	2.01	-1.19
0.37	-9.17	-1.10	-0.30	-0.99	-1.20
-0.40	-3.00	-1.60	-1.50	1.99	2.43
-0.40	3.30	-1.20	-0.90	-0.98	2.37
0.30	6.50	2.50	2.00	1.97	2.32
0.50	3.30	2.30	2.10	-0.97	2.26
0.50	2.10	1.10	1.20	1.95	2.21
0.50	-1.50	1.70	1.30	-0.96	2.16
-0.50	-0.65	-1.00	-0.50	1.93	2.12
-0.40	2.35	-0.50	-0.40	-0.95	2.08
0.40	-4.30	1.30	1.20	1.92	2.03

续表

上侧 V	低级 ρ	中级 ρ	高级 ρ	经理 E	经理 F
-0.40	-2.00	2.20	1.80	-0.94	1.99
-0.38	6.00	-2.00	-0.30	1.90	1.95
6.48	-5.26	1.35	0.12	-0.93	1.92

注：上侧 V：集中在正盈利月的波动性；

低级 ρ：低级盈利效率（ρ），分布在正盈利和负盈利月上的波动性（$\rho=\mu/\sigma$，μ 为平均每月盈利，σ 为每月盈利的标准偏差）；

中级 ρ：中级盈利效率；

高级 ρ：高级盈利效率；

经理 E：来自施瓦格（1996）著作中的资金经理 E，盈利月和亏损月交替出现，盈利月的收益两倍于亏损月的亏损；

经理 F：来自施瓦格（1996）著作中的资金经理 F，12 个连续亏损月，12 个连续盈利月，盈利月的收益 2 倍于亏损月的亏损。

表 6.11　用来示例业绩分析的专用合成资金曲线（通过对月盈利进行复合，从表 6.10 中得出）

上侧 V	低级 ρ	中级 ρ	高级 ρ	经理 E	经理 F
1000.00	1000.00	1000.00	1000.00	1000.00	1000.00
1005.00	1051.00	1031.00	1013.00	1021.19	989.40
1009.52	1105.65	1056.78	1035.29	1010.59	978.81
1004.47	1066.95	1051.49	1031.14	1031.78	968.21
1010.50	1001.87	1056.75	1039.39	1021.19	957.61
1005.45	1087.03	1063.09	1046.67	1042.38	947.02
1055.72	1120.73	1075.85	1057.14	1031.78	936.42
1050.44	1122.97	1069.39	1062.42	1052.97	925.82
1045.19	1117.35	1066.18	1062.42	1042.37	915.23
1049.37	1156.46	1085.37	1074.11	1063.56	904.63
1053.57	1205.03	1076.69	1068.74	1052.97	894.03
1057.78	1168.88	1073.46	1064.46	1074.16	883.44
1061.70	1061.69	1061.65	1061.27	1063.56	872.84
1057.45	1029.84	1044.67	1045.35	1084.75	894.03
1053.22	1063.83	1032.13	1035.94	1074.15	915.22
1056.38	1132.98	1057.93	1056.66	1095.34	936.41
1061.66	1170.37	1082.27	1078.85	1084.75	957.60
1066.97	1194.94	1094.17	1091.80	1105.94	978.79
1072.31	1177.02	1112.77	1105.99	1095.34	999.98
1066.94	1169.96	1101.64	1100.46	1116.53	1021.17
1062.68	1196.87	1096.14	1096.06	1105.93	1042.36
1066.93	1145.40	1110.39	1109.21	1127.12	1063.55
1062.66	1122.49	1134.81	1129.18	1116.53	1084.74
1058.62	1189.84	1112.12	1125.79	1137.72	1105.93
1127.22	1127.26	1127.13	1127.14	1127.12	1127.12

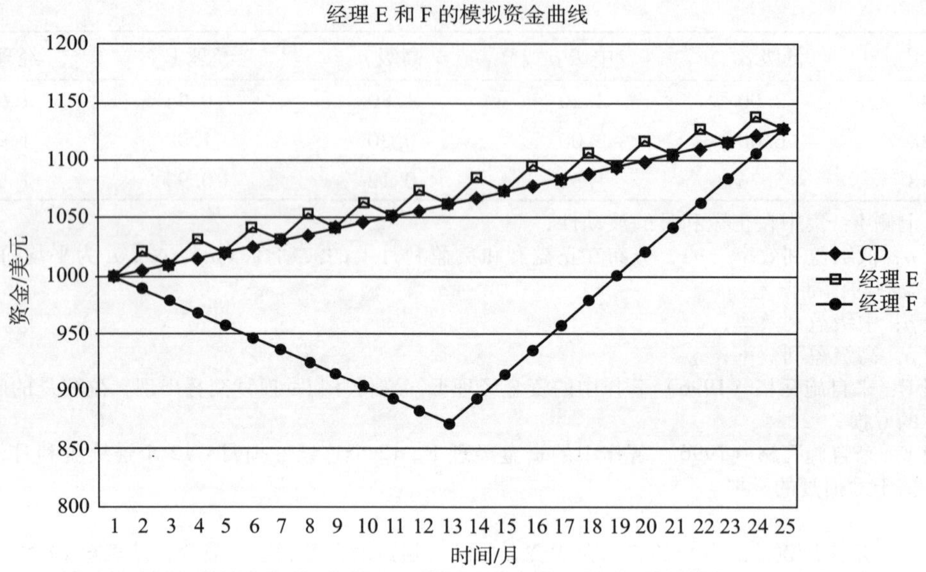

图 6.24　用来比较业绩量化方法的合成资金曲线。施瓦格（1996）描述的经理 E 具有间隔的盈利月和亏损月，而经理 F 拥有连续的盈利月和亏损月。我们的目标是获取一种风险调整后业绩的度量标准，以便区分这两种极端情况

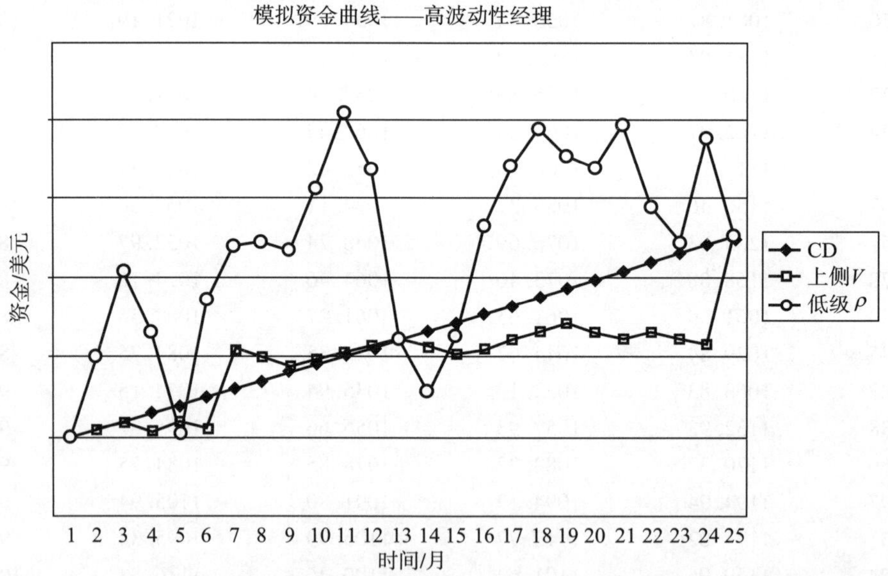

图 6.25　合成资金曲线，如图 6.24 所述。上侧 V 资金曲线在上侧（或获利侧）具有多变的运动。低级 ρ 资金曲线在上侧和下侧的波动性大致相同

我们从图 6.24 至图 6.27 中可以看出，低级 ρ 和经理 F 的资金曲线“波动”较大，而经理 E 拥有最为稳定的资金曲线。上侧 V 的资金曲线相对平

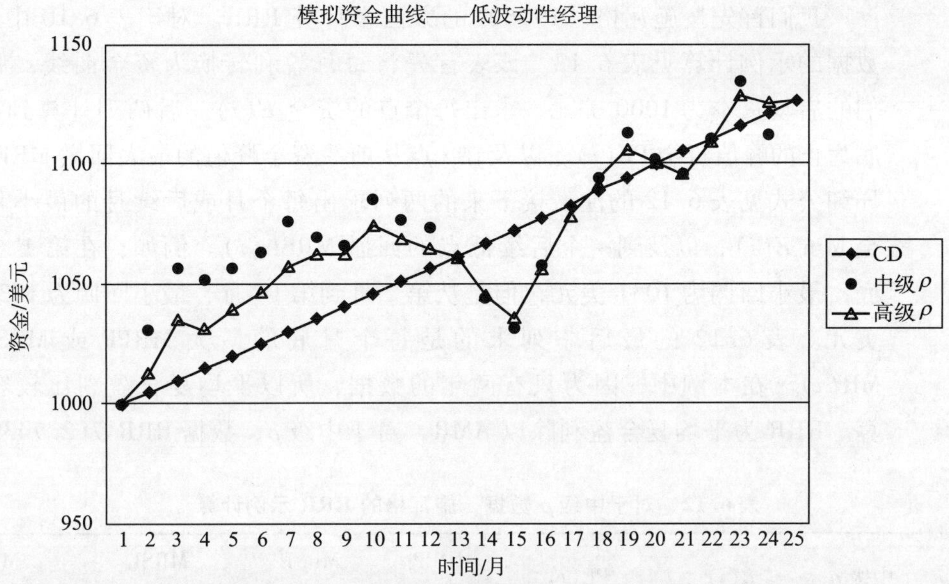

图 6.26　波动性从低到中的合成资金曲线

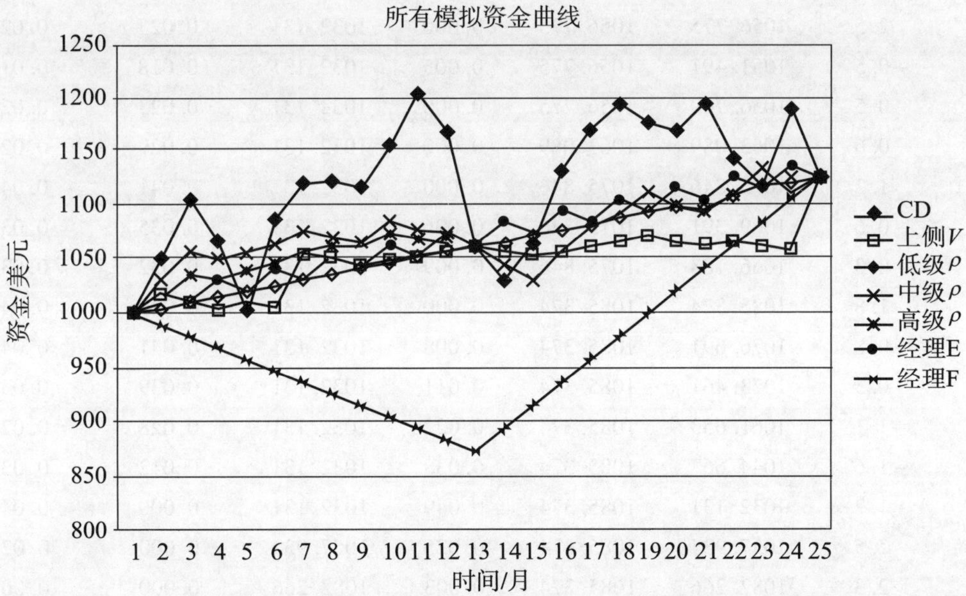

图 6.27　合成资金曲线，用于比较风险调整后业绩的量化度量方法。目的是寻求风险调整后业绩的度量标准，用来区分稳定盈利、波动性盈利，区分不常亏损或连续亏损曲线

坦，只有两个月的快速收益。中级 ρ 和高级 ρ 资金曲线类似于低级 ρ 的资金曲线，但是波动较小。它们比低级 ρ “更加平滑”，但不像经理 E 那样稳定。现在我们来看数值计算是如何展开的。

我们首先按施瓦格（1996）的方法来计算 RRR。对于表 6.10 中中级 ρ 数据的示例计算见表 6.12。该表首先将每月盈利转换为资金曲线，假设我们的启动资本为 1000 美元，求出每个点的资金 $E(i)$。后两列计算到第 i 月底为止的峰值资金 PE(i)，以及在 i 点从前一资金峰值的最大回撤 MRPP(i)。详细公式见表 6.12 的注。接下来的两列求出每个月或后续月的最小月底资金 Min $E(i)$，以及到一个后续低点的回撤 MRSL(i)。例如，在第 1 个月月底，最小回调为 1031 美元，但是从第 2 月到第 14 月，最小回调为 1032.131 美元。表 6.12 的最后一列求的是每个月底的最大 MRPP 或 MRSL——MR(i)。在本例中，因为只有两年的数据，所以平均复合盈利比较容易计算。RRR 为平均复合盈利除以 AMR，对于中级 ρ，数据 RRR 为 2.7439。

表 6.12　对于中级 ρ 数据，施瓦格的 RRR 示例计算

数据	中级 ρ	$E(i)$	PE(i)	MRPP (i)	Min E (i)	MRSL (i)	MR (i)
		1000.000	1000.000	0.000	1000.000	0.000	0.0000
1	3.1	1031.000	1031.000	0.000	1031.000	0.000	0.0000
2	2.5	1056.775	1056.775	0.000	1032.131	0.023	0.0233
3	-0.5	1051.491	1056.775	0.005	1032.131	0.018	0.0184
4	0.5	1056.749	1056.775	0.000	1032.131	0.023	0.0233
5	0.6	1063.089	1063.089	0.000	1032.131	0.029	0.0291
6	1.2	1075.846	1075.846	0.000	1032.131	0.041	0.0406
7	-0.6	1069.391	1075.846	0.006	1032.131	0.035	0.0348
8	-0.3	1066.183	1075.846	0.009	1032.131	0.032	0.0319
9	1.8	1085.374	1085.374	0.000	1032.131	0.049	0.0491
10	-0.8	1076.691	1085.374	0.008	1032.131	0.041	0.0414
11	-0.3	1073.461	1085.374	0.011	1032.131	0.039	0.0385
12	-1.1	1061.653	1085.374	0.022	1032.131	0.028	0.0278
13	-1.6	1044.667	1085.374	0.038	1032.131	0.012	0.0375
14	-1.2	1032.131	1085.374	0.049	1032.131	0.000	0.0491
15	2.5	1057.934	1085.374	0.025	1057.934	0.000	0.0253
16	2.3	1082.266	1085.374	0.003	1082.266	0.000	0.0029
17	1.1	1094.171	1094.171	0.000	1094.171	0.000	0.0000
18	1.7	1112.772	1112.772	0.000	1096.136	0.015	0.0150
19	-1	1101.644	1112.772	0.010	1096.136	0.005	0.0100
20	-0.5	1096.136	1112.772	0.015	1096.136	0.000	0.0150
21	1.3	1110.386	1112.772	0.002	1110.386	0.000	0.0021
22	2.2	1134.814	1134.814	0.000	1112.118	0.020	0.0200

续表

数据	中级 ρ	$E(i)$	PE(i)	MRPP (i)	Min E (i)	MRSL (i)	MR (i)
23	-2	1112.118	1134.814	0.020	1112.118	0.000	0.0200
24	1.35	1127.132	1134.814	0.007	1127.132	0.000	0.0068
						AMR	0.0225
						R	0.0617
						RRR	2.7439

注：PE(i)：第 i 个月的资金峰值；
$E(i)$：第 i 个月的月末资金；
MRPP(i)：从上个资金峰值的最大回调 = [PE(i) - $E(i)$]/PE(i)；
Min E(i)：第 i 个月或第 i 个月后的最小资金；
MRSL(i)：向后续低点的最大回调 = [$E(i)$ - ME(i)]/$E(i)$；
MR(i)：在点 i 处，最大资金回撤 = Max[MRPP(i)，MRSL(i)]；
AMR：数据集上的平均 MR；
R = 数据集上的平均合成盈利（用小数表示）；
RRR = R/AMR。

完整的计算结果如下（RRR 值位于圆括号内）：上侧 V(10.11)，经理 E(6.54)，高级 ρ(4.85)，中级 ρ(2.74)，经理 F(0.96)，低级 ρ(0.82)。很明显，RRR 的计算结果没有对上侧波动性不利，并且偏爱稳定的盈利，对上侧 V 和经理 E 给出了较高的评级。波动性相对较低的高级 ρ 和中级 ρ 位于这一团体的中间位置。RRR 的确对连续亏损不利，更不喜欢波动性大的资金曲线，对经理 F 和低级 ρ 给出了较低的评级。这些等级评定与我们的视觉判断基本吻合，例外情况是经理 E 的等级低于上侧 V 的等级，虽然经理 E 的下侧波动性极小。

针对这些数据，我们还计算了夏普比（SR）、改进的夏普比（SR^*）、盈利效率和 R_3RE，目的是观察它们的等级评定性能（表 6.13 和表 6.14）。因为所有序列都具有大致相同的盈利，所以使用 SR 的排名等价于使用月标准偏差排名的逆序。从表 6.15 中，我们可以看出 SR、SR^* 和盈利效率产生基本相同的排名顺序，但不区分上侧和下侧波动性。所以，高级 ρ 和中级 ρ 曲线的排名位于上侧 V 曲线的前面。当使用 R_3RE 排名时，上侧 V 曲线下降至第 3 位，表明 R_3RE 方法正在向 RRR 方法靠近，而 RRR 的计算更简单。注意低级 ρ 的资金曲线拥有"大型的"上侧和下侧波动性，在所有计算的评级中都位于倒数第一。

为了进一步测试不同风险调整后的业绩度量方法的相对性能，我们测试表 6.8 中所示 8 位 CTA 的数据，计算结果总结于表 6.16 中。为了达到对比的目的，我们只分析盈利回调比（RRR）、盈利效率（ρ）和滚动 3 个月盈

表 6.13　对合成数据盈利效率、夏普比和收益风险比的计算

	上侧 V	低级 ρ	中级 ρ	高级 ρ	经理 E	经理 F
	0.5	5.1	3.1	1.3	2.12	−1.06
	0.45	5.2	2.5	2.2	−1.04	−1.07
	−0.5	−3.5	−0.5	−0.4	2.10	−1.08
	0.6	−6.1	0.5	0.8	−1.03	−1.09
	−0.5	8.5	0.6	0.7	2.08	−1.11
	5	3.1	1.2	1	−1.02	−1.12
	−0.5	0.2	−0.6	0.5	2.05	−1.13
	−0.5	−0.5	−0.3	0	−1.01	−1.14
	0.4	3.5	1.8	1.1	2.03	−1.16
	0.4	4.2	−0.8	−0.5	−1.00	−1.17
	0.4	−3	−0.3	−0.4	2.01	−1.19
	0.37	−9.17	−1.1	−0.3	−0.99	−1.20
	−0.4	−3	−1.6	−1.5	1.99	2.43
	−0.4	3.3	−1.2	−0.9	−0.98	2.37
	0.3	6.5	2.5	2	1.97	2.32
	0.5	3.3	2.3	2.1	−0.97	2.26
	0.5	2.1	1.1	1.2	1.95	2.21
	0.5	−1.5	1.7	1.3	−0.96	2.16
	−0.5	−0.6	−1	−0.5	1.93	2.12
	−0.4	2.3	−0.5	−0.4	−0.95	2.08
	0.4	−4.3	1.3	1.2	1.92	2.03
	−0.4	−2	2.2	1.8	−0.94	1.99
	−0.38	6	−2	−0.3	1.90	1.95
	6.48	−5.26	1.35	0.12	−0.93	1.92
μ	0.513	0.599	0.510	0.505	0.511	0.513
σ	1.683	4.523	1.486	1.031	1.527	1.680
$\rho=\mu/\sigma$	0.305	0.132	0.344	0.490	0.335	0.306
R = 平均年盈利（%）	6.337	7.426	6.300	6.231	6.307	6.337
Σ = 年标准偏差（%）	5.829	15.668	5.147	3.572	5.289	5.819
夏普比（$r=5\%$）	0.229	0.155	0.253	0.345	0.247	0.230
$SR^*=R/\Sigma$ = 夏普比（$r=0$）= 收益/风险	1.087	0.474	1.224	1.744	1.192	1.089

注：μ = 平均月盈利（%）；

σ = 月盈利标准偏差（%）；

$\rho=\mu/\sigma$：盈利效率，可以看作无风险率为 0 时的月夏普比；

R = 平均年盈利（%）：通过将 μ 在 12 个月上进行复合获得平均年盈利（%）；

Σ = 年标准偏差（%）：按年计算的标准偏差（%），$\Sigma=\sqrt{12}\sigma/3.46$；可以看作“最差”预期资金回撤；

夏普比（$r=5\%$）：$r=5\%$ 时的夏普比；

SR^* = 收益/风险 = R/Σ：用预期“最差”资金回撤调整后的盈利。

表 6.14 滚动 3 个月盈利、盈利效率、夏普比和收益风险比的计算

日期	上侧 V	低级 ρ	中级 ρ	高级 ρ	经理 E	经理 F
1						
2						
3	0.447	6.695	5.149	3.114	3.178	-3.179
4	0.547	-4.675	2.497	2.606	0.000	-3.213
5	-0.403	-1.684	0.597	1.100	3.145	-3.248
6	5.102	5.040	2.316	2.521	0.000	-3.283
7	3.953	12.087	1.196	2.216	3.112	-3.320
8	3.953	2.790	0.291	1.505	0.000	-3.357
9	-0.601	3.188	0.886	1.605	3.080	-3.395
10	0.298	7.308	0.683	0.594	0.000	-3.434
11	1.205	4.612	0.683	0.192	3.049	-3.473
12	1.175	-8.194	-2.186	-1.195	0.000	-3.514
13	0.368	-14.538	-2.974	-2.188	3.018	0.000
14	-0.431	-8.987	-3.850	-2.679	0.000	3.598
15	-0.501	6.714	-0.350	-0.434	2.988	7.283
16	0.398	13.645	3.599	3.205	0.000	7.111
17	1.306	12.325	6.011	5.392	2.959	6.946
18	1.508	3.887	5.184	4.668	0.000	6.789
19	0.497	-0.035	1.791	2.003	2.930	6.638
20	-0.402	0.161	0.180	0.390	0.000	6.495
21	-0.502	-2.686	-0.214	0.291	2.902	6.357
22	-0.402	-4.057	3.011	2.610	0.000	6.225
23	-0.382	-0.587	1.458	2.713	2.874	6.099
24	5.651	-1.584	1.508	1.616	0.000	5.977
μ_3	1.036	1.428	1.248	1.447	1.511	1.641
σ_3	1.893	7.148	2.476	1.998	1.548	4.888
$\rho_3=\mu_3/\sigma_3$	0.547	0.200	0.504	0.724	0.976	0.336

注：μ_3 = 滚动 3 个月间隔上的平均盈利（%）；
σ_3 = 滚动 3 个月盈利的标准偏差（%）；
$\rho_3=\mu_3/\sigma_3$：盈利效率，可以看作无风险率为 0 时的月夏普比。

表 6.15 根据不同的风险调整后业绩的度量方法对资金曲线的排名

SR	ρ	SR*	ρ_3（R₃RE）	RRR
高级 ρ	高级 ρ	高级 ρ	经理 E	上侧 V
中级 ρ	中级 ρ	中级 ρ	高级 ρ	经理 E
经理 E	经理 E	经理 E	上侧 V	高级 ρ
经理 F	经理 F	经理 F	中级 ρ	中级 ρ
上侧 V	上侧 V	上侧 V	经理 F	经理 F
低级 ρ	低级 ρ	低级 ρ	低级 ρ	低级 ρ

表 6.16　对表 6.8 中 CTA 数据的风险调整后业绩度量

日期	CTA-1	CTA-2	CTA-3	CTA-4	CTA-5	CTA-6	CTA-7	CTA-8
1990.01	0.49%	5.63%	5.30%	16.90%	4.13%	1.89%	5.50%	-1.40%
1990.02	3.37	2.45	0.50	27.90	4.21	7.76	3.50	6.10
1990.03	8.62	5.68	36.40	10.70	2.99	12.16	5.60	13.90
1990.04	4.37	8.34	39.60	5.90	2.40	16.71	5.60	23.40
1990.05	-4.61	-12.09	-15.90	-15.10	-5.66	-13.61	-8.10	-20.60
1990.06	1.77	4.55	18.00	3.10	3.51	9.50	4.80	3.80
1990.07	6.25	4.32	11.50	5.30	16.05	16.06	7.40	23.90
1990.08	15.15	8.98	16.70	12.00	3.39	21.80	15.00	36.80
1990.09	0.60	0.72	9.40	8.20	2.67	10.40	12.80	8.80
1990.10	1.86	2.13	2.90	-6.90	7.65	4.87	-3.70	3.20
1990.11	-0.25	0.07	0.20	-0.30	3.00	2.51	-4.80	1.00
1990.12	0.11	-0.82	-2.00	-2.30	0.24	-2.45	-6.10	-4.30
1991.01	-1.29	-7.59	-7.30	-1.30	-5.32	-7.43	-14.10	-8.60
1991.02	4.84	-2.58	-11.60	7.10	1.40	-7.75	4.40	-1.50
1991.03	2.32	16.04	0.20	-4.90	2.60	2.26	12.00	8.60
1991.04	-2.80	-1.66	-4.60	3.80	-0.09	-5.58	1.80	-10.00
1991.05	0.27	2.66	-3.20	2.50	-1.13	-1.17	1.60	-7.40
1991.06	-1.25	5.43	1.10	1.60	1.63	3.32	6.40	6.90
1991.07	-1.75	-8.54	-11.30	-16.80	-4.02	-8.12	-14.00	-10.30
1991.08	-3.32	-2.92	-1.80	0.40	-6.09	-2.93	-8.10	2.10
1991.09	4.39	2.11	13.40	18.20	0.91	2.43	-0.80	5.60
1991.10	4.21	0.31	-2.80	0.20	-0.30	0.66	2.80	-2.20
1991.11	-4.68	-2.09	-2.60	1.90	0.10	-0.27	-3.30	1.10
1991.12	12.08	16.01	44.60	28.20	16.35	22.14	32.30	30.40
μ	2.11%	1.96%	5.70%	4.43%	2.11%	3.55%	2.44%	4.55%
σ	4.91%	6.68%	15.83%	11.00%	5.49%	9.50%	10.00%	13.48%
$\rho=\mu/\sigma$	0.431	0.294	0.360	0.403	0.384	0.373	0.244	0.338
ρ_3	0.699	0.462	0.506	0.467	0.510	0.459	0.277	0.451
RRR	7.704	3.146	3.613	5.891	4.529	2.911	1.830	3.610

利效率（$R_3RE=\rho_3$）。三种方法都将 CTA-1 评为最高级别，而将 CTA-7 评为最低级别。排名前三位的 CTA 拥有完全相同的 RRR 和盈利效率排名，位于表下半部分的 4 位 CTA 也具有相同的 RRR 和盈利效率排名。类似地，RRR 和 ρ_3 在上半部分选择了 4 位相同的 CTA，但是顺序不同。总之，这些方法产生的排名是类似的，关键区别在于它们对上侧和下侧波动性的考虑不同。盈利效率和 R_3RE 比 RRR 容易计算，而且不会产生 RRR 计算中的离奇

结果。所以，滚动3个月盈利效率可能是对风险调整后业绩的一种比较有效的度量方法。

这些计算引出的关键问题是CTA们是否真的拥有上下侧不同的波动性。如果我们假设波动性是"对称的"，那么市场利好引起的上侧波动性也将在市场行情不好时在下侧看到。基于对称波动性的假设，像夏普比及其变种（盈利效率或R_3RE）这样的度量方法，将对风险调整后的业绩提供更准确的度量。CTA的实证研究和套利基金的业绩记录表明，以月为单位的最大资金回撤通常小于月盈利标准偏差的4倍（见第七章）。这些数据支持波动性对称的假设。需要注意的是，典型的CTA风险控制程序将在预设亏损水平处斩断亏损交易。但是，盈利交易并非总是在获利目标处了结，通常会延续尽可能长的时间，所以，有可能在利好市场中拥有持续3~5年的延长业绩期，期间波动性主要位于上侧。这使得盈利分布向左侧倾斜。但是，1999年的CTA业绩表明，上侧波动性将逐渐与下侧波动性相匹配。

未来业绩控制图表

对过去业绩数据的分析可以帮助我们区分能够进行相互竞争的RGP和资金经理人，但对未来业绩给出的信息太少。我们发现，很难准确预测未来，但是可以对未来交易结果的范围做一些预测。这种预测属于区间预测，而非点预测，可以帮助我们设计交易或投资策略。

我们借助统计学的中心极限定理（CLT）来实现预测目标。该定理适用于从有限均值μ和标准偏差σ的无限总体中抽取的简单随机样本。CLT理论是，如果样本规模足够大，那么样本均值就符合均值为μ、标准偏差为$\sigma\sqrt{n}$的正态分布。盈利产生过程（RGP）的盈利分布可能是非正态的，但是盈利肯定具有有限的均值和方差，分别为μ和σ^2。在这种情况下，假设总体是无限的，当n足够大（比如说$n>25$）时，样本均值统计量接近于均值为μ，标准偏差为$\sigma\sqrt{n}$的正态分布。这就意味着我们在计算出滚动12个月、24个月或36个月的平均盈利后，可以使用正态分布的特性，预测未来12个月的平均盈利范围。例如，我们可以计算滚动24个月平均月盈利以及它们的标准偏差。然后我们可以说，在接下来的12个月里，滚动24个月平均盈利有68%的机会将位于一个在当年年底计算的区间$\mu\pm\sigma\ \sqrt{24}$之内。

图6.28所示为使用实际CTA业绩数据得出的滚动24个月盈利。图中还画出了使用式子$\mu_{24}\pm\sigma_{24}/\sqrt{24}$得出的滚动24个月盈利的上限和下限，其中

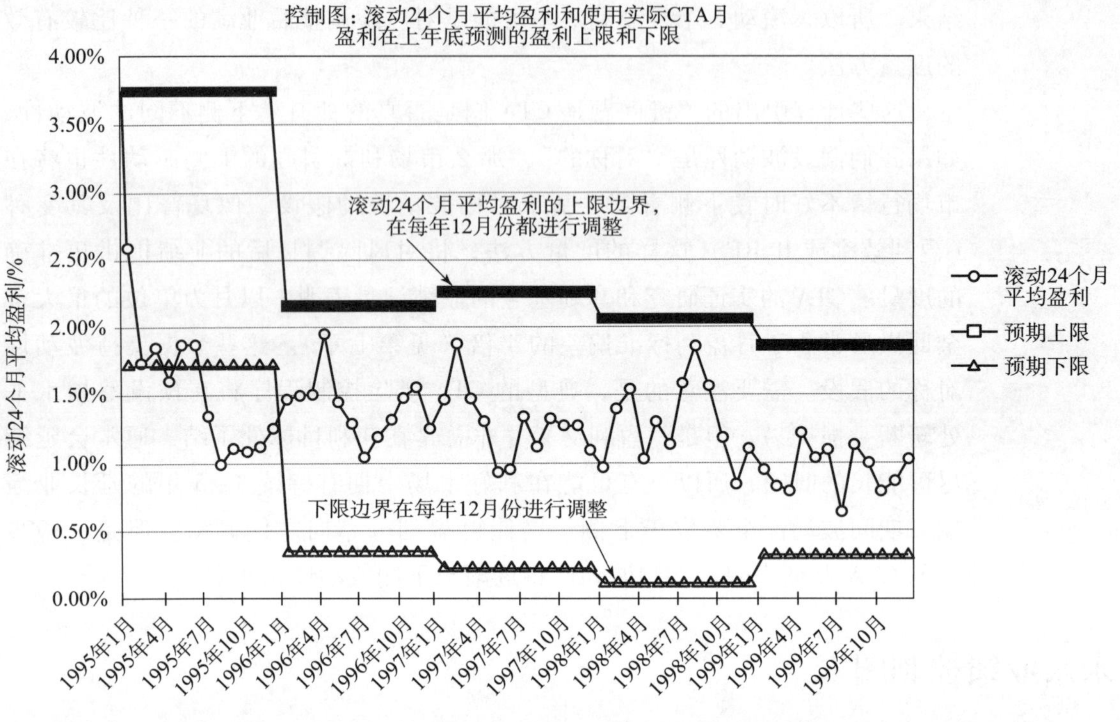

图 6.28 CTA 业绩的控制图，从中我们可以看出滚动 24 个月平均盈利的预期上限和下限边界

μ_{24}为截至上年 12 月底 24 个月的平均盈利，σ_{24}为截至上年 12 月底的那些滚动盈利的标准偏差。于是，1999 年使用的预测值便是在 1998 年底计算的那些。例如，1998 年底计算的前 24 个月平均盈利为 1.10%，标准偏差为 3.77%，计算出日历年度 1999 年的月盈利上限和下限分别为 1.87% 和 0.33%。这意味着什么呢？如果 1999 年 12 月底的滚动 24 个月平均盈利恰好为 1.10%，那么上 24 个月周期上的盈利可以通过合成平均盈利来近似：$100\times[(1+0.11)^{24}-1]\approx30\%$（近似）。1999 年 12 月底预期 24 个月盈利的上限为 $100\times[(1+0.187)^{24}-1]\approx56\%$（近似）。类似地，到 1999 年底两年期预测下限为 8.2%（近似）。如计算结果所示，实际 1999 年 12 月平均 24 个月盈利为 1.02%，预测两年盈利为 27.5%，实际 24 个月盈利为 26.5%。预测误差产生的部分原因是我们合成的是算术平均盈利，而非几何平均盈利。尽管如此，预测中的误差也是可以接受的，因为它给出了一种记录预期盈利和实际盈利的图形方法。

如图 6.28 所示，当业绩在新的一年里不断变化时，我们可以使用带有为未来业绩精心设计的上下限的控制图来记录业绩。比如在 1995 年，那位 CTA 的盈利跌破了 $\mu\pm\sigma\sqrt{24}$带，此事件使我们得到很多警示。在 1996 年，预测带下移，以适应新的现实，而后业绩又重新强力向预期业绩的上限弹起。1997—1999 年间，业绩限制带没有大的移动，业绩基本位于年底预期范围的中部。所以，我们可以使用历史业绩数据来设计控制图表，为在 24 个月或 36 个月周期上平滑后的未来业绩做一个区间预测。我们也可以使用 12 个月的平滑周期，但是预测带必须设得稍宽一些，以容纳较短时间框架内较大的波动。

小结

在本章我们看到，回归分析中的标准误差是对资金曲线平滑度的一种很好的度量标准。比较平滑的资金曲线拥有较小的标准误差。

我们看到，产生平滑资金曲线的一些常见方法并非每次都奏效。我们测试的大部分出场策略都没能使 SE 下降超过 20%，但造成了实质性的利润损失。在不同市场或系统上的多元化也使标准误差增加。我们还分析了每月资金变化，以验证这些发现。只有一些入场策略给出了比较平滑的资金曲线。

我们构造了 CTA 盈利模型，并且证明可以通过简单趋势跟随模型在期货市场子板块上的盈利来解释他们的盈利。这种方法能使我们更深入地理解 CTA 之间的相互关系，并帮助我们建立完善的投资组合。选择投资组合的过程进一步得到开发稳定资金经理等级评定程序的帮助，这是该领域现有方法的一次重要改进。风险调整后业绩的度量方法可能会帮助我们缩小投资组合的选择范围，所以本章详细论述了几种风险调整后业绩的度量方法，并在相同条件下对这些度量方法进行了比较。滚动 3 个月盈利效率是一种比较简单有效的指标，它可以替代风险调整后的盈利回撤比（RRR）。在本章的末尾，我们给出了一个示例，说明如何通过开发控制图表来监控资金经理的业绩。

本章内容表明，分析资金曲线使我们获得了对系统设计的宝贵洞察，这是在业绩总结中得不到的。所以，如果没有分析资金曲线，系统开发工作就没有完成。

第七章

资金管理思想

不良资金管理会破坏优良的系统。

简介

对于任意一套交易系统，资金管理都是影响其未来业绩的一个重要变量；对于任意一套交易系统的正确执行，它都是一个主要影响因素，现在有很多著作专门致力于这一主题的研究。

我们首先来计算破产风险，在做系统测试时会用到该数据。在计算破产风险时，假定胜率和回报率为常数，此处只是给出破产风险计算的一个简单向导，实际上这些量都是随时间变化的。

然后我们举例分析系统设计和资金管理规则之间的相互影响，以及在一套典型突破系统上使用固定合约或变合约策略所产生的影响。接下来我们详细阐述使用月资金变化的标准偏差预测资金回撤的方法。一个样本外测试示例将使我们相信，使用这种方法预测未来资金回撤是合理的。对未来资金回撤有一个合理的预测是非常有用的，因为它可以帮助我们为系统分配合适的资金量。

最后我们分析控仓策略对资金曲线的影响。对于一套给定的系统，我们可以通过改变控仓策略来调节资金曲线的平滑度。

读完本章，读者应该能够：

（1）在资金管理中使用风险控制的思想；

（2）理解系统设计和资金管理规则之间的相互影响；

（3）预测任意系统的未来资金回撤范围；

（4）研究开发盈利和亏损后调整仓位规模的策略。

破产风险

破产风险的数学计算是资金管理规则的核心。这些统计计算假定在数千次交易中的胜率完全相同，但在实际交易中是不会出现这种理想状况的。尽管如此，通过对破产风险进行研究，我们可以更好地理解杠杆作用带来的风险。

使用特定的简化假设，我们可以用破产风险预测损失所有资金的概率。资金管理的目标是降低破产风险，比如说使它小于1%。此处使用纳泽尔·巴尔萨拉开发的通用方法（可参考其著作，获得更多详细信息）。

影响破产风险的变量有三个：胜率、回报率（平均盈利与平均亏损的比值）、参与交易的资金占总资金的份数。我们的交易系统设计控制前两个变量，资金管理规则控制第三个变量。随着回报率或胜率的增加，破产风险逐渐降低。而每笔交易上的风险资金份数越大，破产风险就越大。

此处使用的预测方法遵循巴尔萨拉预测破产风险的通用模拟方法，区别是我们总共只使用1000次（而不是10万次）模拟测试来预测破产概率。如果做了1000次模拟测试后就已破产，那么就不用经历10万次模拟测试了。

在每笔交易上使用定额止损将风险限制为总资金的1%，所得破产风险见表7.1。我们看到，胜率的范围为25%~50%，回报率的范围为1~3。大部分交易系统将显示出25%~50%的胜率。

表7.1　每笔交易的风险为账户总资金1%时的破产风险，概率为0表示损失全部资金的情形不容易发生，但并非完全不可能发生

胜率/%	回报率				
	1	1.5	2	2.5	3.0
25	100%	100%	100%	73%	3.1%
30	100%	100%	46.9%	0.2%	0
35	100%	74.6%	0.1%	0	0
40	99.8%	0.5%	0	0	0
45	52.4%	0	0	0	0
50	0	0	0	0	0

这些数据是我们在测试中看到的一些典型值。对于胜率，25%的下限限制只是我个人的一种选择。进行上限限制的原因是，当胜率高于50%时，破产风险便已经出现实质性的下降（接近于0）。在各个市场上测试一份合

约时，很少会获得大于3的回报率。而交易一套回报率小于1的系统没有什么意义，除非该回报率非常准确，而且交易费用低廉。较小风险（占总资金的1%）的测试可能比较有趣，因为巴尔萨拉在书中没有展示每笔交易风险小于10%时的破产风险，但这些计算结果与他的计算结果基本一致。

这些理论性的计算表明，回报率接近1的系统没有多少吸引力，除非其胜率大于50%。类似地，如果回报率大于2.5，那么当胜率大于35%时，我们便可以使风险降低到可以接受的水平。

表7.2和表7.3中每笔交易的风险分别为账户总资金的1.5%和2%。注意随着风险的增加，破产风险是怎样升高的；而随着胜率或回报率的增加，破产风险又是怎样逐渐降低的。从这些数据中，我们可以看出许多交易者推荐使用定额止损将每笔交易的风险控制在账户总资金2%的原因。

表7.2　每笔交易的风险为账户总资金1.5%时的破产风险。概率为0表示损失全部资金的情形不容易发生，但并非完全不可能发生

胜率/%	回报率				
	1	1.5	2	2.5	3.0
25	100%	100%	100%	88.9%	12%
30	100%	100%	78.4%	1.0%	0
35	100%	94.5%	0.8%	0	0
40	100%	4.5%	0	0	0
45	84.2%	0	0	0	0
50%	1.4%	0	0	0	0

表7.3　每笔交易的风险为账户总资金2%时的破产风险。概率为0表示损失全部资金的情形不容易发生，但并非完全不可能发生

胜率/%	回报率				
	1	1.5	2	2.5	3.0
25	100%	100%	100%	94.3%	19.7%
30	100%	100%	87.4%	3%	0
35	100%	98.7%	16%	0	0
40	100%	9.2%	0	0	0
45%	93.6%	0	0	0	0
50	5.4%	0	0	0	0

我们在做这些计算时，假设回报率和胜率为常数。事实上，它们是随着时间不断变化的。我们今天所做的任何预测，几个月后很可能都已经改变，

所以在预测破产风险时，最好考虑一定范围内的回报率和胜率。

换一个角度来思考，如果胜率的范围为25%~50%，每笔交易的风险为账户总资金的1%，那么“神奇的”回报率应该是多少呢？我们分析系统测试结果时，可以将表7.4中的数据作为快速参考数据。这些数据将有助于我们回答这个问题。例如，如果系统的胜率为40%，那么大于1.75的回报率便可将破产风险降至可控制的水平。

注意这些关系之间是非线性的。例如，对于回报率为1.5，胜率为40%的情况，如果将每笔交易的风险从1%增至2%，那么破产风险就会从0.5%增至9.2%（表7.1和表7.3）。这种增长是不成比例的，所以不鼓励在账户上使用过大的杠杆，也不鼓励每笔交易的风险一直远大于账户总资金2%。我们还应该注意到，改进系统设计具有提高回报率或胜率，或者使两者都提高的好处。如果回报率和胜率有所提升，我们便可以增加分配给系统的资金，而不会使风险过度增加。

这些计算并不是说我们不能根据其他信息在交易时调整每笔交易的风险。如表7.4所示，如果胜率大于50%，并且回报率大于1，那么破产风险就非常小。于是当我们找到一种机制来辨识超常机会时，便可根据需要来调整每笔交易的风险。这些调整会大大提升总体业绩。详细内容见第四章中“辨识超常交易机会”一节。

表7.4　在使用1%硬性止损时，如果可以忽略破产风险（即破产风险为0），那么所需的回报率如表中所示

胜率/%	回报率	破产风险
25	3.25	0
30	2.75	0
35	2.25	0
40	1.75	0
45	1.5	0
50	1	0

总之，破产风险计算表明，我们不鼓励对一个账户进行过度交易，比如一直使每笔交易的风险金额占账户总资金的10%或更多。占账户总资金1%~2%的风险规模是比较谨慎的选择。但是，因为在做破产风险计算时，假设胜率和回报率为常数，而在实际交易中每笔交易的胜率和回报率都是不同的，所以这些破产风险计算结果应该仅作为一般性的指导，比如可以使用它们来增加超常交易机会中的仓位规模。

相互影响：系统设计和资金管理

本节分析两种不同的资金管理策略对投资组合业绩的影响。首先，我们分析固定合约策略或变合约策略对系统交易业绩的影响，然后比较使用两种策略使投资组合的业绩产生了怎样的差异，最后考察间隔资金变化是否对预测最大资金回撤有用。

我们的目标是对付资金曲线的下侧，而让市场去对付其上侧。我们愿意让账户资金的增长率最大化，同时控制累积亏损的扩大。资金管理的内容包括为确定每笔交易的风险所做的全部决定，这同时也决定了每笔交易的合约数。交易的合约数影响到分配作为保证金的资金占账户总资金的百分比。当然，我们还必须选择每个账户交易的市场。我们既可以用相对简单，又可以用相对复杂的规则来做出每一个选择，但我们的选择会显著改变账户资金的发展。我们还可以使用不同的资金管理规则来交易相同的系统，以产生明显不同的结果。本节简要讨论了常用资金管理规则，并阐明它们的作用，读者可以参考与该主题相关的其他专著。

最简单的风险控制工具是初始风险止损或资金管理止损。这种止损通常为一定额止损，止损金额通常小于账户总资金的6%，是每笔交易的风险金额，通常用止损订单来执行。当所有合约上的亏损接近止损金额时，我们就退出交易。我们在上一节中已经看到，常见的方法是每个头寸上的风险占账户总资金的1%~2%。如果每份合约的风险小于总风险，我们就可以交易一份以上的合约。

我们需要在资金增长率和我们所能承受的资金回撤之间做出权衡，有些理论，例如最优f理论是使用更为复杂的公式使资金增长率超过每个市场一份合约的方法。但是，当我们交易多份合约时，资金回撤量一般也会增加，所以资金管理变得更为重要。

通过在带展期的实际合约上测试一套通道突破系统，我们来分析系统设计和资金管理之间的相互影响。该系统交易一份合约的月资金曲线见图7.1，每笔交易的滑移价差和佣金为100美元。该系统的资金曲线稳定上升，中间出现数次明显的回撤。我们将月资金曲线导入电子表格，然后分析在1个月、3个月、6个月和12个月时间间隔上的资金变化。这些数据见表7.5。

通过一些简单的计算，我们可以看出表7.5的作用。假设月平均盈利为0，并且月资金变化符合正态分布，大部分趋势跟随系统都具有持续6个月

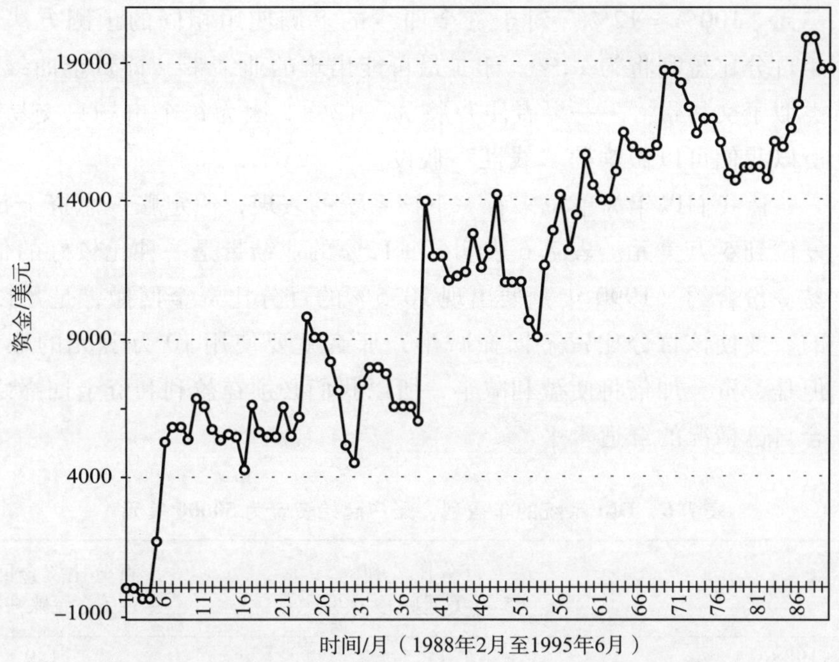

图 7.1　在德国马克市场中交易一份合约的月资金曲线

表 7.5　对一份合约策略的德国马克系统在 90 个月（1988 年 2 月至 1995 年 6 月）上的间隔资金变化分析

间隔分析	1 个月	3 个月	6 个月	12 个月
最大收益/美元	7963	7413	7213	7650
最大亏损/美元	3137	-3925	-5263	3889
平均值/美元	208	651	1297	2111
标准偏差/美元	1471	2263	2667	2928

或稍短的连续亏损期。所以，为了预计资金曲线下侧潜能，我们来分析一下 6 个月时间间隔上的最大亏损。6 个月时间间隔上的最大亏损是 -5263 美元，其绝对值是月标准偏差 1471 美元的约 3.5 倍。将月标准偏差四舍五入为 1500 美元。我们选择数字 3.5，将其作为一个基准数字，并将其四舍五入为 4。于是，我们将来可能碰到的最大资金回撤的绝对值为月资金变化标准偏差的 4 倍。由统计理论我们得知，获得一个比标准偏差的 4 倍还要大的数，概率是非常小的，大约为 0.06‰。

现在，在一个 5 万美元的账户上，使用该通道突破系统交易一份德国马克合约，我们预期的“最差”百分比资金回撤是：（1500 美元 ×4）/50000

美元×100% =12%。对于资金曲线的上侧使用相同的预测方法，“最佳”年百分比盈利将为12%。于是最可能出现的业绩带（即资金曲线的包络带，类似于交易带。——译者注）将为±12%。因为每个市场只交易一份合约，所以我们可以做这种“线性”假设。

让我们以年为单位来看一下该系统的表现，假定账户总资金每年年初都复位到5万美元。表7.6表明，±12%的业绩带是一种比较好的估计。只交易一份合约（1990年）便出现10.5%的百分比资金回撤，是足以令人担忧的。要使该百分比资金回撤减半，那么就要使用10万美元的账户来交易。但是，资金加倍将使盈利减半，所以我们必须在盈利和资金回撤之间找到适合自己情况的舒适水平。

表7.6　DM系统的年盈利，账户起始资金为50000美元

年份	百分比盈利 （5万美元账户）/%	百分比资金回撤 （5万美元账户）/%
1988	11.5	-1.9
1989	8.1	-2.5
1990	-6.5	-10.5
1991	15.3	-5.0
1992	-2.1	-10.2
1993	5.6	-2.4
1994	-2.9	-5.4

现在我们已经对如何处理单份合约有所了解，接下来我们将分析交易多份合约对业绩的影响。选择合约数量的一种方法是，首先确定止损金额，然后利用市场波动性计算合约数量。在这种系统中，合约数量与波动性成反比。当市场波动性强时，交易的合约数量较少；当市场波动性较弱时，交易的合约数量较多。之前我们已经讨论过基于波动性的计算，见第五章中对长传系统的讲解。如果波动性表现为2000美元，那么对于1万美元的定额止损，我们就可以交易5份合约。如果波动性表现为6000美元，那么我们就只能购买一份合约。我们可以使用任何方法度量波动性，比如使用日价格区间（即每日高低价差或波幅——译者注）的10日SMA来度量波动性。

在交易界，人们一致认为，当市场经过数月的整固期开始发动一轮新的趋势时，波动性常常比较弱。此时基于波动性的规则将交易较多数量的合约，从而出现一轮强劲的趋势，账户资金将会快速提升。反之，当一轮趋势接近尾声时，波动性通常较强，我们将交易较少的合约。于是，趋势末尾的虚假信号产生的不利影响将成比例地减小。

如果波动性规则运行得非常好，那么我们的仓位在市场做趋势运动的时间里会比较大，而在市场整固期会比较小。所以，与每次只交易固定数量的合约相比，我们的业绩将出现“非线性”增长。例如，使用基于波动性入场规则交易 8 份合约的业绩要优于每个信号交易固定 8 份合约的业绩。我们希望根据波动性计算合约数量，以便获得更大的盈利和更小的资金回撤（即更高的盈利因子）。图 7.2 所示为使用基于波动性的多合约规则的突破系统在德国马克市场上交易时的资金曲线。请读者将该资金曲线与图 7.1 所示的只交易 1 份合约的资金曲线进行比较。

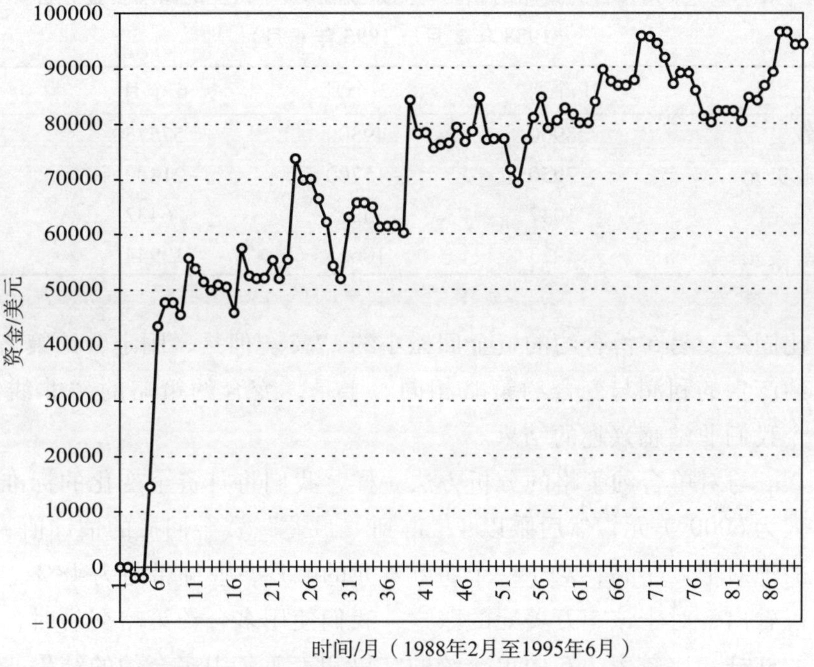

图 7.2　采用多合约策略交易德国马克的资金曲线

多合约策略的年盈利见表 7.7。多合约系统创造的利润是单合约系统创造利润的 5 倍多。该系统最多交易 8 份合约，平均交易 3 份合约，平均资金回撤只增加了约 3 倍，所以采用多合约策略使业绩显著提升。当然，资金回撤也有所增加。让我们来看一下间隔资金变化，以便更好地理解系统的性能。

比较只交易一份合约和交易多份合约的结果（表 7.5、表 7.8），我们可以看到两种策略之间的巨大差异。对于表 7.5 中的系统，如果我们交易 5 份合约，那么 6 个月时间间隔的最大资金回撤将是 −26315 美元［5 ×（ −5263 美元）］。变合约策略（表 7.8）产生的最大 6 个月资金回撤为 −21800 美元，

表 7.7　德国马克系统年盈利，启动资金为 5 万美元，采用多合约策略

年份	百分比盈利（5 万美元账户）/%	百分比资金回撤（5 万美元账户）/%
1988	102.8	-4.0
1989	44.5	-5.9
1990	-24.7	-43.6
1991	-15.1	-11.8
1992	-6.2	-30.5
1993	20.6	-6.0
1994	-15.7	-23.4

表 7.8　采用多合约策略的德国马克系统在 90 个月上的间隔资金分析（1988 年 2 月至 1995 年 6 月）

间隔分析	1 个月	3 个月	6 个月	12 个月
最大收益/美元	28900	49500	57575	52413
最大亏损/美元	-7950	-15700	-21800	-15213
平均值/美元	1047	3238	6432	9479
标准偏差/美元	5923	10613	13944	14963

比固定交易 5 份合约的资金回撤小约 17%。但是，固定合约策略交易 5 份合约产生的利润与变合约策略相同。于是，变合约策略的“非线性”产生了令我们非常感兴趣的结果。

与对单合约策略的分析方法一样，我们将月资金变化的标准偏差四舍五入为 6000 美元，然后乘以 4，得到“最差”资金回撤的估计值 -24000 美元的绝对值。于是，对于一个 5 万美元的账户，业绩带将为 48%。我们马上可以看出，对于该 5 万美元的账户，我们使用多合约策略交易时，使用了过大的杠杆。比较表 7.6 中单合约的结果和表 7.7 中多合约的结果，我们可以看到，在 1991 年，单合约系统产生了 15.3% 的利润，多合约系统则亏损了 15.1%。我们不建议使用如此大的杠杆交易，这些计算结果再次验证了这一点。

当我们增加账户资金时，资金的百分比波动便会降低。所以，当我们对资金的百分比变化做线性回归分析时，使用较小的杠杆便会产生较平滑的资金曲线。这是很自然的，因为当我们减小杠杆时，账户中剩余的资金便可作为缓冲器来吸收细微的资金波动。在表 7.9 中，我们可清楚地看到这种情形。根据表 7.5 中的数据，我们在表 7.9 中列出了账户规模分别为 5 万美元、7.5 万美元和 10 万美元三种情况下的标准误差。

表 7.9　较小的杠杆给出较平滑的资金曲线（以百分比为基础）

账户规模	月资金变化的标准误差/%
5 万美元	2.94
7.5 万美元	1.96
10 万美元	1.47

标准误差的减小意味着资金曲线更加平滑。随着账户规模的增加，百分比波动降低。需要注意的是，业绩带是对资金回撤的很好预测。所以，月盈利标准偏差的 4 倍是预测下侧风险的一个良好起点。然后我们就可以推导账户规模，以使资金回撤量保持在一个较低的水平。假设我们交易六个市场，并且希望将“最差”百分比资金回撤限制在 3% 以内，那么就要使用 80 万美元的账户来交易该多合约系统，这与 5 万美元的账户相差很多。

本节的测试结果和论述应该可以说服读者，资金管理策略可以显著改变投资组合的业绩。如前所述，作为一种设计思想，我们应该努力去应对资金曲线的下侧，而让市场去应对其上侧。在下一节中，我们将分析是否有可能使用资金曲线的间隔分析来预测未来资金回撤。

预测资金回撤

资金管理的一个重要目标是，使用严格的风险控制来减少资金回撤。所以，我们希望对潜在资金回撤做出合理的预测。我们不得不依靠对过去的分析来预测未来，所以宁愿过于谨慎，也不要冒险犯错。在预测资金回撤时，我们宁愿使预测偏大一些。交易者最好准备迎接较大的资金回撤，而非较小的资金回撤。

上一节中的论述表明，对于一套系统来说，月资金变化的标准偏差是预测未来亏损幅度的一项有效工具。我们首先画出日资金曲线，然后将它转换为月资金曲线，再计算出每月的资金变化。使用电子表格，我们可以计算出月资金变化的标准偏差。简便起见，我们把它叫作 σ_1。对于任意系统，比较保守的预期资金回撤为 $4\sigma_1$。但这只是一种观点，我们可以考虑其他比较接近的值，比如 $5\sigma_1$，甚至 $3\sigma_1$。

为了测试这种预测技术，我们使用从 1985 年 1 月 1 日到 1990 年 12 月 31 日的连续合约，并任意选定七个市场：棉花、欧洲美元、黄金、燃料油、日元、瑞士法郎和美国债券。我们使用三套任意选择的、未经优化的系统进行测试：一套 65SMA－3CC 系统，一套带 10 点屏障的收盘价 20 棒突破系统

(CHBOC) 和一套基于波动性的系统 (VOL)。最后一套系统的规则将在第八章中详细阐述。我们使用2500美元初始止损，并在10日高点和低点跟踪出场，允许100美元的滑移价差和佣金。这些选择都是任意做出的，没有考虑系统的性能，也未考虑测试数据。

虽然每套系统都使用相同的出场策略，但是入场策略不同。这三套系统本质上都是趋势跟随系统，所以在趋势市场中都应该具有获利性。区分系统业绩的关键因素是它们对横盘市场的反应。65SMA－3CC 系统可能表现出较小的亏损，因为它在交易区间内会自我校正。CHBOC 将在狭窄的交易区间内位于市场之外，但在较宽的交易区间内会受到失败突破的影响。波动性系统则容易受到交易区间内市场快速运动的影响。

通过分析总系统利润和最大日内资金回撤，我们可以更好地理解对月资金变化的分析。从表 7.10 和表 7.11 中我们可以看出，这三套系统在七个市场上的总获利性和资金回撤有较大的差别。

表 7.10　1985—1990 年时间段上的模拟利润和资金回撤 (Max P 为净利润，MIDD 为最大日内资金回撤)

市场	CHBOC Max P/美元	CHBOC MIDD/美元	VOL Max P/美元	VOL MIDD/美元	65SMA－3CC Max P/美元	65SMA－3CC MIDD/美元
棉花	5245	－16005	27165	－7330	20675	－5815
欧洲美元	13950	－1750	9475	－8725	9675	－4275
黄金	－10330	－16200	－1170	－12790	－4280	－10280
燃料油	15382	－20751	－32825	－50571	21761	－13380
日元	38663	－11513	59913	－8938	13475	－11113
瑞士法郎	1450	－18663	35075	－18750	12350	－11400
美国债券	17513	－10400	49413	－9125	－17025	－28438
合计	81873	－95282	147046	－116229	56631	－84701

65SMA－3CC 系统的总资金回撤最小，其次是 CHBOC。需要注意的是，最大日内资金回撤由基于波动性的系统在 1985—1990 年的燃料油市场上产生。使用这些系统交易黄金、燃料油和美国债券是比较困难的。我们还要注意测试周期上盈利和亏损的巨大波动性。我们将分析集中在系统业绩的相对差异上。

我们希望看一下这种间隔分析方法是否能够预测未来资金回撤。所以我们导出日资金曲线，将它转换为月资金曲线，并使用电子表格计算出 1 个月、3 个月、6 个月、7 个月、8 个月、9 个月和 12 个月的时间间隔上的资金变化。

表 7.11　1991—1995 年时间段上的模拟利润和资金回撤（Max P 为净利润，MIDD 为最大日内资金回撤）

市场	CHBOC Max P/美元	CHBOC MIDD/美元	VOL Max P/美元	VOL MIDD/美元	65SMA-3CC Max P/美元	65SMA-3CC MIDD/美元
棉花	18430	-5265	9195	-11425	33060	-8940
欧洲美元	3850	-2200	350	-4675	1525	-2225
黄金	-12630	-12630	-17750	-18660	-870	-2510
燃料油	-7080	-15813	-24330	-25296	-5113	-10261
日元	19563	-11200	27463	-13925	44500	-3538
瑞士法郎	17925	-9000	18700	-10850	5750	-12313
美国债券	-7531	-19756	-1288	-9556	-4538	-10706
合计	32527	-75864	12340	-94387	74314	-50493

大多数系统的测试结果显示，资金回撤持续时间通常小于 9 个月，所以我们将更多注意力放在 6~9 个月的范围上。首先计算月资金变化的标准偏差，然后确定上述间隔上的最差业绩，希望最差间隔业绩与月资金变化标准偏差的比等于 5 或更小。

对于从 1991 年 1 月 1 日到 1995 年 6 月 30 日的数据，在不改变系统的情况下重复做一遍资金计算。新测试周期为一“样本外”周期，目的是检查系统的稳定性。然后我们做间隔资金变化计算，希望看一下基于 1985—1990 年数据预测的最差资金回撤，是否在 1991—1995 年的数据上保持不变。理想情况下，月资金曲线变化的标准偏差在这两个时间段上会大致相同，从而加强我们对这种预测方法的信心。

表 7.12 所示为三套系统在每个测试周期上的月标准偏差、最差资金回撤及最差资金回撤绝对值与月标准偏差之比。月标准偏差相当稳定，在这两个时间周期上，平均最大资金回撤的绝对值大约是平均月标准偏差的 4 倍。测试结果是令人振奋的，因为我们所做的是未经优化的“样本外”测试，使用的是任意选择的系统和市场。这些数据表明，使用月资金变化的标准偏差预测未来资金回撤是合理的，未来资金回撤的绝对值会是月资金变化标准偏差的 4~5 倍。

一旦我们知道了预期亏损，就可以立即为系统和投资组合规划一个合理的资金规模。比如说我们希望使资金回撤保持在 20% 以内，安全起见，我们使预期资金回撤保持在 15% 以内，留下 5% 作为缓冲，以应对未来市场的不确定性。如果我们计算出的标准偏差为 6000 美元，那么预测会有 3 万美元

表 7.12 对于三套系统，在两个不同的测试周期上使用月资金变化产生的标准偏差和理论资金回撤的比较

系统	月标准偏差（1985—1990 年）/美元	最差资金回撤（1985—1990 年）/美元	最差资金回撤绝对值与月标准偏差之比（1985—1990 年）	月标准偏差（1991—1995 年）/美元	最差资金回撤（1991—1995 年）/美元	最差资金回撤绝对值与月标准偏差之比（1991—1995 年）
CHBOC	6879	-21977	3.2	5944	-28587	4.2
VOL	4229	-21729	5.2	4739	-11277	2.7
65SMA-3CC	6080	-25550	4.2	5804	-23072	3.8
平均	5729	-23085	4.0	5496	-20979	3.7

译者注：经过上下文对照，原英文最后一列表头中的“(1985—1990 年)”应为“(1991—1995 年)”，译文中已改正。

的资金回撤。由于我们希望预测百分比资金回撤为 15% 的水平，所以交易该系统和投资组合的大致资金规模为 20 万美元。

记住一点，我们的预测只是对未来可能发生情况的估计，并不保证亏损将保持或接近预测水平。然而，本节讨论的方法的确提供了一种合理预测资金亏损的客观工具。我们应该严格加强在系统测试中使用的风险控制机制，否则这些预测没有任何意义。理想情况下，我们只需保护好资金曲线的下侧，让系统设计和未来市场运动应对其上侧吧！

盈利或亏损后调整仓位规模

资金管理决策中关键的一项便是，必须在账户资金改变后及时做出更改仓位规模的方案。我们要在资金增长和资金曲线的平滑度之间进行权衡。本节阐述一些常见的控仓策略，它们将影响到我们的资金曲线。

控仓策略的背景资料是两本相关的著作。布鲁斯·巴伯考克关于交易系统的著作分析了各种控仓策略。杰克·施瓦格对市场奇才们的采访表明，他们中有许多人在亏损期内都减小了仓位规模。这些著述将说服我们，控仓策略与系统设计同等重要。

改变仓位规模的前提是我们可以使用上笔交易的结果预测下笔交易的结果。这意味着盈利交易和亏损交易会连续到来。但是我们很容易用数学方法证明，连续的交易之间是相互独立的，所以平均来看，我们很难判断改变仓位规模的前提是否合理。尽管这是一个数学事实，大部分交易者还是会告诉我们，在资金回撤期内减小仓位规模可以带来心理上的安慰。我们可以比较保守，假设亏损交易将接踵而至，盈利交易却不会。在这种假设下，我们将

通过改变仓位规模来产生更加平滑的资金曲线。

接下来我们做一项模拟测试，这有助于分析不同控仓策略对资金曲线平滑度的影响。我们将使用标准误差计算来获得统一的比较标准。随机选择10笔交易，其中一半为盈利交易，然后对这些交易进行随机抽样，构建14个交易序列，每个序列10笔交易。接下来，我们在每个序列上测试如下四种策略。

（1）固定数量策略：每个信号总是交易两份合约。

（2）加倍或减半策略：如果上一笔交易盈利，就交易4份合约；如果上一笔交易亏损，就交易1份合约。

（3）亏损后减半策略：如果上一笔交易亏损，就交易1份合约；如果上一笔交易盈利，就交易2份合约。

（4）亏损后加倍策略：如果上一笔交易亏损，就交易4份合约；如果上一笔交易盈利，就交易2份合约。

每个投资组合的起始资金为10万美元，每种策略都在完全相同的交易上测试。我们做了14次模拟测试，总共140笔交易，然后对每种交易策略的资金曲线求平均。将每种策略的平均资金曲线与每次固定交易2份合约的平均资金曲线进行比较，最后使用线性回归分析计算出标准误差。

读者应该使用自己的数据进行更大规模的模拟测试，以便找出自己喜爱的控仓策略。需要特别注意的是，亏损后加倍策略是风险最高的控仓策略。如果我们恰好碰上不同寻常的一连串亏损交易，那么这种策略将产生最大的资金回撤。

表7.13显示每笔交易后改变仓位规模的作用。亏损后减半策略使资金曲线的标准误差减小了21.6%，而利润只降低了2.4%。于是，我们在利润略微减少的情况下，使资金曲线的平滑度得到实质性的提高。

表7.13　控仓策略对平均资金曲线标准误差的影响

控仓策略	盈利后合约数	亏损后合约数	平均终了资金/美元	资金百分比变化/%	标准误差/美元	标准误差百分比变化/%
固定数量	2	2	110377	–	970	–
亏损后减半	2	1	107692	–2.4	760	–21.6
加倍或减半	4	1	112699	2.1	1366	40.8
亏损后加倍	2	4	115746	4.9	1488	53.4

平均来看，加倍或减半策略使终了资金增加了2.1%，但是标准误差增加了近41%。如果盈利交易连续到来，那么我们可以预计该策略会带来快

速增长的收益。所以，资金曲线将变得更崎岖，标准误差增加也就不足为奇了。

亏损后加倍策略是风险最高的策略，我们看到标准误差增加了 53.4%。资金曲线（图 7.3）表明这种策略会产生较大的资金回撤。虽然该策略拥有最高的终了平均资金，但是只超出固定数量策略约 5%。权衡一下风险和回报，我们认为该策略不值得使用。

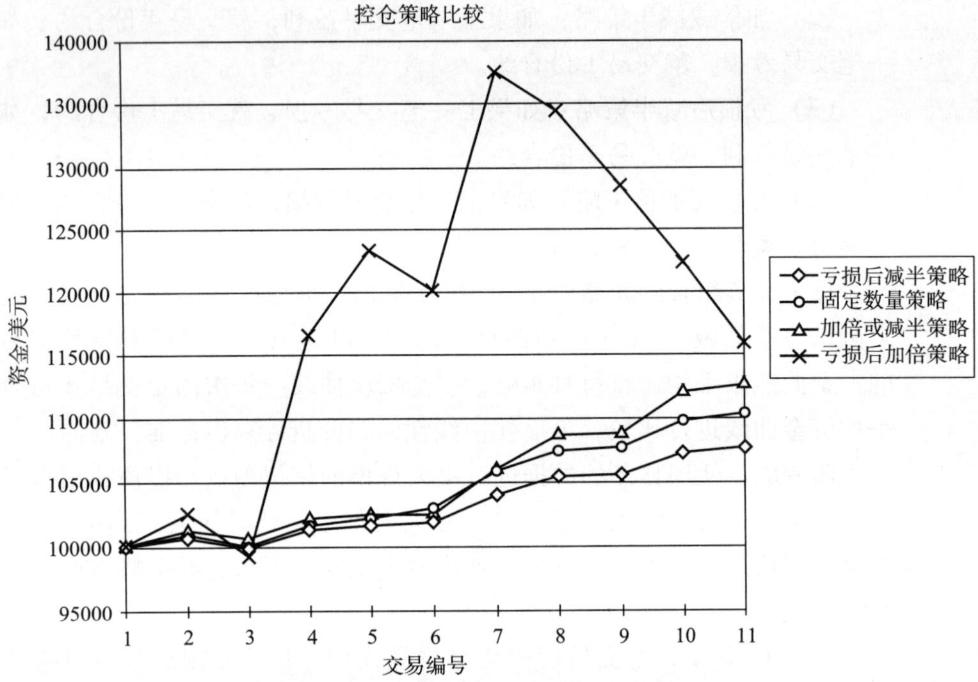

图 7.3　四种控仓策略的平均资金曲线

该受限模拟测试验证了许多成功交易者的观点，他们在资金回撤期间喜欢减小交易规模。表 7.13 清楚地表明，亏损后减半策略具有最好的回报和风险特性。一些交易者建议在资金回撤期内延迟接收新的交易信号，但是忽略新信号可能导致我们错过使资金爆发的机会。

表 7.13 表明，固定数量策略也是一种合理的选择。当然，交易者刚开始从事交易时，或许希望使用这种策略来使交易工作保持简洁。逐渐地，当交易者更有自信，拥有更多的资金时，就可以转而使用其他较为复杂的策略了。

需要注意的是，当我们使用 2% 固定止损来计算合约数量时，将自动调整仓位规模来适应资金的波动性。如果出现亏损交易，资金将减少，仓位规模将减小。类似地，获利后仓位规模将加大。所以，这种策略将产生一条不同的资金曲线。本节的计算将为读者研究其他的复杂策略提供一个起点，比如在一笔交易中连续改变仓位规模的策略。适合交易者类型的策略要由交易者自己确定。

实际业绩记录的资金回撤深度

前面阐述了使用月盈利的标准偏差来预测未来资金回撤的方法。我们使用三个不同交易系统的联合测试结果对这种预测方法进行了检验。在本节中，我们将使用专业资金经理（即期货交易顾问和套利基金经理）的实际业绩记录进一步检验这种方法。

如果可以证明上一节的预测方法应用于实际业绩记录时，可以对资金回撤进行良好的预测，那么我们就已经获得了较大的成功。因为对未来资金回撤的客观预测将允许我们对经理人进行比较，帮助我们对多经理人程序进行公式化和审查。这些预测也可用来调整账户资金，以便控制预期资金回撤。需要注意的是，这些预测都是大致上的，虽然它们被超出的可能性非常小，但是也有可能发生。所以，我们在使用未来资金回撤深度和持续时间的预期时也要非常小心。

让我们看一下如何计算月末资金回撤和辨识资金回撤串（指连续数月均为资金回撤。——译者注）。我们来分析表 7. 14 中的业绩记录。该表所示为一个启动资金为 1000 美元账户的每月盈利和月末资金。如果月末资金低于自交易开始后的最高月末资金，那么其标志等于 –1，因为账户资金正在回撤。如果月末资金高于自交易开始后的最高月末资金，则该标志为空。

第 1 个月末时的百分比盈利为 –2. 63%，月末资金为 973. 7 美元。因为它低于自交易开始后的最高资金，所以资金回撤标志为 –1。该交易程序在接下来的两个月中均经历亏损，然后才出现正盈利月。虽然第 4 个月盈利为正，但是月末资金为 865. 61 美元，仍然低于 1000 美元，所以资金回撤标志还是 –1。在第 5 个月出现 32. 42% 的大型获利，月末资金为 1146. 25 美元，成为自交易开始以来的最高值，所以资金回撤标志为空。在第 5 个月月末回顾一下，我们发现有一个持续 4 个月的资金回撤串。在此资金回撤串中，最差月末百分比资金回撤为 –10. 71%，当时在第 3 个月月末账户资金下探至 809. 51 美元。我们来看一下是否可以解释后面最差百分比资金回撤为 –9. 41% 的资金回撤串。

现在我们对业绩记录中的每个亏损期或资金回撤串的持续时间和资金回撤深度做进一步总结分析。表 7. 15 所示为对于一个实际业绩记录中资金回

表 7.14　资金回撤计算示例

月	百分比盈利/%	参考资金/美元	资金回撤标志
	0.00%	1000.00	
1	-2.63%	973.70	-1
2	-6.89%	906.61	-1
3	-10.71%	809.51	-1
4	6.93%	865.61	-1
5	32.42%	1146.25	
6	-9.41%	1038.38	-1
7	6.85%	1109.51	-1
8	2.03%	1132.04	-1
9	10.65%	1252.60	
10	11.06%	1391.13	
11	7.04%	1489.07	
12	4.93%	1562.48	

撤串持续时间和资金回撤深度的总结数据，从中我们可以看出每个资金回撤串的长度和资金回撤深度（用百分比表示）。现在我们可以使用两种不同的方法来分析这样一份汇总表。第一种方法，对两列数据求平均数和标准偏差。例如，对于这位经理人来说，资金回撤串长度的标准偏差（σ_{dd}）为两个月，资金回撤深度的标准偏差（σ_{Δ}）为4.94%，最长资金回撤持续时间为8个月，最差资金回撤深度为-20.59%。我们看到最长资金回撤持续时间为σ_{dd}的4倍，最深资金回撤的绝对值约为σ_{Δ}的4.17倍。第二种方法，将最大资金回撤的绝对值表达为月盈利标准偏差（σ_M）的倍数。表7.15显示最深资金回撤约为σ_M的3.17倍。使用资金回撤串的计算方法要比将最差资金回撤表达为σ_M倍数的简便方法费时一些。于是，从表7.15中我们得出了根据月业绩数据评估资金回撤深度和持续时间的两条简单规则。我们把这种分析应用于数量较多的经理人时，结果如何呢？

我们将上面的分析推广到接近50位随机选择的期货交易顾问的业绩记录上。这些记录包含较为广泛的交易类型、投资组合、杠杆和交易记录长度，通过分析他们的月业绩数据和资金曲线来计算绝对资金回撤的深度和持续时间。例如，典型的CTA记录为3~5年，在这样一个时间段里，持续1个月以上的资金回撤周期有5个或更多。计算出每个资金回撤期内最差月末资金回撤的标准偏差。需要注意的是，由于我们使用的是月数据，所以资金回撤的度量是以月末为限，而不是峰至谷的资金回撤。

表 7.15 实际业绩记录中的资金回撤周期总结

		资金回撤持续时间/月		资金回撤深度/%
		4.0		-19.05
		3.0		-9.41
		1.0		-5.42
		1.0		-8.82
		1.0		-8.28
		4.0		-20.59
		2.0		-4.61
		3.0		-1.43
		8.0		-8.58
		6.0		-16.61
		2.0		-6.78
		2.0		-1.93
		3.0		-3.21
		5.0		-8.52
		3.0		-4.63
		2.0		-7.48
		5.0		-6.53
		2.0		-4.25
		1.0		-3.04
		3.0		-7.64
		2.0		-4.30
		4.0		-5.82
		4.0		-7.88
		1.0		-1.29
		1.0		-2.16
		1.0		-0.67
		7.0		-5.40
		7.0		-10.17
		1.0		-0.89
		3.0		-4.15
平均值	μ_{dd}	3.07	μ_{Δ}	-6.65
标准偏差（σ）	σ_{dd}	2.00	σ_{Δ}	4.94
最差情况（Ω）	Ω_{dd}	8.00	Ω_{Δ}	-20.59
Ω/σ	Ω_{dd}/σ_{dd}	4.00	$\Omega_{\Delta}/\sigma_{\Delta}$	-4.17
月盈利标准偏差	(σ_{M})/%			6.50
Ω/σ_{M}			$\Omega_{\Delta}/\sigma_{M}$	-3.17

图 7.4 所示为绝对最差月末资金回撤与资金回撤期内月资金回撤标准偏差（σ_Δ）之间的关系。经过原点做出趋势线，斜率为 2.91，R^2 值为 0.88。从图 7.4 中我们可以看出，月资金回撤标准偏差的 3 倍便是对最差月末资金回撤绝对值的良好近似。如果月资金回撤标准偏差为 5%，那么最差月末资金回撤的典型值为 -15%。这些数据也说明，交易策略多变的资金经理一般会产生较深的资金回撤。

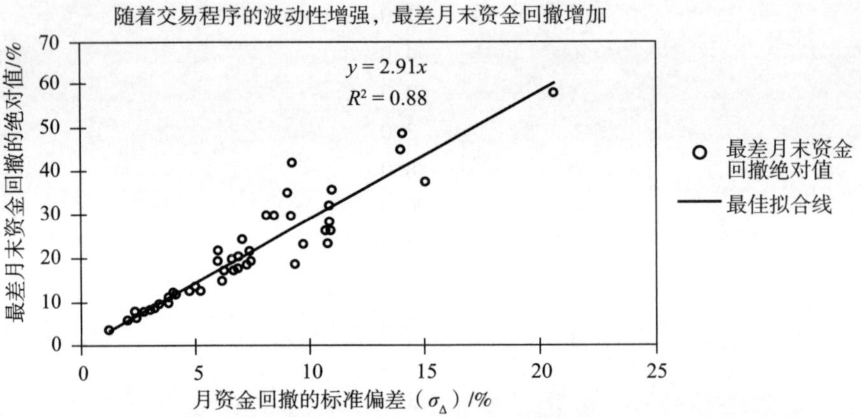

图 7.4　一位资金经理报告的以月末为基准的最差资金回撤与该经理业绩记录中资金回撤深度标准偏差的比较（σ_Δ）

这种简便方法的作用之一，是把峰至谷资金回撤与月盈利的标准偏差（以百分比表示）联系在一起。图 7.5 将 100 多位 CTA 报告的峰至谷资金回

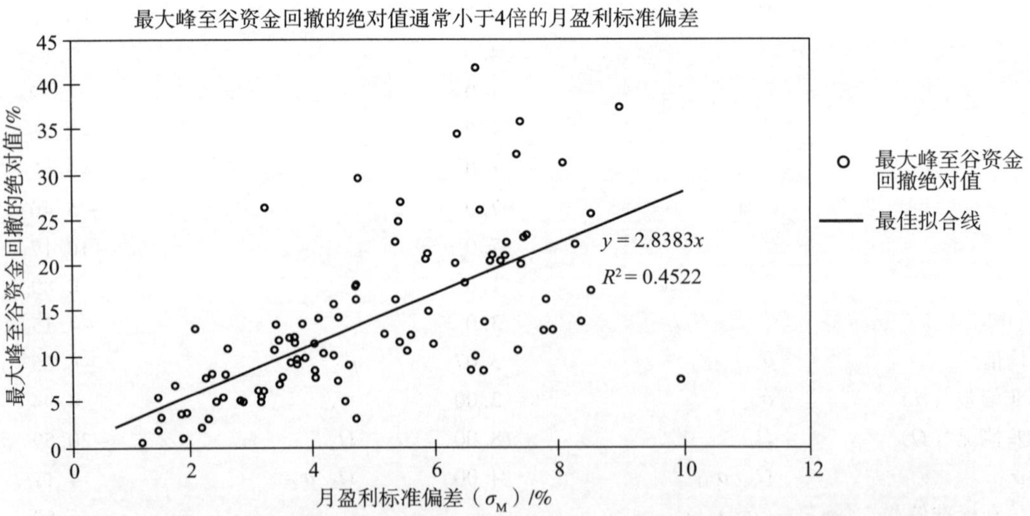

图 7.5　对超过 100 位期货交易顾问的实际业绩记录的分析表明，最大峰至谷资金回撤绝对值的典型值为月盈利标准偏差（σ_M）的 3 倍，如过原点的最佳拟合线所示

撤（PVDD）数据的绝对值与他们每月盈利的标准偏差（σ_M）绘制在同一坐标系中。过原点的趋势线斜率为2.84，R^2值为0.45。对于接近90%的数据，最差资金回撤的绝对值和标准偏差的比都小于4。所以，PVDD的绝对值一般小于每月盈利标准偏差的4倍，这便是一种良好的预测。举个例子，如果每月盈利的标准偏差为7%，那么预期PVDD在-28%~-21%之间。

如果资金回撤深度和持续时间的确符合正态分布，那么它们的值应该不大可能大于3倍的标准偏差，即3σ。但是实际数据的分散程度表明，实际业绩数据并不符合正态分布，对于资金回撤深度和持续时间的预测，3σ~5σ是一个比较谨慎的范围。

接下来我们分析随机选择的从1995年6月到1998年6月30个套利基金的每月业绩，以进一步验证该论断。测试结果是类似的。图7.6所示为每个基金在3年期内报告的最大峰至谷资金回撤（Δ）与对应基金月盈利标准偏差在同一坐标系中的情形。随着月盈利标准偏差的增长，Δ也随之增加。过原点的最佳线性回归拟合线的斜率为3.0094，R^2的值为0.6878。对于样本中83%的数据，Δ都小于4倍的标准偏差。于是Δ小于月标准偏差的4倍也是一种良好的预测。我们把这种关系写作：

$$\Delta = 4\sigma_M \tag{7.1}$$

我们使用模拟测试结果得出一个假设，然后运用不同的交易方法来检验

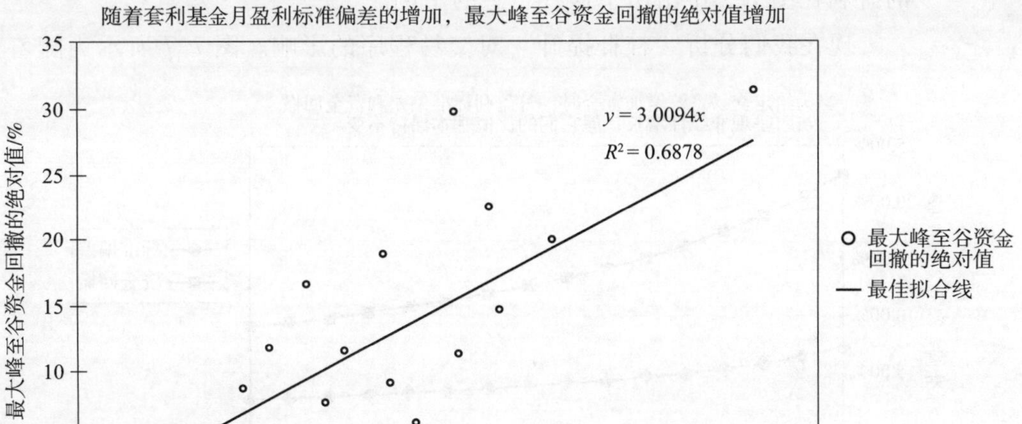

图7.6　30只套利基金报告的最大峰至谷资金回撤的绝对值，一般为月盈利标准偏差（σ_M）的3倍，类似于图7.5中对CTA的分析结果

它。我们使用不同资金经理的实际业绩数据来检验我们的假设，这些资金经理在交易时使用了不同的策略。然后我们又使用套利基金数据进行重复检验。在每个实例中，测试结果都验证了最差 PVDD 可以用月盈利标准偏差的 4 倍来预测的结论。如果交易者希望在交易时更具挑战性，那么可以使用 $3\sigma_M$ 取代 $4\sigma_M$。

投资者和投资机构可以使用最差 PVDD 与月盈利标准偏差的比值来衡量资金经理应用风险控制技术的质量（图 7.5 和图 7.6）。该比值越小，资金经理运用风险控制技术的能力就越强。如果该比值大于 5，那么可能意味着需要对交易策略进行细致谨慎的检查，以便发现某些资金回撤出现的原因。

如果可以把 CTA 们的业绩“规格化”，实现同等条件下的比较，那么上述对交易策略的检查过程便可以变得比较简单。这种分析方法的有趣之处是，我们可以把具有不同长度、类型、投资组合和杠杆的 CTA 业绩记录体现在同一条曲线上，所以该方法可以为出于比较目的而对交易顾问的业绩进行规格化提供一种统一的框架。

图 7.4 ~ 图 7.6 表明，易变的交易顾问一般会产生更深和更长的资金回撤。注意此处“易变”指代的对象相当狭窄，特指资金回撤深度和长度的标准偏差。所以我们可以根据投资者或投资机构的偏好来调整分配给交易顾问的资金，目的是把业绩记录的波动性调整至所要求的水平。我们使用假设的盈利在图 7.7 中给出了这种思想的示例。

现在我们分析“杠杆提升”对交易程序的影响。图 7.7 所示为随着 200

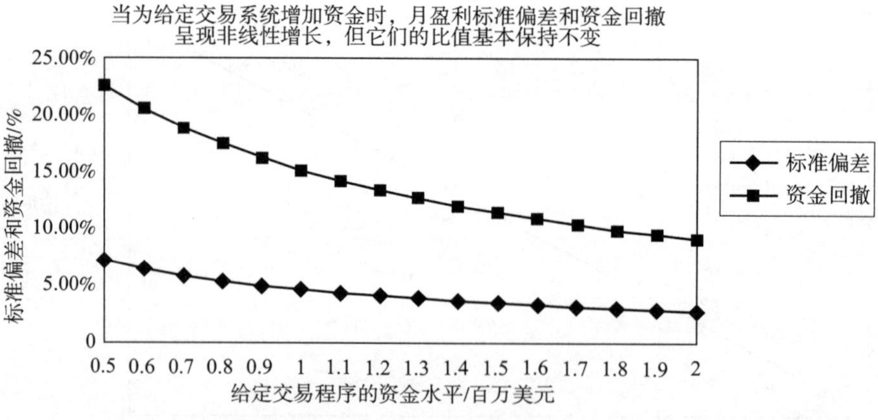

图 7.7　改变期货市场多元化投资组合账户的杠杆（资金水平）产生的影响。随着资金水平从 2 百万美元减少至 50 万美元，杠杆不断加大，月盈利标准偏差和最大峰至谷资金回撤也呈现非线性增长。所以，可以通过调节杠杆来获得所需水平的波动性和资金回撤风险

万美元的基金缩减至 50 万美元，月盈利标准偏差和最差月末资金回撤绝对值的变化。需要注意的是，随着总资金的缩减，最差月末资金回撤绝对值和月标准偏差的变化是非线性的，但它们的比值基本保持不变。从图 7.7 中我们可以看出，通过改变资金可以增强或减弱交易系统的预期波动性，同时改变的还有预期的最差月末资金回撤。

到目前为止，我们的讨论都集中在期货或期货加证券上，相同的策略可以应用于股票（可能有些读者认为证券就是股票，但证券的概念要广泛得多，读者可以查阅相关资料，获得详细的解释。——译者注）投资。但是，"一揽子"股票通常比"一揽子"商品或期货彼此之间具有更强的相关性，因为股票作为一个整体对相同的宏观经济数据做出响应。所以我们预计股市中的资金回撤将更为严重。我们选择标准普尔 500 和纳斯达克指数的业绩记录进行分析，将其作为多元化股票投资组合的一个代表。分析表明，股票投资组合的资金曲线的下侧风险接近 $8\sigma_M$，而非多元化期货投资组合为 $4\sigma_M$。图 7.8 所示为标准普尔 500 现金指数从 1980 年起每年的最差月末资金回撤。我们使用对应周期上的月盈利标准偏差（$\sigma_M = 4.13\%$）将实际资金回撤规格化，最差月末资金回撤出现在 1987 年，绝对值大约为 $7\sigma_M$。

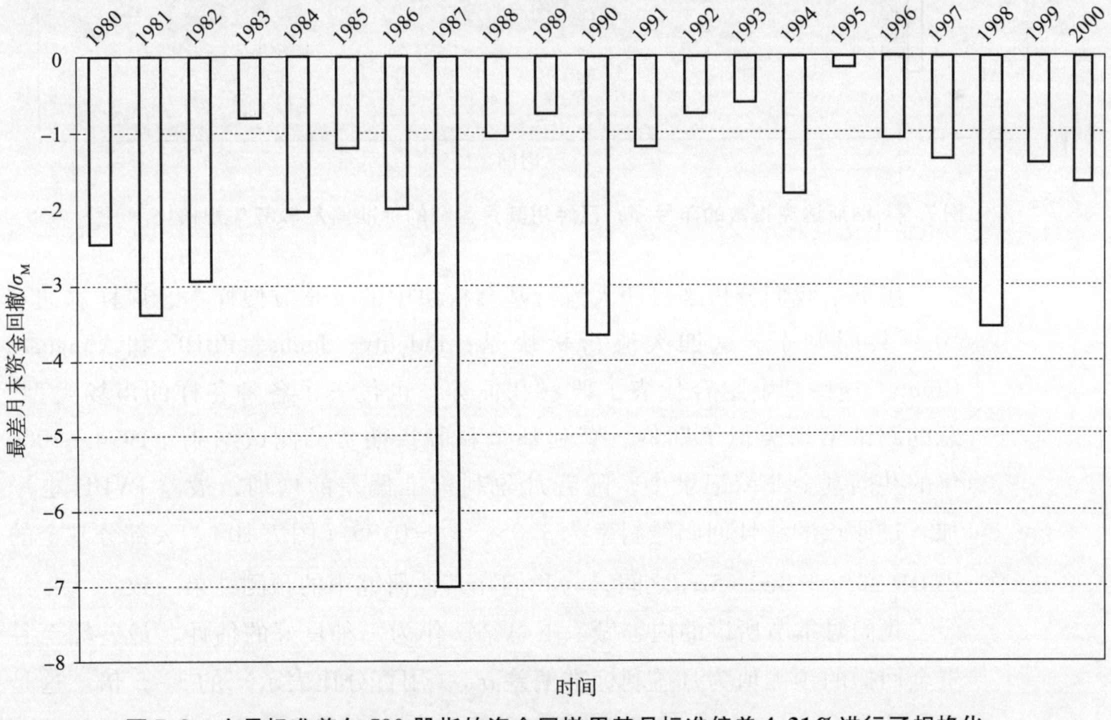

图 7.8　交易标准普尔 500 股指的资金回撤用其月标准偏差 4.31% 进行了规格化。自 1980 年起的最大资金回撤出现在 1987 年，绝对值大约为 $7\sigma_M$

对于纳斯达克综合指数，我们得到了类似的结果。图 7.9 所示为该指数从 1971 年开始每年的最差月末资金回撤，使用月盈利标准偏差 5.87% 进行规格化。注意这些数据没有显示出月中峰至谷资金回撤数据。对于月中峰至谷资金回撤数据的预测，我们可能需要更大的倍数。以月末为标准，平均绝对资金回撤为 2.4σ_M，最差情况为 1975 年时的 7σ_M。

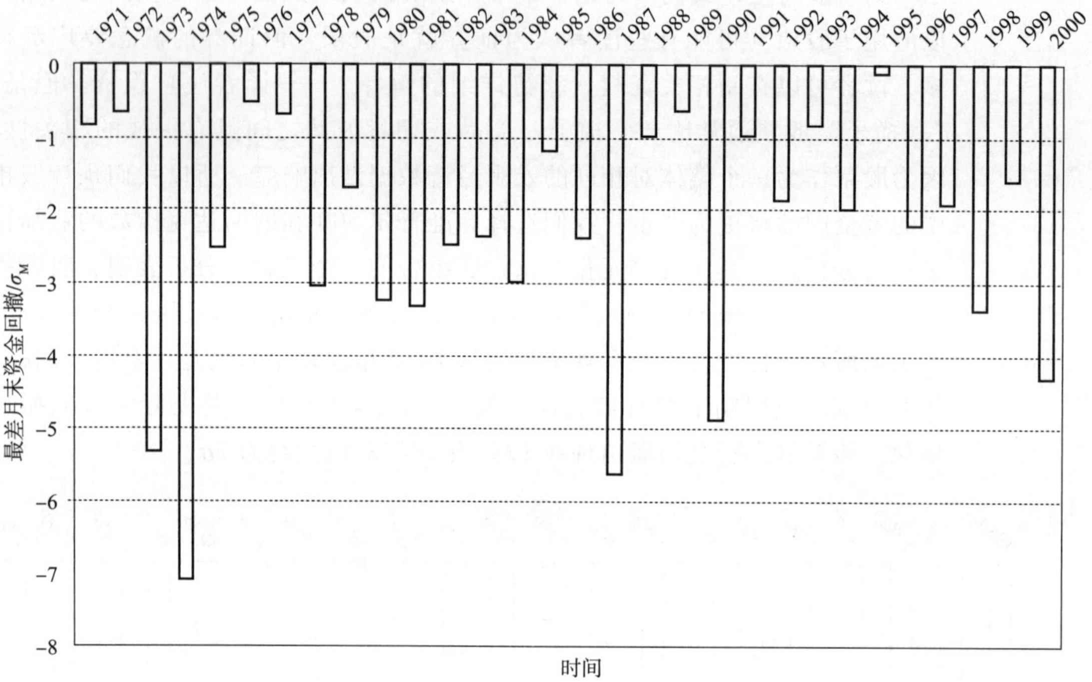

图 7.9　纳斯达克指数的年亏损，已经用其月盈利的标准偏差 5.87% 规格化

接下来我们分析来自四大流行基金板块中的一个方便样本，该样本拥有 50 只共同基金。这四大流行板块是：Fidelity、Janus、PBHG 和 Vanguard Group。这些基金组合代表了股票和债券，也代表了各种各样的市场类型。总的测试结果类似于期货、套利基金和股指期货的测试结果。1994—2000 年的共同基金业绩记录中，随着月盈利标准偏差的增加，最差 PVDD 也增加。过原点的线性回归线斜率为 3.85，R^2 =0.75（图 7.10）。大部分基金的 PVDD 都位于 3σ_M~5σ_M之间，与我们在其他研究中的预测结果一致。

我们对本节所讲的内容做一下总结。作为一种良好的估计，最差峰至谷资金回撤的预测值为月盈利标准偏差 σ_M（用百分比表示）的 3~5 倍。这是一个非常有用的结论，因为我们可以用它在较广泛的金融工具上控制风险、选择合适的杠杆以及管理期望盈利。这些金融工具范围甚广，从共同基金、股指期货到套利基金和期货顾问均涵盖在内。

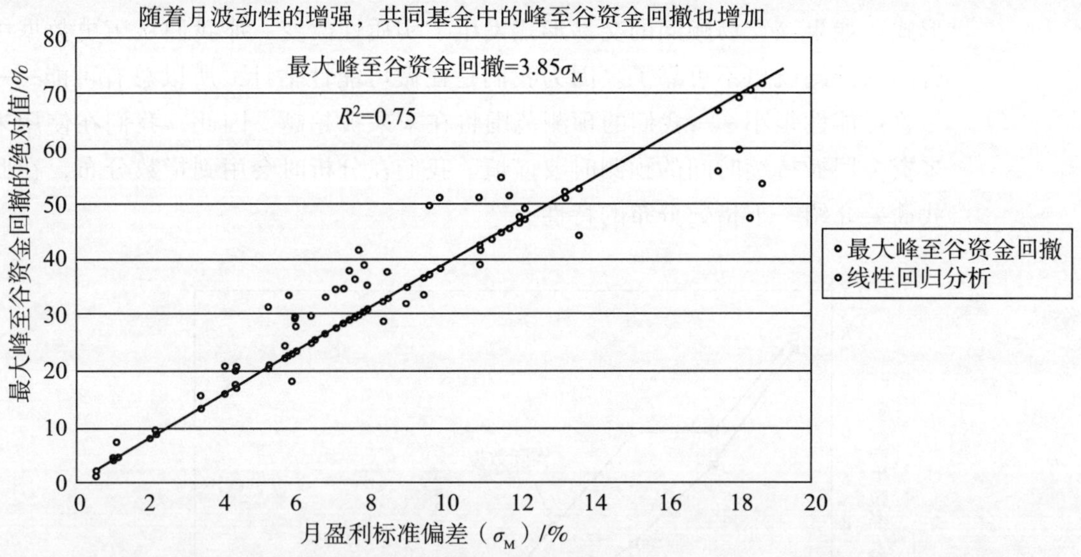

图 7.10　来自 Fidelity、Janus、PBHG 和 Vanguard Group 的 50 只共同基金的方便样本也表明，随着月盈利标准偏差（σ_M）的增加，资金回撤也增加。共同基金的报告中，典型最大峰至谷资金回撤为 $3\sigma_M$~$5\sigma_M$

预测资金回撤的持续时间

我们可以把交易顾问的业绩看作从未知分布类型的盈利中随机抽样的结果。对该记录以月末为标准进行分析时，便包含正盈利和负盈利（即亏损）。当资金创造新高时，以及当资金下跌至低于先前高点时，业绩记录中便出现了序列或“串”。按照交易行业的说法，资金没有出现新高时，便认为交易顾问处于资金回撤期。资金回撤期相当于从资金经理的盈利分布中抽取一系列的负盈利。

对于每一条资金曲线，我们都可以月为单位度量出现新高的时间，也就相当于度量每个资金回撤期的持续时间。如果一位交易顾问花了 7 个月的时间才创出一个新的资金高点，那么这次资金回撤期的持续时间就是 7 个月。现在我们假设两个连续资金高点之间的间隔时间符合指数分布。该假设的基础来自对 50 多条资金曲线进行的经验分析，其中资金回撤期持续时间的频率分布大致符合指数分布。

图 7.11 所示为一位成功 CTA 实际业绩记录中资金回撤持续时间的典型

分布。现在我们可以使用月末业绩数据来预测未来资金回撤的持续时间。一个关键的假设是该交易顾问不会改变产生我们预测结果所用历史业绩的交易形式。如果该交易顾问的交易形式发生了实质性改变，那我们从历史数据中得出的预测就更不可靠了。因为我们是在做可能性估计，所以总有可能——尽管可能性很小——我们的预测范围将在未来被超越。因此，我们在使用未来资金回撤持续时间的预测时要谨慎。我们在分析时会用到指数分布，在此我简要介绍一下指数分布的特性。

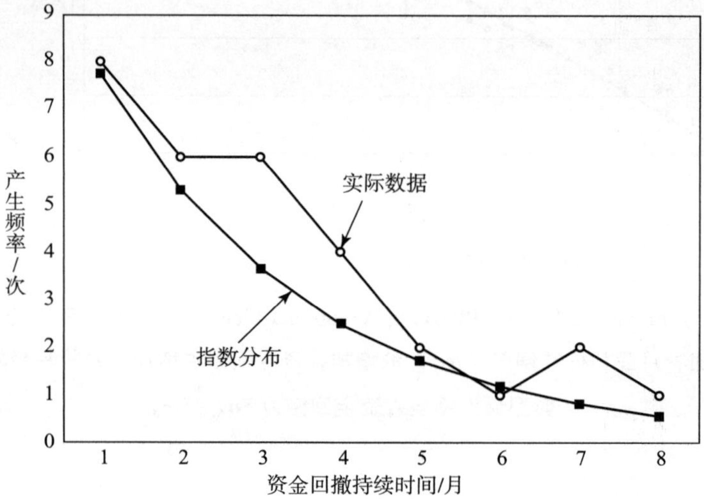

图 7.11　对于交易经理来说，可以假定资金回撤的持续时间遵循指数分布

人们使用指数分布来描述许多自然现象发生的时间间隔的频率分布，比如放射性物质的衰变时间，公共汽车到达车站的间隔时间，道路收费站汽车经过的时间间隔，出纳窗口接待客户的时间间隔，等等。因为我们使用指数分布拟合资金回撤的持续时间，所以需要计算资金高点出现的时间间隔。指数分布假设被描述的现象在时间上是统一分布的，即它们以固定的速率出现。

此处给出指数分布的一个简单数据描述，其概率密度函数为：

$$F(x)=\mathrm{e}^{-\lambda x}\quad(x\geqslant 0,\ \lambda>0)$$

其中，x 为时间间隔（比如几个月），λ 为事件发生的频率（比如每月出现的次数）。指数分布的平均值 $\mu=1/\lambda$，标准偏差 σ 为 $1/\lambda$。需要注意的是，可能出现 x 值的范围是无限的，即资金回撤可能“永远”持续。但是在连续资金高点之间出现较长时间间隔的概率非常小。

我们来看一下表 7.15 中的总结数据，第 1 列所示为该业绩记录中不同资金回撤持续时间。资金回撤持续时间的平均长度为 3.07 个月，或者近似为 3 个月。为了将这些数据向指数分布拟合，我们需要求出指数分布的参数 λ 的最佳估计值，可以通过对资金回撤持续时间的平均值求倒数得出。所以，对于表 7.15 中的数据，指数分布的参数 $\lambda = 1/3.07 \approx 0.326$。

现在我们可以对“最差”资金回撤持续时间做出预测。持续时间超过 t 的资金回撤出现的概率为 $F(x) = e^{-\lambda t}$。例如，对于表 7.15 中的数据，资金回撤持续时间超过 12 个月的概率为 $e^{-0.326 \times 12}$，即 2%。因为指数分布的平均值为 $1/\lambda$，所以资金回撤周期等于平均长度 3 倍的概率为 e^{-3}，即 4.978%，或近似为 5%。注意这只是一种估计，在实际交易中可能会超出。接下来我们来看一下如何使用实际业绩数据做这种分析。

对于图 7.4 中的数据，从图 7.12 中我们可以看出，随着资金回撤持续时间标准偏差的增加，最长资金回撤的持续时间也增加。过原点的拟合线斜率为 2.98，R^2 值为 0.85。这表明最长资金回撤持续时间（以月计）大约为资金回撤持续时间（以月计）标准偏差的 3 倍。例如，如果资金回撤持续时间的标准偏差为 5 个月，那么最长资金回撤持续时间约为 15 个月。所以，看起来实际业绩数据中的资金回撤持续时间同我们的假设一样，也是符合指数分布的。我们从指数分布的性质中得知，出现最大资金回撤持续时间超过资金回撤持续时间标准偏差 3 倍的情况，只有 5% 的概率。测试数据表明，由于市场具有多变的天性，所以对于预测“最差”资金回撤持续时间来说，4.5σ 可能是一个比较谨慎的选择。

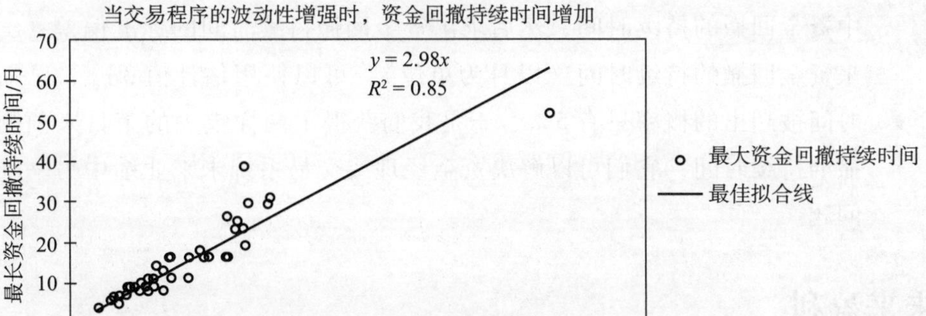

图 7.12　随着历史资金回撤持续时间标准偏差的增加，最长资金回撤持续时间增加，表明波动性较强的交易程序一般具有较长的资金回撤持续时间。资金回撤持续时间取决于交易系统、资金管理和投资组合。最长资金回撤持续时间一般为该经理业绩记录中历史资金回撤持续时间标准偏差（σ_{dd}）的 3 倍

我们还分析了图 7.6 中 30 只随机选择的套利基金的业绩。在图 7.13 中，把最长资金回撤的持续时间（τ）与业绩记录中资金回撤序列长度的标准偏差（σ_{dd}）绘制在同一坐标系中。从图 7.13 中我们可以看出，随着资金回撤持续时间标准偏差的增加，最长资金回撤持续时间一般也会随之增加。过原点的最佳拟合线性回归线的斜率为 2.6157，R^2 值为 0.8627，于是进一步验证了我们对资金回撤持续时间的预测。

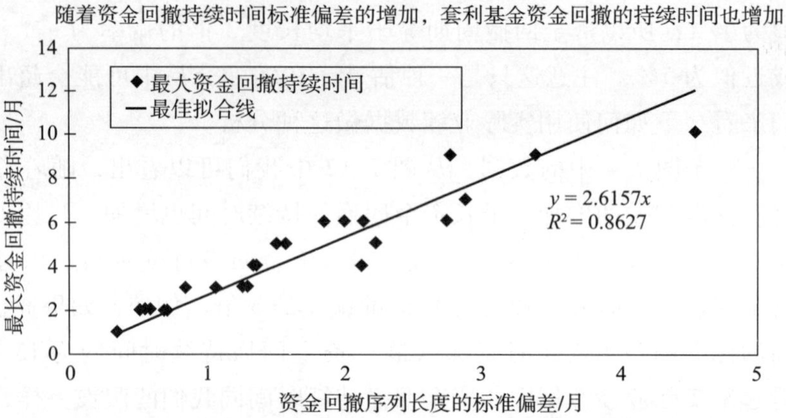

图 7.13　在一位资金经理的业绩记录中，当资金回撤持续时间的标准偏差增加时，套利基金的最长资金回撤持续时间也增加

总之，既然资金回撤的持续时间可以被拟合为指数分布，那么我们便可以对未来资金回撤的持续时间做出预测。我们可以先求出资金经理业绩记录中资金回撤的持续时间，然后求出资金回撤持续时间的标准偏差（σ_{dd}）。未来资金回撤的持续时间（以月为单位），可以使用估计值 $3\sigma_{dd}$，已知该持续时间被超出的概率只有 5%，于是我们获得了两样宝贵的工具来预测资金回撤的持续时间，它们可以解决资金经理或交易系统未来业绩中另一维度上的问题。

预测未来盈利

投资者或投资机构不得不完成的最困难的任务之一，便是预测未来盈利。历史业绩并未给出未来业绩的任何暗示，该任务的困难程度可想而知。对任何一套交易系统或任何一位资金经理来说，未来业绩的三个关键未知变量是预期盈利、预期资金回撤深度和预期资金回撤持续时间。在之前的内容中，我们为资金回撤深度和持续时间设计了预测标准，并研究了分析资金曲线的方法。现在我们着手为预测盈利开发一个简单的模型。

我们从投资者的“痛阈”（原意为声音使人耳开始产生痛感的声压级，此处借指投资者可以承受的亏损上限。——译者注），或者说投资者可以承受的最大峰至谷资金回撤开始。第一步，把投资者的痛阈（Δ）转换为目标月盈利标准偏差（σ_M），然后调节价格算法或资金规模，以使资金波动性达到所需的水平。在接下来的讨论中，简明起见，我们将不再使用下标“M”表示月数据。现在我们把预测资金回撤的结论应用到这个地方，即最差月末资金回撤是月盈利标准偏差的 4 倍，于是：

$$\Delta = 4\sigma,\ \sigma = \frac{\Delta}{4} \tag{7.2}$$

需要注意的是，倍数 4 是一种相对保守的选择，读者可以选择更为保守或更具挑战的倍数。如果希望更保守一些，读者可以选择 $\Delta = 5\sigma$；如果希望更有挑战性，读者可以选择 $\Delta = 3\sigma$。交易者的选择将影响潜在的盈利和资金回撤，详见下面的论述。

现在，我们可以使用一些简单的等式来说明投资者可以承受的痛阈 Δ 与这些风险所带来的预期回报之间的关系。我们先定义一个盈利效率（ρ），它类似于令无风险率为零时按月计算的夏普比：

$$\rho = \frac{\mu}{\sigma} \tag{7.3}$$

式中，ρ 为盈利效率；μ 为平均月盈利（%）；σ 为月盈利的标准偏差（%）。

比如 μ 可以为 1.5%，σ 可以为 5%。实质上，ρ 衡量的是基金经理投资策略和风险控制方法的整体质量，其值越大越好。对于各种类型的盈利产生过程，我们可以把 ρ 当作一个内在基准。盈利效率的一个良好标准是 $\rho = 0.25$，该值可以较好地适用于期货、套利基金和证券。

我们使用式（7.3）求出平均月盈利 μ，然后使用式（7.2）中投资者的风险容限代替展期盈利标准偏差 σ，最后得出 μ 的一个表达式。于是，式（7.3）可以写作：

$$\mu = \rho\sigma = \rho\frac{\Delta}{4} \tag{7.4}$$

式（7.4）的作用在于，它显示出平均月盈利取决于投资者的风险容限和盈利产生过程（RGP）的盈利效率。所以，如想获得较高的平均月盈利，投资者需要承担更大风险（较大的 Δ），或者寻找更有效的 RGP（较高的 ρ）。剩下的工作便是把预期平均盈利复合 12 次（每次一个月），把它转换为年盈利。通过对平均月盈利的复合计算出年化盈利（R）：

$$R = 100[(1 + 0.01\mu)^{12} - 1] \tag{7.5}$$

将式（7.4）代入上式，则式（7.5）变为：

$$R=100[(1+0.01\rho\sigma)^{12}-1]=100\left[\left(1+0.01\rho\frac{\Delta}{4}\right)^{12}-1\right] \quad (7.6)$$

从式（7.6）中，我们可以直接看出盈利、月波动性和交易系统设计之间的关系，还可以看出各种水平的盈利效率和月标准偏差所对应的年盈利（图7.14和图7.15）。很明显，较高的盈利需要较大的风险（较高的σ和Δ）。

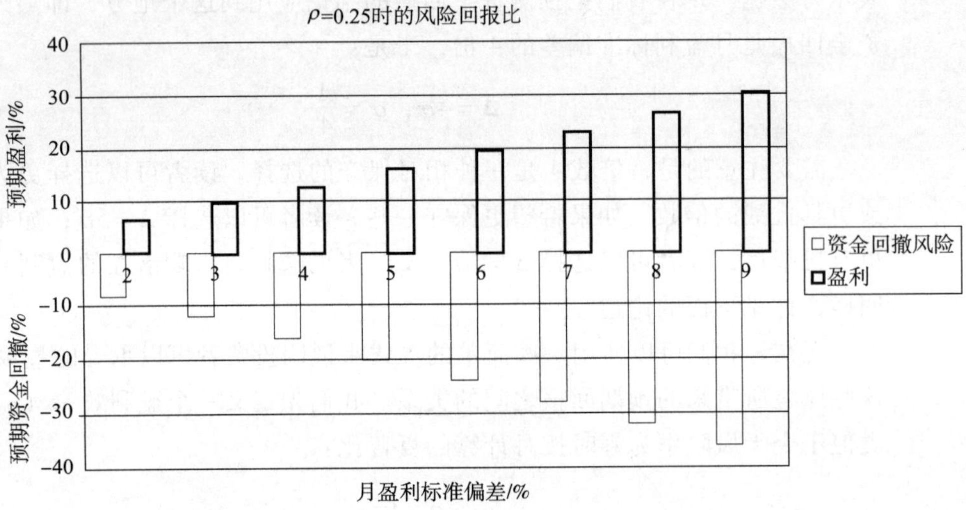

图7.14　盈利效率为0.25，月盈利标准偏差为2%~9%时，由式（7.6）得出的风险和回报之间的关系。较高的盈利需要交易者承担较大的风险

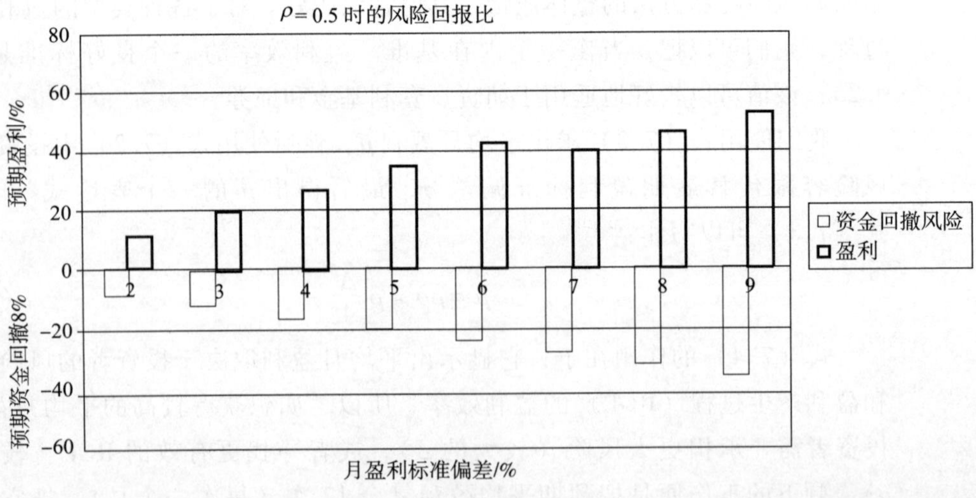

图7.15　盈利效率为0.5，月盈利标准偏差为2%~9%时，由式（7.6）得出的风险和回报之间的关系。从图中我们可以看出由于盈利效率的增加，回报与风险的相对幅度有所提高

或者在风险水平一定的情况下，较高的盈利要求具有突出的风险调整后盈利（较高的ρ）。这种关系可以从图 7.16 中看出，该图表明交易者不能希望风险和回报之间出现任意数量比例的关系。如果我们希望增加盈利，就必须接受更大的风险，或者对于相同水平的风险，寻求更有效的投资策略。这正如经济学家们喜欢说的“世上没有免费的午餐”。

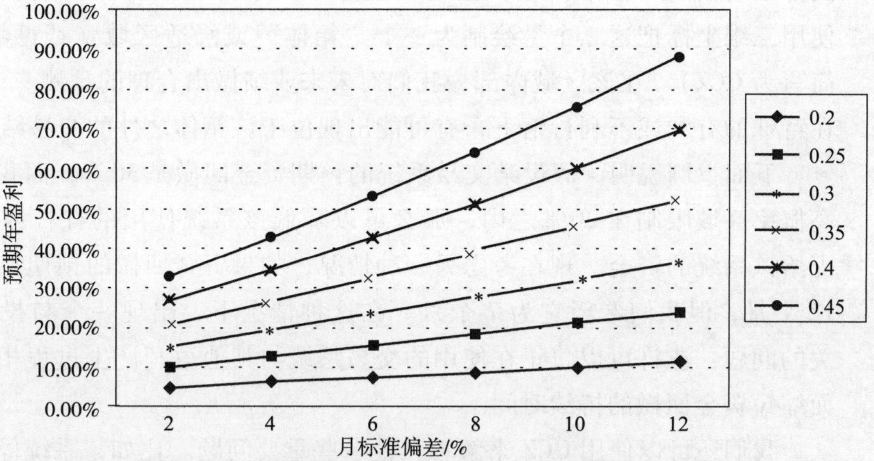

图 7.16　预期年盈利是盈利效率和月盈利标准偏差的函数。本图是式（7.6）的图形描述。为了获得更高的盈利，交易者必须承担更大的风险，或者寻求更有效的盈利产生程序

假设我们可以为最大峰至谷资金回撤Δ设定一个目标，比如将最差 PVDD 或Δ设定为20%，那么令$\rho = 0.25$将计算出预期年盈利$R = 16.08\%$（表 7.16）。很明显，较大的ρ或较小的Δ都会提高投资盈利。从式（7.6）中我们便可看出人们偏爱较高盈利效率的理由。应用前面的结论，现在我们可以量化资金曲线的下侧风险和资金回撤持续时间，并求出它们与上侧盈利之间的关系。

表 7.16　预期盈利的计算，起点为交易者的痛阈

项目	符号	来源	基准/公式	典型值	单位
最大峰至谷资金回撤	Δ	客户	输入	20	%
月标准偏差	σ	RGP	$\sigma = \Delta/4$	5	%
盈利效率	ρ	RGP	历史数据/基准	0.25	
平均月盈利	μ	RGP	$\mu = \rho\sigma$	1.25	%
期望年盈利	R	系统模型	$R = 100[(1+\mu)^{12} - 1]$	16.08	%

（译者注：原文表格中公式 $R = 100 \times ((1+\mu)12 - 1)$ 少了最后一个括号）

钱德舒适区域

现在我们所拥有的工具已经能够预测未来系统业绩的三个关键未知量：预期盈利、预期资金回撤深度和预期资金回撤持续时间。我们所做的合理预测都是它们的“上限”值，但这些值并不是未来可能实现的真实值。我们使用三维坐标把这三个量绘制为一个“箱体”或舒适区域（钱德舒适区域，简写为 CCZ）。在该区域内部，我们对未来业绩做出合理的预测。记住一点，在特殊的有利或不利行情下，有可能出现位于该箱体之外的交易结果。

下面举例说明。假设某交易系统的预期资金回撤是 30%，而我们希望将高概率区域限制在 20% 之内，那么可以降低该系统使用的杠杆或者增加分配给该系统的资金。现在考虑另一种情况，如果资金回撤的预期持续时间为 12 个月，但我们希望它为 7 个月。在这种情况下，出现一个与投资组合相关的问题：或许可以将正在使用的交易系统与其他盈利产生过程相结合，从而缩短资金回撤的持续时间。

我们还可以使用 CCZ 来解答其他一些重要问题。比如，系统停止工作了吗？因为需要对资金回撤进行合理的预测，所以这是一个非常难回答的问题。但是 CCZ 的形状提供了一个答案。如果资金回撤的深度和持续时间都位于 CCZ 的预测范围之外，那么我们就有必要对交易系统进行详细分析，因为该系统可能已经真的“停止工作”。所以，资金回撤的深度和持续时间为评价业绩提供了非常有价值的标准。假设 CCZ 预测 22% 的资金回撤持续时间小于 12 个月，如果碰到 25% 的资金回撤持续了 13 个月的情况，那么对该系统的担心和检查可能就很有必要了，但是 CCZ 不会自动说明系统是否已经停止工作。我们可能希望知道使用类似策略的其他交易者是否也正在经历资金回撤，还希望检查导致亏损的执行错误。例如，某位资金经理可能会加大交易中使用的杠杆，试图从资金回撤中恢复。相对于计划杠杆的任何偏离都值得我们重新分析和评价。

当业绩明显优于预期值时，CCZ 还为我们提供了寻找原因的宝贵线索。例如，CCZ 预期盈利为 25%，但实际盈利为 40%。我们应该赎回一部分资金吗？没有简单的答案，因为这种情况可能是出现超级利好市场行情的结果。在此我想重申一遍，交易系统执行中的任何非正常偏离，比如加大杠杆或改变投资组合，都值得检查，从中我们也许能找到业绩变化的答案。

CCZ 还为何时为交易经理、投资组合或盈利产生过程增加资金提供了一种提示。比如说某资金经理的预期资金回撤持续时间为 8 个月，而该资金经理的资金回撤已经持续了5个月。比如说某资金经理的最差预期资金回撤为20%，而该资金经理的资金回撤深度已经达到10%。这可能是为该资金经理增加资金的好机会，因为我们的资金点已经明显低于近期资金高点。假定指数分布的参数是稳定的，则这些资金回撤可能已经接近尾声。额外的细致检查可能也是必需的，目的是检查该资金经理是否已经改变策略或减小了杠杆。

总之，CCZ在定义预期业绩的轮廓方面起到了很好的作用，使得投资者或投资机构可以在管理投资的同时只承担计算好的风险。

应对资金回撤

应对资金回撤是任何投资过程中不可避免的工作。任何资金回撤的深度和持续时间都是未知数，所以我们很容易理解为什么从心理上来说应对资金回撤是困难的。当交易者面对这种不确定性因素时，很容易夸大资金回撤的潜在严重性。所以，在执行交易系统之前研发一种策略来应对资金回撤，会是一个不错的主意。

前面内容中阐述的分析提供了预测潜在资金回撤深度和持续时间的工具，使我们能够定义资金回撤的范围。资金管理中比较关键的问题是：我们应该在资金回撤期内削减交易系统或资金经理的资金，还是应该为交易系统或资金经理增加资金？增加或赎回资金的时间安排是怎样的？这种分析假设资金经理没有在资金回撤期内改变交易策略，如果该资金经理的交易策略已经改变，那么预测所用历史数据与当前数据的相关性会进一步减弱，从而使预测更加不准确。

解决这个问题的第一种方法是分析一下在绝对资金回撤（比如说10%或15%）出现之后增加或赎回资金对业绩产生的影响。一种较好的解决方案是检查一下在资金回撤后增加资金会使历史业绩产生怎样的变化。此处的资金回撤使用月标准偏差的倍数来估计，比如2σ或3σ。于是我们问这样的问题：在出现低于先前资金峰值2σ的资金回撤时，之后12个月内的盈利将是多少？因为市场经常做周期性运动，利好期与不利期循环出现，所以我们可以预期在连续资金回撤之后会出现强势的恢复期。需要注意的是，在资金回撤期内添加资金是一种“逆势”策略或“趋势期望”策略，因为我们将成功寄托在之后数月业绩的强势恢复上。这种“资金回撤时增加资金”策略的主要风险在于，市场可能向导致当前交易策略失败的方向发展。

第二种方法是在资金回撤持续固定时间（比如3个月或5个月）之后添

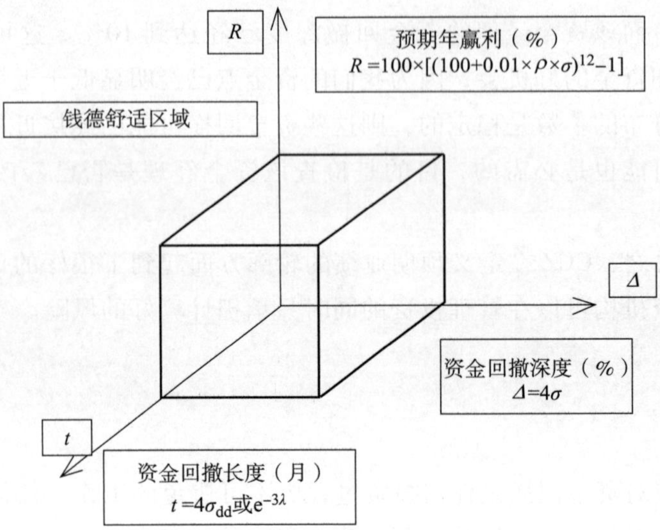

图 7.17　钱德舒适区域显示出任何资金经理或交易系统未来业绩的三个关键未知量：预期盈利（%）、预期资金回撤深度（%）和预期资金回撤持续时间（月）。我们预计未来业绩将位于该“箱体”之内

加或赎回资金。此处我们使用指数分布来估计最长资金回撤持续时间，并且在经过预期资金回撤持续时间的一半之后观察添加或赎回资金对业绩的影响。

我们已经定义了判断系统可能已经失效的条件。如果绝对亏损超出 4σ，并且资金回撤的持续时间超出 $3\sigma_{dd}$，就意味着异常情况已经发生，我们可以决定为交易系统或资金经理减少或赎回资金。把这两种方法结合起来，我们可以使用相对紧凑的定额止损或定时止损来添加资金。

第三种方法是资金回撤经历指定时间之后减小杠杆。比如说最长资金回撤持续时间是 7 个月，资金回撤持续时间指数分布的参数是 0.6。在这种情况下，资金回撤期的平滑长度大约为两个月。我们可以在资金回撤持续两个月后减小杠杆。如果资金回撤继续，将产生一个“软着陆”，因为资金回撤的深度将变得比原来浅。但是需要注意的是，使用减小的杠杆将减缓我们从资金回撤中的恢复，有可能会花费更长的时间。

让我们举一个简单的例子来说明这些思想。分析如表 7.17 所示的业绩记录，选择它的原因是其中具有比较长的资金回撤持续时间，并使用了较大的杠杆。对业绩记录中前 36 个月交易结果的分析表明，月盈利的标准偏差是 11.72%，预计资金回撤潜能（4σ）为总资金的 46.9%。在这 36 个月的时间内，资金回撤持续时间拟合的指数分布参数为 0.26。预计持续 11 个月

表 7.17　一份实际业绩记录中对资金回撤的分析

日期	盈利	指数值/美元	最高资金/美元	亏损/美元	资金回撤串		频率分布 Bin	频率分布 频率	拟合频率
	0.00%	1000			1	1	1	2	1.22
1988.1	26.20%	1262.00	1283.16	−21.16	8	2	2	0	0.93
1988.2	−15.90%	1061.34	1283.16	−221.82	1	3	3	1	0.72
1988.3	20.90%	1283.16	1283.16		5	4	4	0	0.55
1988.4	−7.20%	1190.77	1190.77		3	5	5	1	0.42
1988.5	2.10%	1215.78	1215.78		8	6	6	0	0.33
1988.6	1.00%	1227.94	1227.94			7	7	0	0.25
1988.7	−5.40%	1161.63	1227.94	−66.31		8	8	2	0.19
1988.8	1.10%	1174.41	1227.94	−53.53		更长	0		
1988.9	1.40%	1190.85	1227.94	−37.09					
1988.10	0.50%	1196.80	1227.94	−31.13		指数分布参数			0.26
1988.11	−1.80%	1175.26	1227.94	−52.68		最长资金回撤持续时间/月			11.37
1988.12	18.70%	1395.04	1395.04						
1989.1	−14.50%	1192.76	1395.04	−202.28					
1989.2	17.40%	1400.29	1400.29						
1989.3	−12.60%	1223.86	1400.29	−176.44					
1989.4	−7.80%	1128.40	1400.29	−271.90					
1989.5	−15.70%	951.24	1400.29	−449.06					
1989.6	21.70%	1157.66	1400.29	−242.64					
1989.7	5.00%	1215.54	1400.29	−184.75					
1989.8	16.90%	1420.97	1400.97						
1989.9	27.90%	1817.42	1817.42						
1989.10	10.70%	2011.88	2011.88						
1989.11	5.90%	2130.58	2130.58						
1989.12	−15.10%	1808.86	2130.58	−321.72					
1990.1	3.10%	1864.94	2130.58	−265.64					
1990.2	5.30%	1963.78	2130.58	−166.80					
1990.3	12.00%	2199.43	2199.43						
1990.4	8.20%	2379.79	2379.79						
1990.5	−6.90%	2215.58	2379.79	−164.21					
1990.6	−0.30%	2208.93	2379.79	−170.85					
1990.7	−2.30%	2158.13	2379.79	−221.66					
1990.8	−1.30%	2130.07	2379.79	−249.72					
1990.9	7.10%	2281.31	2379.79	−98.48					
1990.10	−4.90%	2169.52	2379.79	−210.26					
1990.11	3.80%	2251.97	2379.79	−127.82					
1990.12	2.50%	2308.27	2379.79	−71.52					

的资金回撤出现的概率为5%。因为目前只使用资金回撤串进行分析，所以我们用较低的概率预计。根据这些数据，我们可以设置如下规则：当首次出现资金回撤持续时间大于等于6个月，资金回撤深度大于等于1σ（或12%）时买进。表7.18所示为这条规则在1991年2月和1992年1月时的应用。该规则实际产生的入场时间为1991年2月、1992年1月、1994年8月、1995年6月和1999年8月。前4个入场之后12个月的收益如下：37.6%、22.25%、26.80%和47.40%。在撰写本书时，1999年8月的入场尚未到12个月的时间。这个例子，无可否认是一种轶事型的，但它的确证明了一种思想，即交易者可以通过计算资金回撤的预期持续时间和深度来寻找低风险入场点。

表7.18　应用交易规则应对从表7.17中得出的资金回撤

日期	月盈利	指数值/美元	资金尖峰/美元	资金回撤/美元	百分比资金回撤	满足入场规则	满足出场规则
1990.4	8.20%	2379.79	2379.79				
1990.5	-6.90%	2215.58	2379.79	-164.21	-6.90%		
1990.6	-0.30%	2208.93	2379.79	-170.85	-7.18%		
1990.7	-2.30%	2158.13	2379.79	-221.66	-9.31%		
1990.8	-1.30%	2130.07	2379.79	-249.71	-10.49%		
1990.9	7.10%	2281.31	2379.79	-98.48	-4.14%		
1990.10	4.90%	2169.52	2379.79	-210.26	-8.84%		
1990.11	3.80%	2251.97	2379.79	-127.82	-5.37%		
1990.12	2.50%	2308.27	2379.79	-71.52	-3.01%		
1991.1	1.60%	2345.20	2379.79	-34.59	-1.45%		
1991.2	16.8%	1951.20	2379.79	-428.58	-18.01%	是	
1991.3	0.40%	1959.01	2379.79	-420.78	-17.68%		
1991.4	18.20%	2315.55	2379.79	-64.24	-2.70%		
1991.5	0.20%	2320.18	2379.79	-59.61	-2.50%		
1991.6	1.90%	2364.26	2379.79	-15.52	-0.65%		
1991.7	28.20%	3030.99	3030.99				
1991.8	-12.30%	2658.17	3030.99	-372.81	-12.30%		
1991.9	-15.20%	2254.13	3030.99	-776.85	-25.63%		
1991.10	1.10%	2278.93	3030.99	-752.06	-24.81%		
1991.11	-3.90%	2190.05	3030.99	-840.94	-27.74%		
1991.12	-1.90%	2148.44	3030.99	-882.55	-29.12%		
1992.1	6.5%	2288.09	3030.99	-742.90	-24.51%	是	

续表

日期	月盈利	指数值/美元	资金尖峰/美元	资金回撤/美元	百分比资金回撤	满足入场规则	满足出场规则
1992.2	17.40%	2686.21	3030.99	-344.77	-11.38%		是
1992.3	6.10%	2850.07	3030.99	-180.91	-5.97%		
1992.4	-5.30%	2699.02	3030.99	-331.97	-10.95%		
1992.5	-1.60%	2655.83	3030.99	-375.15	-12.38%		
1992.6	-0.20%	2650.52	3030.99	-380.46	-12.55%		
1992.7	-0.10%	2647.87	3030.99	-383.11	-12.64%		
1992.8	1.70%	2692.89	3030.99	-338.10	-11.15%		
1992.9	16.60%	3139.91	3139.91				
1992.10	2.90%	3230.96	3230.96				
1992.11	6.60%	3444.21	3344.21				
1992.12	1.50%	3495.87	3495.87				
1993.1	1.00%	3530.83	3530.83				是

改变波动性的度量尺度

交易系统最常见的问题之一就是它具有波动性。许多风险控制规则为了实现风险控制的目的，紧密监控投资组合中所有资金经理或交易系统的每日波动性。幸运的是，每日、每月和每年的波动性都是相关的，我们可以依比例根据其中一个计算出另一个。选择用于计算波动性的日历周期是非常重要的，因为波动性是一个总结性的统计量，并且会随着时间变化。

我们使用随机计算或布朗运动理论，从较短时间尺度转换到较长时间尺度。如果我们假设每月有22个交易日，那么从日尺度转换为月尺度（图7.18）的公式如下：

$$\sigma = \sigma_D \sqrt{22} \tag{7.7}$$

类似地，我们可以通过将月波动性乘以12的平方根把它转换为年波动性。例如，5%的月波动性意味着日波动性为1.07%，年波动性为17.32%。在监控盈利产生过程的每日工作时，这些转换非常有用。

这种从月尺度向日尺度的转换可以推广至峰至谷资金回撤的计算。日内数据（与月数据相比）平滑性要差一些，所以交易者需要使用较大的倍数。例如，最差日内资金回撤的一个良好估计是$5\sigma_D$，或者近似于月资金回撤的标准偏差。类似地，最差月资金回撤近似于年资金回撤的标准偏差。

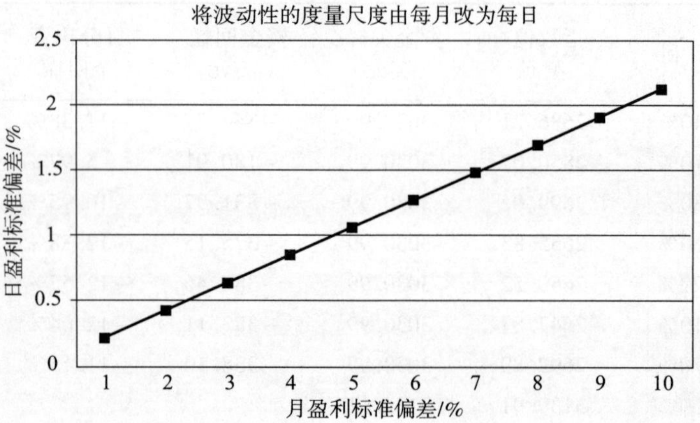

图 7.18　根据盈利标准偏差度量的波动性，可以很容易从较长的时间框架转变到较短的时间框架，反过来也是一样，这为交易者和资金经理提供了有用的向导

杠杆的校正

本节将分析调整月盈利标准偏差 σ 的简单规则。在前面的内容中我们已经看到，最差资金回撤和平均月盈利可以使用 σ 表示，于是我们需要理解如何通过改变 σ 来控制风险和回报。使用历史数据模拟投资组合比较简单，所以这里将讨论范围限定在一个期货的投资组合上。

我们希望知道每月每个市场会使 σ"增加"多少。自然地，每个市场对 σ 的贡献取决于仓位规模的计算方法和每笔交易的风险资金。我们使用多达 80 个期货市场投资组合的历史数据进行计算，得到这样的简单规则：如果我们在每个市场上的风险占总资金的 1%，那么单个期货市场一般每月为 σ 贡献 0.15%，具体取决于交易规模的算法。这意味着 σ 依赖于投资组合中的仓位规模算法、风险资金和交易的市场数。于是预测 σ 的规则可以写为：

$$\sigma = 0.15 \times \text{投资组合中的市场数} \times \text{以百分比表示的初始风险} \quad (7.8)$$

举例说明，如果每笔交易的风险为 100 万美元的 1%，那么对于 60 个市场的投资组合，我们预计会看到 9% 的月盈利标准偏差。这个简单的等式表明，我们可以通过减少初始风险占总资金的百分比，或者削减定额风险来减弱波动性（图 7.19）。我们还可以通过减小投资组合的规模来减弱波动性。如果修改资金管理算法或者费用结构，那么常数 0.15 可能增加至 0.3，或者减少为 0.08。虽然账户规模增加时会存在一些非线性，但总的来说，这些变化是接近线性的。对于多系统投资组合，这种关系可能更加复杂，但也可

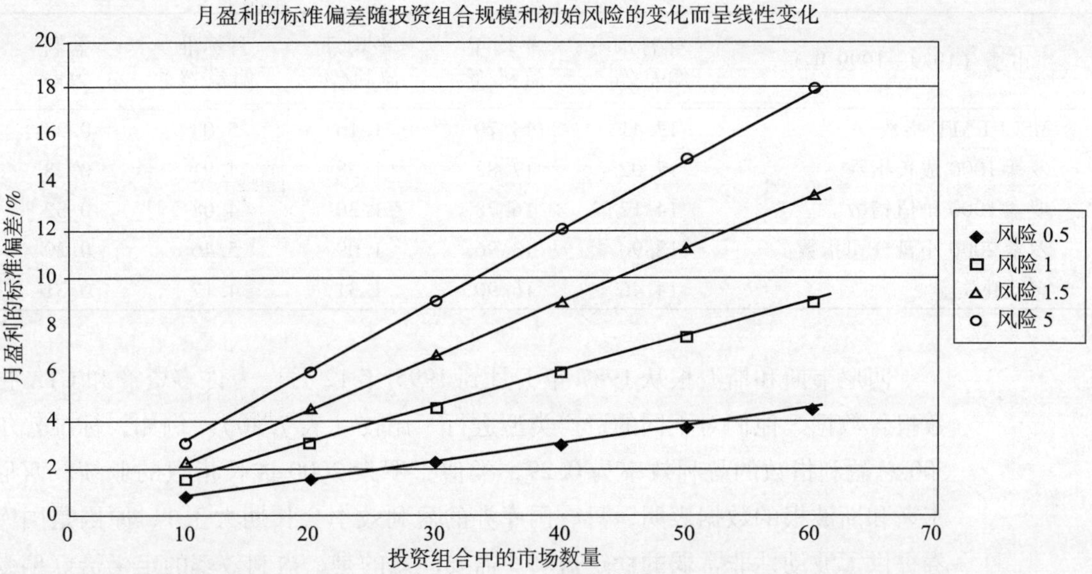

图 7.19　对于给定的期货市场投资组合的交易规模算法，投资组合中月盈利标准偏差、初始风险和市场数量之间的关系几乎是线性的，这对于调整风险和回报是非常有用的一个特性

使用上述形式重新计算。

盈利效率的基准

我们将盈利效率（ρ）定义为平均月盈利（μ）与月盈利标准偏差（σ）之比（$\rho=\mu/\sigma$）。对于风险调整后业绩，盈利效率是一种很有用的衡量标准，因为使用它可以实现同等条件下的比较，而且对不同盈利产生过程所用的杠杆不会过度敏感。为盈利效率设计一个基准是非常有用的，可以用它来比较和对比不同的 RGP。

首先，我们分析周期 1979—1999 年上的资金业绩，其中包含了历史上最大的牛市之一。下面的数据（表 7.19）在 2000 年 5 月 30 日出现在芝加哥论坛（Chicago Tribune）上，经 T. Rowe Price 公司许可。该表所示为各种股票“现金”指数的业绩，这些指数没有管理费。多元化资金业绩包含 37.5% 的罗素 1000 成长指数、37.5% 的罗素 1000 价值指数、10% 的罗素 2000 小盘公司指数，以及 15% 的 MSCI EAFE 指数。这些数据的作用表现在两个方面：第一，它们表明典型的股票指数月标准偏差大约为 5%；第二，它们表明在大牛市中盈利效率在 0.2～0.32 之间，平均来看大约为 0.26。

表 7.19　美国股票指数的风险调整后业绩总结

市场（1979—1999 年）	年标准偏差/%	平均年盈利/%	平均月盈利/%	月标准偏差/%	盈利效率
MSCI EAFE 指数	17.41	14.79	1.16	5.03	0.23
罗素 1000 成长指数	17.02	17.82	1.38	4.91	0.28
罗素 1000 价值指数	14.12	16.78	1.30	4.08	0.32
罗素 2000 小盘公司指数	18.90	13.96	1.09	5.46	0.20
多元化资金	14.46	16.90	1.31	4.17	0.31

西尼韦斯和斯波根从 1987 年 1 月到 1995 年 12 月，为许多资产和 CTA 指数报告数据。他们对不同的资产类型进行了比较（表 7.20）。例如，标准普尔 500 总盈利指数的盈利效率为 0.29，类似于罗素 2000 成长指数的业绩。西尼韦斯和斯波根的数据表明，只有国库券的盈利效率会长期大于 1，原因是国库券提供了波动性非常弱的稳定盈利。需要注意的是，盈利效率的定义恰好偏爱这种类型的稳定盈利。TASS CTA 指数的盈利效率为 0.26。MAR 随意 CTA 指数的盈利效率为 0.49，因为随意交易者会更加频繁地改变仓位规模，当他们预计市场运动比较平滑时会建立相对较大的仓位。随意交易者常常能够以惊人的准确性判断细小的转折点，这使他们能创造出众的风险回报比。

表 7.20　西尼韦斯和斯波根（1997）提供的各种指数和交易产品的盈利效率数据

市场	1987 年 1 月至 1995 年 12 月		
	每月算术平均盈利/%	月标准偏差/%	盈利效率
美国短期国库券	0.44	0.14	3.14
所罗门（Salomon）美国债券指数	0.71	1.36	0.52
标准普尔 500 总盈利	1.22	4.27	0.29
GS 商品指数	1.14	4.42	0.26
CRB 指数	0.17	2.37	0.07
TASS CTA 指数	1.10	4.23	0.26
巴克利（Barclay）指数	1.11	4.77	0.23
MAR 美元加权 CTA	1.45	4.21	0.34
MAR 随意 CTA	1.98	4.08	0.49

数据来源：西尼韦斯和斯波根，《衍生金融工具期刊》，1997 年夏。

如果我们将表 7.19 和表 7.20 结合起来看，那么一个合理的盈利效率基准是 0.25，它反映了包含不同资产类别、交易策略、杠杆水平和日历周期的多元化投资组合的业绩。显然，盈利效率不是一个常数，它会随资产类别的变化而变化。对于相同的盈利产生过程，盈利效率也会随着时间而变化。对于评价交易经理的业绩和管理投资者的期望来说，设定一个标准具有非常深远的意义。前面几节已讨论过，在风险容限相同的情况下，我们应该选择盈利效率“较好”的盈利产生过程（RGP）。

对于一个给定的 RGP，盈利效率的值将随着日历周期的变化而变化。例如，如果我们使用滚动 20 月周期或滚动 36 月周期，那么在这些滚动时间间隔上计算的盈利效率也会不同。所以，如同前面所建议的，R_3RE（滚动 3 月盈利效率）可能是使数据平滑的一种好方法。而另一种使数据平滑的方法是计算盈利效率的盈利效率。如果一位资金经理具有比较平滑的资金曲线，那么他将拥有很高的二次盈利效率。

无效多元化

多元化是人们常用的一种方法，作用是减弱交易过程中盈利的波动性。多元化可以增加盈利，减弱波动性，但是它有可能使盈利缩减吗？我们先来认识一下各种多元化，再研究这个问题。多元化可以是市场（或板块）的多元化，可以是交易理念（系统）的多元化，也可以是各种资金管理和风险控制算法的多元化。我们的目标是提升系统和市场相结合的投资组合的风险控制业绩。

图 7.20 所示为按照随机顺序向一个简单通道突破型系统中添加期货品种产生的影响。该图表明，向该投资组合中添加新品种时，月盈利标准偏差会稳定增长，这同我们所预期的一致。然而，用盈利效率度量的风险调整后

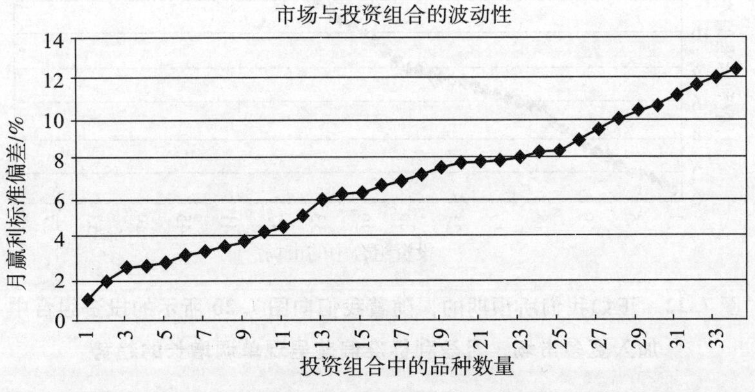

图 7.20　向一个期货品种的投资组合中随机加入新品种时，月盈利标准偏差不断增长

业绩首先增长，然后变得平坦，随着新品种的不断加入，风险调整后业绩增长速率比较缓慢（图 7. 21）。于是，向该投资组合中添加新品种的增量利润正逐渐下降。如果我们向该组合中加入更多品种，情况会怎么样呢？

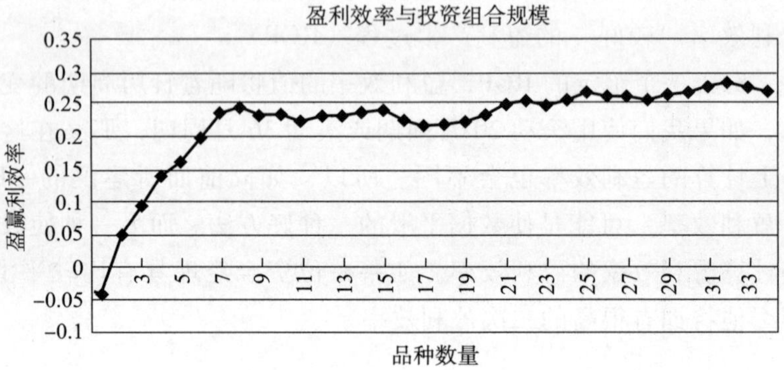

图 7. 21　向期货品种的投资组合中随机加入新品种后会增加盈利效率，但是在该数据上增长缓慢

当我们向该投资组合中另外加入大约 26 个品种时，月盈利标准偏差保持稳定增长，在增长过程中没有明显的饱和现象（图 7. 22）。但是，盈利效率到达一个尖峰后便开始下降，表明在期货投资组合中可能有一个盈利降低的点（图 7. 23）。下降的原因可能有两个：加入的品种在测试周期上不具获利性，加入的品种与投资组合中已有品种具有结构性的关联。

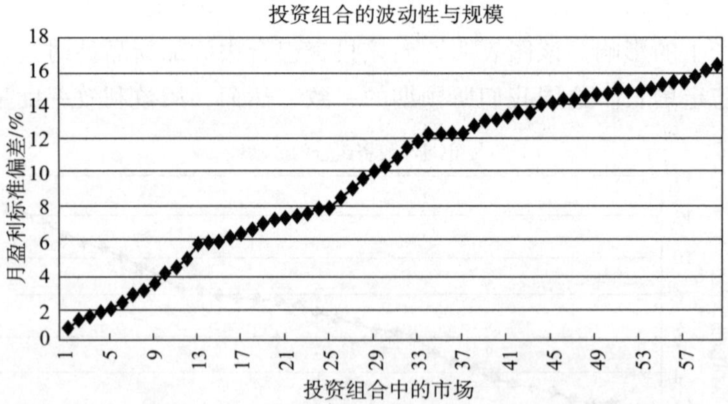

图 7. 22　正如我们所预期的，随着我们向图 7. 20 所示的投资组合中加入更多市场，月盈利标准偏差呈现单调增长的趋势

如图 7. 23 所示，盈利效率曲线的形状会受到一些因素的影响。例如，如果所有品种所在的板块在测试周期内表现强劲，那么盈利效率曲线可能拉

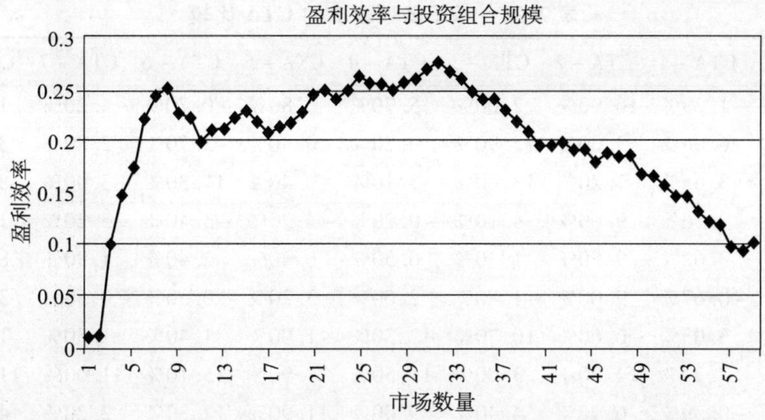

图 7.23　当我们向图 7.20 所示的投资组合中加入更多市场时，盈利效率出现实质性下降，原因是新加入的市场作为一个整体，在该数据集上不具备获利性

平，甚至以慢速增长来代替资金回撤。随着全球经济变得越来越紧密相关，结构性相关的影响更难克服。

多元化带来的好处主要受到下列因素的限制：添加的新品种与投资组合中已有品种相关联，投资组合中品种间的历史相关性已经产生漂移，市场出现无趋势行情的时间比历史上正常的情况要长，不相关系统的资金回撤恰好在较短的时间内同时出现，等等。多元化策略假设历史会重演，这可能是真的，但在某种程度上削减了多元化带来的好处。

比较资金经理人

对资金经理人业绩的比较，与其说是一种科学，不如说是一种艺术，因为我们不得不对历史数据进行评估，然后勇敢地预测未来业绩。我们不得不考虑风险容限和获利期望，然后与基于历史业绩选择经理人的不确定性糅合在一起。本节重点分析包含 9 位期货交易顾问的方便样本的业绩记录，并且使用前面内容中开发的工具来进行比较。

表 7.21 所示为 9 位 CTA 从 1998 年 1 月到 1999 年 12 月的月业绩数据。业绩记录的长度是任意指定的，如果读者愿意，可以选择分析 36 个月的数据。我们计算平均月盈利（μ）、月盈利标准偏差（σ）和盈利效率（$\rho=\mu/\sigma$），可以使用电子表格中的内置函数来完成平均值和标准偏差的计算。盈利效率度量的是风险调整后的业绩，对盈利实现的顺序不敏感。它是衡量交易程序（系统和市场）整体结构的一种良好标准。该比值越高，系统越好。然而，作为投资者，我们最终的盈利受到盈利实现顺序的影响。

表 7.21　基于多项标准的 CTA 比较

日期	CTA－1	CTA－2	CTA－3	CTA－4	CTA－5	CTA－6	CTA－7	CTA－8	CTA－9
1998.1	－1.29%	16.90%	2.00%	5.70%	5.80%	－0.70%	－4.20%	1.50%	4.71%
1998.2	6.06%	3.00%	12.90%	0.20%	－0.40%	－3.70%	2.80%	3.27%	1.74%
1998.3	3.65%	7.20%	13.60%	5.10%	－0.40%	11.30%	3.00%	8.02%	－0.39%
1998.4	－2.16%	－9.00%	4.10%	－0.20%	－3.20%	－3.40%	－5.20%	－1.48%	－2.61%
1998.5	3.62%	9.50%	1.30%	0.50%	6.40%	2.40%	1.90%	8.53%	0.07%
1998.6	－0.67%	9.00%	－1.80%	2.00%	－3.20%	0.50%	－0.50%	3.23%	－3.62%
1998.7	3.03%	－6.60%	10.70%	－2.30%	－1.00%	－1.40%	1.50%	1.35%	2.23%
1998.8	7.27%	14.30%	3.00%	11.50%	21.90%	15.10%	11.00%	11.06%	12.39%
1998.9	－0.59%	6.90%	4.40%	9.00%	11.90%	12.30%	2.20%	4.52%	3.98%
1998.10	－3.21%	－7.20%	3.40%	－4.10%	－6.20%	－1.60%	－7.10%	－5.65%	－3.96%
1998.11	－1.68%	－2.40%	8.30%	－0.10%	1.20%	－0.90%	2.10%	1.18%	0.40%
1998.12	1.80%	0.90%	－4.90%	4.70%	－0.80%	0.70%	3.50%	9.19%	0.97%
1999.1	－1.65%	2.60%	－2.20%	－0.90%	0.50%	0.40%	－4.20%	－1.51%	－2.46%
1999.2	2.64%	1.90%	10.80%	0.70%	5.90%	－6.10%	5.20%	3.55%	3.62%
1999.3	－2.20%	－2.50%	－2.80%	－0.70%	0.50%	3.80%	－5.70%	－4.24%	1.59%
1999.4	7.70%	6.10%	16.30%	－5.10%	－1.50%	8.70%	11.40%	10.09%	6.48%
1999.5	－6.60%	7.40%	－10.30%	－4.20%	－5.20%	－1.30%	－4.20%	－8.58%	－5.02%
1999.6	2.90%	4.40%	－9.00%	－2.20%	4.20%	2.62%	－3.40%	5.31%	－0.95%
1999.7	－4.61%	－5.00%	－13.40%	6.47%	4.03%	－9.67%	－5.56%	－1.93%	－0.74%
1999.8	3.86%	－2.90%	－7.60%	2.50%	1.15%	－6.87%	－4.22%	－3.64%	－1.00%
1999.9	1.78%	－8.20%	－10.90%	－0.35%	0.07%	－1.67%	4.76%	－0.16%	－1.33%
1999.10	－7.31%	－6.20%	－14.20%	－2.67%	－3.46%	－1.56%	－5.47%	－6.13%	－5.91%
1999.11	3.66%	6.50%	14.60%	5.06%	5.04%	－2.76%	5.93%	13.00%	－0.50%
1999.12	8.45%	－13.30%	－4.60%	2.35%	1.50%	2.28%	2.92%	9.13%	5.00%
均值μ/%	1.02	1.39	0.99	1.37	1.86	0.77	0.35	2.48	0.61
标准偏差(σ)/%	4.31	7.78	9.27	4.23	5.95	5.99	5.27	5.97	4.07
盈利效率（ρ）	0.24	0.18	0.11	0.32	0.31	0.13	0.07	0.42	0.15
净利润（NP）/美元	626.79	1262.39	1460.27	655.27	831.05	680.08	589.54	1244.61	466.65
净亏损（NL）/美元	377.94	961.95	1311.84	295.10	330.13	524.67	535.01	512.02	330.05
NPF＝NP/NL	1.66	1.31	1.11	2.22	2.52	1.30	1.10	2.43	1.41
预期最长资金回撤持续时间/月	7	12	7	12	10	9	7	8	10
预期最大资金回撤深度/%	17.24	31.13	37.07	16.93	23.80	23.96	21.08	23.89	16.27
预期年盈利/%	12.93	17.98	12.52	17.78	24.81	9.64	4.31	34.23	7.60
收益/风险	0.75	0.58	0.34	1.05	1.04	0.40	0.20	1.43	0.47

对于一个在测试周期之初启动资金为1000美元的账户，我们先计算缴纳交易费和利息后的净利润和净亏损量化实际盈利，然后计算净利润和净亏损的比，得到净利润因子（NPF）。NPF对盈利的实现顺序是敏感的，并且可以度量资金管理过程。NPF度量的是当资金经理正确时他们赚了多少钱，他们失误时损失了多少钱。我们可以认为它是资金管理过程的一个综合性衡量标准。资金管理的内容包括风险控制、仓位规模变更和确定出场速度。NPF对杠杆的绝对值不敏感，因为杠杆增加会同时使净利润和净亏损增加。于是NPF可以区分出哪些经理人在资金曲线上侧更有效地使用了杠杆，即那些在盈利月中没有受到较大波动影响的经理人。NPF应该大于1，并且越大越好。理论上，如果在测试周期内没有亏损月，即没有净亏损，那么NPF将变得无穷大。类似地，如果没有盈利月，则净利润为0，NPF也为0。对CTA－3的净利润因子的计算见表7.22。

表7.22　为表7.21中的CTA－3计算净利润因子

日期	月盈利/%	指数值/美元	净收益/美元	净亏损/美元
		1000		
1998.1	2.00	1020.00	20.00	
1998.2	12.90	1151.58	131.58	
1998.3	13.60	1308.19	156.61	
1998.4	4.10	1361.83	53.64	
1998.5	1.30	1379.53	17.70	
1998.6	－1.80	1354.70		24.83
1998.7	10.70	1499.66	144.95	
1998.8	3.00	1544.65	44.99	
1998.9	4.40	1612.61	67.96	
1998.10	3.40	1667.44	54.83	
1998.11	8.30	1805.84	138.40	
1998.12	－4.90	1717.35		88.49
1999.1	－2.20	1679.57		37.78
1999.2	10.80	1860.96	181.39	
1999.3	－2.80	1808.86		52.11
1999.4	16.30	2103.70	294.84	
1999.5	－10.30	1887.02		216.68
1999.6	－9.00	1717.19		169.83
1999.7	－13.40	1487.08		230.10
1999.8	－7.60	1374.06		113.02

续表

日期	月盈利/%	指数值/美元	净收益/美元	净亏损/美元
1999.9	-10.90	1224.29		149.77
1999.10	-14.20	1050.44		173.85
1999.11	14.60	1203.81	153.36	
1999.12	-4.60	1148.43		55.38
	合计		1460.25	1311.84
	净利润因子（NPF）		1.11	

我们的启动账户资金为1000美元。在1998年1月，净收益为2.0%或20美元，所以月末账户资金为1020美元。在1998年2月，净收益为12.90%，由于上月月末账户资金为1020美元，所以新的月末账户资金为1151.58美元，于是该月的净收益为131.58美元。1998年6月出现1.8%的亏损，5月份月末账户资金为1379.53美元，所以该月的净亏损为24.83美元。每个月的计算都结束后，我们把总收益和总亏损加起来。例如，对于结束于1999年12月末的两年测试周期，1000美元的账户将收益1460.25美元，亏损1311.84美元，净利润148.43美元或14.84%。于是净利润因子为1460.25/1311.84，即约为1.11。

接下来我们计算最差资金回撤的预期持续时间。我们使用前面讨论过的方法，但是因为被评估的数据整体长度相对较短，所以使用数据中的所有成串数据，包括成串的上升和资金回撤。通常，预期资金回撤的持续时间越短，经理人的业绩记录就越具吸引力。表7.23所示为CTA-3的示例计算。表7.22中显示出了净利润因子的计算结果，我们可以从中发现资金曲线中所有上升串和资金回撤串的持续时间。例如，CTA-3的业绩记录一开始便是连续5个获利月，然后1个亏损月，紧接着5个亏损月，等等。这些成串的原始数据位于表7.23的第1列。使用微软Excel的内置数据分析工具将它们转换为柱状图。例如，有6串持续时间为1个月，有一串持续时间为6个月。然后我们使用迭代过程将成串上升或资金回撤的频率分布拟合到指数分布上。我们猜测指数分布的参数值为0.5，然后将这些数据拟合到指数分布上。接下来，计算源自实际频率的拟合频率的平方偏差（squared deviation），使用Excel中的求解工具调整指数分布的参数，以使平方偏差的和最小。我们认为求解工具提供了最佳的拟合指数分布参数。最后一步是求出现概率为0.1%的资金回撤长度，我们可以用6.9除以指数分布的参数来获得。在CTA-3的案例中，估计的指数参数值为1.04，所以，预期最差资金回撤的持续时间为6.9/1.04，即6.63个月，四舍五入为7个月。估计最差预期资金回撤为表7.21中月盈利标准偏差的4倍，CTA－3的月标准偏差为9.27%（表7.21），故最差预期资金回撤为37.08%。将平均月盈利乘以12，便得到预期年盈利。

表7.23 最长资金回撤持续时间的计算

资金盈亏串长度/月	资金回撤长度的频率分布			
5.00（+）	资金回撤长度/月	出现频率	拟合频率	方差
1.00（－）	1.00	6.00	3.68	5.40
5.00（+）	2.00	1.00	1.29	0.09
2.00（－）	3.00	0.00	0.46	0.21
1.00（+）	4.00	0.00	0.16	0.03
1.00（－）	5.00	2.00	0.06	3.78
1.00（+）	6.00	1.00	0.02	0.96
6.00（－）	7.00	0.00	0.01	0.00
1.00以上（+）	>7.00	0.00		
1.00（－）		方差和		10.46
指数分布的参数（λ）		1.04		
最大长度：0.1%出现的概率/月		7		

（译者注：原英文表格有些错乱，在翻译时做了适当调整，并加入“>7.00”一项；第一列增加了括号说明，“+”表示盈利月数，“－”表示亏损月数，交易时间段连续计算。）

收益风险比就是预期年盈利除以预期最大资金回撤所得的值。显然该比值越高越招人喜欢。它类似于按年计算的、无风险率为0时的夏普比。产生一致盈利的资金经理拥有较短和较浅的资金回撤，将拥有较大的收益风险比。

投资者或投资机构可以根据自己的目的来选择度量的重点。例如，我们可以用盈利效率、NPF或其他任何衡量标准来给经理人评级，还可以使用资金经理的相对评分得出一个综合的衡量标准。例如，我们可以对所有市场上的预期资金回撤持续时间、最差资金回撤深度和预期年盈利求平均值。表7.24所示为我们所分析的那一组CTA，最长预期资金回撤持续时间的平均值为9.11个月，最大资金回撤平均为23.48%，预期年盈利为15.76%。我们可以按下述步骤计算相对评分。因为较短的资金回撤持续时间要比较长的好，所以我们用最长预期资金回撤持续时间的平均值（9.11个月）除以单个CTA的最长预期资金回撤持续时间。于是对于CTA－1，资金回撤长度得分是9.11/7，即1.30。因为资金回撤深度越小越好，所以我们用平均最差资金回撤除以每位经理的最差预期资金回撤。对于CTA－1，资金回撤深度得分是23.48/17.24，即1.36。资金回撤深度得分偏爱波动性较弱的资金经理们。然而，因为他们的盈利一般较低，所以他们的盈利得分也会受到影响，这可从盈利效率的差别中看出。因为盈利越高越好，所以我们用每位经理的预期年盈利除以该组的平均预期年盈利。于是，CTA－1的盈利得分为12.93/15.76，即0.82。需要注意的是，因为CTA－1拥有一个比其他CTA更弱的月波动性，所以CAT－1具有较高的资金回撤深度得分，而盈利得分比CTA－2或CTA－5低。现在我们可以构建总业绩得分（TPS），把资金回撤长度得分、资金回撤深度得分和盈利得分求和。注意这是预期未来业绩的评分，这种评分非常有用。

表7.24　依据预期业绩的总业绩得分所做的等级评定

CTA	最长预期资金回撤持续时间/月	最差预期资金回撤持续时间/%	预期年盈利/%	资金回撤长度得分	资金回撤深度得分	盈利得分	总业绩分（TPS）	等级
CTA－1	7.00	17.24	12.93	1.30	1.36	0.82	3.48	2
CTA－2	12.00	31.13	17.98	0.76	0.75	1.14	2.66	8
CTA－3	7.00	37.07	12.52	1.30	0.63	0.79	2.73	6
CTA－4	12.00	16.93	17.78	0.76	1.39	1.13	3.28	4
CTA－5	10.00	23.80	24.81	0.91	0.99	1.57	3.47	3
CTA－6	9.00	23.96	9.64	1.01	0.98	0.61	2.60	9
CTA－7	7.00	21.08	4.31	1.30	1.11	0.27	2.69	7
CTA－8	8.00	23.89	34.23	1.14	0.98	2.17	4.29	1
CTA－9	10.00	16.27	7.60	0.91	1.44	0.48	2.84	5
平均	9.11	23.48	15.76					

从表7.24中我们可以看出，CTA－8的预期未来业绩的总业绩评分得分最高。CTA－8拥有最高的盈利效率和第二高的NPF（表7.21）。根据TPS，CAT－1位居第二。CTA－1具有第4位的盈利效率和NPF（表7.21），据此我们可以看出最长预期资金回撤持续时间较短的重要性。TPS将资金回撤持续时间和盈利质量都考虑在内。持续时间得分的重要性还可用来解释CTA－2略胜于CTA－6而避免位于倒数第一的事实。

预期资金回撤长度的计算可能会花费较多时间。一种比较快捷的方法是根据资金回撤深度得分和盈利得分给资金经理评级。为了研究这种评级方法，我们选择另一个包含10位CTA的方便样本，他们都使用技术型趋势跟随交易策略交易多元化期货市场。前面的9位CTA中只有两位包含在这10

位 CTA 的样本中。改变样本的主要原因是寻找业绩记录延续到 1993 年 1 月的 CTA。我们还希望检查一下这种评级方法是否具有预测价值。我们使用滚动两年日历年度间隔，从 1993 年 1 月起，到 1999 年 12 月末结束。于是，我们使用的重叠样本为 1993—1994 年、1994—1995 年，等等。表 7.25 中的计算与表 7.24 中的相同，例外情况是我们没有计算资金回撤长度得分，只使用盈利得分和资金回撤深度得分之和来为经理们评级。然后使用非参数等级相关性检验——Spearman 相关性检验来检查统计显著性。

表 7.25　根据资金回撤深度和盈利得分的综合评级（1）

CTA	1993—1994 年	1994—1995 年	1995—1996 年	1996—1997 年	1997—1998 年	1998—1999 年
CTA－1	1	3	5	6	4	2
CTA－10	5	8	8	7	5	9
CTA－2	9	6	4	1	3	3
CTA－3	7	10	10	10	10	10
CTA－4	3	5	7	8	8	6
CTA－5	6	1	3	4	7	7
CTA－6	2	4	9	9	6	5
CTA－7	10	7	2	3	2	1
CTA－8	8	9	1	2	1	4
CTA－9	4	2	6	5	9	8
Spearman 相关系数		0.53	0.12	0.90	0.71	0.78
是否显著		是	否	是	是	是

10 位 CTA 的相对等级评定总结于表 7.25 中，测试周期从 1993 年到 1999 年，使用两年间隔的重叠数据。结果显示，5 个间隔中有 4 个间隔连续周期之间的相关性是统计学显著的。我们来分析一下最后两列：高级别（数字较小）CTA 与后续周期中的高级别（数据较小）相关联；低级别（数字较大）的 CTA 与后续周期中的低级别相关联。例如，在 1997—1998 年和 1998—1999 年两个周期中，CTA－3 为等级最低的 CTA，CTA－7 则分别为第 2 名和第 1 名。两个周期中的等级关系不是随机的，从统计学上看，这种等级评定明显优于 5% 的水平。

但是，比较周期 1994—1995 年和周期 1995—1996 年，所得数字却没有规律：CTA－8 在第 1 个周期中位居第九，而在后续周期中位居第一。该周期在等级评定中被标记为“轮转”，所以这两个周期中的等级评定不是统计学显著的。从表 7.26 中我们很容易看到轮转，用 CTA 的名字代替他的等级便可得到与表 7.25 中相同的结果。轮转产生的原因可能是交易策略和投资组合策略发生变化。注意 CTA－8 是如何从周期 1994—1995 年、1995—1996 年的较低级别上升的，并且在周期 1997—1998 年、1998—1999 年一直处于前几位。也要注意 CTA－3 是如何从周期 1994—1995 年到周期 1998—1999 年一直保持在最低等级的。即便你从一个时间间隔中选择业绩最佳的 CTA，你的下侧风险也是三级。在这个样本中，滑移价差通常很小，于是，基于未来业绩预期的等级评定可能是寻找未来业绩出众 CTA 的一种有用的方法。例如，我们可以在每年年底构建一个排名前四位 CTA 的投资组合，并在下一年使用它。表 7.27 显示出投资组合的轮转情况，方框中标出的资金经理是从上年继续保持下来的。

表 7.26　根据资金回撤深度和盈利得分的综合评级（2）

	1993—1994 年	1994—1995 年	1995—1996 年	1996—1997 年	1997—1998 年	1998—1999 年
	CTA－1	CTA－5	CTA－8	CTA－2	CTA－8	CTA－7
	CTA－6	CTA－9	CTA－7	CTA－8	CTA－7	CTA－1
	CTA－4	CTA－1	CTA－5	CTA－7	CTA－2	CTA－2
	CTA－9	CTA－6	CTA－2	CTA－5	CTA－1	CTA－8
	CTA－10	CTA－4	CTA－1	CTA－9	CTA－10	CTA－6
	CTA－5	CTA－2	CTA－9	CTA－1	CTA－6	CTA－4
	CTA－3	CTA－7	CTA－4	CTA－10	CTA－5	CTA－5
	CTA－8	CTA－10	CTA－10	CTA－4	CTA－4	CTA－9
	CTA－2	CTA－8	CTA－6	CTA－6	CTA－9	CTA－10
	CTA－7	CTA－3	CTA－3	CTA－3	CTA－3	CTA－3
是否显著		是	否	是	是	是

表 7.27　前一年年底排名前 4 位 CTA 的投资组合，方框中的 CTA 在前一年就名列前茅

1995	CTA－1	CTA－6	CTA－4	CTA－9
1996	CTA－5	CTA－9	CTA－1	CTA－6
1997	CTA－8	CTA－7	CTA－5	CTA－2
1998	CTA－2	CTA－8	CTA－7	CTA－5
1999	CTA－8	CTA－7	CTA－2	CTA－1

这些计算可以使用 Hotelling－Pabst 检验重复进行，Hotelling－Pabst 检验具有与统计学显著性完全相同的结果。这种方法可以提供统计学显著评级，具有较大的实际意义。同往常一样，我们必须保持谨慎，因为等级评定并不保证会持续不变，也不确保会提升业绩。同时还存在样本规模的问题：我们已经在一个中等长度的周期上分析了一个相对较小的样本。如果可能，交易

者应该在一个更大的样本上对这些思想进行多方面测试。本节的论述表明，我们可以把钱德舒适区域的思想集成到评定资金经理的综合得分中。钱德舒适区域对预期盈利及未来资金回撤的深度和长度给出了预测。记住一点，资金经理等级评定的过程是复杂的，而且对业绩的量化分析只是整体评价工作的一小部分。

股票市场和共同基金中的风险与回报

股市或共同基金中的风险有多大呢？在同一板块中存在相关风险，你可能在同一板块的某些股票或期货上表现欠佳。然而，我们还不得不承担一种绝对风险——在1周或更短的时间内亏损25%或更多资金的风险。实际上，对于投资成功（事实上是在市场中生存），绝对风险比相对风险更为重要。在线交易和实时数据供给的广泛发展已经形成了一种文化，即用草率决定来痛击坏消息。这些“乱开枪的治安维持会成员”自豪地拥护“先开枪，后问问题”的思想。回顾一下，2000年9月份英特尔和苹果公司（AAPL）出现的领先于市场的快速下跌，说明资金和流量都无法抵挡雪崩式的卖单。以前延续数月的价格运动现在数小时内便完成了。本节将预测资金回撤深度的思想推广到盘中事件。读者应该记得最大峰至谷资金回撤可以用月盈利标准偏差（σ_M）的4倍来进行很好的估计。对于盘中数据，我们将使用22日收盘价标准偏差（σ_{22}）代替月盈利的标准偏差。默认情况下，假设每月有22个交易日。

首先分析英特尔有限公司的股票（INTC）在2000年9月份紧跟收益警示之后的下跌。该公司在某个星期三收盘之后披露了一份警示信息，然后该股票在数小时后下跌，次日开盘时下跌了大约15美元。从图7.24中我们可以看出，截至星期三收盘时，22日收盘价标准偏差为6.15美元。星期三的收盘价没有显示出那种数小时的快速下跌，所以，下跌大约为$2.2\sigma_{22}$（以收盘价为基础）。这一点表明，价格下跌虽然是瞬时的，但相对来说也受到了很好的限制。

苹果公司（AAPL）在披露收益下降和标志产品销售额资金回撤信息后数日，其股票便出现暴跌。市场恶狠狠地咬了AAPL一口，使其股票下跌了$7.44\sigma_{22}$，比英特尔受到的损失还要惨重得多（图7.25）。AAPL股票的下跌与最恶劣的市场下跌相一致，请看图7.8和图7.9所示标准普尔500和纳斯达克的数据。所以，在给定运动速度和流量限制的情况下，$8\sigma_{22}$可能会更好地预测当今股市中的盘中风险。

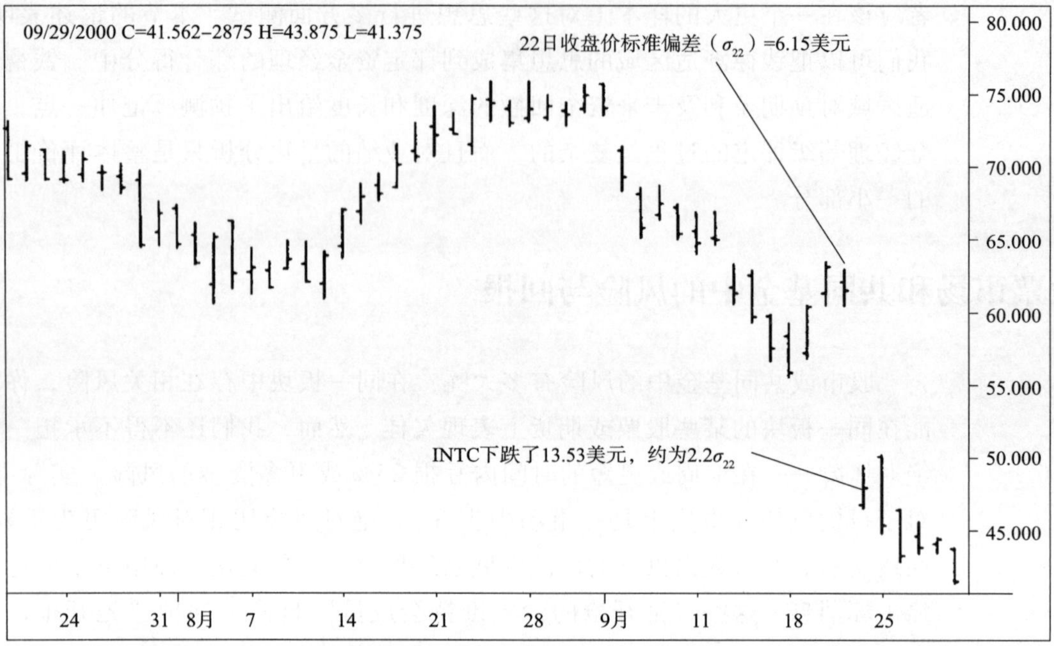

图 7.24　在公司分析师做出收益降低的预测时，英特尔公司的股票出现较大的下跌缺口。下跌幅度大约为过去 22 日收盘价标准偏差的 2.2 倍

（译者注：原英文版为“22 times”，估计为校对错误，应为 2.2 倍。）

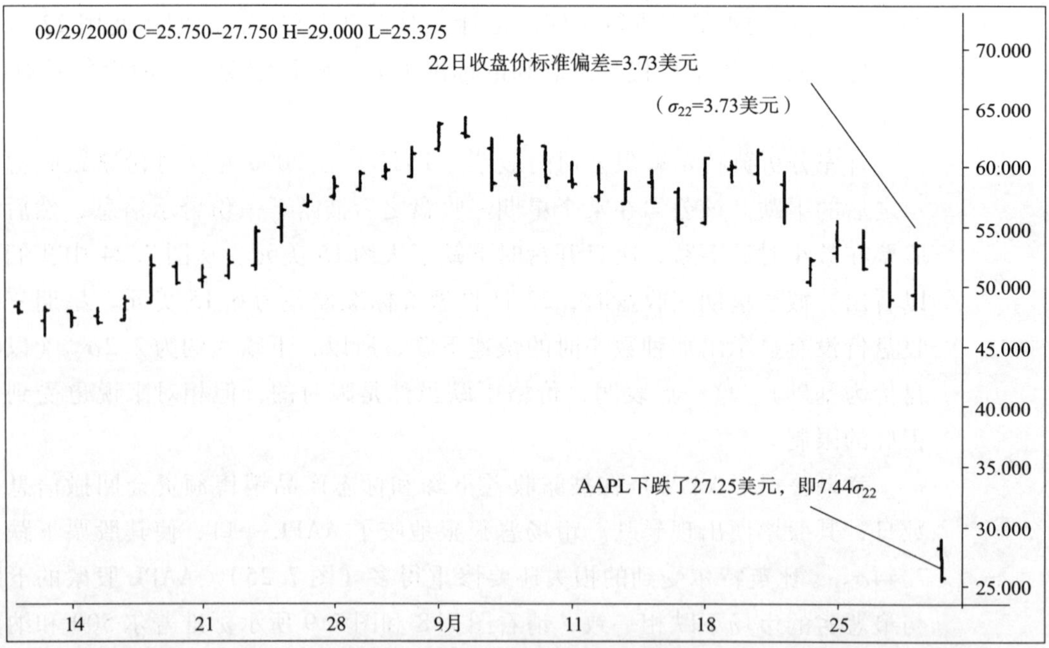

图 7.25　苹果电脑（Apple Computer）在发布销售疲软信息后，其股票暴跌，跌幅达到 22 日收盘价标准偏差的 7.44 倍

共同基金中的风险与此类似吗？如图 7.10 所示，随着月盈利标准偏差（σ_M）的增加，峰至谷资金回撤也增加。平均资金回撤为 $4.3\sigma_M$表明具有 50 只或更多只股票的多元化投资有助于资金曲线的平滑。对 50 多份基金日线数据的分析表明，最严重的盘中资金回撤一般小于 $2.5\sigma_{22}$，而且更接近 $1.5\sigma_{22}$，这主要源于多元化投资的平滑作用。

使用绘制图 7.10 所用的 50 个共同基金的方便样本所做的盈利效率分析表明，盈利效率对月波动性不敏感（表 7.28）。盈利效率是平均月盈利与月盈利标准偏差之比，可以用式（7.6）来计算预期盈利。该样本的平均盈利效率为 0.37。对于给定范围的月波动性，我们可以使用该数字来删除盈利效率较低的基金。因为波动性的增强会使资金回撤增加，所以先假定一个月盈利标准偏差的目标，然后把它作为预期资金回撤除以 4 后的阈值。如果交易者的资金回撤为 32%，那么目标标准偏差就是 8%。因为我们指定了一个自己可以容忍的风险水平，所以应该避免交易月盈利标准偏差过高或过低的基金。下一步是选择那些超出平均盈利效率而风险相同或相似的基金，目的是在我们愿意承受的风险水平上使盈利最大化。

表 7.28　盈利效率分析

基金	盈利效率	基金	盈利效率
FBALX	0.34	JAFIX	0.32
FBIOX	0.27	JAGIX	0.44
FCNTX	0.35	JAHYX	0.18
FCVSX	0.46	JAMPX	0.49
FDCAX	0.28	JANSX	0.44
FDCPX	0.31	JAOLX	0.48
FDEGX	0.43	JAOSX	0.34
FDEQX	0.34	JASSX	0.41
FDGFX	0.35	JATEX	0.21
FEQIX	0.34	JAVLX	0.46
FEQTX	0.35	JAWWX	0.46
FEXPX	0.32	JAXBS	0.76
FFIDX	0.4	PBCRX	0.31
FFTYX	0.18	PBEGX	0.21
FMAGX	0.36	PBHEX	0.38
FPURX	0.23	PBHGX	0.29
FSINX	0.16	PBHLX	0.44
FSPCX	0.21	PBLDX	0.31

续表

基金	盈利效率	基金	盈利效率
FSPTX	0.47	PBMCX	0.39
FSTCX	0.36	PBTCX	0.41
FSTGX	0.55	PLCPX	0.52
FSUTX	0.47	PSSCX	0.28
JABAX	0.41	TWCGX	0.42
JAEIX	0.41	VFINX	0.43
JAENX	0.43	VGXTX	0.43

应该记住，盈利效率并不是一成不变的，随着时间的推移，它在逐渐发生变化。但是，这种方法的确可以帮助我们选择那些符合风险限制的基金，选择在绝对风险相似的情况下绝对盈利出众的那些基金。这种使用绝对风险选择共同基金的方法可能比其他商业化方法更有针对性。其他一些商业化方法基于与整个基金分类相关的业绩，或者与低风险投资（比如美国短期国库券）相关的业绩。

小结

本章讨论了重要的资金管理思想。首先分析了破产风险。对于破产风险的计算表明，我们尽可能不要在交易账户上使用过高的杠杆。在做破产风险计算时，假设仓位规模、回报率和胜率是固定的。但是，如果我们可以在市场中辨识超常机会，就可以调整仓位规模。

然后，我们分析了系统设计和资金管理之间的相互影响。资金管理的设计思想是防护资金曲线的下侧，而让市场去应付其上侧。使用月盈利标准偏差来预测未来资金回撤，未来资金回撤为月盈利标准偏差的4~5倍。

我们分析了投资策略对资金曲线平滑度的影响。对于大多数交易者来说，每个信号交易固定数量合约的策略是一种合理的选择。通过在亏损交易之后减仓，交易者可以获得比较平滑的资金曲线。其他策略，比如获利后加倍或亏损后加倍，大大增加了资金曲线的崎岖度（即降低了资金曲线的平滑度）。我们应该对这些论述有比较透彻的理解，因为这些资金管理策略中的每一种都会显著影响未来投资组合的业绩。

接下来我们改变分析方式，详细论述了影响资金回撤深度和持续时间的因素。对于许多投资产品，比如期货、套利基金和共同基金，资金回撤深度一般小于每月盈利标准偏差的4倍。资金回撤的持续时间可以使用指数分布进行预测，或者使用资金回撤串或资金回撤周期持续时间标准偏差的 3 倍作为预测标准。它们是预测未来业绩两个关键方面的非常有价值的工具。我们探讨了使用盈利效率为预期盈利创建模型的方法。这些模型帮助定义了钱德舒适区域（CCZ），它是一种管理风险和预期的强大工具。

随后我们研究了如何应对资金回撤，阐述了资金经理在资金回撤期内辨识低风险入场点的方法。我们分析了改变波动性度量尺度的实际问题，并讨论了对杠杆的校准。这些论述将帮助交易者估计预期波动性的大小，以及依交易市场的数量和所用杠杆来预测波动性的方法。这些思想是交易成功的重要基础，任何交易者、投资者或投资机构都不可忽视。

我们通过提出盈利效率的基准引出了一个关键问题。该基准可以用于期货市场、股票市场、共同基金市场和套利基金市场。在各种类别的市场中，0. 25 的盈利效率是风险调整后业绩的一个极好的基准。多元化通常被吹捧为通向超级风险调整后业绩的最佳路径。然而，多少市场算太多呢？通过论证，我们发现交易太多市场造成无效多元化并不困难。

我们给出了一个详细的例子，该例子运用这些思想来研究比较资金经理业绩的方法。在这些论述中，我们提出了几种对资金经理评级的新方法，以更好地预测他们的未来业绩。这一节应该会引起投资者和投资机构的更多关注。最后我们阐述了个人交易者如何运用本章介绍的思想来定义个股中的风险，或者区分超级共同基金投资的方法。

第八章 数据的随机化处理

我们对数据的需求永远不会得到满足。

简介

交易的重点在于理解我们的系统在将来会怎样工作。本章介绍一种生成合成数据的新方法，它可以生成无限量的数据用来做系统测试。这种新方法叫作数据的随机化处理，可帮助我们破除期货市场上数据量相对较少的限制。数据的随机化处理可以产生新的价格区间和新的价格形态，这对于在最广泛的市场运动区间内测试系统是必需的。这是真正的样本外测试，我们将使用电子表格和标准普尔500数据来对这种方法进行详细阐释。我们使用7年长度的瑞士法郎连续合约来产生56年的合成数据，然后在合成数据上测试一套波动性系统，以便使读者切身感受这种测试的优点。

关于自己的系统，我们真正希望了解什么

对于自己的系统，我们真正希望了解的是它在未来的表现如何。理想情况下，我们希望知道盈利和资金回撤是多少。由于不能预见未来，所以一种比较好的选择是用许多“模拟”未来市场运动的数据集测试系统。然后，我们只要对这些结果求平均值，就可以得到对未来盈利和资金回撤的合理评估。但是这里要强调一下，获得盈利和资金回撤的准确数据是非常困难的。

对于月资金变化的平均值和标准偏差，我们仍然可以使用良好的评估方法。前面研究资金曲线时，我们分析了间隔资金变化及其标准偏差。标准偏差对于预测未来资金回撤是非常有用的。

作为交易者，我们还希望获得一种感觉，那就是系统的设计思想在不同

市场上工作时究竟有多好。系统设计方法的舒适水平甚至比业绩数字更有价值，因为我们可以毫不犹豫地执行一套熟悉的系统。获得这种自信的方法之一是在许多不同的数据集上测试该系统，这些数据集是我们在将来的交易中可能会碰到的那种。

记住一点，所有的计算机测试都产生于无干扰、无情绪的环境，交易时没有任何的风险可言。在使用该系统进行真实交易时，交易者常常变得非常情绪化，因为风险是比较大的。但是我们在测试系统时永远不会有这种压力。一种解决方案是在许多数据集上测试该系统，于是我们可以经历——至少间接经历——许多不同的市场环境，然后我们就可以更好地理解系统性能在这些市场上的变化。

注意这里所做的系统测试，告诉我们的都是系统在过去的表现。测试结果源于我们使用的特定数据集，所以我们愿意在模拟未来市场运动的数十个甚至上百个数据集上测试自己的系统。然而，大多数活跃的期货市场交易时间还不到 20 年，市场提供的数据量是有限的。再加上期货合约还要过期，所以最大的挑战是寻找充足的数据来充分测试系统。不管是从数量角度还是从心理角度看，我们可以使用的数据集越多，测试结果越有价值。

本章讨论一种产生不限量数据的新方法，这些数据可以“模拟”未来市场运动。使用这种新方法能从历史市场数据中产生不限量的数据集。这些合成数据概括了有关市场波动性和交易形态的知识。一旦我们获得这种数据，就能够用一种比以前好得多的方法来充分测试我们的系统。更重要的是，我们能够“真正地经历”许多类型的市场，并且对系统树立自信，而这对于交易成功是至关重要的。

历史数据是序幕：放回抽样

放回抽样的思想大致如下所述。假设这样一种情况，有 100 张光盘，将它们从 1~100 标号，然后放入一个包里并打乱顺序。之后我们晃动这个包，从中抽出一张光盘，比如说是#21。现在，在抽出第二张光盘之前，我们有两种选择，或者把#21 放回包中，于是 100 张光盘都在包中，或者从 99 张光盘中选出另外一张，而不把#21 放回包中。

如果我们把#21 放回，那么我们第二次抽到它的概率就是 1%。这就是放回抽样的过程。我们第一次得到#21 的概率是 1%。连续两次取出#21 的概率是 0.01%。连续三次取出#21 的概率是 0.0001%，或者说 100 万次中有一次抽到#21。但要记住一点，不要因为连续抽出#21 的概率非常小便认为它不会发生。

下面举一个例子来说明放回抽样的思想（表8.1)。将从1到10的10个数字作为我们的“原始”样本，计算出平均值（5.5）和标准偏差（3.03)。然后我们使用Excel的不放回抽样算法来产生另外的11个样本。如果我们花点时间来研究一下这些样本，就能发现相同的值出现过不止一次。这些值是从样本中随机抽取的，11个样本各不相同。但是，我们同时保留了原始样本的“印记”，即最大值和最小值之差。

表8.1　放回抽样示例，注意11个样本的平均值和标准偏差是如何向原始样本靠近的

原始样本	#1	#2	#3	#4	#5	#6	#7	#8	#9	#10	#11
	1	7	2	8	3	9	6	2	8	6	1
	2	6	6	9	6	10	7	8	10	3	4
	3	2	3	6	4	1	8	4	1	4	1
	4	3	7	7	10	5	9	1	8	6	6
	5	10	3	7	10	7	9	10	7	8	5
	6	9	6	3	8	7	10	4	10	10	8
	7	5	4	5	1	3	3	10	6	5	6
	8	5	7	3	10	9	2	6	9	7	8
	9	4	1	8	2	3	10	9	4	2	4
	10	5	7	8	4	7	5	1	1	1	9
均值	5.50	5.60	4.60	6.40	5.80	6.10	6.90	5.50	6.40	5.20	6.10
标准偏差	3.03	2.50	2.27	2.12	3.49	3.00	2.85	3.60	3.37	2.78	2.73
平均值（所有）	5.72										
标准偏差（所有）	2.81										

对于每个样本，我们还计算出平均值和标准偏差。平均值的范围为4.60~6.90，标准偏差的范围为2.12~3.60，于是每个样本只是原始样本平均值和标准偏差的粗略估计。但是，当我们对所有11个样本计算平均值（5.72）和标准偏差（2.81）时，这些值都与原始样本的统计数据接近。产生的样本越多，对原始样本统计数据的评估就越好。

将相同的原理用于系统测试，我们可以使用放回抽样来产生合成数据。这些额外产生的数据将提升我们对系统数据（比如说月资金变化）平均值和标准偏差的预测能力。使用这些新的数据，将实现真正的样本外测试，并将扩充的市场行情展现在交易系统面前。

放回抽样的思想引出了另一种统计学思想——自举法的思想。自举法的思想是对一些试验结果进行放回抽样，以得出我们所感兴趣的量的统计分布。举例说明，对于来自一套交易系统的200个交易结果，我们使用放回抽样产生不同的输出结果，然后对这些数据进行平均，便可得出未来交易结果的一个分布。在这个例子中，每个样本中不同数值的平均值和标准偏差给出一个原始样本平均值和标准偏差的分布。

读者可以重温对65SMA－3CC系统测试结果的论述，观察一下所有交易的分布情况。那2400个测试产生了一幅特殊的柱状图或交易分布图。我们可以借助放回抽样从那2400笔交易中研究出其他的潜在分布或柱状图，并试图用它们预测未来业绩。

使用放回抽样的一个问题是，我们只能从原始样本中抽取数据，所以，我们只能“看到”那些在原始样本中发生过的事件。这里我们研究的方法将努力克服这一问题，以便创造出新的价格区间和价格形态。

下面我们来看一下如何使用放回抽样在一份连续合约上产生其他包含市场信息的连续合约。一旦可以复制市场数据，我们就可以突破数据集的限制而通向自由测试之路。

数据随机化处理：我们一直需要的所有合成数据

通过对连续合约数据随机化处理得出的数据叫作合成数据，因为这些数据不是来自公开市场中的真实交易。使用术语“数据随机化处理”的原因，是这种方法是对数据进行随机重排，以产生新的数列。

我们先来看一下如何总结市场信息。将两根日棒线彼此相邻地放在一起，然后以第1根棒线的收盘价为参考，分析第2根棒线的开盘价（O）、最高价（H）、最低价（L）和收盘价（C）与第1根棒线收盘价之间的关系。我们可以将这些关系描述如下：

Δ开盘价＝开盘价－收盘价［1］

Δ最高价＝最高价－收盘价［1］

Δ最低价＝最低价－收盘价［1］

Δ收盘价＝收盘价－收盘价［1］

此处“收盘价［1］”表示前一日的收盘价。这些等式概括了市场交易行为，因为它们抓取了与前一日收盘价相比较的价格形态。在数年的时间段上，对于这些等式，每个市场都会有一些特性值，它们的基础是市场波动性、流动性和其他交易形态。我们使用这些公式做放回抽样时，创造的形态承载了用相对价格关系定义的市场印记。

下一步是使用随机数发生器来对棒线进行随机化处理。得出新的棒线排列序列后，我们需要一个起点，通常是前一日的收盘价。如有必要，我们可以使用第 1 根线的任何数据作为参考。新棒线从前一棒线中推出，过程如下（新的合成数据用前缀 Syn 表示）：

Syn－收盘价＝收盘价［1］＋Δ 收盘价

Syn－最高价＝收盘价［1］＋Δ 最高价

Syn－最低价＝收盘价［1］＋Δ 最低价

Syn－开盘价＝收盘价［1］＋Δ 开盘价

我们很容易将计算过程编入程序或电子表格。下面我们先计算表 8.2 中棒线间的关系，它们基于 1995 年 12 月标准普尔 500 的实际棒线序列（图 8.1）。棒线间的关系见后四列。1995 年 11 月 30 日和 1995 年 11 月 29 日的收盘价之差为 －0.80 点。前一日收盘价和今日开盘价、最高价、最低价和收盘价之差都被列出。这些计算结果包含了价格关系。现在我们可以使用随机数发生器来对这些数据进行随机化处理。

表 8.2　基于 1995 年标准普尔 500 数据的电子表格

棒线号	日期	开盘价	最高价	最低价	收盘价	开盘价－收盘价［1］	最高价－收盘价［1］	最低价－收盘价［1］	收盘价－收盘价［1］
	1995.11.30	608.07	610	606.1	607.25	0.02	1.95	－1.95	－0.8
1	1995.11.29	608.6	608.85	606.3	608.05				
2	1995.12.01	608	609.4	605.9	608.3	0.75	2.15	－1.35	1.05
3	1995.12.04	608.87	615.5	608.05	614.8	0.57	7.2	－0.25	6.5
4	1995.12.05	614.02	619.5	613.85	618.75	－0.78	4.7	－0.95	3.95
5	1995.12.06	619.85	622.65	617.35	619.8	1.1	3.9	－1.4	1.05
6	1995.12.07	618.95	619.8	615.7	616.65	－0.85	0	－4.1	－3.15
7	1995.12.08	618.5	619.5	614.3	618.3	1.85	2.85	－2.35	1.65
8	1995.12.11	618.9	621.7	617.75	619.8	0.6	3.4	－0.55	1.5
9	1995.12.12	618.9	620	618.2	618.8	－0.9	0.2	－1.6	－1
10	1995.12.13	619.4	622.6	618.65	621.35	0.6	3.8	－0.15	2.55

为了对这些数据进行随机化处理，先把它们从 1 到 n 标号，其中 n 为最后一根棒线的标号。然后，使用随机数发生器选择 1～n 之间的一个数，这个数便是序列中下一棒线的编号。假设在第 10 次选择时，我们选择的是棒线 5，那么原始数据中的棒线 5 便成了新序列中的棒线 10。棒线可以不止一次重复出现，例如，在第 27 次选择时，我们可能又选择了棒线 5。我们可以产生所需长度的棒线序列。

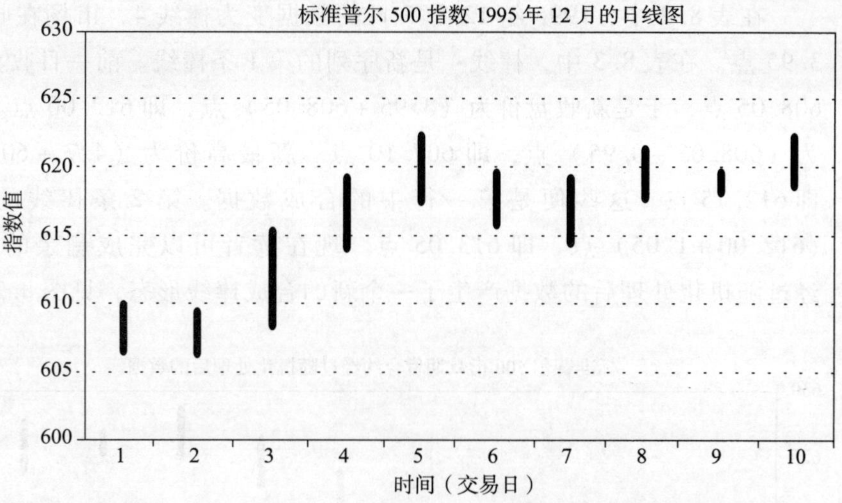

图 8.1　标准普尔 500 指数 1995 年 12 月的实际价格棒线

这里我们将 1995 年 11 月 29 日的收盘价 608.05 作为参考，使用 Excel 中的抽样函数产生新的棒线序列。新序列为：4，5，8，1，3，10，10，8，9，1。所以，从收盘价 608.05 开始，我们依次放入原始数据中的棒线 4、棒线 5、棒线 8，等等。

表 8.3 所示为用于计算新合成数据的电子表格。第一列是放回抽样抽取的棒线编号。接下来的四列是表 8.2 中的每条棒线之间的关系。最后四列是通过加上棒线间关系由前一日收盘价得出的合成数据。

表 8.3　使用表 8.2 中计算出的棒线间关系得出的标准普尔 500 指数的随机化数据。假设第 1 条棒线（表中棒线 4）之前的收盘价为 608.05

棒线号	开盘价－收盘价[1]	最高价－收盘价[1]	最低价－收盘价[1]	收盘价－收盘价[1]	Syn－开盘价	Syn－最高价	Syn－最低价	Syn－收盘价
4	−0.78	4.7	−0.95	3.95	607.27	612.75	607.1	612
5	1.1	3.9	−1.4	1.05	613.1	615.9	610.06	613.05
8	0.6	3.4	−0.55	1.5	613.65	616.45	612.5	614.55
1	0.02	1.95	−1.95	−0.8	614.57	616.5	612.6	613.75
3	0.57	7.2	−0.25	6.5	614.32	620.95	613.5	620.25
10	0.6	3.8	−0.15	2.55	620.85	624.05	620.1	622.8
10	0.6	3.8	−0.15	2.55	623.4	626.6	622.65	625.35
8	0.6	3.4	−0.55	1.5	625.95	628.75	624.8	626.85
9	−0.9	0.2	−1.6	−1	625.95	627.05	625.25	625.85
1	0.02	1.95	−1.95	−0.8	625.87	627.8	623.9	625.05

在表 8.2 中，1995 年 12 月 5 日的数据变为棒线 4，市场在收盘时涨了 3.95 点。在表 8.3 中，棒线 4 是新序列的第 1 条棒线。前一日收盘价假设为 608.05 点，于是新收盘价为（3.95 + 608.05）点，即 612.00 点。新最低价为（608.05 - 0.95）点，即 607.10 点。新最高价为（4.7 + 608.05）点，即 612.75 点。这些便是第一行中的合成数据。第 2 条棒线的收盘价为（612.00 + 1.05）点，即 613.05 点。现在读者可以完成剩余的计算过程。经过随机化处理后的数据产生了一个新的合成棒线形态，见图 8.2。

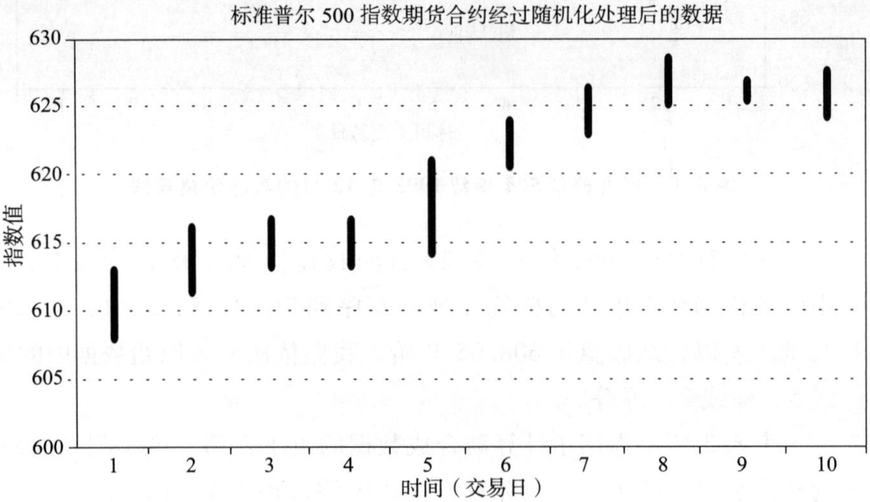

图 8.2　标准普尔 500 期货合约日线图，源自表 8.3 中的合成数据

新的棒线序列（图 8.2）显示出上升走势，向上靠近 630 点区域。注意原始数据中的最后六条棒线显示的是整固形态。原始数据中的最后一条棒线（图 8.1 中的棒线 10）在图 8.2 中为棒线 6 和棒线 7。我们可以看出，棒线序列中最高价和最低价与先前棒线的相对关系对于两个序列来说是相似的。于是，我们已经把原始棒线 10 的市场行为概括后在另一序列中重新使用，并生成了新的合成数据。

当然，生成的样本越多，我们看到的形态变化就越多。以 1995 年标准普尔 500 期货数据为原始样本的另一组合成数据见图 8.3，从中我们可以看出形态的变化。新形态与原始数据相比，包含了一个较为狭窄的价格区间，并且在末期似乎要出现一个突破。

所以，我们可以使用数据随机化处理方法产生各种各样的图表形态。连续合约代表较长时间的市场行为，它们在产生合成数据方面表现不错。如果交易者愿意，也可以将该方法用于独立合约，然后使用合适的展期日把它们串在一起。

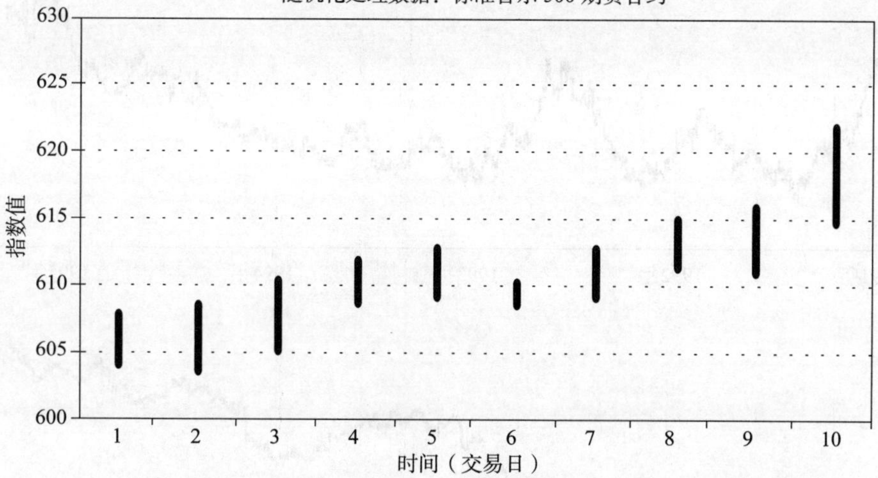

图 8.3　使用棒线序列“6，5，4，2，1，9，10，8，7，3”得到的标准普尔 500 期货合约的合成数据

随着棒线数据数量的增加，其可以生成更多种形态，数据随机化处理的威力也不断显现出来。如果我们有 5 年或 7 年的连续合约数据，就可以生成 100 年的数据，然后在这些数据上对系统进行测试，以使系统经历各种各样的市场行情。这些形态是将来可能碰到的，这是我们可以实现的最严格的样本外测试。

从图 8.4 中我们可以看出，数据随机化处理方法使我们突破了数据不足的限制。第一，原始数据中具有几个交易区间，合成数据中则出现几轮趋势，表明可以产生新的价格形态。第二，合成数据超出了原始数据的价格区间，于是数据随机化处理可以生成新的价格区间和价格形态，这对于在市场可能出现的最广泛的运动范围内测试系统是必需的。

在合成数据上测试一套波动性系统

下面我们在合成数据上测试一套波动性系统，以便说明数据随机化处理方法的实际应用。货币市场出现瞬时的、压缩的价格运动时，波动性系统是一个不错的选择。交易者们可能认为瞬时的、压缩的价格运动是当今期货市场的一种主要形态。但是，对历史数据的分析将说服他们，以前这种行情也出现过。如果交易系统使用了重度平滑的数据（指对价格数据进行多次平均，使指标变得更加平滑。——译者注），那么在交易这种市场运动时常常比较困难。许多交易者已经注意到，瞬时运动还会出现在趋势转折点附近。所以，我们可能会找到一种基于波动性的方法来辨识顶部或底部。对于波动

图 8.4　使用连续合约的日线数据（上部曲线）生成的瑞士法郎合成数据（下部曲线）

性的定义，我们可以采用多种方式。

常见的做法是使用最近真实价格区间的数倍来定义价格运动的上下边缘。此处采用一种较为简单的方法，只使用当日最高价和最低价之差作为价格区间的度量。次日买进止损价位为当日最高价加上两倍的当日最高价和最低价之差。类似地，卖出止损价位是当日最低价减去当日最高价和最低价之差的两倍。我们在同一天碰到两种入场订单的可能性极小（但并非完全不可能）。

上述入场点的定义相当具有一般性，并且没有针对任何市场进行优化。读者可以使用大于 2 的倍数来获得较少的入场机会，或者使用小于 2 的倍数来获得较多的入场机会。我们假设这些反复无常的震荡出现在转折点附近，所以测试一种任意指定的趋势跟随出场策略：在交易第 20 天的收盘时出场。首先，我们使用连续合约来观察测试结果，然后在经过数据随机化处理的瑞士法郎合成数据上测试该系统，目的是看一下这套简单系统的工作情况，以及合成数据的使用方法。

从图 8.5 中我们可以看出，在 1995 年的瑞士法郎合约上波动性入场是如何实现的。在 1995 年 9 月份，该系统在一个强有力的反弹中获利，20 日收盘时的出场将我们带出了整固区。然而，该系统没有在 1995 年 8 月份的抛售中及时做空，那笔交易几乎没有获利。注意先前的多头交易击中了

图 8.5　高于当日最高价或低于当日最低价两倍高低价差的价位，提供了进入压缩的价格运动的良好入场点。但是，市场经常会在没有很强波动性的情况下出现大型运动

3000 美元的初始止损。通过设计，市场从一段整固区出来，进入另一段整固区，或另一轮趋势的短期爆发市场行情最适合这种系统。

我们首先使用瑞士法郎在 1989 年 6 月 30 日到 1995 年 6 月 30 日的实际数据上测试该系统，允许 100 美元的滑移价差和佣金，使用 3000 美元的初始止损。然后我们使用数据随机化处理程序来对这些数据进行处理，生成另外 8 份连续合约数据。我们在合成数据上对相同的系统进行测试，系统规则没有任何变动，测试结果见表 8.4。

在长度为 56 年的合成数据上的测试结果表明，可能出现明显优于或劣于测试结果的未来业绩。对于这种结果的出现，我们不必大惊小怪。在独立合成数据上的业绩变化范围更大。但是，在 8 份合成数据上的平均业绩（表 8.4 最后一行）接近于原始测试周期上的业绩（第一行）。这种结果类似于表 8.1 中的结果，随机样本的平均统计量接近于原始样本的平均统计量。

当我们对更多合成数据上的测试结果求平均时，可以更好地评估系统"真实"业绩或最可能业绩。我们还可以求出合成数据测试结果的标准偏差，以量化未来业绩的变化范围。例如，表 8.4 中所示合成数据的标准偏差为 20523 美元（没有列出）。借助该数据，我们可以使用均方差分析来选择

表 8.4　波动性系统在实际合约和合成数据上的对比

市场	盈利/美元	最大日内资金回撤/美元	盈利因子	总交易笔数	盈利笔数	平均获利/平均亏损	平均交易利润/美元
瑞士法郎（SF）合约	5800	-17600	1.06	121	43	1.92	48
SF 合成数据#1	33624	-12732	1.42	81	39	1.60	415
SF 合成数据#2	35563	-19550	1.38	97	45	1.59	367
SF 合成数据#3	-713	-21388	0.99	99	37	1.53	-8
SF 合成数据#4	14350	-14938	1.16	86	39	1.92	167
SF 合成数据#5	8937	-20425	1.11	98	44	1.36	91
SF 合成数据#6	-22625	-27050	0.79	101	40	1.21	-224
SF 合成数据#7	13550	-22463	1.14	97	42	1.49	139
SF 合成数据#8	-13212	-30750	0.9	97	42	1.19	-136
SF 合成数据平均	8684	-21162	1.11	95	41	1.49	101

投资组合，这些策略运用了现代投资组合理论的思想。我们可以尝试为一组系统找出投资组合所带的权重，对于一个特定的预期标准偏差，这组系统可能实现给定水平的预期盈利。我们还可以使用标准偏差为破产风险的计算提供一个相关的范围。合成数据的另一种用途是预测给定系统未来资金回撤的范围。所以，合成数据可以用来预测未来业绩。

合成数据有明显的局限性——由于我们使用的是放回随机抽样方法，所以得到的形态不代表实际市场行为。例如，合成数据可能出现不代表市场心理或任何供需平衡的形态。因此，我们应该生成多个数据集，然后在这些数据集上对系统业绩求平均。平均业绩将更好地代表系统潜在的未来业绩。

小结

数据的随机化处理提供了一种测试系统的新方法，使系统测试可以在许多不同的市场行情上进行。我们可以在这种模拟测试中观察系统模型的表现，对系统的运作产生更多信心，并且学会如何识别系统的失效。我们可以使用自己的洞察力来设计滤网，提高系统性能，减少交易数量，以及为交易系统设计一个中性区域（即在市场外观望。——译者注）。我们还可以绘制资金曲线来检验标准偏差的间隔预测，从而提高对未来资金回撤的预测能力。此外，我们可以对市场行情进行主观评价，看系统在哪些行情中表现得特别好，在哪些行情中表现得特别差。

第九章

执行一套交易系统

投资者的交易计划通常不外乎贪婪地入场，充满希望地风险控制和心惊胆战地出场。

简介

交易过程是一种动态分析过程。如果你认为建立交易系统非常容易，那么接下来便是困难的部分：执行交易系统。本章分析交易者在执行交易系统时应该考虑的一些因素。如果读者已经按照前述的所有规则开发了一套恰好适合自己的交易系统，现在需要做的就是执行它。我们将尝试把系统设计和系统执行连续地结合起来，本章的重点放在交易系统的执行上。

奇怪的是，执行一套交易系统只需要两步：第一，你需要有一个详尽的交易计划；第二，你需要执行既定计划。读者可能已经发现，在没有计划、没有系统监视执行的情况下，交易变得出奇容易。

在执行交易系统之前，交易者需注意几个问题：第一，系统测试不会解决所有的问题；第二，交易者在开始交易时必须理解一些自己与市场间的交互问题；第三，交易者需注意其他一些关键问题，比如风险控制和资金管理问题；最后，交易者需要一种工具来组织自己的交易。

测试的问题

虽然交易产生于情绪的“高压锅”中，但是测试是在情绪真空中完成的。想象一下，一辆在风洞中设计的跑车，在空气动力学上是光滑的，但在赛场上其他跑车混乱的尾流中常常让人难以驾驭。类似地，一套基于历史数据的高性能系统在实际交易中会有一段颠簸不平的路程。

系统测试产生于无情绪状态，不必担心亏损，我们所看到的只是测试结果总结和指示入场点和出场点的彩色箭头。在测试期间，我们不必经受亏损出现时带来的风险，也不必因系统入场过迟和出场过缓而焦急。交易者不必设置订单、放置订单、跟踪订单的实现、记住展期日、监视保证金、阅读每日资金记录。更重要的是，交易者不必积极地监视头寸风险，或制订任何资金管理决策。

在进行计算机测试时，交易者不会害怕亏损，也不必担心错过机会。所以系统测试软件处于一个“无菌环境”，它不能模拟执行系统时的感情因素。因此，如果你已经使用自己所有的创造力开发了一套交易系统，考虑了我们讨论过的所有因素，那么接下来的工作重点便是执行系统。

交易技能是一种可获得的技能。获得并维持一种新技能的唯一方法就是坚持不懈地重复。计算机化的测试不会培养交易者任何执行系统的技能，再多的测试也不会给交易者提供培养实际执行系统的能力所需的重复。显然，交易者需要更多的工具来突破这些存在于系统设计和测试中的限制。

模拟交易：利与弊

传统看法认为，系统设计的缺陷是具有一定的试用期，交易者需在试用期内使用自己的系统进行模拟交易。显然，模拟交易会帮助交易者熟悉和理解交易系统的实际运行机制。交易者可以练习执行系统的所有步骤，比如选择投资组合、设置订单、跟踪订单的实现、监控风险、记录利润与亏损。另外，交易者可以创建一份日志，定期记录自己的心理状态，这对跟踪自己的交易信条和交易形式都非常有用。

对于模拟交易，另一种比较有价值的使用方法是一笔交易一笔交易地分析系统执行结果。交易者应该试着去重温每笔交易，每日观察图表，记录下自己对图表形态的反应、资金值、波动性等。虽然这不是一种完美的解决方案，但是详细地重新分析历史交易也会使交易者获得对系统性能的宝贵洞察力。对交易系统额外的洞察力会加强交易者应对实际交易中系统性能起伏的能力。

但是，模拟交易不会告诉交易者有关实际交易性能太多的内容。所以，我们从系统测试中没有获得的对系统性能的洞察，在模拟交易中也未额外获得多少。假设在系统测试期间连续产生了 8 笔亏损交易，那么在模拟交易时，如果系统连续产生了 3 笔盈利交易，并不意味着它是一套很棒的系统。类似地，如果在模拟交易时它连续产生了 10 笔亏损交易，也并不意味着它是一套无用的系统。准确地说，因为连续交易是不相关的，所以我们不能根据模拟交易中观察到的结果对系统的总体性能进行评价。

模拟交易的另一个缺陷是，它仍然缺乏现金损失给交易者带来的风险。所以，在模拟交易中，交易者仍然没有机会体会真实交易中对心理状态的要求。虽然有这么多限制，但是模拟交易在缩短系统设计和执行之间的差距方面仍然提供了一种合理的方法。

你相信自己的系统吗

市场将竭尽所能地运用各种方式挑战交易者对交易系统的忠诚度。市场使用著名的战争格言："用贪婪引诱他们，用混乱征服他们。"市场不断创造新的图表形态，以扰乱我们的分析。除非我们对自己的系统绝对忠诚，否则市场很快就会令我们不知所措。市场促使我们忽略交易信号，更改交易计划，放宽系统规则，制订新的例外规则，且都以"提升业绩"为借口。提升系统设计效果的唯一方法是进行严密的历史测试和模拟交易。任何未经测试的偏离都只能带来短期的满足，但是都会严重损害系统的长期性能。

我们应该将所有的创造性和情感倾注在创建一套为自己工作的系统上。系统应该具有时间窗口、交易频率、市场敏感度和应该重点考虑的获利性。在历史数据上对系统进行严密测试后，我们应该再在经过随机处理的数据上进行测试。在经过随机处理的数据上进行测试时，我们很快就会发现系统适合的和不适合的市场类型。在多组随机处理的数据上对系统进行测试，可以增强我们对系统未来性能的自信。在系统测试之后，我们可以再进行模拟交易，以便明确系统的运行机制。我们对系统满意之后，就应该拒绝所有未经检查的修改。

市场促使我们重新检查对系统的忠诚度。只有对系统每天都忠诚和自信时，我们才可使用它。如果交易者不信任自己的系统，那么市场很快就会促使他偏离自己的系统。一旦交易者偏离系统，就是在使用一套未经测试的系统，所有投资都将处于不可控制的状态。当然，交易者可能会问："为什么要坚持使用一套测试过的系统?"答案见下一部分。

时间是我们的盟友

市场给予我们利润，之后可能又把它们带走了。我们应该认识到，在所有的市场中都有比较容易赚钱的一些时间周期，而在另一些时间周期上大部分系统都显示亏损。作为系统交易者，我们的目标是挺过不获利周期，在获利的时间周期中赚钱。风险控制策略、资金管理经验和整个系统设计都将在我们度过困难市场行情时扮演重要角色。因此交易时我们要高瞻远瞩，记住当前的交易只是许多交易中的一笔，不必对每笔交易都过分在意。

假设我们正在一个多元化交易账户中使用多套系统在许多市场上交易，平均获利概率为35%。由于连续交易是不相关的，故连续出现10笔亏损交易的概率为0.65^{10}，约为0.0135、13/1000。所以，如果我们开1000个新账户，其中只有13个会连续出现10笔亏损交易。现在，假设同时进行所有交易。如果每笔交易的风险为总资金的2%，那么在1000笔交易中大约13笔会在一开始便出现20%的资金回撤。如果每笔交易的风险为总资金的1%，那么在1万笔交易中有接近18笔会达到20%的资金回撤。

20%的亏损虽然令人不快，但并非不可挽回。交易者还应该明白，不大可能发生的事件也可能发生，而且的确发生过。不要陷入某笔交易的旋涡中不能自拔，应该将眼光放长远：严格加强风险控制，遵守资金管理规则，集中精力执行系统。

无例外规则

确保长期成功的一个好方法便是严格跟随系统，毫无例外。如果交易者需要破例，就把例外情况写下来，然后进行彻底的测试，而不能仅凭直觉。如果交易者想放弃自己的系统，或许意味着对系统不适应，应该做更多的测试和微调。

许多交易者使用上升的波动性来度量即将出现的价格变化。当波动性强时，他们会减仓。对于这种现象，交易者应该精确定义。比如，当收盘价的50日标准偏差大于1500美元时，交易者可以认为波动性强。然后，交易者需要在历史数据上进行测试，观察一下在波动性升到该值时市场的变化。

如果行情“看好”，我们可以选择增加市场风险，达到账户总资金的4%。我们不能仅靠直觉，而是要定义一个明确的“看好”条件，比如25日突破出现的同时，5日RSI值大于70或小于30。然后我们可以在历史数据上检验，看一下我们所预期的能否得到统计学的支持。

第四章中我们已经分析过65SMA－3CC模型的测试，只有4%的交易为“本垒打”，正是这些交易使得投资组合业绩不同。如果交易者一直偏离自己的系统，很难说不会在给定时期内错过所有重要交易。

无例外规则是必要的，还有另一个原因——可追溯性，我们将在下一部分进行讨论。

全程可追溯性

我们应该能够及时追查出某笔特定交易或某种交易行为的准确原因。例如，我们能够回忆起为什么进行某一笔交易或做某一次调整。如果我们有一套精心设计的机械系统，并且严格按照无例外规则执行，就能保证追溯性。

如果交易者使用主观的图表分析，那么理解自己的交易模式的最好办法是定时记日记，并保存一份图表的拷贝。交易者应该记录做某一决策时的所有心理状态和分析。

如果我们的交易不具有追溯性，就很难监控系统的执行，于是会丢失可以提升交易水平的宝贵信息。假设交易者总是倾向于入场过迟、出场过早，如果他没有持续地进行详细记录，就很难改正这种错误的倾向。特别地，该交易者可以确定促使自己过早出场的市场行情类型。比如，该交易者发现急速3日抛售后，自己常常退出交易。然后经过短暂整固，市场又恢复先前的趋势。现在他有了克服恐惧的可靠信息，每次出现3日反向运动就是要进入一个重要调整时期。

如果我们注意到自己的账户对账单中存在错误，并且希望进行更正，那么追溯性也是非常重要的。例如，我们的经纪人未能报告订单实现，或者订单的实现远离我们要求的价格。如果我们有良好的记录，在更正时就相对容易些。我们打电话查询订单实现情况，得到一个特定的实现价格，但是我们的资金记录显示出不同的实现价格，更有甚者，根本未显示任何实现，如果我们具有详细记录的话，就可以更正这种机械性错误。

"保证"在主要趋势形成时入场

从长远来看，对总体业绩产生巨大影响的交易不超过5%。只要交易者错过几笔较大的交易，就会使总体业绩严重下降。我们的入场方法和交易执行应该将重点放在确保在主要趋势形成时入场上。如果我们在某个市场中没有头寸，那么该市场中似乎更容易出现一轮主要趋势。

我们设计系统时，尽量使用可以保证入场的订单，例如市价单在开盘交易、收盘交易或止损交易中通常都会进入交易。当然滑移价差会不同，但如果交易规模不是太大的话，一般会进入交易。如果使用限价单，则交易者很容易以数点之差错过一轮主要趋势。失去机会的代价通常会大于使用限价单节约的几个点。但是，如果我们正在交易流动性市场，并且使用实时数据，就可以对入场价位进行微调。对于大多数交易者来说，将订单交给经纪人似乎是最佳选择。

最大的滑移价差不是源自市场，而是源自交易者本身。如果未能设置订单，或者订单设置得不正确，则滑移价差常常比市场中的任何滑移价差都要大。所以，我们应该从源头上控制滑移价差，无例外规则将帮助我们从源头上降低滑移价差。

在下单前一日准备一张订单入场表单，然后在开盘前发送给经纪人是一个不错的主意。在市场收盘后准备订单有许多优点：第一，可以心平气和地填写订单入场表；第二，可以坚持交易计划，并避免偏差；第三，可以复查订单，看有无机械性错误；第四，可以避免未经分析、一时冲动型的交易；第五，如果的确计划采用主观交易，那么可以写下详细的入场和出场点，或者其他的交易提示。通过提前准备订单，并在交易开始前进入市场，交易者可以确保在主要趋势形成时入场。

账户启动

首次使用某个账户交易时，交易者必须解决一些“启动”问题。假设我们正在使用一套机械系统交易 20 个市场，第一个问题是如何使加入的交易与系统已有头寸相匹配。假如德国马克市场中最后一个信号是 15 天前产生的一个买进信号。现在，我们应该建立看多头寸，还是等待出现新的交易信号呢？首选方案是尽快建立所有头寸，并用当前的波动性度量它们。如果系统交易频率不高，我们可能不希望等待下一个信号。立即建立头寸的另一个原因是捕捉当前价格运动的剩余部分。有其他几种方法可解决这一问题。第一，可以只交易一份合约，而非多份合约。如果我们平常交易 10 份合约，那么一开始可以只谨慎地交易 1 份或 2 份合约。第二，可以逐级建仓。例如，我们可以在接下来的 5 天中逐步买进 10 份合约。第三，可以在当月的最后一个交易日收盘时建立整个头寸。在当月最后一个交易日建仓的好处是当月资金变化将准备反映系统的实际交易结果。

我们还必须决定在启动交易中止损的位置，可以使用往常账户资金的 1% 或 2% 来设置初始止损。另一种选择是比正常值略微宽松一些，但是要成比例地减少交易手数。

风险控制

坚持进行严格的风险控制是必要的。我们的风险控制策略可以是每天下一张止损订单，每个新头寸也是如此。围绕市场关联性和波动性，我们还可以使用更复杂的策略。其关键是一直控制自己的风险。风险控制和资金管理要同时使用。使用良好的资金管理规则可以合理限制仓位规模并提升多元化水平。这些策略可以防止恶性交易将自己的账户突然毁灭。

你有计划吗

我们应该避免在无计划的状态下进行交易。导致交易问题和交易失败的一个常见原因是缺乏交易计划。我们的交易计划应该清楚地说明将如何交易。其必须指明市场、合约数量、订单类型、入场规则、出场规则和风险控制规则。计划越明晰，就越容易执行。如果我们已经将交易系统设计得详细而明确，那么制订并执行一份计划就相对容易一些。

每个橄榄球队都会为比赛制订详尽的作战计划。例如，一个冠军球队将详细“编排”每场比赛的前 15 局。经过仔细分析，教练提前选出前 15 局，然后球员们反复练习这些计划好的比赛，以使自己非常熟悉。比赛时，每个球员都集中精力去执行那些计划，以获得极好的成绩。从这个例子中我们可以看出提前准备的好处。我们可以计划自己的交易，设想自己将如何执行那些交易，然后监控交易的执行状况。这种自反馈过程有助于提高我们的交易水平。

我们应该为不良行情做好准备。例如，你准备好接受 20% 的资金回撤了吗？你有计划应对这种资金回撤吗？我们可能没有准备好在交易的前 3 个月会经历 20% 的资金回撤。如果这种亏损产生，我们要修改自己的交易系统，改变资金管理和仓位规模算法，或者更改投资组合吗？类似地，如果资金上涨了 20%，我们会改变上述变量吗？

在军事领域，使用情景计划是很常见的。我们也应该发挥自己的想象力，设想出关于交易的好场景和坏场景，然后制订详尽的计划，帮助自己应对多变的市场。

如何监控计划的执行

拥有计划是一回事，实际执行计划则是另一回事。如果我们不能对计划的执行过程进行有效监控和记录，就不可能正确地执行计划。度量系统执行无偏性的一个好方法是每天做好交易记录。电子日志是记录遵守与偏离的一种快速有效的手段。然后，我们可以通过分析日志来检查计划执行得怎么样。我们还可以发现容易执行或不容易执行的因素，然后努力弥补自己的弱点。

如果我们的确希望偏离自己的系统，那么写下详细的理由，然后进行严格的测试。这是确保业绩长期一致性的最好方法。假设有一个新闻事件或政治活动，提示我们应该退出交易。我们应该观察市场对此类事件的明显反应，比如缺口、大价差交易日、外包日（这种交易日很容易辨认，它们同时兼具比前一日更高的高点以及更低的低点。——译者注）或关键反转日。然后我们在日线图上辨识这些棒线或棒线组合，对它们进行系统化测试。这将为我们的策略公式化奠定一个历史基础。

一吐为快

定期记录交易活动的另一大益处是，我们可以通过做笔记的方式将内心的想法一吐为快。比如我们想在交易中使用全面质量管理和持续改进等思想时，就必须做好详细的交易记录。这些记录包括订单的产生和影响交易执行的因素。我们可以使用日志来克服交易产生的压抑情绪，通过提供心理状态方面的数据，加强前述的全程可追溯性。

专注于自己的交易

在交易时很难避免令我们分心的事情发生，我们也很难非常专注地交易。专注意味着交易者能够毫无偏差地执行系统；专注意味着交易者能够将订单放入市场，能够遵守自己的风险控制方针，能够减少对系统的变更。如果我们有一份交易计划和一套自己信任的交易系统，就比较容易专注于自己的交易。我们应该尽可能使分析过程和订单生成自动进行。这将使我们对系统的变更最小化。我们要努力将所有的交易工作程序化，这些工作包括检查账户资金、下新订单、展期、跟踪止损等。

专注于交易的最好方法是将分析过程与交易过程分开。交易者最好每天安排固定的时间填写交易表单，填写时应尽量放松，避开分散注意力的环境，因为在那种环境中很容易出错。

运动心理学在交易中的应用

体育运动常常被作为交易的象征。在交易盈利之后，交易者们常常说他们“击败了市场”。反之，在交易亏损之后，交易者们便说市场“击败了我”。交易和运动之间有许多相似之处，主要的不同之处是交易极少会出现团队协作的形式。在所有级别的运动中，运动员都需要集中精力，这对交易者来说也是如此。运动心理学家已经发明了几种方法来解决比赛输赢带来的心理问题。在这一部分，我们将研究如何将这些思想运用于交易，以使交易者获得“制胜优势”。

第一条重要思想是运动员和交易者都必须对自己的成绩负责。交易者有责任做出改进，以提升自己的交易业绩。心理学家提出了一种归因理论，该理论对运动员自我认为的成功或失败的广泛原因做了描述，基础是有关控制点（locus of control）的研究。

运动员或交易者会为他们的成功或失败找许多理由，大致有四种。运动员可能说他们的失败只是运气不佳（裁判员的误判），或者任务难度大（“在那块场地上我们从来没表现好过”）。有时他们也会把成功归因于内部因素，比如努力（“让我下场的唯一办法是把我拖走”）或者超能力（“今晚我正好进入状态了”）。相关研究表明，失败者通常抱怨外部因素，而胜利者通常归因于内部因素。例如，胜利者常常将成功归因于能力和努力，认为失败是因为缺乏整体努力。对体育领域传奇人物的研究表明，他们都是“内部归因者”：他们为自己的表现承担责任，并且想办法提升自己的能力，更加努力地去追求成功。冠军争夺赛中的专业球队，其球员会针对他们的任务（对手以及自己理解的优势和劣势）制订一份比赛计划，通过提升作战能力来执行比赛计划，他们希望通过赛前的精心准备来获得好运气，并在比赛时做好心理准备，使自己的能力发挥到极致。我们随便翻阅一下体育新闻便会发现，在每场比赛中，精神因素往往比体能更重要。看来归因理论（表 9.1）是将运动员对运动所需心理要求的反应进行分类的一种好方法。

表 9.1　在运动领域，心理学家使用归因理论分析常胜“冠军”的态度。最成功的运动员是内部归因者，他们对自己的成功承担责任

因素	内部因素	外部因素
稳定因素	能力	任务
易变因素	努力	运气

我们可以将用于运动员的归因理论普遍化，把与交易相关的事件分为受交易者影响的和受市场或其他外部因素影响的两大类，然后将归因理论用于交易（表9.2）。交易者们控制自身的能力，或者更广泛地说，用来交易的技术，包括工具（数据供给、计算、软件）以及交易系统、风险控制规则和资金管理算法。当交易者谈到自我提升时，他们指的是对交易技术的改进。在交易中，努力这一项变为A2D（专注细节）。交易是一项棘手的工作，很多地方有待完善，交易者必须充满激情地去关注细节才能成功。交易者每天都会遇到多种多样分散注意力的因素，所以必须加倍谨慎，因为很容易便会犯代价高昂的错误。如同在网球比赛中一样，输赢双方的差异常常就是这类“非受迫性失误”造成的。

表9.2　适用于交易者的归因理论模型。制胜交易者专注于自己的交易心理，并且将注意力放在执行交易计划的细节上。大部分交易者对市场控制的外部因素（比如价格设定和随机噪声）都无能为力

因素	交易者因素	市场因素
稳定因素	交易技术	价格发现
易变因素	专注细节	噪声

市场的主要作用是价值发现。目前，市场已经建立了复杂的基础设施来发现和传播交易信息，比如价格、成交量和持仓兴趣。这些过程相对稳定，人们一般认为它们是每个市场使用的“技术”。每位交易者可以使用自己的方式来分析市场，比如将具有获利性的月份对应的市场称为“简单”市场，将不具获利性的月份对应的市场称为“困难”市场。交易的不稳定部分是市场噪声，是市场消化吸收每天连珠炮似的数据、消息或新闻时产生的。交易者很容易将亏损归因于盘中波动性或噪声。例如，债券市场在等待有关经济活动的报告时常常显得焦躁不安，在报告发布之后，市场立即做出仓促的判断，导致价格向某一方向出现大的运动。当冷静的交易者占上风，或者分析师们有更多时间处理数据时，市场便会快速反转。

如果将归因理论推广到交易领域，那么成功的交易者该为自己的收益和亏损承担全部责任，而且应该专注于理解自己的任务（价格运动中的趋势），提升市场分析的技术（能力），对交易细节全神贯注（努力）。市场噪声（运气）在他们的总体结果中只是一个偶然因素，即便准备得最充分的交易者也会受到市场的惊吓。因此，许多交易者在报告发布前减仓，有的甚至平仓出场。他们为每一种情况分别制订计划，不管报告数字远低于期望、接近期望还是远高于期望。他们将规划每种情况下头寸的规模，入场点和出场点，以及从初始运动出现急速反转时应该怎样处理。这种准备清楚地表明，那些交易者是内部归因者，他们对自己的业绩承担责任。

运动心理学中另一种重要思想是目标设定。目标设定被认为是一种高效的激励技术，需要交易者制订许多层次的目标，从长期目标（梦想）到短期目标（下个交易日的任务）。目标必须是明确的、可实现的，并且必须与确定的时间表相关联。我们的目的是制订一些分级任务，并将它们与目标序列联系在一起。为了实现特定的目标，交易者需定期评估这些任务，必要时可以修改。图 9.1 所示为交易者们制订的任务，随着时间的推移，这些任务会逐步提升交易者的技能，同时使交易者获得更大的成功。

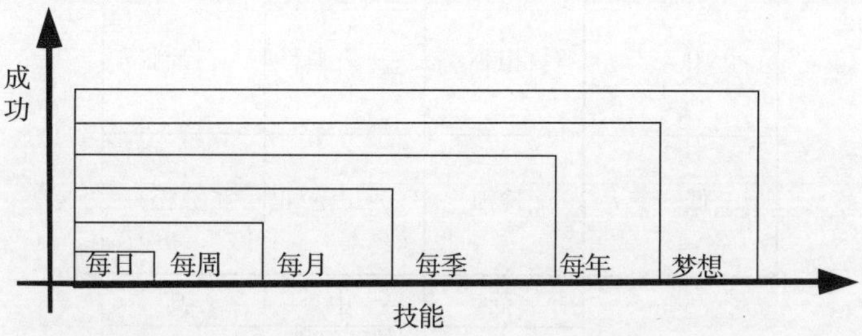

图 9.1　目标设定是运动心理学中一种有力的激励工具，此处推广到交易领域，应该设定明确的日、周、月、季和年目标，直至实现交易者们的梦想

制订一系列任务并写下这些任务便是一种有效的激励。运动员们经常将他们的目标写在帽子上，以便使自己常常看到。对于那些愿意对自己的交易结果承担责任的交易者们，目标设定提供了一种工具，这种工具能帮助他们选择那些可以持续提升交易技术的任务，帮助他们通过程序化交易提升 A2D 能力，或者帮助他们提升理解市场趋势的能力。从短期来看，目标设定可以引导交易者制订明确的交易计划，而交易计划是交易成功的一个关键因素。一位研究过交易者的心理学家在报告中说，失败的交易者无一例外都会在无计划的情况下进行交易。目标设定的另一部分是对运动和交易的优势、弱点、机会和风险（SWOT）进行分析，目的是改进弱点，降低风险，加强优势，以更好地利用机会。

研究运动员、科学家和其他高级成功人士的心理学家提出了一个概念——“心流”。它描述的是一段时期毫不费力的动作，一般出现在一个人面对一组需要执行的清晰目标时（见米哈利·西克岑的相关著作，1997）。对大多数人来说，根据他们的技能水平和任务难度，在进行某种活动时会产生不同的心理状态，见图 9.2。当人们对某种技能高度熟练，并且处在一种挑战那些技能的情况下时，便会体验到心流。一名篮球运动员被要求在最后时刻投篮时便会体验到心流，一名外科医生在面对一台众所周知的复杂手术时也会体验到心流，但一名正在接受培训的外科医生会在相同的手术过程中非常紧张。对于许多交易者，特别是价格制造者，他们或者在线，或者就在场内，在重要报告或不期而至的新闻发布前后会有机会体验心流。

难度级别	心理状态矩阵		
高	焦虑	激发	心流
中	担心	关注	控制
低	冷漠	厌倦	放松
	低	中	高
	技能级别		

图 9.2　心理学家在研究"心流"现象时使用的心理状态矩阵，当人们对某种技能高度熟练，并且遇到挑战那些技能的困难时，便会经历一段时间的毫不费力的动作，图中所示为研究对象面对熟悉和不熟悉的任务和挑战时体验到的各种心理状态，根据米哈利·西克岑的《寻找心流》（*Finding Flow*，1997）改写

交易是一种情绪化的工作，西克岑描述的心理状态概念也适合描述交易过程。人们一致认为高度熟练的交易者拥有很强的信念系统，坚韧不拔，充满自信，表现出高度的"心理韧性"。面对市场逆境时他们保持自信，并且从不轻易偏离交易程序。在度过困难的市场行情时，他们异常专注；当行情看好时，他们非常放松。新交易者常常表现得最情绪化，行情好时过分乐观，不断亏损时便完全陷入恐慌。当市场行情看好时，他们看起来最高兴、最投入。中级交易者常常知道在困难的市场行情下他们需要做什么，但不能够"扣动扳机"（即知易行难）。当市场行情充满挑战时，他们常常变得异常保守或异常暴躁，快速地改变交易方法。这些心理状态被总结在图 9.3 中。需要注意的是，这只是一种简化描述，没有穷尽所有的可能。交易者可以使用图 9.3 来对照一下自己的反应，从而知道作为一名交易者还有哪些地方需要改进。

交易者注意到自己的技能水平与市场难度不匹配时，常常会变得非常紧

市场行情	交易者心理状态矩阵		
挑战	恐慌	愤怒	自信
困难	混乱	犹豫	专注
看好	乐观	投入	放松
	低	中	高
	交易者能力		

图 9.3　交易者心理状态矩阵，尽量描述交易中可能产生的各种心理状态。注意心理等级沿横轴、纵轴和倾斜方向的变化

张。紧张有多种表现形式——精神上的、心理上的和行为上的。放松技术和心理意象（心理意象是指通过一定诱导方式产生的有象征意义的内在心理图像。——译者注）可以用来使我们的技能水平与市场表现出来的难度相匹配。放松技术有很多种，而且简单易学。最简单的方法是使全身的大型肌肉群顺序收缩 10 秒钟，再放松 20 秒钟。每个肌肉群都放松之后，轻松的感觉会涌遍全身。在放松操之后做几次深呼吸会令我们精力充沛，准备练习心理意象。运动中的心理意象包括再现胜利必需的最佳运动画面。这些意象应该是全面的、生动的和详细的，包括比赛的每个阶段，以及赛前和赛后的活动。科学研究表明，心理意象可以提升运动员的表现，还有助于集中注意力，加强精神与身体的联系。心理意象还与古老的冥想训练有关系。

对于交易者，心理意象可以用来加强或修正信念系统，练习交易技巧，甚至可为接收发布的市场数据做好准备。心理意象可以用来巧妙地应对恐惧，分散怒气，平息混乱，并改变犹豫不决的状态。放松运动和心理意象的目标是接近交易日时能够更加放松，而不管即将面对什么样的市场行情。

运动员常常需要在短短数分钟到数小时的时间内将技能调整至巅峰状态，交易者更像是在跑马拉松，必须日复一日地保持专注，直到最后时刻。针对马拉松运动员的一项研究发现，他们是内部专注的。他们专注于自己的内环境，专注于自身的疼痛，专注于自己的身体正在怎样做。这与专注于比赛过程，专注于其他运动员是相对的。正向归因（Positive Self - talk）（参考台湾的译法，直译为积极自语。——译者注）是另一项运动心理学技术，它可以帮助交易者在面对市场挑战时保持专注和士气。

总之，交易者归因理论、目标设定、心理意象和心理状态矩阵为交易者提供了一个框架。利用该框架，交易者可以将运动心理学的原理运用于交易过程。这项分析表明，交易者需要成为内部归因者，全神贯注于在自己控制范围内的那些因素，比如交易技术和 A2D（专注细节）。他们应该交易经过测试的内容，并测试交易的内容，目的是提升技能水平和增加对交易系统和交易方法的自信。他们应该使用第七章中讨论的风险控制策略，特别是钱德舒适区域，以准备好应对资金回撤，并管理自己的期望。市场来来往往，变化无常，但交易者必须一直坚持下去。

用大脑和心脏一起交易

每位交易者都有大脑和心脏，一套合适的系统应该同时满足交易者的理性和感性需求。开始使用一套系统交易时，我们便面对两种期望，一种是统计学期望，前面已经详细讨论过；另一种是对系统的心理期望。如果这两种期望不一致，那么交易者在使用这套令人反感的系统时肯定不会快乐。

这引出了我们为什么交易的问题。对于许多人来说，交易的唯一目的是赚钱。但是，我们可能有其他理由，比如获得交易带来的兴奋感，或者想与其他交易者同台竞技，面对智力挑战。交易者应该检查下列因素的一贯性：获利目标、时间窗口、数学期望和心理期望。

如果这些因素不具有一贯性，那么我们将不具有心理优势。或许只有不到 25% 的交易者具有心理优势，并且可能只有 2% 的交易者会常年保持这种优势。

在数学期望和心理期望之间可能存在许多矛盾。数学期望能够涵盖 2～3 年的数据，但心理期望只能涵盖 2～3 个月的数据。心理期望可能非常复杂，不能用一个数字来代表。最坏的情况下，系统具有正的数学期望，但心理期望为负。此时我们的理性与感性不一致，难以避免的紧张情绪会使该系统不可能产生成功交易。

交易者的心理期望可能来自对系统测试结果不准确或不完整的理解。交易者应该每天定时研究每笔交易的发展，对平均交易利润、胜率和平均交易长度感到舒适，还应对初始风险控制止损金额感到舒适。如果交易者理解了系统的本质，那么每笔交易都会加强他对系统的信心。如果交易者拥有不合理的心理期望，那么每笔交易都会削弱他对系统的忠诚度。

交易者可能希望获得较大的成功，只有很少的连续亏损，而且有许多令人振奋的大型盈利交易。事实上只有5%的交易会获利较多，交易者会遭受很多次的连续亏损，并且大部分交易都是徒劳无功的。我们可以使用如下所示的“2 的规则（rule of two）”来调整我们的心理期望。

（1）期望连续盈利笔数降为预测结果的1/2。

（2）期望连续亏损笔数为测试结果的2倍。

（3）期望利润为预测利润的一半。

让我们继续使用“大脑”和“心脏”的比喻。我们“认为”自己相信的东西位于大脑之中，“真正”相信的东西却位于心脏之中。我们的大脑可能是清晰的，也可能是混乱的。我们的内心可能是自信的，也可能是恐慌的。如果大脑和心脏的状态不一致，而且风险较小的话，大脑便会在冲突中获胜。但是，如果风险较大，那么心脏将在任何冲突中获胜。于是，只有大脑和心脏的状态相一致时，我们在交易过程中才感觉舒适。因此，我们有必要花费时间和精力来理解系统的性能，从而使我们的数学期望和心理期望协调一致。这便是长期制胜的关键所在。

小结

读者应该结合本章中的所有思想创建一套交易系统。交易计划是交易系统的核心。交易者应该监控计划执行的一致性，并且尽力增强交易的全程可追溯性。交易者还应该遵守交易的无例外规则。要想获胜，交易者就要用大脑和心脏一起交易。

附录：创建一份自动记录交易心理的日志

一份记录交易过程中心理状态的日志可以帮助我们在数月的时间内提高交易水平。记录心理状态的一个难点是很难绘制或分析心理趋势。许多日记作者发现很难认出自己在数月前写的东西，因为紧张会扭曲我们的书写方式。解决这个问题的一种方法是使用数据库或电子表格定期为自己的心理状态打一个数字分值。电子表格具有图形功能和统计函数功能，很容易便可绘制出心理状态图，甚至能够使用技术分析原理标出与特定交易策略相关的心理状态图中的突破、整固和趋势。

在这一部分中，我们将说明如何使用 Excel 开发一个简单的应用程序。使用该应用程序，我们可以记录对当前交易策略所持态度的数字化分值。为此我们使用图 9.4 这样的一个矩阵，该矩阵列出了交易者对不同市场行情的反应，以及交易者对交易系统的信念波动。图 9.4 中列出了 9 种心理状态，从放松、自信和耐心，逐渐到过度自信、忽视信号、停止交易。用来描绘心理状态的两个变量是对交易系统的信念和市场的交易行情。每个变量都被分为三个级别：低、中和高。这些级别可以按下述方法转换为数值：低级别转换为一个小于或等于 3 的数，中级别转换后的范围为 4 ~ 7，而高级别为 8 ~ 10。一种较为简单的做法是低级别分值为 1，中级别分值为 5，高级别分值为 10。

市场行情	带数字刻度的交易者反应矩阵		
挑战[10]	停止交易 [10，1]	放弃系统 [10，5]	耐心 [10，10]
困难[5]	忽视信号 [5，1]	修改系统 [5，5]	自信 [5，10]
看好[1]	过度自信 [1，1]	自我安慰 [1，5]	放松 [1，10]
	低[1]	中[5]	高[10]
	交易者对系统的信任度		

图 9.4　通过为市场行情和交易者对交易系统的信任度赋值，把交易者的反应矩阵转换为数字对。对于每条数轴，低级别 = 1，中级别 = 5，高级别 = 10

一旦使用数字来度量对交易系统的信念和市场行情，我们就可轻易将图 9.4 中的 9 个单元格转换为相应的数值对。如果交易者察觉市场行情具有挑战性，并且希望停止交易，那么量化得到的这种状态的数值对便是［10，1］，其中数值 10 代表具有挑战性的市场行情（高级别 = 10），数值 1 表示对系统的信任度较低（低级别 = 1）。我们可以在每笔交易了结之后在电子表格中记录下心理状态的数值，也可按照常用的时间间隔做记录，比如每天或每周。如果读者愿意，可以使用 1 ~ 10 更精细的数字刻度。几个月后，我们便拥有可以绘图和分析的详细信息了。

在电子表格中输入这种信息的一种简便方法是在数据表上创建按钮，并为这些按钮添加宏（Excel 办公软件自动集成了“VBA”的一种高级程序语言，用此种语言编制出的程序叫作“宏”。——编者注），然后只要按下相应的按钮便可记录下自己的心理状态了。在 Excel 中，我们可以通过单击控件工具箱来添加按钮。具体方法是单击视图——控件工具箱菜单栏选项，然后单击命令按钮图标，在一个合适的位置画一个按钮。画完按钮后，将鼠标指针放在按钮上，单击鼠标右键。在弹出菜单中选择属性，便可看到该按钮的属性窗口了。我们可以在弹出窗口中直接编辑属性值，可以编辑按钮名称（Name），修改按钮标题（Caption），并将布局（Placement）属性设为3。将布局属性设为3的好处是该按钮将停留在我们使用的“固定”位置，即使我们又向电子表格中加入了新的行，按钮也不改变位置。如果我们想在编程时使用“RELIEF”（放松）响应按钮，就将“Caption”属性改为“RELIEF”，并将按钮命名为“cmdRelief”，这是一种常见的命名习惯。针对每一种情况，我们可以画出如图9.5所示的9个按钮，然后为这些按钮添加一些代码，使按钮向电子表格中输入我们在上一段中讨论过的数值。

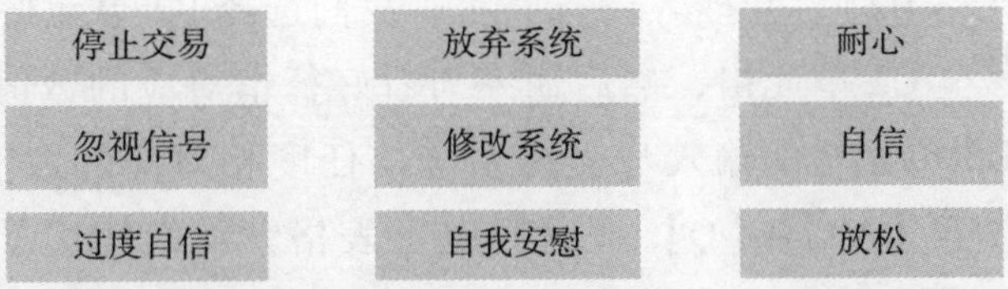

图9.5 Excel中的一组命令按钮，对它们进行编程后我们便可使用它们向指定单元格中输入与市场行情和交易系统信任度相对应的数值。可以将这些记录绘制为图表，以便分析和理解我们的交易模式

我们假设希望保存与自己的心理状态相关的数据，希望记录日期、市场行情和对交易系统的信任度，还可能希望以相反的时间顺序来储存数据，以便使最新数据位于电子表格的顶部。于是我们在电子表格顶部添加新的一行，然后在相邻的列中输入日期、市场行情和信任度，编写一个简单的宏，并将它添加到图9.5所示的每个按钮上，这样我们就可以使用它们向电子表格中输入正确的数值了。

我们可以对这些按钮进行编程，使它们向电子表格中添加数值，过程如下所述。当我们画完按钮，并编辑好属性之后，便可以双击该按钮。这将打开Visual Basic编辑器。如果我们正对一个名为“cmdRelief”的按钮编程，那么我们将看到一个用来编程的页面，最上面一行为带有蓝字的语句“Private Sub cmdRelief_Click( )”，中间一行为空行，然后是一行语句“End Sub”。现在我们可以在“End Sub”语句上面的行中输入代码，输入方法同其他文本编辑器一样。下面是Visual Basic编辑器中代码的样子。

```
Private Sub cmdRelief_Click()
```

```
Application.Goto Reference:="R2C2"
Selection.EntireRow.Insert
Range("B2").Select
ActiveCell.FormulaR1C1 = " =TODAY()"
Range("C2").Select
ActiveCell.FormulaR1C1 ="1"
Range("D2").Select
ActiveCell.FormulaR1C1 ="5"
End Sub
```

上面的程序是为 RELIEF 按钮编辑的程序。记住我们需要输入日期、市场行情和交易系统信任度三列数据。第一行代码使光标移至 2 行、2 列单元格（单元格 B2），并插入一行。然后我们选择 B2 单元格，输入当天的日期，将光标移至 C2 单元格，然后输入与看好行情对应的数值 1（图 9.4），接下来便在 D2 单元格中输入与交易系统信任度相对应的数值 5。完成代码的输入后，按下【Alt】+【Q】键返回电子表格。我们使用【Alt】+【F11】快捷键再次打开 Visual Basic 编辑器，也可以通过菜单"工具→宏→Visual Basic 编辑器"打开。我们将这一段代码复制给每一个按钮，在需要时改变 C2 和 D2 的值。然后我们就可以单击相应按钮，输入每种心理状态的对应值了（图 9.5）。为了使示例具有完整性，我们列出了停止交易（STOP TRADING）按钮的程序代码，读者可以从中看出市场行情（10）和交易信任度（1）是如何在 RELIEF 按钮代码的基础上进行修改的。

```
Private Sub cmdStopTrading_Click()
Application.Goto Reference:="R2C2"
Selection.EntireRow.Insert
Range("B2").Select
ActiveCell.FormulaR1C1 = " =TODAY()"
Range("C2").Select
ActiveCell.FormulaR1C1 ="10"
Range("D2").Select
ActiveCell.FormulaR1C1 ="1"
End Sub
```

表 9.3 为一个每月日志记录示例。如果愿意的话，读者可以记录得更详细，或者使用更精密的刻度。读者还可以不使用按钮，直接将数据输入电子

表格，甚至可以对按钮进行编程，以储存希望记录的其他数据。在记录一定的数据之后，读者就可以通过电子表格内置的图表生成工具或统计函数来分析这些数据，以便发现其中的趋势。

表 9.3　应用图 9.5 中的按钮创建的每月日志记录示例

日期	市场行情	系统信任度
2000.10.3	10	1
2000.9.2	10	1
2000.8.2	5	5
2000.7.2	1	1
2000.6.2	5	10
2000.5.2	10	10